अधिनीतिशास्त्र
एवं
व्यावहारिक नीतिशास्त्र

डॉ० रमेन्द्र
पी-एच० डी०, डी० लिट०
स्नातकोत्तर दर्शनशास्त्र विभाग, पटना विश्वविद्यालय, पटना
पूर्व अध्यक्ष, दर्शनशास्त्र विभाग, पटना कॉलेज

मोतीलाल बनारसीदास
दिल्ली, मुम्बई, चेन्नई, कोलकाता,
बंगलूरू, वाराणसी, पटना

प्रथम संस्करण : दिल्ली, 2017

ISBN: 978-81-208-4162-8

मोतीलाल बनारसीदास

41 यू.ए. बंग्लो रोड, जवाहर नगर, दिल्ली 110 007
236, नाइंथ मेन, III ब्लॉक, जयनगर, बंगलूरू 560 011
8 महालक्ष्मी चैम्बर, 22, भुलाभाई देसाई रोड, मुम्बई 400 026
203 रायपेट्टा हाई रोड, मैलापोर, चेन्नई 600 004
8 कैमेक स्टीट, कोलकाता 700 017
अशोक राजपथ, पटना 800 004
चौक, वाराणसी 221 001

आर.पी. जैन के द्वारा एन ए बी प्रिंटिंग यूनिट,
ए-44, नारायणा, फेज़-1, नई दिल्ली 110 028 में मुद्रित
एवं जे.पी. जैन द्वारा मोतीलाल बनारसीदास
41 यू.ए., बंगलो रोड, जवाहर नगर, दिल्ली-110 007, के लिए प्रकाशित

भूमिका

यह पुस्तक अधिनीतिशास्त्र (metaethics) और व्यावहारिक नीतिशास्त्र (practical or applied ethics) पर एक पाठ्य पुस्तक के रूप में लिखी गयी है। सामग्री के चयन के लिए पटना विश्वविद्यालय सहित विभिन्न विश्वविद्यालयों के बी.ए. (ऑनर्स) और एम.ए. के पाठ्यक्रम को ध्यान में रखा गया है। इसके अलावा, NET के पाठ्यक्रम में अधिनीतिशास्त्र से सम्बन्धित विषयों को भी इसमें शामिल किया गया है।

हांलाकि यह पुस्तक मुख्यत: अधिनीतिशास्त्र और व्यावहारिक नीतिशास्त्र से सम्बन्धित है, लेकिन इसमें पृष्ठभूमि के तौर पर मानक नीतिशास्त्र (normative ethics) से सम्बन्धित कुछ विषयों को भी शामिल किया गया है। प्रथम अध्याय "मानक नीतिशास्त्र, अधिनीतिशास्त्र और अप्लाइड नीतिशास्त्र" में मानक नीतिशास्त्र के बारे में में भी जानकारी दी गयी है। इस तरह, इस पुस्तक को नीतिशास्त्र के एक आधुनिक परिचय के रूप में भी देखा जा सकता है। पाठकों से यह अपेक्षा नहीं की गयी है कि उन्हें पहले से नीतिशास्त्र के बारे में कोई जानकारी होगी। मैंने प्रत्येक भाग, प्रत्येक अध्याय और उसके प्रत्येक खण्ड को अपने-आप में सम्पूर्ण बनाने का प्रयास किया है; इसलिए कुछ पुनरावृत्ति भी हुई है।

तकनीकी या पारिभाषिक शब्दों को छोड़ कर, मैंने जहाँ तक सम्भव है सरल और बोलचाल की भाषा का इस्तेमाल किया है। जहाँ कहीं आवश्यक लगा है, वहाँ पारिभाषिक शब्दों के अंग्रेज़ी पर्याय भी दे दिए गए हैं। एकरूपता बनाए रखने की दृष्टि से मैंने पारिभाषिक शब्दों के लिए अधिकांशत: शिक्षा मंत्रालय, भारत सरकार, द्वारा प्रकाशित मानविकी शब्दावली का इस्तेमाल किया है, सिर्फ़ ऐसे कुछ शब्दों को छोड़ कर जो मुझे अनावश्यक रूप से दुर्बोध या अनुपयुक्त मालूम दिए हैं। उदाहरण के तौर पर, मैंने "good" के लिए "शुभ" की जगह "अच्छा", और "non-natural" के लिए "नि:प्राकृतिक" की जगह "गैर-प्राकृतिक", "non-cognitivism" के लिए "निस्संज्ञानवाद" की जगह "असंज्ञानवाद", "prescriptive" के लिए "नियोजक" की जगह "परामर्शात्मक", "persuasive" के लिए "प्रवर्त्तक" की जगह "परसुएसिव" और "applied" के लिए "अनुप्रयुक्त" की जगह "अप्लाइड" या "व्यावहारिक" शब्द का इस्तेमाल किया है। व्यावहारिक नीतिशास्त्र के कई अंग्रेज़ी शब्द अब हिन्दी में आ गए हैं, या अंग्रेज़ी शब्द ही बोल-चाल की हिन्दी में अधिक प्रचलित हैं। ऐसे शब्दों को मैंने यथावत् इस्तेमाल किया है, जैसे, "सरोगेट", "मीडिया" आदि।

प्रथम भाग के परिशिष्ट में वस्तुनिष्ठ प्रश्नों के अलावा उन मुख्य पारिभाषिक शब्दों की सूची (हिन्दी-अंग्रेज़ी) भी दी गयी है, जो इस पुस्तक में इस्तेमाल किए गए हैं। जहाँ

पर इस पुस्तक में इस्तेमाल किए गए हिन्दी पारिभाषिक शब्द मानविकी शब्दावली से अलग हैं, वहाँ कोष्ठक में मानविकी शब्दावली में इस्तेमाल किए गए शब्द भी दे दिए गए हैं।

इस पुस्तक के प्रथम भाग को मुख्यतः अंग्रेज़ी में मौजूद मौलिक और प्राथमिक स्त्रोतों के आधार पर लिखा गया है। जैसे, मिल की *युटिलिटैरियनिज़्म*, जी.ई. मूर की *प्रिंसिपिया एथिका*, ए.जे. एयर की *लैंग्वेज, ट्रूथ ऐण्ड लॉजिक*, सी. एल. स्टीवेंसन की *एथिक्स ऐण्ड लैंग्वेज*, आर. एण्ड एम. हेयर की *दि लैंग्वेज ऑफ़ मॉरल्स* और नॉवेल-स्मिथ की *एथिक्स*, इत्यादि।

दूसरे भाग के लिए पीटर सिंगर के प्रैक्टिकल एथिक्स सहित विविध स्त्रोतों का इस्तेमाल किया गया है, जिनमें इंटरनेट इंसाइक्लोपीडिया ऑफ़ फ़िलासफ़ि सहित इंटरनेट से प्राप्त सामग्री भी शामिल हैं। इसके अलावा, इस भाग में मैंने अपनी कुछ पूर्वप्रकाशित रचनाओं का भी इस्तेमाल किया है।

पाठ्य पुस्तक के मूल पाठ में लेखकों और अंग्रेज़ी पुस्तकों के नाम नागरी लिपि में ही दिए गए हैं, लेकिन टिप्पणियों (फुट नोट) और ग्रंथ-सूची में अंग्रेज़ी के लेखकों और पुस्तकों के नाम रोमन लिपि में भी दिए गए हैं। इस तरह, अंग्रेज़ी माध्यम से लिखने वाले और हिन्दी का कामचलाऊ ज्ञान रखने वाल विद्यार्थी भी इस किताब का इस्तेमाल कर सकते हैं।

वैसे तो इस पुस्तक के प्रथम भाग में मुख्यतः विभिन्न नीतिशास्त्रीय अवधारणाओं और नैतिक दार्शनिकों के विचारों की व्याख्या की गयी है, फिर भी पुस्तक के समीक्षात्मक हिस्से में मैंने स्वयं अपनी युक्तियों और निष्कर्षों को भी सामने रखा है। द्वितीय भाग में व्यावहारिक नीतिशास्त्र की समस्याओं के पक्ष-विपक्ष में युक्तियाँ दी गयी हैं। जहाँ सम्भव हुआ है, वहाँ मैंने किसी निष्कर्ष तक पहुँचने की कोशिश की है। दर्शनशास्त्र के विद्यार्थियों से विभिन्न विषयों की समीक्षात्मक चर्चा की अपेक्षा रखी जाती है। विद्यार्थीगण अपनी समीक्षाएँ विकसित करने के लिए मेरे द्वारा की गयी समीक्षा से लाभ उठा सकते हैं।

आशा है यह पुस्तक नीतिशास्त्र में रुचि रखने वाले सभी विद्यार्थियों और पाठकों के लिए उपयोगी साबित होगी।

मेरी अन्य किताबों की तरह इस किताब की पाण्डुलिपि तैयार करने में मेरी पत्नी, डॉ. कवलजीत, का महत्त्वपूर्ण योगदान है। मेरी पूर्व छात्रा और वर्तमान में पटना कॉलेज के दर्शनशास्त्र विभाग में जूनियर सहकर्मी, डॉ. किरण कुमारी, ने भी इस पाण्डुलिपि को तैयार करने में मेरी सहायता की है।

रमेन्द्र

अनुक्रम

भाग-2
व्यावहारिक नीतिशास्त्र
(Practical or applied ethics)

भाग–1

अधिनीतिशास्त्र

(Metaethics)

1

मानक नीतिशास्त्र, अधिनीतिशास्त्र और अप्लाइड नीतिशास्त्र

नीतिशास्त्र दर्शनशास्त्र की एक शाखा है। कह सकते हैं कि आज के समय नीतिशास्त्र की भी तीन मुख्य उपशाखाएँ हैं: (1) मानक नीतिशास्त्र (normative ethics) (2) अधिनीतिशास्त्र (mctaethics) और (3) अप्लाइड नीतिशास्त्र (applied ethics)

नीतिशास्त्र

मानक नीतिशास्त्र | **अधिनीतिशास्त्र** | **अप्लाइड नीतिशास्त्र**

मानक नीतिशास्त्र कोई नई चीज़ नहीं है। कहा जा सकता है कि नीतिशास्त्र की मुख्यधारा को ही, जो प्लेटो, अरिस्टॉट्ल, एपिक्यूरस से लेकर कांट, बेंथम, मिल, सिजविक और मूर तक प्रमुख रही, और जिसे बीसवीं सदी तक सम्पूर्ण नीतिशास्त्र माना जाता था, बीसवीं सदी के पूर्वार्द्ध में, अधिनीतिशास्त्र के उदय के बाद, मानक नीतिशास्त्र कहा जाने लगा। जबकि अप्लाइड नीतिशास्त्र या व्यावहारिक नीतिशास्त्र का उदय बीसवीं सदी के उत्तरार्द्ध में हुआ है। उदाहरण के तौर पर, 1955 में प्रकाशित अपनी अंग्रेज़ी किताब *ऐन इन्ट्रोडक्शन टू एथिक्स* में विलियम लिली ने नीतिशास्त्र को इस प्रकार परिभाषित किया है: नीतिशास्त्र समाज में रहने वाले मनुष्यों के आचरण का मानक विज्ञान है एक विज्ञान जो इस आचरण का उचित (right) या अनुचित (wrong), अच्छा (good) या बुरा (bad) या ऐसे ही किसी मिलते-जुलते तरीके से मूल्यांकन करता है।[1]

आज के समय लिली की इस परिभाषा को ''मानक नीतिशास्त्र'' की परिभाषा कहा जाएगा। दूसरे शब्दों में, जिसे लिली ने नीतिशास्त्र की अपनी परिभाषा में सम्पूर्ण नीतिशास्त्र कहा है, उसे ही आज के समय मानक नीतिशास्त्र कहा जाता है।

मानक नीतिशास्त्र

नीतिशास्त्र दर्शनशास्त्र की एक पुरानी शाखा है। प्राचीन ग्रीक दार्शनिक अरिस्टॉट्ल की रचना *निकोमेकियन एथिक्स* को नीतिशास्त्र का प्रथम व्यवस्थित ग्रंथ माना जाता है। उससे पहले प्लेटो की रिपब्लिक जैसी रचनाओं में भी नीतिशास्त्र से जुड़ी समस्याओं पर चर्चा हुई है। अरिस्टॉट्ल के बाद के प्राचीन ग्रीक दार्शनिकों में अरिस्टिपस और एपिक्यूरस का नीतिशास्त्र के क्षेत्र में योगदान है। आधुनिक पाश्चात्य दार्शनिकों में कांट, बेंथम, मिल और सिजविक का तथा बीसवीं सदी में जी. ई. मूर का मानक नीतिशास्त्र के क्षेत्र में प्रमुख योगदान है।

''नीतिशास्त्र'' शब्द अंग्रेज़ी शब्द ''एथिक्स'' का हिन्दी पर्याय है। ''एथिक्स'' शब्द ग्रीक शब्द ''एथिका'' का पर्याय है, जो ग्रीक शब्द ''इथॉस'' से निकला है, जिसका अर्थ

है ''चरित्र''। ''नीतिशास्त्र'' के लिए ''नैतिक दर्शन'' (moral philosophy) शब्द का इस्तेमाल भी होता है। अंग्रेज़ी शब्द ''मॉरल'' लैटिन शब्द ''मोर्स'' से निकला है जिसका अर्थ है ''आदतें'' या ''प्रचलन''। शब्दों की व्युत्पत्ति (etymology) से नीतिशास्त्र के विषय-वस्तु का कुछ संकेत तो मिलता है (कि इसका सम्बंध मानव आचरण से है), लेकिन इससे नीतिशास्त्र या मानक नीतिशास्त्र की कोई संतोषजनक परिभाषा नहीं मिलती है। वैसे भी, ज्ञान की किसी शाखा को समझने का बेहतर तरीका यह है कि उसके विषय-वस्तु और अध्ययन की विधि को जाना और समझा जाए।

विषय-वस्तु

मानक नीतिशास्त्र का विषय-वस्तु है : मानव आचरण। निर्जीव वस्तुओं या मनुष्य के अलावा अन्य जानवरों के आचरण का अध्ययन नीतिशास्त्र में नहीं किया जाता है। मनुष्यों में भी असामान्य मनुष्यों या अबोध शिशुओं के आचरण को नीतिशास्त्र के दायरे से बाहर रखा जाता है। सामान्य वयस्क मनुष्यों के अनैच्छिक कर्म (non-voluntary actions) भी नीतिशास्त्र के दायरे से बाहर हैं। मोटे तौर पर, नीतिशास्त्र के संदर्भ में ''मानव आचरण'' का अर्थ है : सामान्य वयस्क मनुष्य के ऐच्छिक कर्म। (ऐच्छिक कर्म यानी ऐसे कर्म जो मनुष्य अपने स्वतंत्र संकल्प और इच्छा से करता है, जिन्हें अगर वह चाहे तो कर सकता है और अगर न चाहे तो नहीं कर सकता है।)

अध्ययन की विधि

किसी विषय या ज्ञान की किसी शाखा के स्वरूप को समझने के लिए, उसके विषय-वस्तु को जानना ज़रूरी है, लेकिन यह अपने-आप में पर्याप्त नहीं है। इसके लिए उसके अध्ययन की विधि को जानना भी ज़रूरी है। क्योंकि एक ही विषय-वस्तु होने के बाद भी अलग-अलग अध्ययन की विधि होने के कारण अलग-अलग विषय बन जाते हैं। उदाहरण के तौर पर, ''समाज'' का अध्ययन समाजशास्त्र (sociology) में भी किया जाता है, और समाज-दर्शन (social philosophy) में भी। लेकिन फ़र्क यह है कि समाजशास्त्र में समाज का अध्ययन वैज्ञानिक विधि से किया जाता है, जबकि समाज दर्शन में समाज का अध्ययन दार्शनिक विधि से।

सवाल यह है कि मानक नीतिशास्त्र के अध्ययन की विधि क्या है?

सबसे पहले तो नीतिशास्त्र दर्शनशास्त्र की एक शाखा है। इसलिए, दर्शनशास्त्र की किसी भी अन्य शाखा की तरह इसमें तार्किक विधि को अपनाया जाता है। मानक नीतिशास्त्र के अंतर्गत मानव आचरण से सम्बन्धित जो भी बुनियादी प्रश्न उठाए जाते हैं, उनका तर्कसंगत उत्तर ढूंढ़ने का प्रयास किया जाता है।

दूसरे, मानव आचरण का अध्ययन दो दृष्टिकोण से किया जा सकता है: एक, यथार्थवादी (positive) दृष्टि से या ''जैसा है'' उस दृष्टि से; और, दो, मानक (normative) दृष्टि से

या ''जैसा होना चाहिए'' उस दृष्टि से। यथार्थवादी दृष्टि से मानव आचरण का अध्ययन मनोविज्ञान के दायरे में आता है, न कि नीतिशास्त्र के। मानक नीतिशास्त्र में मानव आचरण का अध्ययन मानक दृष्टि से किया जाता है। दूसरे शब्दों में, मानक नीतिशास्त्र में मानव आचरण का अध्ययन इस दृष्टि से किया जाता है कि मानव आचरण को कैसा होना चाहिए। संक्षेप में, मानक नीतिशास्त्र के अंतर्गत मानव आचरण का तर्कसंगत और मानक दृष्टि से अध्ययन किया जाता है। मानव आचरण में क्या उचित है और क्या अनुचित? मानव जीवन में कौन-सी चीजें अच्छी या पाने योग्य हैं और कौन-सी बुरी? ये मानक नीतिशास्त्र के बुनियादी प्रश्न हैं। हम कह सकते हैं कि मानक नीतिशास्त्र के अंतर्गत उचित और अनुचित कर्मों के निर्धारण के लिए तर्कसंगत मापदण्ड की तलाश की जाती है। इस तरह, नैतिक मापदण्ड (ethical standard) की समस्या मानक नीतिशास्त्र की केन्द्रीय समस्या है। नीतिशास्त्र के लम्बे इतिहास में नैतिक मापदण्ड की समस्या को सुलझाने के प्रयत्न में दिए गए कुछ प्रमुख सिद्धांतों का मानक नीतिशास्त्र के अंतर्गत समीक्षात्मक अध्ययन किया जाता है, जैसे, अन्त:अनुभूतिवाद (intuitionism), कांट का बुद्धिवाद (rationalism), आत्मपूर्णतावाद (perfectionism) और सुखवाद (hedonism)। उदाहरण के तौर पर, सुखवाद के अनुसार, मोटे तौर पर, जिन कर्मों से सुख में वृद्धि होती है, वे उचित हैं, और जिनसे हम इसकी विपरीत दिशा में जाते हैं, वे अनुचित। दूसरे शब्दों में, सुखवाद के अनुसार उचित और अनुचित कर्मों का मापदण्ड है : सुख। सुख ही एकमात्र ऐसी वस्तु है जो अपने-आप में अच्छी है।

वैसे तो मानक नीतिशास्त्र की केन्द्रीय समस्या नैतिक मापदण्ड की ही है, लेकिन परम्परागत रूप से ''नीतिशास्त्र'' या मानक नीतिशास्त्र के अंतर्गत नीतिशास्त्र की आवश्यक मान्यताएँ (postulates of ethics), नैतिक निर्णय का स्वरूप (nature) और विषय (object) आदि का अध्ययन भी किया जाता रहा है।

अंग्रेज़ दार्शनिक जी. ई. मूर की 1903 में प्रकाशित '*प्रिंसिपिया एथिका*' मुख्यत: मानक नीतिशास्त्र की किताब ही मानी जाएगी। मूर, एक अन्य अंग्रेज़ दार्शनिक बर्ट्रेण्ड रसेल के साथ, विश्लेषणात्मक (analytical) दर्शन के जनक भी माने जाते हैं। मूर के अनुसार नैतिक दार्शनिकों ने दो किस्म के प्रश्नों का उत्तर देने का दावा किया है, लेकिन उन्होंने लगभग हमेशा इन दो किस्म के प्रश्नों को एक-दूसरे से या अन्य प्रश्नों से मिला दिया है। पहला प्रश्न इस प्रकार का है: किस किस्म की वस्तुओं का अपने-आप में अस्तित्व होना चाहिए? (या कौन-सी वस्तुएँ साध्य के रूप में अच्छी हैं या स्वत: मूल्यवान हैं?) जबकि दूसरा प्रश्न इस प्रकार का है : किस किस्म के कर्मों को हमें करना चाहिए? (या कौन से कर्म उचित या कर्त्तव्य हैं?)

मूर ने एक तरह से पहले प्रश्न को अधिक बुनियादी माना है, क्योंकि मूर के अनुसार, दूसरे प्रश्न के उत्तर को सत्य प्रमाणित करने के लिए पहले प्रश्न का उत्तर जानना ज़रूरी है।

अधिनीतिशास्त्र

अपनी पुस्तक *'ऐन इन्ट्रोडक्शन टू फ़िलसॉफ़िकल अनालिसिस'* में जॉन हॉस्पर्स ने मानक नीतिशास्त्र और मेटाएथिक्स या अधिनीतिशास्त्र के बीच अंतर किया है। हॉस्पर्स के अनुसार मानक नीतिशास्त्र नीतिशास्त्र का मुख्य विभाग है, जो सुकरात, प्लेटो और अरिस्टॉट्ल के समय से प्रमुख रहा है। मानक नीतिशास्त्र के अंतर्गत इस प्रश्न का तर्कसंगत उत्तर ढूढ़ने का प्रयास किया जाता है कि किस किस्म की वस्तुएँ अच्छी (पाने का प्रयत्न करने योग्य) हैं और कौन से कर्म उचित हैं और क्यों?

दूसरी ओर, अधिनीतिशास्त्र में, हॉस्पर्स के अनुसार, ''अच्छा'', ''बुरा'', ''उचित'' और ''अनुचित'' जैसे मुख्य नैतिक शब्दों के अर्थ, और उनके अर्थों के बीच परस्पर सम्बंधों का अध्ययन किया जाता है।[2]

जैसा कि हॉसपर्स ने कहा है, अधिनीतिशास्त्र के अंतर्गत नैतिक शब्दों के अर्थों का अध्ययन तो किया ही जाता है, लेकिन अब इसका क्षेत्र कुछ और व्यापक हुआ है। अधिनीतिशास्त्र के अंतर्गत नैतिक शब्दों के अर्थ के अतिरिक्त नैतिक निर्णय (ethical judgment) के स्वरूप, उसके कार्य; नैतिक असहमति का स्वरूप और उसे दूर करने की विधि (ethical method) का भी अध्ययन किया जाता है।[3] नैतिक निर्णयों का समर्थन किस प्रकार किया जा सकता है, यह भी अधिनीतिशास्त्र की एक मुख्य समस्या है।

'ऑक्सफोर्ड डिक्शनरी ऑफ फ़िलॉसफ़ि' के अनुसार अधिनीतिशास्त्र दूसरी श्रेणी की क्रिया है, जिसमें नीतिशास्त्र की अवधारणाओं (concepts) और विधियों का अंवेषण किया जाता है। इसमें सीधे-सीधे हमें कैसे आचरण करना चाहिए जैसे पहली श्रेणी के व्यावहारिक मुद्दों की चर्चा नहीं की जाती है।[4]

दि पेन्ग्युइन डिक्शनरी ऑफ फ़िलॉसफ़ि के अनुसार अधिनीतिशास्त्र में नैतिक अवधारणाओं या संप्रत्ययों का, नैतिक निर्णयों और युक्तियों (arguments) का दार्शनिक विश्लेषण किया जाता है।[5]

दरअसल, बीसवीं सदी के पूर्वाद्ध में अधिनीतिशास्त्र का उदय विश्लेषणात्मक दर्शन के उदय के साथ जुड़ा हुआ है। [अधिनीतिशास्त्र को विश्लेषणात्मक नीतिशास्त्र (analytic ethics) भी कहा जाता है।]

विश्लेषणात्मक दर्शन की शुरुआत अंग्रेज़ दार्शनिकों मूर और रसेल से मानी जाती है। इसके अलावा, विट्गंस्टाइन और गिलबर्ट रायल आदि दार्शनिकों का भी इस क्षेत्र में प्रमुख योगदान है। विश्लेषणात्मक दर्शन की विशेषता यह है कि इसके अंतर्गत शब्दों के अर्थों को स्पष्ट करने पर विशेष बल दिया जाता है। इसके अलावा, विश्लेषणात्मक दर्शन के अंतर्गत शब्दों के अर्थों के बारे में कुछ सूक्ष्म अंतर भी किए जाते हैं, जो पुरानी दार्शनिक

समस्याओं को नए ढंग से देखने में मदद करते हैं। उदाहरण के तौर पर, वर्णनात्मक (descriptive) अर्थ और संवेगात्मक (emotive) अर्थ के बीच का अंतर, जो खास कर नीतिशास्त्र के लिए विशेष महत्व का है।

तर्कीय प्रत्यक्षवाद (logical positivism) के अंतर्गत भी अर्थ के सिद्धांत को केन्द्रीय महत्व दिया गया है। भाषा विश्लेषणवादी दार्शनिकों के अनुसार तो दर्शन का एकमात्र काम है भाषा का विश्लेषण। विश्लेषणात्मक दर्शन की इन प्रवृत्तियों का नीतिशास्त्र पर भी असर हुआ, और नीतिशास्त्र के क्षेत्र में भी नीतिशास्त्र की भाषा पर ध्यान केन्द्रित किया जाने लगा, जैसा कि अधिनीतिशास्त्र के लेखकों की रचनाओं के शीर्षकों से ही स्पष्ट है: उदाहरण के तौर पर, सी. एल. स्टीवेंसन की *एथिक्स ऐण्ड लैंग्वेज* और आर. एम. हेयर की *लैंग्वेज ऑफ मॉरल्स*। अगर देखा जाए तो नीतिशास्त्र या मानक नीतिशास्त्र से अधिनीतिशास्त्र की ओर संक्रमण मूर की रचना *प्रिंसिपिया एथिका* से ही शुरू हो गयी थी। वैसे तो अपनी किताब की प्रस्तावना में मूर ने नीतिशास्त्र से सम्बन्धित जिन दो प्रश्नों का ज़िक्र किया है (जिसका उल्लेख हम पहले "*मानक नीतिशास्त्र*" के अंतर्गत कर चुके हैं), वे सीधे-सीधे मानक नीतिशास्त्र के ही प्रश्न हैं। इसके अलावा, मूर ने अपनी पुस्तक में इन दोनों प्रश्नों का उत्तर देने का प्रयास भी किया है। लेकिन, दूसरी ओर, अपनी किताब के प्रथम अध्याय में मूर ने स्वयं अपनी ओर से नीतिशास्त्र को "अच्छा के बारे में एक सामान्य अंवेषण" के रूप में परिभाषित किया है। इसके अलावा, मूर ने यह भी कहा है कि "अच्छा क्या है?" इस प्रश्न का नीतिशास्त्र की दृष्टि से मुख्य अर्थ यह है कि "अच्छा की परिभाषा कैसे की जा सकती है?" मूर के अनुसार नीतिशास्त्र के क्षेत्र में व्यवस्थित रूप से आगे बढ़ने के लिए सबसे पहले इस प्रश्न को समझना और इसके सत्य उत्तर को पहचानना ज़रूरी है।

इसके अलावा, मूर ने अपनी किताब की प्रस्तावना में यह भी कहा है कि इस पुस्तक में उनका एक मुख्य उद्धेश्य "अपने-आप में अच्छा क्या है?" और "कौन से कर्म उचित हैं?" इन प्रश्नों का उत्तर देने की बजाय नैतिक तर्कना (ethical reasoning) के मौलिक सिद्धांतों को खोजना है। इस तरह, अगर देखा जाए तो हांलाकि मूर ने कहीं भी "अधिनीतिशास्त्र" शब्द का प्रयोग नहीं किया है, और उनकी किताब मुख्यत: मानक नीतिशास्त्र की परम्परा में है; लेकिन मूर की रचना *प्रिंसिपिया एथिका* में अधिनीतिशास्त्र के बीज मौजूद हैं। (आज के समय "अच्छा" जैसे नैतिक बुनियादी शब्दों के अर्थ को स्पष्ट करना या नीतिशास्त्र की विधि की चर्चा को अधिनीतिशास्त्र के अंतर्गत माना जाता है।) वैसे, मिल की रचना *युटिलिटैरियनइज़्म* में भी नैतिक विधि के बारे में महत्वपूर्ण बातें कही गयीं हैं। नैतिक निर्णय के स्वरूप के बारे में भी मानक नीतिशास्त्र में पहले से ही चर्चा होती चली आ रही थी। इससे यह बात समझ में आती है कि अधिनीतिशास्त्र के बीज मानक नीतिशास्त्र में भी मौजूद थे।

लेकिन, सही अर्थों में एक स्वतंत्र शाखा के रूप में अधिनीतिशास्त्र का विकास बाद में हुआ है। अमरीकी नैतिक दार्शनिक सी. एल. स्टीवेंसन की *एथिक्स ऐण्ड लैंग्वेज* को अधिनीतिशास्त्र का प्रथम व्यवस्थित ग्रंथ माना जा सकता है। इसके अलावा, अंग्रेज़ दार्शनिक आर. एम. हेयर की *लैंग्वेज ऑफ मॉर्ल्स* भी अधिनीतिशास्त्र की रचना ही मानी जाएगी। लेकिन अधिनीतिशास्त्र की ओर बढ़ने का संकेत रसेल की बाद की रचनाओं में और ए. जे. एयर की लैंग्वेज, *ट्रूथ ऐण्ड लॉजिक* में भी मिलते हैं। उदाहरण के तौर पर, दि *फ़िलॉसफ़ि ऑफ बट्रेण्ड रसेल* (1946) में "आलोचनाओं के उत्तर" के अंतर्गत रसेल ने यह कहा है कि उनके अनुसार नीतिशास्त्र से सम्बन्धित सिर्फ़ एक बात को ही सही रूप में दर्शनशास्त्र के अंतर्गत माना जा सकता है: यह युक्ति कि नैतिक कथनों (propositions) को इच्छार्थक वृत्ति (optative mood) में व्यक्त किया जाना चाहिए निश्चयार्थक वृत्ति (indicative mood) में नहीं।[6] इसका अर्थ यह हुआ कि रसेल सिर्फ नैतिक निर्णय के स्वरूप के विषय में चर्चा को दर्शनशास्त्र के अंतर्गत स्थान देना चाहते थे।

एयर ने इस विषय पर अपेक्षाकृत अधिक विस्तार से अपने विचार व्यक्त किए हैं। एयर के अनुसार नैतिक दार्शनिकों की रचनाओं में, जो नीतिशास्त्रीय बातें रहती हैं, उन्हें चार मुख्य वर्गों में रखा जा सकता है: सबसे पहले, ऐसे तर्कवाक्य, जो नैतिक पदों की परिभाषाओं को व्यक्त करते हैं, या क्,छ परिभाषाओं की वैधता या सम्भावना के बारे में निर्णय देते हैं। दूसरे, ऐसे तर्कवाक्य, जो नैतिक अनुभव की घटनाओं का, और उसके कारणों का वर्णन करते हैं। तीसरे, जिनमें नैतिक सद्गुण (virtues) के लिए उपदेश या प्रबोधन रहते हैं। और अंत में, जिनमें वास्तविक नैतिक निर्णय रहते हैं।

एयर के अनुसार इनमें से सिर्फ़ पहले वर्ग को, जिसमें नैतिक पदों की परिभाषाओं से सम्बंधित कथन रहते हैं, नैतिक दर्शन माना जा सकता है। एयर के अनुसार नीतिशास्त्र से सम्बंधित एक पूर्णतः दार्शनिक ग्रन्थ में कोई नैतिक उद्घोषणाएँ (pronouncements) नहीं की जानी चाहिए। बल्कि, उसमें नैतिक पदों का एक विश्लेषण दे कर यह दिखलाना चाहिए कि ऐसी सभी घोषणाएँ किस कोटि (category) के अंतर्गत आती हैं।[7] एयर की राय में नैतिक दर्शन के अंतर्गत सिर्फ़ यह कथन आता है कि नैतिक अवधारणाएँ छद्म अवधारणाएँ होती हैं। इसलिए, उनका विश्लेषण नहीं किया जा सकता।[8] स्पष्ट है कि एयर ने नीतिशास्त्र को अधिनीतिशास्त्र के अर्थ-सम्बंधी पक्ष से एकाकार कर दिया है।

सी. एल. स्टीवेंसन ने अपनी किताब *एथिक्स ऐण्ड लैंग्वेज* में एक अलग रवैया अपनाया है। स्टीवेंसन के अनुसार उनकी किताब का सम्बंध सम्पूर्ण नीतिशास्त्र से नहीं बल्कि उसके एक सीमित और विशेष हिस्से से है। उनकी पुस्तक का पहला उद्देश्य "अच्छा", "उचित", "न्ययासंगत" (just) और "चाहिए" (ought) जैसे नैतिक पदों का अर्थ स्पष्ट करना है; जबकि उसका दूसरा उद्देश्य उन सामान्य विधियों का चित्रण करना है,

जिनके द्वारा नैतिक निर्णयों को प्रमाणित किया जा सकता है या उनका समर्थन किया जा सकता है।

स्टीवेंसन के अनुसार इस किस्म के अध्ययन का मानक नीतिशास्त्र के साथ ठीक उसी प्रकार का सम्बंध है जैसा कि अवधारणाओं के विश्लेषण (conceptual analysis) और वैज्ञानिक विधि का विज्ञानों के साथ। वैज्ञानिक विधि पर लिखी गयी किताब से यह अपेक्षा नहीं की जाती है कि वह विज्ञान का काम करे। इसी तरह, स्टीवेंसन के अनुसार उनकी किताब में कौन से कर्म उचित हैं और कौन से अनुचित इस बारे में किसी निष्कर्ष की की अपेक्षा नहीं करनी चाहिए। चाहे विज्ञान हो या नीतिशास्त्र, किसी भी विश्लेषणात्मक या विधि सम्बंधी या प्रणाली-वैज्ञानिक (methodological) अध्ययन का उद्देश्य हमेशा अप्रत्यक्ष या परोक्ष होता है खइससे यह उम्मीद की जाती है कि वह दूसरों को अपने काम की ओर स्पष्टतर मस्तिष्क और अंवेषण के कम अपव्ययी आदतों के साथ भेजे। स्टीवेंसन के अनुसार उनकी किताब का सीमित उद्देश्य उन औज़ारों को तेज़ करना है, जिनका इस्तेमाल दूसरे लोग करते हैं।[9]

संक्षेप में, अधिनीतिशास्त्र का उदय बीसवीं सदी में विश्लेषणात्मक दर्शन के उदय के साथ जुड़ा हुआ है। अधिनीतिशास्त्र के दो मुख्य पक्ष हैं: (1) अर्थ-सम्बंधी और (2) विधि-सम्बंधी। अधिनीतिशास्त्र में मुख्यत: नैतिक पदों के अर्थ और उनके बीच परस्पर सम्बंधों के बारे में; नैतिक निर्णयों के अर्थ, स्वरूप और उसके कार्यों के बारे में, तथा नैतिक युक्तियों के स्वरूप के बारे में चर्चा की जाती है। स्टीवेंसन और पॉल एडवर्ड्स जैसे अधिनीतिशास्त्र के लेखकों ने नैतिक विधि या नैतिक युक्तियों की चर्चा के संदर्भ में नैतिक असहमति के स्वरूप की चर्चा भी की है। स्टीवेंसन ने अपनी किताब के पहले अध्याय में ही नैतिक असहमति के स्वरूप का प्रश्न उठाया है। स्टीवेंसन के अनुसार नैतिक असहमति के स्वरूप को स्पष्ट किए बिना नैतिक शब्दों के अर्थ और नैतिक विधियों का सही विश्लेषण सम्भव नहीं है।[10]

मानक नीतिशास्त्र और अधिनीतिशास्त्र

हम देख चुके हैं कि बीसवीं सदी के पहले तक मानक नीतिशास्त्र को ही सम्पूर्ण नीतिशास्त्र माना जाता था। दूसरी ओर, हमने यह भी देखा कि बीसवीं सदी में नीतिशास्त्र के कुछ लेखक अधिनीतिशास्त्र को ही पूर्ण नीतिशास्त्र मानने लगे। फिर, सी. एल. स्टीवेंसन जैसे लेखक अधिनीतिशास्त्र को नीतिशास्त्र का एक विशेष और सीमित अंग मानते हैं। उनके अनुसार अधिनीतिशास्त्र मानक नीतिशास्त्र का पूरक या सहायक है। अधिनीतिशास्त्र की समस्याओं पर विचार करने के बाद ही मानक नीतिशास्त्र की समस्याओं पर संतोषजनक तरीके से विचार किया जा सकता है।

नीतिशास्त्र प्लेटो और अरिस्टॉट्ल के समय से ही दर्शनशास्त्र की एक महत्वपूण शाखा रही है, और इसके अंतर्गत मानव जीवन में क्या अच्छा और क्या बुरा, तथा मानव आचरण

में क्या उचित है, या अनुचित जैसे बुनियादी महत्व के प्रश्नों पर विचार किया जाता है। यह नहीं कहा जा सकता है कि ये समस्याएँ "छद्‌म समस्याएँ" हैं, या कि इनका मानव जीवन में कोई महत्व नहीं है। यह भी नहीं कहा जा सकता है कि इन समस्याओं पर ज्ञान की किसी अन्य शाखा के अंतर्गत अधिक संतोषजनक ढंग से विचार किया जाने लगा है, इसलिए दार्शनिकों को इन पर विचार करने की ज़रूरत नहीं है (जैसा कि कई विज्ञानों के संदर्भ में दर्शनशास्त्र की एक अन्य शाखा तत्वमीमांसा के बारे में काफ़ी हद तक कहा जा सकता है)। इसलिए "मानक नीतिशास्त्र का दर्शनशास्त्र से कोई सम्बंध नहीं है" ऐसा कह कर दार्शनिकों द्वारा मानक नीतिशास्त्र से पल्ला झाड़ लेने का कोई औचित्य नहीं है। मानक नीतिशास्त्र की समस्याएँ मानव जीवन और मानव समाज के लिए बुनियादी महत्व की है और रहेंगी, चाहे कुछ दार्शनिक उनकी ओर ध्यान दें या न दें। ये समस्याएँ नए-नए रूप में हमारे सामने आती रहेंगी, जैसाकि बीसवीं सदी के उत्तरार्द्ध में अप्लाइड नीतिशास्त्र या व्यावहारिक नीतिशास्त्र के उदय से स्पष्ट है।

यह ज़रूर है कि परम्परागत रूप से मानक नीतिशास्त्र में मौलिक नैतिक पदों के अर्थ और नैतिक विधि से जुड़ी समस्याओं पर उतना ध्यान नहीं दिया गया, जितना की विश्लेषणात्मक दर्शन के उदय के बाद अधिनीतिशास्त्र या विश्लेषणात्मक नीतिशास्त्र के अंतर्गत दिया गया। इसलिए अधिनीतिशास्त्र के महत्व को भी नकारा नहीं जा सकता है।

मानक नीतिशास्त्र और अधिनीतिशास्त्र के बीच सम्बंध के बारे में स्टीवेंसन का मत ही संतुलित और संतोषजनक मालूम देता है। दोनों ही नीतिशास्त्र के अंग हैं, और एक-दूसरे के पूरक हैं। हांलाकि ऐतिहासिक दृष्टि से अधिनीतिशास्त्र मानक नीतिशास्त्र के काफी बाद आया है, तार्किक दृष्टि से अधिनीतिशास्त्र का स्थान मानक नीतिशास्त्र से पहले आता है। अधिनीतिशास्त्र के प्रश्नों पर विचार करने के बाद ही मानक नीतिशास्त्र की समस्याओं का संतोषजनक समाधान खोजा जा सकता है। नैतिक शब्दों के अर्थ, नैतिक निर्णय का स्वरूप, नैतिक असहमति का स्वरूप और नैतिक विधि को स्पष्ट किए बिना मानक नीतिशास्त्र के प्रश्नों का उत्तर सही ढंग से नहीं खोजा जा सकता है।

व्यावहारिक या अप्लाइड नीतिशास्त्र

अप्लाइड नीतिशास्त्र या व्यावहारिक नीतिशास्त्र नीतिशास्त्र की सबसे नयी शाखा है। अप्लाइड नीतिशास्त्र को "अनुप्रयुक्त नीतिशास्त्र" भी कहते हैं। इसका उदय बीसवीं सदी के उत्तरार्द्ध में हुआ है। नीतिशास्त्र के लेखक आस्ट्रेलियाई दार्शनिक पीटर सिंगर का अप्लाइड नीतिशास्त्र के विकास में विशेष योगदान है। सिंगर ने *प्रैक्टिकल एथिक्स* नाम की एक किताब लिखी है, जिसके प्रथम संस्करण का प्रकाशन 1979 में हुआ, जबकि इसके दूसरे संस्करण का प्रकाशन 1993 में हुआ है। सिंगर के अनुसार उनकी किताब का सम्बंध व्यावहारिक नीतिशास्त्र से है। इस पुस्तक में प्रजातीय अल्पसंख्यकों (racial minorities) के साथ व्यवहार, महिलाओं की समानता, भोजन और शोध के लिए पशुओं का इस्तेमाल,

गर्भपात, सुखमृत्यु (euthanasia), शिशु-हत्या, शरणार्थियों की समस्या, पर्यावरण, कानून का पालन और समृद्ध लोगों के गरीबों की मदद करने का दायित्व जैसे व्यावहारिक मुद्दों पर नीतिशास्त्र या नैतिकता को लागू किया गया है।[11]

पीटर सिंगर ने *अप्लाइड एथिक्स* (1986) नाम की एक किताब भी सम्पादित की है। सिंगर के अनुसार अप्लाइड नीतिशास्त्र के अंतर्गत किसी तात्कालिक महत्व की व्यावहारिक समस्या का नैतिक समाधान खोजने का प्रयास किया जाता है।[12]

दि ऑक्सफोर्ड डिक्शनरी ऑफ फ़िलॉसफ़ि के अनुसार अप्लाइड नीतिशास्त्र वह विषय है जो वास्तविक व्यावहारिक समस्याओं पर नीतिशास्त्र को लागू करता है; जैसे, गर्भपात, सुखमृत्यु, पशुओं के साथ व्यवहार या अन्य पर्यावरणीय, कानूनी, राजनीतिक और सामाजिक समस्याएँ।[13] *पेन्ग्युइन डिक्शनरी ऑफ फ़िलॉसफ़ि* के अनुसार अप्लाइड नीतिशास्त्र के अंतर्गत निजी और सार्वजनिक जीवन की ऐसी विशेष समस्याओं की नैतिक दृष्टि से दार्शनिक परीक्षा की जाती है, जिन पर नैतिक निर्णय दिया जा सकता है। उदाहरण के तौर पर, व्यक्तिगत या निजी सम्बंध, मेडिकल विज्ञान और व्यवहार, नस्ल-सम्बंधी प्रश्न, राजनीतिक आतंकवाद, पर्यावरण सम्बंधी मुद्दे, आदि।[14]

अप्लाइड या व्यावहारिक नीतिशास्त्र को दार्शनिक अंवेषण की एक शाखा के रूप में स्वीकार करने का अर्थ है इस मत को अस्वीकार करना कि दर्शनशास्त्र में नैतिक समस्याओं का विश्लेषण और स्पष्टीकरण मात्र किया जा सकता है, लेकिन उन समस्याओं का समाधान नहीं खोजा जा सकता है।

व्यावहारिक नीतिशास्त्र का पिछले तीन-चार दशकों में काफी विकास हुआ है और अब इसके अंतर्गत बायोएथिक्स (bioethics), व्यावसायिक नीतिशास्त्र (professional ethics), पशु-नीतिशास्त्र (animal ethics) आदि का अध्ययन किया जाता है। बायोएथिक्स या जीव-नीतिशास्त्र के अंतर्गत जीव-विज्ञान और चिकित्साशास्त्र के क्षेत्र में होने वाली नयी खोजों के नैतिक प्रभाव पर विचार किया जाता है। उदाहरण के तौर पर, इसके अंतर्गत गर्भपात, सुखमृत्यु, टेस्ट ट्यूब बेबी, क्लोनिंग, स्टेम सेल रिसर्च और जेनेटिक इन्जीनियरिंग जैसी समस्याओं पर नैतिक दृष्टि से विचार किया जाता है। व्यावसायिक नीतिशास्त्र के अंतर्गत मेडिकल, शिक्षण, पत्रकारिता, कानून और बिज़नेस आदि विभिन्न व्यवसायों के नैतिक आचरण के मापदण्डों पर विचार किया जाता है। इसी तरह, पशु-नीतिशास्त्र में पशुओं के प्रति और पर्यावरण नीतिशास्त्र में पर्यावरण के प्रति मानव के आचरण पर विचार किया जाता है।

दरअसल, बीसवीं सदी के सातवें और आठवें दशक में अप्लाइड या व्यावहारिक नीतिशास्त्र का उदय बायोएथिक्स के उदय के साथ जुड़ा है। चिकित्साशास्त्र और जीवविज्ञान के क्षेत्र में नए आविष्कारों और खोज के कारण ऐसी नयी-नयी समस्याएँ पैदा होने लगीं, जिन पर नैतिक दृष्टि से विचार करना ज़रूरी हो गया। हम देख चुके हैं कि बीसवीं सदी

में एक दौर ऐसा भी आया जब एयर जैसे नैतिक दार्शनिक यह कहने लगे कि दार्शनिकों का काम नैतिक पदों के अर्थ का विश्लेषण मात्र है। मानक नीतिशास्त्र की महत्त्वपूर्ण और वास्तविक समस्याओं से ऐसे दार्शनिकों ने अपना मुँह मोड़ लिया। लेकिन, जब जीव विज्ञान और चिकित्सा-शास्त्र के क्षेत्र में ऐसी समस्याएँ पैदा होने लगीं, जिन पर नैतिक दृष्टि से विचार करना ज़रूरी था, तो ऐसे में यह स्वाभाविक ही था कि नैतिक दार्शनिकों से यह अपेक्षा की जाने लगी कि वे तात्कालिक महत्त्व के इन व्यावहारिक समस्याओं पर नैतिक दृष्टि से विचार करें। उदाहरण के तौर पर, सुखमृत्यु की अनुमति मिलनी चाहिए या नहीं? अगर हाँ, तो किन परिस्थितियों में, अगर नहीं, तो क्यों नहीं? ज़ाहिर है कि इन समस्याओं पर मानक दृष्टि से ही विचार किया जा सकता है। इसलिए, यह भी कहा जाता है कि चिकित्साशास्त्र ने नीतिशास्त्र की जान बचाई।[15]

पशु-नीतिशास्त्र का भी अप्लाइड नीतिशास्त्र के अंतर्गत महत्त्वपूर्ण स्थान है। दरअसल, पीटर सिंगर ने *प्रैक्टिकल एथिक्स* (1979) से भी पहले *ऐनिमल लिबरेशन* (1975) नाम की एक किताब लिखी थी, जिसमें पशुओं के प्रति मानव व्यवहार को ले कर बुनियादी प्रश्न उठाए गए थे।[16] सिंगर के अनुसार जैसे नस्ल (race) और लिंग (sex) के आधार पर भेदभाव गलत है, वैसे ही 'स्पीशीज़' (species) के आधार पर भी भेदभाव गलत है। सभी पशु एक समान हैं।[17]

पर्यावरण सम्बंधी समस्याओं के दिनोंदिन अधिक से अधिक गम्भीर होते चले जाने के कारण पर्यावरण-नीतिशास्त्र का भी महत्व बढ़ गया है। पशु भी पर्यावरण के ही अंग हैं, इसलिए पशु-नीतिशास्त्र को पर्यावरण नीतिशास्त्र के अंतर्गत भी रखा जाता है।

अप्लाइड नीतिशास्त्र और मानक नीतिशास्त्र

व्यावहारिक नीतिशास्त्र और मानक नीतिशास्त्र के बीच निकट सम्बंध है। सुखमृत्यु, गर्भपात या तात्कालिक महत्व के किसी भी व्यावहारिक मुद्दे पर मानक दृष्टि से विचार किसी नैतिक मापदण्ड के आधार पर ही किया जा सकता है। दूसरे शब्दों में मानक नीतिशास्त्र के निष्कर्षों के आधार पर ही हम व्यावहारिक नीतिशास्त्र में किसी समस्या का "उचित" या "अनुचित" के रूप में मूल्यांकन कर सकते हैं। उदाहरण के तौर पर, पीटर सिंगर ने अपनी किताब प्रैक्टिकल एथिक्स में एक किस्म के उपयोगितावाद (preference utilitarianism) को अपने नैतिक मूल्यांकनों का आधार बनाया है। इस आधार पर उन्होंने गर्भपात को उचित ठहराया है, और समृद्ध लोगों द्वारा अत्यधिक गरीब लोगों की मदद करने में असफलता की स्पष्ट शब्दों में निंदा की है।[18]

इस तरह अधिनीतिशास्त्र, मानक नीतिशास्त्र और अप्लाइड या व्यावहारिक नीतिशास्त्र, नीतिशास्त्र की तीन प्रमुख शाखाएँ हैं, और ये आपस में एक-दूसरे से जुड़ी हुई हैं। इन्हें

एक-दूसरे से स्वतंत्र नहीं मानना चाहिए। अधिनीतिशास्त्र के अध्ययन के बाद ही मानक नीतिशास्त्र की समस्याओं को बेहतर ढ़ंग से सुलझाया जा सकता है, और मानक नीतिशास्त्र के निष्कर्षों को ही अप्लाइड नीतिशास्त्र में समकालीन नैतिक समस्याओं पर लागू किया जा सकता है।

REFERENCES

1. William Lillie, An Introduction to Ethics (Bombay: Allied Publishers Private Ltd.. 1967), pp. 1-2.
2. John Hospers, An Introduction to Philosophical Analysis (New Delhi: Allied Publishers Private Ltd., 1975), p. 567.
3. जब मानव आचरण के संदर्भ में ''अच्छा'', ''बुरा'', ''उचित'', ''अनुचित'', ''चाहिए'' और ''कर्त्तव्य'' आदि नैतिक शब्दों का इस्तेमाल करते हुए कोई निर्णय दिया जाता है, तो उसे नैतिक निर्णय कहा जाता है, जैसे, ''उसने पैसे चुरा कर अनुचित काम किया'', यह एक नैतिक निर्णय है।
4. Simon Blackburn, The Oxford Dictionary of Philosophy (New York: Oxford University Press, 1994), p. 239.
5. Thomas Mautner, The Penguin Dictionary of Philosophy (London: Penguin Books, 2000), p. 349.
6. Paul Arthur Schilpp (ed.), The Philosophy of Bertrand Russell (Evaston, Illinois: The Library of Living Philosophers Inc., 1946), p. 719.
7. A. J. Ayer, Language, Truth and Logic (England: Penguin Books Ltd., 1976), p. 137.
8. Ibid., p. 148.
9. C. L. Stevenson, Ethics and Language (USA: Yale University Press Inc., 1960), p. 1.
10. Ibid., p. 2.
11. Peter Singer, Practical Ethics (Cambridge: Cambridge University Press, 1979, 1993)
12. Peter Singer (ed), Applied Ethics (Oxford University Press, 1986), p. 1.
13. The Oxford Dictionary of Philosophy, p. 126.
14. The Penguin Dictionary of Philosophy, p. 33.
15. देखें, Stephen Toulmin, "How Medicine Saved the Life of Ethics".
16. Peter Singer, Animal Liberation (New York: Random House, 1975).
17. रमेन्द्र, ''पारिस्थितिकी का दर्शन'', समाज और राजनीति दर्शन (दिल्ली: मोतीलाल बनारसीदास, 2005).
18. Peter Singer, Practical Ethics.

2

मानक नीतिशास्त्र के सिद्धांतों का वर्गीकरण

पिछले अध्याय में हम यह चर्चा कर चुके हैं कि नैतिक मापदण्ड की समस्या मानक नीतिशास्त्र की मुख्य समस्या है। कौन से कर्म "उचित" हैं, और कौन से "अनुचित", इसका निर्धारण कैसे किया जाता है? नीतिशास्त्र के लम्बे इतिहास में इस समस्या के समाधान के प्रयत्न में कई सिद्धांत दिए गए हैं; जिनमें से कुछ मुख्य सिद्धांतों का आम तौर से विश्वविद्यालयों में नीतिशास्त्र के अंतर्गत अध्ययन-अध्यापन किया जाता है, जैसे, अंत:अनुभूतिवाद (intuitionism), कांट का बुद्धिवाद (rationalism), आत्मपूर्णतावाद (perfectionism) और सुखवाद (hedonism)।

फिर, नैतिक मापदण्ड के इन सिद्धांतों को "प्रयोजनवादी" (teleological) और "अप्रयोजनवादी" (anti-teleological या deontological) के रूप में भी वर्गीकृत किया जाता है। विलियम लिली के अनुसार सी. डी. ब्रॉड ने अपनी *फाइव टाइप्स ऑफ एथिकल थ्योरी* में नैतिक मापदण्ड के सिद्धांतों को "प्रयोजनवादी" और "अप्रयोजनवादी" के रूप में वर्गीकृत किया है।[1]

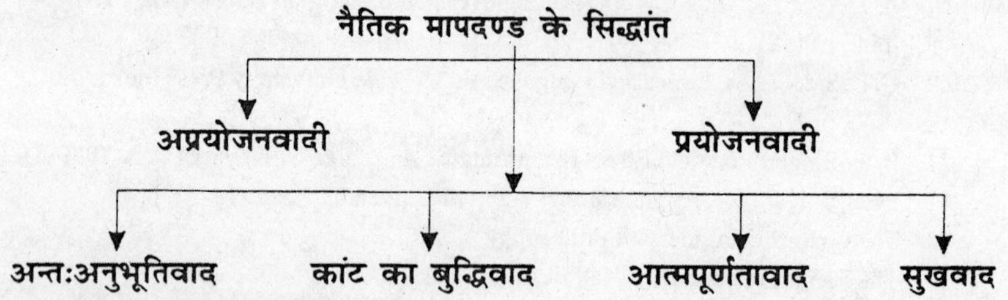

प्रयोजनवाद या परिणामवाद

नैतिक मापदण्ड के ऐसे सिद्धांत, जिनके अनुसार कर्म का "उचित" या "अनुचित" होना उनके परिणाम (consequence) पर निर्भर है, "प्रयोजनवादी" कहे जाते हैं। प्रयोजनवादी सिद्धांतों के अनुसार अगर कर्म का परिणाम "अच्छा" है, तो कर्म "उचित" है, और अगर परिणाम "बुरा" है, तो कर्म "अनुचित" है। कौन-सा परिणाम "अच्छा" है, और कौन-सा परिणाम "बुरा", इस बारे में प्रयोजनवादी सिद्धांतों के मत अलग-अलग हो सकते हैं, बल्कि हैं। उदाहरण के तौर पर, सुखवाद के अनुसार सुख अच्छी चीज़ है, जबकि आत्मपूर्णतावाद के अनुसार "आत्मपूर्णता"। सुखवाद के अनुसार अगर किसी कर्म से सुख में वृद्धि होती है, तो वह उचित है, जबकि आत्मपूर्णतावाद के अनुसार जिन कर्मों से हम

आत्मपूर्णता की ओर बढ़ते हैं, वे उचित हैं। लेकिन दोनों ही प्रयोजनवादी हैं; क्योंकि दोनों के अनुसार कर्म का उचित या अनुचित होना उसके परिणाम पर निर्भर है।

इसी तरह, मूर ने अपनी किताब प्रींसिपिया एथिका में जो मानक नीतिशास्त्र-सम्बंधी विचार दिए हैं, उन्हें भी प्रयोजनवादी ही कहा जाएगा, क्योंकि मूर के अनुसार भी कर्म का उचित या अनुचित होना उसके परिणाम पर निर्भर है; हालांकि कौन-सी चीज़ अपने-आप में अच्छी है, इस बारे में मूर के विचार ऊपर बतलाए गए दोनों सिद्धांतों से अलग हैं। मूर ने "मानव संसर्ग के सुख" (the pleasure of human intercourse) और "सुन्दर वस्तुओं के उपभोग" (enjoyment of beautiful objects) को अपने-आप में अच्छा माना है।

सुखवाद का ही विकसित रूप उपयोगितावाद (utilitarianism) है, जिसका समर्थन अन्य लोगों के अलावा, बेंथम, मिल और सिजविक ने किया है। कभी-कभी उपयोगितावाद के भी दो रूपों की चर्चा की जाती है कर्म-उपयोगितावाद (act utilitarianism) और नियम-उपयोगितावाद (rule utilitarianism)।[2] कर्म-उपयोगितावाद के अनुसार किसी कर्म का उचित या अनुचित होना उसके "उपयोगी" होने, या अच्छे परिणाम पर निर्भर करता है, जबकि नियम-उपयोगितावाद के अनुसार किसी नैतिक नियम का उचित या अनुचित होना उसके अच्छे परिणाम पर निर्भर करता है। ये सभी नैतिक मापदण्ड के प्रयोजनवादी सिद्धांतों के उदाहरण हुए।

क्योंकि प्रयोजनवादी सिद्धांतों के अनुसार कर्म का उचित या अनुचित होना उनके परिणाम पर निर्भर करता है। इसलिए, "प्रयोजनवादी" सिद्धांतों को "परिणामवादी" (consequentialist) भी कहा जाता है।

अप्रयोजनवाद

जैसाकि नाम से ही स्पष्ट है नैतिक मापदण्ड के "अप्रयोजनवादी" सिद्धांत, प्रयोजनवादी सिद्धांतों के विपरीत, यह मानते हैं कि कर्म का "उचित" या "अनुचित" होना उसके परिणाम से स्वतंत्र है। कोई कर्म उचित है या अनुचित इसके निर्धारण के लिए हमे उसके परिणाम को देखने की कोई ज़रूरत नहीं है। उदाहरण के तौर पर, अन्तःअनुभूतिवाद और कांट का बुद्धिवाद या कठोर मत (rigorism) नैतिक मापदण्ड के अप्रयोजनवादी सिद्धांत हैं। दोनो के अनुसार कर्म उचित है या अनुचित, इसका निर्धारण उनके परिणामों से स्वतंत्र रूप में किया जा सकता है। अन्तःअनुभूतिवाद के अनुसार, मोटे तौर पर, कोई कर्म उचित है या अनुचित इसका ज्ञान हमें सीधे अन्तःअनुभूति द्वारा हो जाता है। इसके लिए उसके परिणाम को देखने की कोई ज़रूरत नहीं है।

दूसरी ओर, कांट के बुद्धिवाद या कठोर मत के अनुसार किसी भी कर्म को "उचित" तभी कहा जा सकता है, जब वह "शुभ संकल्प" (good will) से किया जाए। कांट के अनुसार नैतिकता के नियम "बुद्धि के नियम" हैं, जिनका ज्ञान बुद्धि द्वारा हो जाता है।

कर्म के उचित होने के लिए उसकी नैतिकता के नियमों से संगति तो होनी ही चाहिए, लेकिन यह पर्याप्त नहीं है। साथ ही, यह भी ज़रूरी है कि उस कर्म को कर्त्तव्य पालन या नैतिकता के नियमों के प्रति सम्मान की दृष्टि से किया जाए; तभी यह समझा जाएगा कि वह कर्म "शुभ संकल्प" या "अच्छे संकल्प" से किया गया है। संक्षेप में, कांट के अनुसार भी कर्म के उचित या अनुचित होने का निर्धारण उसके परिणाम से स्वतंत्र रूप में किया जा सकता है।

कभी-कभी "अंत:अनुभूतिवाद" और "अप्रयोजनवाद" को एक मान लिया जाता है। इसकी ओर विलियम लिली ने भी ध्यान दिलाया है। लिली के अनुसार रैशडल ने अपनी थ्योरी ऑफ गुड ऐण्ड इविल में ऐसा किया है।[3] लेकिन ऐसा करना सही नहीं है। एकदम सही अर्थों में "अंत:अनुभूतिवाद" नैतिक मापदण्ड के उन सिद्धांतों को कहते हैं, जिनके अनुसार कर्म के उचित या अनुचित होने का ज्ञान, बुद्धि के इस्तेमाल के बिना, सीधे "अंत:अनुभूति" से हो जाता है। अपने मुख्य रूप में अंत:अनुभूतिवाद एक अप्रयोजनवादी सिद्धांत है। लेकिन अंत:अनुभूतिवाद ही एकमात्र अप्रयोजनवादी सिद्धांत नहीं है। कांट का बुद्धिवाद भी एक अप्रयोजनवादी सिद्धांत है।

समीक्षा

नीतिशास्त्र में हमें ऐसे तर्कसंगत मापदण्ड की तलाश रहती है, जिसका समर्थन तर्कबुद्धि द्वारा किया जा सके। सवाल यह है कि तार्किक दृष्टि से प्रयोजनवाद और अप्रयोजनवाद में से कौन बेहतर है?

जैसा कि जॉन स्टुअर्ट मिल ने अपनी किताब *युटिलिटैरियनिज़्म* में कहा है, चाहे ज्ञान के क्षेत्र में हो या आचरण के, प्रथम और बुनियादी सिद्धांतों का "सीधा प्रमाण" देना सम्भव नहीं होता है। किसी वस्तु को अच्छा प्रमाणित किया जा सकता है, सिर्फ यह दिखला कर कि वह किसी ऐसी वस्तु को प्राप्त करने का साधन, जिसे हम प्रमाण के बिना ही अच्छा स्वीकार कर लेते हैं। दूसरे शब्दों में, हमे नीतिशास्त्र के क्षेत्र में भी कुछ स्वयंसिद्धों (axioms) को बिना औपचारिक प्रमाण के स्वीकार करना होगा। इसका अर्थ यह नहीं है कि ये स्वयंसिद्ध पूरी तौर से आत्मनिष्ठ या मनमाने हों, बल्कि इन्हें स्वीकार करने के पक्ष में कुछ विचार प्रस्तुत किए जा सकते हैं, चाहे वे औपचारिक अर्थ में प्रमाण न हों।

मिल की इस बात से सहमत होते हुए यह कहा जा सकता है कि नैतिक मापदण्ड के संदर्भ में जहाँ तक उसके समर्थन में युक्ति देना सम्भव हो, वहाँ तक युक्ति अवश्य दी जानी चाहिए।

अब, इस पृष्ठभूमि में हम प्रयोजनवाद और अप्रयोजनवाद पर विचार करें।

कांट का बुद्धिवाद अप्रयोजनवादी सिद्धांतों का एक प्रमुख उदाहरण है। कांट के अनुसार

नैतिकता के नियम एक ''निरपेक्ष आदेश'' (categorical imperative) हैं, यानी ये ऐसे नियम हैं जिनका बिना शर्त हर हाल में पालन किया जाना चाहिए।

दूसरी ओर, बेंथम और मिल का उपयोगितावाद प्रयोजनवाद का एक प्रमुख उदाहरण है। उपयोगितावाद के अनुसार नैतिकता के नियमों का पालन इसलिए किया जाना चाहिए, क्योंकि उनके पालन करने का परिणाम सबके लिए अच्छा है। बल्कि नैतिकता के ऐसे ही नियमों का पालन किया जाना चाहिए, जिनके लिए यह दिखा पाना सम्भव हो कि उनके पालन करने का परिणाम सबके लिए अच्छा है। दूसरे शब्दों में, हम नैतिकता के नियमों का समर्थन यह दिखला कर कर सकते हैं कि उनके पालन करने का परिणाम अच्छा है। फिर, ऐसे में, जहाँ पर, युक्ति देना सम्भव है, वहाँ पर युक्ति न दे कर, नैतिकता के नियमों को ही अपने-आप में साध्य मान लेना तार्किक दृष्टि से संतोषजनक नहीं है।

कांट ने ''निरपेक्ष आदेश'' के जो रूप बतलाए हैं, उनमें पहला यह है कि ''नैतिकता के ऐसे सिद्धांतों (maxim) पर आचरण करें, जिन्हें आप सार्वभौमिक (universal) नियम बनाने का संकल्प ले सकते हैं''।

कांट का यह कथन इस दृष्टि से महत्त्वपूर्ण है कि यह हमारा ध्यान इस ओर दिलाता है कि हमारे नैतिक चिंतन और आचरण में एक तार्किक संगति होनी चाहिए। अगर हम किसी आचरण को अपने लिए ''उचित'' मानते हैं, तो हमें यह भी मानना होगा कि ठीक वैसी ही परिस्थितियों में वह आचरण दूसरों के लिए भी ''उचित'' होगा। तार्किक असंगति के बिना हम यह नहीं कह सकते हैं कि कोई आचरण हमारे लिए उचित है, लेकिन ठीक उन्हीं परिस्थितियों में, दूसरों के लिए अनुचित, या यह कि कोई आचरण दूसरों के लिए अनुचित है, लेकिन ठीक उन्ही परिस्थितियों में हमारे लिए उचित।

यह सही है कि हमारे नैतिक चिंतन में तार्किक संगति होनी चाहिए। यह ज़रूरी है, लेकिन यह नैतिकता का संतोषजनक मापदण्ड देने के लिए पर्याप्त नहीं है। इसके लिए कर्मों और नैतिक नियमों के परिणाम की ओर ध्यान देना ज़रूरी है।

इस संदर्भ में हम कांट के उदाहरण को ही लें। अगर कोई किसी से पैसे उधार लेता है, तो उसे लौटा देना चाहिए या नहीं? अगर कोई यह सोचता है कि वह पैसे न लौटाए, तो कांट के अनुसार, वह इस आचरण को तभी करे, जब वह इसे एक सार्वभौमिक नियम बनाने को तैयार हो कि ''कोई भी किसी से पैसे उधार ले, तो न लौटाए''। (अगर किसी ने स्वयं उससे भी पैसे उधार लिए हों, तो वह भी उसे न लौटाए।) ज़ाहिर है कि अगर समस्या को इस रूप में पेश किया जाएगा, तो अधिकांश लोगों को ऐसा ही महसूस होगा कि नैतिक नियम यही होना चाहिए कि ''कोई भी किसी से पैसे उधार ले, तो फिर वह उसे लौटा दे''।

लेकिन क्यों? अगर सिर्फ र्फ तार्किक संगति ही बरते जाने की बात है, तो कोई व्यक्ति कह सकता है कि "ठीक है, मैं उधार के पैसे नहीं लौटाऊँगा। किसी ने भी किसी से पैसे उधार लिए हों, तो न लौटाए। किसी ने मुझसे भी पैसे उधार लिए हों, तो वह भी न लौटाए"। ऐसा कहने में कोई तार्किक असंगति तो नहीं है! (ऐसा व्यक्ति किसी को उधार देगा ही नहीं।)

इसलिए, सवाल सिर्फ तार्किक संगति का नहीं है। सवाल यह है कि, अगर इसे एक सार्वभौमिक नैतिक नियम बना दिया गया कि "कोई भी किसी से पैसे उधार ले, तो वह उसे न लौटाए", तो इसका परिणाम क्या होगा। ऐसे में अधिकांश लोग किसी को उधार देना ही नहीं चाहेंगे। पूरी बैंकिंग व्यवस्था चरमरा जाएगी, और किसी को ज़रूरत के समय उधार नहीं मिल पाएगा। इसलिए, यही नैतिक नियम बेहतर है कि "कोई भी किसी पैसे उधार ले तो वह उसे लौटा दे", क्योंकि इसका परिणाम आम तौर से अच्छा है। इससे जरूरतमंद लोगों को समय पर उधार मिलने की सम्भावना बनी रहेगी।

इस तरह, निष्कर्ष के तौर पर हम कह सकते हैं कि प्रयोजनवाद या परिणामवाद अप्रयोजनवाद की तुलना में बेहतर सिद्धांत है। कोई कर्म या नैतिक नियम उचित है या अनुचित इसके निर्धारण के लिए उसके परिणाम की ओर ध्यान देना ज़रूरी है।

REFERENCES

1. William Lillie, *An Introduction to Ethics*, p. 100.
2. Paul Edwards (ed.), *The Encyclopedia of Philosophy* (New York: MacMillan Publishing Co., Inc. & The Free Press, 1992), vol. 8, pp. 206.
3. William Lillie, Op. Cit., pp. 120-21.

3

नैतिक निर्णय का स्वरूप और अधिनीतिशास्त्र के सिद्धांतों का वर्गीकरण

पिछले अध्याय में हमने यह चर्चा की कि किस तरह मानक नीतिशास्त्र के नैतिक मापदण्ड के सिद्धांतों का वर्गीकरण ''प्रयोजनवादी'' और ''अप्रयोजनवादी'' के रूप में किया जाता है। इस अध्याय में हम यह अध्ययन करेंगे कि अधिनीतिशास्त्र के सिद्धांतों का वर्गीकरण किस प्रकार किया जाता है।

अधिनीतिशास्त्र में नैतिक सिद्धांतों का या अधिक स्पष्ट कहें तो नैतिक निर्णय के अर्थ और स्वरूप सम्बंधी सिद्धांतों का वर्गीकरण ''संज्ञानवादी'' (cognitivist) और ''असंज्ञानवादी'' (non-cognitivist) के रूप में किया जाता है।

नैतिक निर्णय का स्वरूप

नैतिक निर्णय के स्वरूप सम्बंधी सिद्धांतों के वर्गीकरण की चर्चा करने से पहले ''नैतिक निर्णय'' के स्वरूप को स्पष्ट करना जरूरी है। ''नैतिक निर्णय'' को यह कह कर परिभाषित किया जा सकता है कि मानव आचरण के संदर्भ में ''अच्छा'', ''बुरा'', ''उचित'', ''अनुचित'', ''चाहिए'' और ''कर्त्तव्य'' आदि नैतिक शब्दों का इस्तेमाल करते हुए जब कोई निणर्य दिया जाता है, तो उसे नैतिक निर्णय (moral judgment) कहते हैं। उदाहरण के तौर पर, ''उसने पैसे चुरा कर अनुचित काम किया''; ''हमें गरीबों की मदद करनी चाहिए'' और ''नियमित अध्ययन करना विद्यार्थियों का कर्त्तव्य है'', आदि।

नैतिक निणर्य की ऊपर दी गयी परिभाषा में ''मानव आचरण के संदर्भ में'' वाक्यांश महत्त्वपूर्ण है। कभी-कभी ''नैतिक निर्णय'' की व्याख्या करते हुए यह भी कहा जाता है कि ''अच्छा'', ''बुरा'', ''उचित'' ''अनुचित'', ''चाहिए'' और ''कर्त्तव्य'' आदि ''नैतिक शब्द'' हैं, और जिन वाक्यों में ये नैतिक शब्द मौजूद हों वे ''नैतिक निर्णय'' हैं।[1] ''नैतिक निर्णय'' की इस व्याख्या के अनुसार भी ऊपर दिए गए नैतिक निर्णय के उदाहरण ''नैतिक निर्णय'' ही कहलाएँगे। लेकिन, महत्त्वपूर्ण बात यह है कि ऊपर बताए गए कुछ ''नैतिक शब्दों'' का इस्तेमाल कई बार ''गैर-नैतिक'' संदर्भों में भी होता है। उदाहरण के तौर पर, ''यह किताब अच्छी है'', ''यह मोटर-कार अच्छी नहीं है'' या ''इस पंखे को यहाँ नहीं, वहाँ होना चाहिए था''। इन वाक्यों में भी ''अच्छा'' और ''चाहिए'' जैसे ''नैतिक'' शब्दों का इस्तेमाल हुआ है, लेकिन इन्हे ''नैतिक निर्णय'' नहीं कहा जा सकता है।

पूछा जा सकता है कि कि वह क्या है, जो संदर्भ को ''नैतिक'' या ''गैर-नैतिक''

बनाता है। नैतिक निर्णय के पहले दिए गए उदाहरणों, जैसे, ''उसने पैसे चुरा कर अनुचित काम किया'' का सम्बंध मानव आचरण से है, जबकि बाद में दिए गए उदाहरणों का जैसे, ''यह किताब अच्छी है'' का सीधा सम्बंध मानव आचरण से नहीं है। (नैतिकता और नीतिशास्त्र का सम्बंध मानव आचरण से होता है।)

आर. एम. हेयर ने अपनी *दि लैंग्वेज ऑफ मॉरल्स* में ''नैतिक मूल्य-निर्णय'' (moral value judgment) और ''गैर-नैतिक मूल्य निर्णय'' (non-moral value judgment) के बीच अंतर किया है। हेयर ने ''अच्छा'', ''उचित'' और ''चाहिए'' जैसे शब्दों को ''मूल्य-शब्द'' (value words) कहा है; और ऐसे वाक्यों को, जिनमें ये मूल्य-शब्द मौजूद हों, और वे नैतिक निर्णय नहीं हों, ''गैर-नैतिक मूल्य निर्णय'' कहा है। कहा जा सकता है कि जिन वाक्यों में ''मूल्य-शब्द'' मौजूद हों वे मूल्य-सम्बंधी निर्णय (value judgment) हैं। ''मूल्य शब्दों'' का इस्तेमाल नैतिक संदर्भों में भी हो सकता है और गैर-नैतिक संदर्भों में भी।

मूल्य निर्णय

गैर-नैतिक मूल्य निर्णय | **नैतिक मूल्य निर्णय**

तथ्य-सम्बंधी निर्णय (judgment of fact) और **मूल्य-सम्बंधी निर्णय** (judgment of value)

नैतिक निर्णय एक किस्म के मूल्य निर्णय होते हैं। नैतिक निर्णयों और तथ्य-सम्बंधी निर्णयों के बीच यह कह कर भी अंतर किया जाता है कि तथ्य सम्बंधी निर्णयों का सम्बंध ''तथ्य'' (fact), ''जो है'', से होता है, जबकि मूल्य-निर्णयों का सम्बंध ''मूल्य'' (value), ''जो होना चाहिए'' से।

परम्परागत रूप से तर्कशास्त्र में जिन निर्णयों (judgments), ''तर्कवाक्यों'' (propositions) या ''कथनों'' (statements) की बात होती है, उनका सम्बंध तथ्यों से होता है। उदाहरण के तौर पर, ''सभी मनुष्य मरणशील हैं यह एक तथ्य-सम्बंधी निर्णय है। इसी तरह, ''पृथ्वी गोल है'', ''पृथ्वी चपटी है'', ''उसने पैसे चुराए हैं'' ये सभी तथ्य-सम्बंधी निर्णय हैं।

तथ्य-सम्बंधी निर्णयों को वर्णनात्मक (descriptive) भी कहा जाता है, क्योंकि इनके द्वारा वास्तविकता का वर्णन किया जाता है, या करने का दावा किया जाता है। तथ्य-सम्बंधी निर्णय या तो सत्य होते हैं, या असत्य। जब किसी तथ्य-सम्बंधी निर्णय का वास्तविकता से मेल हो तो उसे ''सत्य'' कहा जाता है, और जब उसका वास्तविकता से मेल न हो, तो ''असत्य''। उदाहरण के तौर पर, ''पृथ्वी गोल है'', यह निर्णय सत्य है (क्योंकि

इसका वास्तविकता से मेल है); जबकि ''पृथ्वी चपटी है'', यह निर्णय असत्य है (क्योंकि इसका वास्तविकता से मेल नहीं है), लेकिन दोनों तथ्य-सम्बंधी निर्णय ही हैं, क्योंकि दोनों वास्तविकता के बारे में जानकारी देने, या वास्तविकता का वर्णन करने का दावा करते हैं।

तथ्य-सम्बंधी निर्णय और नैतिक निर्णय के बीच के अंतर को हम इस उदाहरण से बेहतर समझ सकते हैं: ''उसने पैसे चुराए'' यह एक तथ्य-सम्बंधी निर्णय है, जबकि ''उसने पैसे चुरा कर अनुचित काम किया'' यह एक नैतिक निर्णय है। ''उसने पैसे चुराए'' में कोई नैतिक निर्णय नहीं दिया जा रहा है, बल्कि मात्र एक तथ्य की जानकारी दी जा रही है। अगर जिस किसी के बारे में यह कहा जा रहा हो, उसने वास्तव में पैसे चुराए हों तो यह निर्णय सत्य होगा, नहीं तो असत्य।

दूसरी तरफ, ''उसने पैसे चुरा कर अनुचित काम किया'' में नैतिक शब्द ''अनुचित'' के इस्तेमाल द्वारा पैसे चुराने वाले व्यक्ति के आचरण का मूल्यांकन किया जा रहा है। इस निर्णय का सम्बंध इस बात से है कि मानव आचरण को कैसा होना चाहिए। तथ्य-सम्बंधी निर्णय और नैतिक निर्णय के बीच के अंतर को यह कह कर भी व्यक्त किया जाता है कि पहला ''है-निर्णय'' (is-judgment) है, जबकि दूसरा ''चाहिए-निर्णय'' (ought-judgment) है।

अधिनीतिशास्त्र के सिद्धांतों का वर्गीकरण

अधिनीतिशास्त्र में नैतिक सिद्धांतों का या नैतिक निर्णय के स्वरूप सम्बंधी सिद्धांतों का वर्गीकरण संज्ञानवादी और असंज्ञानवादी के रूप में किया जाता है। ''संज्ञानवाद'' और असंज्ञानवाद'' शब्दों का इस्तेमाल व्यापक अर्थ में अन्य संदर्भों में भी होता है। जब हम अधिनीतिशास्त्र के संदर्भ में ''संज्ञानवाद'' और असंज्ञानवाद'' की बात करते हैं, तो तात्पर्य ''नैतिक संज्ञानवाद'' और ''नैतिक असंज्ञानवाद'' से होता है।

नैतिक निर्णयों के स्वरूप के संदर्भ में एक महत्त्वपूर्ण प्रश्न यह है कि क्या नैतिक निर्णय भी तथ्य-सम्बंधी निर्णयों की तरह सत्य या असत्य होते हैं? संज्ञानवाद के अनुसार इस प्रश्न का उत्तर ''हाँ'' है, जबकि असंज्ञानवाद के अनुसार ''नहीं''। दूसरे शब्दों में, नैतिक संज्ञानवाद (ethical cognitivism) के अनुसार नैतिक निर्णय भी तथ्य-सम्बंधी निर्णयों की तरह सत्य या असत्य होते हैं, जबकि नैतिक असंज्ञानवाद (ethical non-cognitivism) के अनुसार नैतिक निर्णय तथ्य-सम्बंधी निर्णयों की तरह सत्य या असत्य नहीं होते हैं।

नैतिक निर्णय का स्वरूप-सम्बंधी सिद्धांत

संज्ञानवाद (वर्णनात्मक सिद्धांत)

असंज्ञानवाद (अवर्णनात्मक सिद्धांत)

संज्ञानवाद

नैतिक संज्ञानवाद के अनुसार नैतिक निर्णय भी तथ्य-सम्बंधी निर्णय की तरह सत्य या असत्य होते हैं। संज्ञानवाद के अनुसार कोई भी नैतिक निर्णय, जैसे "शराब पी कर गाड़ी चलाना अनुचित काम है"; "पृथ्वी गोल है" या "पृथ्वी चपटी है" जैसे तथ्य-सम्बंधी निर्णयों की तरह या तो सत्य होगा या असत्य। संक्षेप में, संज्ञानवाद के अनुसार नीतिशास्त्र के क्षेत्र में ज्ञान सम्भव है, और इस ज्ञान को ऐसे कथनों के माध्यम से व्यक्त किया जा सकता है, जो तथ्य-सम्बंधी कथनों की तरह सत्य या असत्य होते हैं।

संज्ञानवाद को वर्णनात्मक मत (descriptivism) भी कहा जाता है, क्योंकि इसके अनुसार नैतिक निर्णय भी तथ्य-सम्बंधी कथनों की तरह, वर्णनात्मक होते हैं। दूसरे शब्दों में, वे भी तथ्य-सम्बंधी निर्णयों की तरह तथ्यों का वर्णन करते हैं।

प्रिंसिपिया एथिका में व्यक्त किए गए जी. ई. मूर के नैतिक विचार संज्ञानवाद के उदाहरण हैं। अपनी पुस्तक की प्रस्तावना में ही मूर ने "नैतिक सत्यों" (ethical truths) की बात की है। मूर के अनुसार नैतिक दार्शनिकों ने हमेशा दो किस्म के प्रश्नों का उत्तर देने का दावा किया है: एक, "किस किस्म की वस्तुओं का अपने-आप में अस्तित्व होना चाहिए?" और दो, "किस किस्म के कर्मों को हमें करना चाहिए?"

मूर के अुनसार इनमें से पहले प्रश्न के उत्तर की सत्यता या असत्यता प्रमाणित करने के लिए कोई साक्ष्य (evidence) नहीं दिया जा सकता है। वे स्वयंसिद्ध (self-evident) होते हैं। जबकि दूसरे प्रश्न के उत्तर को प्रमाणित या अप्रमाणित किया जा सकता है। ऐसा करने के लिए दो और सिर्फ दो किस्म के कथनों की आवश्यकता होगी: पहला, उस कर्म के परिणाम सम्बंधी सत्य या कारणात्मक सत्य (causal truths), और दूसरा स्वयंसिद्ध वर्ग के पहले किस्म के नैतिक सत्य।

स्पष्ट है कि मूर के अनुसार नैतिक निर्णय भी तथ्य-सम्बंधी निर्णयों की तरह सत्य और असत्य होते हैं। इस तरह, *प्रिंसिपिया एथिका* में व्यक्त किए गए मूर के विचार नैतिक संज्ञानवाद के उदाहरण हैं।

संज्ञानवादी या वर्णनात्मक सिद्धांतों को भी आम तौर से प्रकृतिवाद (naturalism) और गैर-प्रकृतिवाद (non-naturalism) के रूप में वर्गीकृत किया जाता है।

संज्ञानवाद

प्रकृतिवाद **गैर-प्रकृतिवाद**

प्रकृतिवाद: संज्ञानवादी सिद्धांतों का प्रकृतिवाद और गैर-प्रकृतिवाद के रूप में वर्गीकरण का सम्बंध भी मूर की रचना **प्रिंसिपिया एथिका** से ही है। संक्षेप में, मूर के अनुसार

"अच्छा" की कोई परिभाषा नहीं दी जा सकती है। "अच्छा" या "शुभ" को परिभाषित करना एक दोष है, जिसे मूर ने "प्रकृतिवादी दोष" (naturalistic fallacy) का नाम दिया है। फिर, इस "दोष" से ग्रस्त सिद्धांतों को मूर ने (1) तत्वमीमांसीय नीतिशास्त्र और (2) प्रकृतिवादी नीतिशास्त्र (naturalistic ethics) के रूप में वर्गीकृत किया है। मूर ने ऐसे नैतिक सिद्धांतों को जो "अच्छा" को किसी प्राकृतिक वस्तु (जिसका अस्तित्व काल में हो) के अस्तित्व से जोड़ कर परिभाषित करते हैं, "प्रकृतिवादी" कहा है। मूर ने सुखवाद को प्रकृतिवाद का प्रमुख उदाहरण माना है, क्योंकि इसमें, मूर के अनुसार, "अच्छा" को "सुख" (pleasure) से जोड़ कर परिभाषित किया जाता है, जो एक प्राकृतिक वस्तु है।

गैर-प्रकृतिवाद: गैर-प्रकृतिवाद का सम्बंध भी मूर से ही है। मूर के अनुसार, "अच्छा" एक विशिष्ट, सरल, अविश्लेष्य, अपरिभाष्य और गैर-प्राकृतिक गुण है। मूर के अनुसार "प्राकृतिक" का अर्थ है "जिसका अस्तित्व काल में हो", जबकि "गैर-प्राकृतिक" (non-natural) का अर्थ है "जिसका अस्तित्व काल में न हो"। मूर, जैसा कि पहले भी उल्लेख हुआ है, "अच्छा" को प्राकृतिक गुण नहीं मानते हैं। मूर के अनुसार, "अच्छा" एक गैर-प्राकृतिक गुण है। "अच्छा" की कल्पना किसी प्राकृतिक वस्तु के गुण मात्र के रूप में ही की जा सकती है। उन वस्तुओं से अलग अपने-आप में "अच्छा" के काल में अस्तित्व की कल्पना नहीं की जा सकती है। इसलिए, "अच्छा" एक "गैर-प्राकृतिक" गुण है। मूर के इस विचार को ही "गैर-प्रकृतिवाद" कहा जाता है।

असंज्ञानवाद

नैतिक असंज्ञानवाद के अनुसार नैतिक निर्णय तथ्य-सम्बंधी निर्णयों की तरह सत्य या असत्य नहीं होते हैं। दूसरे शब्दों में, ये तथ्य-सम्बंधी निर्णयों की तरह तथ्यों का वर्णन नहीं करते, बल्कि ये अवर्णनात्मक (non-descriptive) होते हैं। इसे ही यह कह कर भी व्यक्त किया जाता है कि नैतिकता के क्षेत्र में ज्ञान सम्भव नहीं है। ए. जे. एयर का सम्वेगवाद (emotivism) और आर. एम. हेयर का परामर्शवाद (prescriptivism) असंज्ञानवाद के प्रमुख उदाहरण हैं। सवाल यह है कि अगर नैतिक शब्द वर्णनात्मक नहीं होते हैं तो फिर उनको कार्य क्या है? सम्वेगवाद के अनुसार नैतिक शब्द "सम्वेगात्मक" (emotive) होते हैं, जबकि परामर्शवाद के अनुसार ये "परामर्शात्मक" (prescriptive) होते हैं।

दरअसल, असंज्ञानवाद का उदय अधिनीतिशास्त्र के उदय के साथ जुड़ा हुआ है। असंज्ञानवाद की पूर्वछाया एयर के पहले बर्ट्रेण्ड रसेल और उससे भी पहले अमरीकी दार्शनिक सैन्टियैना में देखने को मिलती है। (रसेल के नीतिशास्त्रीय विचारों की चर्चा आगे "बर्ट्रेण्ड रसेल" अध्याय और इस अध्याय के अंतर्गत "समीक्षा" में की गयी है।)

असंज्ञानवाद

सम्वेगवाद **परामर्शवाद**

सम्वेगवाद: वैसे तो सम्वेगवाद से मिलते-जुलते विचार रसेल की कुछ रचनाओं में भी पाए जाते हैं, लेकिन सम्वेगवाद को मुख्यतः ए. जे. एयर से जोड़ा जाता है। ए. जे. एयर के बाद सी. एल. स्टीवेंसन और पॉल एडवर्ड्स सम्वेगवाद के प्रमुख समर्थक हैं। ए. जे. एयर बीसवीं सदी के एक प्रमुख अंग्रेज़ दार्शनिक हैं, जिन्होंने अपनी किताब *लैंग्वेज, ट्रूथ ऐण्ड लॉजिक* में तर्कीय प्रत्यक्षवाद (logical positivism) का प्रतिपादन और समर्थन किया है। इसी किताब के छठे अध्याय ''क्रिटिक ऑफ एथिक्स ऐण्ड थियोलॉजी'' में एयर ने सम्वेगवाद की व्याख्या की है। एयर के अनुसार ''अच्छा'', ''बुरा'', ''उचित'' और ''अनुचित'' जैसी मौलिक नैतिक अवधारणाओं का विश्लेषण नहीं किया जा सकता है, क्योंकि ये ''छद्म अवधारणाएँ'' (pseudo concepts) होती हैं। नैतिक अवधारणाओं को ''छद्म अवधारणाएँ'' कहने से एयर का तात्पर्य यह है कि ये अवधारणाएँ वर्णनात्मक नहीं होती हैं इनके माध्यम से किन्ही तथ्यों की जानकारी नहीं दी जाती है। उदाहरण के तौर पर, एयर के अनुसार, तथ्यों की दृष्टि से ''तुमने पैसे चुराए'' और ''तुमने पैसे चुरा कर अनुचित काम किया'' इन दोनों कथनों के बीच कोई अंतर नहीं है। ''तुमने पैसे चुराए'' एक तथ्य-सम्बंधी कथन है, जबकि ''तुमने पैसे चुरा कर अनुचित काम किया है'' एक नैतिक निर्णय है। लेकिन इस दूसरे वाक्य में पहले कथन की तुलना में तथ्य-सम्बंधी कोई नयी जानकारी नहीं दी जा रही है। नैतिक शब्द ''अनुचित'' द्वारा किन्ही तथ्यों को व्यक्त नहीं किया जा रहा है, बल्कि मात्र नैतिक नापसन्दगी (disapproval) की भावना को व्यक्त किया जा रहा है।

एयर के अनुसार, अगर इस दूसरे कथन का सामान्यीकरण कर यह कहा जाए कि ''पैसे चुराना अनुचित है'' तो इस वाक्य का कोई तथ्यात्मक अर्थ नहीं है, और इसलिए इसके सत्य या असत्य होने का केाई प्रश्न ही नहीं उठता है।

एयर के अनुसार नैतिक निर्णयों में मौजूद नैतिक शब्दों का कार्य पूरी तरह सम्वेगात्मक होता है। इन शब्दों के माध्यम से कुछ वस्तुओं के बारे में सम्वेग या भावनाओं को व्यक्त किया जाता है, (उनके बारे में कुछ अभिकथन (assertion) नहीं किया जाता है)। नैतिक शब्दों का कार्य मात्र भावनाओं को व्यक्त करना नहीं होता है, बल्कि सामने वाले में भी वैसी ही भावनाओं को जागृत करना, और उसे किसी कार्य के लिए प्रेरित करना भी होता है। संक्षेप में, एयर के सम्वेगवाद के अनुसार नैतिक शब्द वर्णनात्मक नहीं होते हैं, बल्कि सम्वेगात्मक होते हैं।

परामर्शवाद: आर. एम. हेयर का परामर्शवाद असंज्ञानंवाद का दूसरा प्रमुख उदाहरण है। इसकी विस्तृत व्याख्या हेयर के दि लैंग्वेज ऑफ मॉरल्स में मिलती है। संक्षेप में, हेयर के अनुसार नैतिक सिद्धांतों का कार्य आचरण का मार्गदर्शन करना होता है। नैतिकता की भाषा एक किस्म की परामर्शात्मक भाषा है। दूसरे शब्दों में, यह हमें कैसे आचरण करना है इस बारे में परमर्श देती है या मार्गदर्शन करती है।

हेयर ने परामर्शात्मक भाषा को आदेशात्मक वाक्य (imperative) और मूल्य-निर्णय (value judgment) में बाँटा है। फिर मूल्य-निर्णयों को भी "गैर-नैतिक" और "नैतिक" में विभाजित किया है।

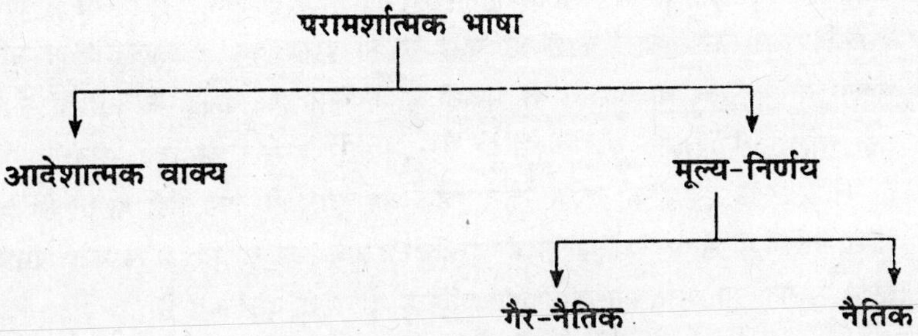

"दरवाज़ा बन्द कर दो" यह एक आदेशात्मक वाक्य का उदाहरण है। हेयर के अनुसार "अच्छा", "उचित" और "चाहिए" मूल्य सम्बंधी शब्द हैं। गैर-नैतिक मूल्य-निर्णय से हेयर का तात्पर्य है ऐसे मूल्य-निर्णय, जो नैतिक नहीं हैं। उदाहरण के तौर पर, "यह एक अच्छी मोटर-कार है"। हेयर के अनुसार नैतिकता की भाषा और आदेशात्मक वाक्य के बीच काफी समानता होती है। आदेशात्मक वाक्य हमें यह नहीं बतलाते हैं कि "क्या है", बल्कि वे हमें कुछ करने को कहते हैं। इसी तरह, नैतिक निर्णय भी हमें कुछ करने को कहते हैं। इसके अलावा, जिस तरह तथ्य-सम्बंधी कथनों के बीच तार्किक सम्बंध होते हैं, वैसे ही परामर्शात्मक कथनों के बीच भी तार्किक सम्बंध होते हैं।

समीक्षा

समीक्षात्मक दृष्टि से महत्त्वपूर्ण प्रश्न यह है कि संज्ञानवाद और असंज्ञानवाद में से कौन तार्किक दृष्टि से संतोषजनक सिद्धांत है।

इस संदर्भ में उल्लेखनीय है कि, मूर की तरह, रसेल भी एक समय संज्ञानवाद का समर्थन करते थे। बाद में, वे सैंटियैना के प्रभाव से, असंज्ञानवाद का समर्थन करने लगे। रसेल के असंज्ञानवादी विचारों को उनकी किताब *रिलिजन ऐण्ड सांयस* (1935) में देखा जा सकता है। रसेल के अनुसार "अच्छा" को परिभाषित करना नीतिशास्त्र की बुनियादी समस्या है। लेकिन, जब हम "अच्छा" को परिभाषित करने का प्रयत्न करते हैं, तो हम

बड़ी मुश्किलों में पड़ जाते हैं, क्योंकि कौन-सी चीज़ अंतिम रूप से अच्छी है, इस प्रश्न के किसी उत्तर के पक्ष या विपक्ष में किसी वैज्ञानिक प्रश्न की तरह कोई साक्ष्य प्रस्तुत करना सम्भव नहीं है। इस संदर्भ में अलग-अलग राय वाले व्यक्ति सिर्फ अपनी भावनाओं को अपील कर सकते हैं, और दूसरों में वैसी हो भावनाओं को जागृत करने के लिए भाषायी उपायों (rhetorical devices) का इस्तेमाल कर सकते हैं।

रसेल के अनुसार जब कोई यह कहता है कि "यह अपने-आप में अच्छा है" तो ऐसा लगता है कि यह "यह चौकोर है" या "यह मीठा है" जैसा कोई कथन है। लेकिन दरअसल, उसका वास्तविक तात्पर्य यह होता है कि "मैं चाहता हूँ कि हर कोई इसकी इच्छा करे" या "काश हर कोई इसकी इच्छा करे"। रसेल के अनुसार इनमें से पहला वाक्य सत्य या असत्य हो सकता है, लेकिन इस वाक्य का सम्बंध नीतिशास्त्र से नहीं बल्कि मनोविज्ञान या जीवनी से है। इनमें से दूसरे वाक्य का सम्बंध नीतिशास्त्र से है, लेकिन यह इच्छा को व्यक्त करता है, और कुछ भी दावा नहीं करता है। क्योंकि यह वाक्य कुछ भी दावा नहीं करता है, इसलिए इसके पक्ष या विपक्ष में कोई प्रमाण देना या इसमें सत्यता या असत्यता का होगा तार्किक दृष्टि से असम्भव है।

नैतिक निर्णय सम्वेगात्मक होते हैं (एयर) या परामर्शात्मक (हेयर) या वे इच्छाओं को व्यक्त करते हैं (रसेल) यह एक अलग प्रश्न है। जहाँ तक असंज्ञानवाद का प्रश्न है, तो इसके समर्थन में रसेल की युक्ति सही मालूम देती है। रसेल का यह कहना सही है कि बुनियादी किस्म के नैतिक असहमति के मामले में उस किस्म की युक्तियाँ या प्रमाण देना सम्भव नहीं है, जैसी हम वैज्ञानिक या तथ्य-सम्बंधी असहमति में देते हैं।

किसी भी तथ्य-सम्बंधी निर्णय को हम सत्य तभी कहते हैं, जबकि उसका वास्तविकता से मेल हो। उदाहरण के तौर पर, "पृथ्वी गोल है" यह कथन सत्य है, क्योंकि इसका वास्तविकता से मेल है; जबकि "पृथ्वी चपटी है" यह कथन असत्य है, क्योंकि इसका वास्तविकता से मेल नहीं है। दूसरी ओर, नैतिक निर्णयों का सम्बंध "क्या है" से नहीं, बल्कि "क्या होना चाहिए" से होता है। जब नैतिक निर्णयों द्वारा वास्तविकता का वर्णन किया ही नहीं जाता है, तो फिर उनके वास्तविकता से मेल होने या न होने का कोई प्रश्न ही नहीं है। उदाहरण के तौर पर, "उसने पैसे चुराए" एक तथ्य-सम्बंधी निर्णय है। अगर जिस किसी के बारे में यह कहा जा रहा है, उसने वास्तव में पैसे चुराए हों, तो यह निर्णय सत्य होगा। दूसरी ओर, "उसने पैसे चुरा कर अनुचित काम किया" या "उसे पैसे नहीं चुराने चाहिए थे" नैतिक निर्णय है। इनका सम्बंध क्या है से नहीं, बल्कि क्या होना चाहिए से है, इसलिए इनके वास्तविकता से मेल होने या न होने का कोई प्रश्न ही नहीं उठता है। सत्यता और असत्यता के जिस मापदण्ड का इस्तेमाल तथ्य-सम्बंधी कथनों के संदर्भ

में किया जाता है, उसे ऊपर बताए गए जैसे नैतिक निर्णयों पर लागू ही नहीं किया जा सकता है। इसलिए, उनके बारे में सत्यता या असत्यता का प्रश्न उठाना एक तार्किक भूल है।

तथ्य-सम्बंधी निर्णयों और नैतिक निर्णयों में तार्किक दृष्टि से एक बुनियादी अंतर है, यह नीतिशास्त्र के तर्कशास्त्र (logic of ethics) का एक महत्त्वपूर्ण निष्कर्ष है। लेकिन, कई बार कुछ प्रारम्भिक असंज्ञानवादियों ने अपने इस निष्कर्ष को जिस तरह से पेश किया उसने अनावश्यक संशय और विवाद को जन्म दिया। संज्ञानवाद के अनुसार नीतिशास्त्र में "ज्ञान" है, असंज्ञानवाद के अनुसार नीतिशास्त्र में "ज्ञान" नहीं है, यह असंज्ञानवाद को पेश करने का बहुत अच्छा तरीका नहीं मालूम देता है। उदाहरण के तौर पर, रसेल के अनुसार नीतिशास्त्र से सम्बन्धित सिर्फ एक बात को ही सही रूप में दर्शनशास्त्र के अंतर्गत माना जा सकता है: यह युक्ति कि नैतिक कथनों को इच्छार्थक वृत्ति में व्यक्त किया जाना चाहिए, न कि निश्चयार्थक वृत्ति में। रसेल के अनुसार, मूल्य-सम्बंधी प्रश्न "ज्ञान के दायरे" से बाहर हैं।

इस तरह, एयर के अनुसार नैतिक दर्शन के अंतर्गत सिर्फ यह कथन आता है कि नैतिक अवधारणाएँ "छद्म अवधारणाएँ" होती हैं।

यह कहना कि नैतिक निर्णय तथ्य-सम्बंधी निर्णयों की तरह सत्य और असत्य नहीं होते हैं, एक अलग बात है; और यह कहना कि नैतिकता या मानक नीतिशास्त्र के क्षेत्र में कोई "ज्ञान" नहीं है, या कि नैतिक अवधारणाएँ "छद्म अवधारणाएँ" होती हैं, एक अलग। इससे तो ऐसा मालम देता है कि जैसे नैतिकता का अवमूल्यन किया जा रहा है, और नैतिकता के क्षेत्र में तर्कबद्धि की कोई भूमिका ही नहीं है। दरअसल, ऊपर की गयी चर्चा से सिर्फ यह बात समझ में आती है कि नैतिक निर्णयों का तर्कशास्त्र, तथ्य-सम्बंधी निर्णयों के तर्कशास्त्र से अलग है। यह नहीं कि हम तर्कबुद्धि द्वारा नैतिक निर्णयों का समर्थन ही नहीं कर सकते है। उदाहरण के तौर पर, हम "तुमन पैसे चुराकर अनुचित काम किया" या "पैसे चुराना अनुचित है" जैसे नैतिक निर्णयों का समर्थन उपयोगितावादी दृष्टि से यह दिखला कर कर सकते हैं कि पैसे चुराने का परिणाम बुरा या दुखद है। अगर पैसे चुराने का परिणाम वास्तव में बुरा हो, तो फिर इस निर्णय को सत्य भी कहा जा सकता है। लेकिन, इसकी सत्यता का निर्धारण तथ्य-सम्बंधी निर्णयों की तरह सीधे वास्तविकता से मेल दिखला कर नहीं किया जा सकता है।

स्टीवेंसन और आर. एम. हेयर जैसे नैतिक दार्शनिकों ने नैतिकता के तर्कशास्त्र को विकसित करने का प्रयत्न किया है। इस तर्कशास्त्र के आधार पर हम जिन निष्कर्षों तक

पहुँचते हैं, उन्हें ''नैतिक ज्ञान'' की संज्ञा दी जा सकती है। इसका कोई औचित्य नहीं दिखता कि ''ज्ञान'' शब्द को केवल तथ्यात्मक ज्ञान तक सीमित रखा जाए, तर्कबुद्धि का इस्तेमाल कर मूल्यों के बारे में हम जिन निष्कर्षों तक पहुँचते हैं, उन्हें भी ''ज्ञान'' कहा जा सकता है। जो दार्शनिक मानक नीतिशास्त्र के क्षेत्र में ''ज्ञान'' की सम्भावना से इनकार करते हैं, उन्हें भी यह तो स्वीकार करना ही पड़ेगा कि अधिनीतिशास्त्र के क्षेत्र में ज्ञान है। ''ज्ञान'' शब्द की परिभाषा चाहे जो भी हो, वह ऐसी नहीं होनी चाहिए कि, जिसके कारण नैतिक ज्ञान की कोई सम्भावना ही न रहे। यह कहना कि नैतिकता या नीतिशास्त्र के क्षेत्र में ''ज्ञान'' नहीं है, असंज्ञानवाद को पेश करने का एक असंतोषजनक तरीका है।

REFERENCES

1. Paul Edwards and Arthur Pap (eds.), *A Modern Introduction to Philosophy* (Glencoe, Illinois: The Free Press, 1957), p. 386.

4

मौलिक नैतिक अवधारणाएँ : अच्छा, उचित, चाहिए और कर्त्तव्य

हम प्रथम अध्याय में यह चर्चा कर चुके हैं कि अधिनीतिशास्त्र के अंतर्गत मौलिक नैतिक शब्दों के अर्थ और उनके बीच परस्पर सम्बंध का अध्ययन किया जाता है। यह अधिनीतिशास्त्र का एक मुख्य विषय है। इस अध्याय में हम "अच्छा" (good), "उचित" (right), "चाहिए" (ought) और "कर्त्तव्य" (duty) जैसे मौलिक शब्दों के अर्थ और उनक बीच सम्बंध की चर्चा करेंगे।

मौलिक नैतिक शब्दों के अर्थ और उनके बीच सम्बंध को स्पष्ट करना उतना आसान काम नहीं है। "अच्छा" और "उचित" या "कर्त्तव्य" जैसे नैतिक शब्दों में कौन अधिक बुनियादी है, और इन शब्दों का अर्थ क्या है, इसे ले कर नैतिक दार्शनिकों के बीच गम्भीर मतभेद भी रहे हैं। फिर, नैतिक शब्दों के अर्थ का प्रश्न सीधे-सीधे नैतिक निर्णय के अर्थ और स्वरूप के प्रश्न से भी जुड़ा हुआ है।

अच्छा (Good)

"अच्छा" या "शुभ" एक बहुचर्चित नैतिक अवधारणा है। (हिन्दी में आम बोल-चाल की भाषा में आम तौर से "good" के लिए "अच्छा" शब्द का उपयोग होता है, न कि "शुभ" का।)[1] अलग-अलग नैतिक दार्शनिकों द्वारा इसकी अलग-अलग ढंग से व्याख्या की गयी है।

सुखवाद की एक व्याख्या के अनुसार कहा जा सकता है कि "अच्छा" का अर्थ है "सुखद"। "यह अच्छा है" कहने का अर्थ है "यह सुखद है"।

जी. ई. मूर

बीसवीं सदी में जी. ई. मूर ने अपनी किताब *प्रिंसिपियो एथिका* में "अच्छा" की विस्तृत चर्चा की है। अपनी पुस्तक के प्रथम अध्याय में मूर ने नीतिशास्त्र की परिभाषा "अच्छा के बारे में एक सामान्य अन्वेषण" के रूप में की है। इसके अलावा, मूर ने यह भी कहा है कि "अच्छा क्या है?" इस प्रश्न का नीतिशास्त्र की दृष्टि से मुख्य: अर्थ यह है "अच्छा की परिभाषा कैसे की जा सकती है?" मूर के अनुसार नीतिशास्त्र के क्षेत्र में व्यवस्थित रूप से आगे बढ़ने के लिए सबसे पहले इस प्रश्न को समझना और इसके सत्य उत्तर को पहचानना जरूरी है।

स्पष्ट है कि मूर "अच्छा" को सबसे बुनियादी नैतिक अवधारणा मानते हैं। "अच्छा" की परिभाषा के बारे में मूर का निष्कर्ष यह है कि "अच्छा" की परिभाषा नहीं की जा

सकती है। "अच्छा" एक विशिष्ट, सरल, अविश्लेष्य, अपरिभाष्य और गैर-प्राकृतिक गुण है। लेकिन, मूर के अनुसार अच्छी वस्तु (संज्ञा) की परिभाषा की जा सकती है, और उस परिभाषा को खोजना नीतिशास्त्र में उनका मुख्य उद्देश्य है। लेकिन, जो गुण "अच्छा" उस वस्तु में है, उसकी अपने-आप में परिभाषा सम्भव नहीं है। दूसरे शब्दों में, अच्छे वस्तु (संज्ञा) की परिभाषा की जा सकती है, लेकिन "अच्छा" विशेषण की परिभाषा नहीं की जा करती है। मूर के अनुसार, जो वस्तुएँ "अच्छी" हैं, उनमें "अच्छा" होने के अलावा और दूसरे गुण भी मौजूद रहते हैं। नीतिशास्त्र का उद्देश्य उनके उन अन्य गुणों को खोजना है। लेकिन कई दार्शनिकों ने यह सोच लिया कि जब वे उन गुणों का नाम बतला रहे हैं, तो वे "अच्छा" की परिभाषा दे रहे हैं। जैसे कि वे अन्य गुण और "अच्छा" पूरी तरह से एक हों। मूर के विचार में यह एक भूल है, और इसे उन्होंने "प्रकृतिवादी दोष" (naturalistic fallacy) का नाम दिया है।

"अच्छा" एक "गैर-प्राकृतिक" (non-natural) गुण है, यह कहने से मूर का तात्पर्य यह है कि "अच्छा" का "काल में अस्तित्व नहीं है"। "अच्छा" की कल्पना किसी "प्राकृतिक" वस्तु (जिसका अस्तित्व काल में हो) के गुण मात्र के रूप में ही की जा सकती है। उन वस्तुओं से अलग अपने-आप में "अच्छा" के काल में अस्तित्व की कल्पना नहीं की जा सकती है। इसलिए "अच्छा" एक "गैर-प्राकृतिक" गुण है।

अन्य बातों के अलावा मूर ने "साध्य के रूप में अच्छा" (good as an end) और "साधन के रूप में अच्छा" (good as a means)? के बीच अंतर भी किया है।[2]

हम प्रथम अध्याय में यह उल्लेख कर चुके हैं कि मूर के अनुसार नैतिक दार्शनिकों ने दो किस्म के प्रश्नों का उत्तर देने का दावा किया है। एक, किस किस्म की वस्तुओं का अपने-आप में अस्तित्व होना चाहिए? और दो, किस किस्म के कर्मों का हमें करना चाहिए? (या कौन से कर्म उचित या कर्त्तव्य हैं?) मूर के अनुसार, इनमें से पहला प्रश्न "साध्य के रूप में अच्छा" के बारे में है; जबकि दूसरा प्रश्न "साधन के रूप में अच्छा" के बारे में है। (मूर के अनुसार वे ही कर्म उचित हैं जिनका परिणाम अच्छा है।)

पिछले अध्याय में हमने नैतिक निर्णय के स्वरूप के संदर्भ में संज्ञानवाद (वर्णनात्मक सिद्धांत) और असंज्ञानवाद (अवर्णनात्मक सिद्धांत) की चर्चा की है। स्पष्ट है कि नैतिक निर्णय के अर्थ और स्वरूप का प्रश्न मौलिक नैतिक शब्दों के अर्थ के प्रश्न से जुड़ा है। अगर कोई विचारक नैतिक शब्दों को वर्णनात्मक मानता है तो वह नैतिक निर्णय को भी वर्णनात्मक मानेगा। कहा जा सकता है कि सुखवाद और मूर के गैर-प्राकृतिक संज्ञानवाद (non-naturalistic cognitivism) के अंतर्गत "अच्छा" को वर्णनात्मक (descriptive) शब्द माना गया है। मूर की दृष्टि से फर्क यह है कि सुखवाद के अंतर्गत "अच्छा" को एक "प्राकृतिक" वस्तु माना गया है, जबकि स्वयं मूर ने इसे एक "गैर-प्राकृतिक" गुण

माना है। दूसरी ओर, असंज्ञानात्मक सिद्धांतों के अनुसार "अच्छा" और अन्य नैतिक शब्द अवर्णनात्मक (non-descriptive) होते हैं।

बट्रेण्ड रसेल

पिछले अध्याय में ही हम यह उल्लेख कर चुके हैं कि बट्रेण्ड रसेल एक समय मूर के प्रभाव में संज्ञानवादी थे, जबकि बाद में वे असंज्ञानवाद का समर्थन करने लगे। अपने असंज्ञानवादी दौर में भी रसेल ने "अच्छा" को परिभाषित करने को नीतिशास्त्र की बुनियादी समस्या माना है। उनके अनुसार जब कोई यह कहता है कि "यह अपने-आप में अच्छा है" तो नीतिशास्त्रीय दृष्टि से उसका तात्पर्य यह होता है कि "काश हर कोई इसकी इच्छा करे"। इस तरह, रसेल के अनुसार "अच्छा" शब्द के द्वारा इच्छा को व्यक्त किया जाता है, कोई ऐसी बात नहीं कही जाती है, जो सत्य या असत्य हो।

ए. जे. एयर

ए. जे. एयर असंज्ञानवाद के प्रमुख समर्थक हैं। एयर के अनुसार "अच्छा" और "उचित" जैसी मौलिक नैतिक अवधारणाओं का विश्लेषण नहीं किया जा सकता है, क्योंकि ये "छद्म अवधारणाएँ" हैं। नैतिक अवधारणाओं को "छद्म अवधारणा" कहने से एयर का तात्पर्य यह है कि ये अवधारणाएँ वर्णनात्मक नहीं होती हैं–इनके माध्यम से किन्ही तथ्यों की जानकारी नहीं दी जाती है। एयर के अनुसार नैतिक निर्णय में मौजूद नैतिक शब्दों का कार्य पूरी तरह सम्वेगात्मक (emotive) होता है। इन शब्दों के माध्यम से संवेग को व्यक्त किया जाता है, सामने वाले में भी वैसे ही सम्वेग को जागृत करने का प्रयत्न किया जाता है, और उसे किसी कार्य के लिए प्रेरित किया जाता है। इनमें से कुछ का इस्तेमाल तो इस तरह किया जाता है कि जिन वाक्यों में ये मौजूद हैं वे आदेश (imperative) का रूप ले लेते हैं। उदाहरण के तौर पर "सच बोलना तुम्हारा कर्त्तव्य है" को सच बोलने के प्रति एक किस्म की नैतिक भावना की अभिव्यक्ति के रूप में भी देखा जा सकता है, और "सच बोलो" इस आदेश की अभिव्यक्ति के रूप में भी। ("तुम्हे सच बोलना चाहिए" इस वाक्य से भी "सच बोलो" आदेश अभिव्यक्त होता है, लेकिन यहाँ आदेश का स्वर कम ज़ोरदार है। जबकि "सच बोलना अच्छा है" में आदेश लगभग एक सुझाव बन गया है। इस तरह, एयर के अनुसार, नैतिक इस्तेमाल में "अच्छा" के अर्थ और "कर्त्तव्य" और "चाहिए" के अर्थ के बीच अंतर किया जा सकता है।)

सी. एल. स्टीवेंसन

सी. एल. स्टीवेंसन ने एथिक्स ऐण्ड लैंग्वेज में एयर के सम्वेगवाद को अपने ढंग से विकसित किया है। स्टीवेंसन के अनुसार उनकी पुस्तक का एक मुख्य उद्देश्य "अच्छा", "उचित", "न्यायसंगत". और "चाहिए" जैसे नैतिक शब्दों का अर्थ स्पष्ट करना है। (इसके अलावा, उन्होंने नैतिक विधियों की भी चर्चा की है।)

स्टीवेंसन ने अपनी किताब के पहले अध्याय में ही नैतिक असहमति के स्वरूप का प्रश्न उठाया है, क्योंकि स्टीवेंसन के अनुसार नैतिक असहमति के स्वरूप को स्पष्ट किए बिना नैतिक शब्दों के अर्थ और नैतिक विधियों का सही विश्लेषण सम्भव नहीं है। स्टीवेंसन के अनुसार, नैतिक असहमति (ethical disagreement) में लगभग हमेशा विश्वास सम्बंधी असहमति (disagreement in belief) और अभिवृत्ति सम्बंधी असहमति (disagreement in attitude) दोनों का तत्व होता है।

अपनी किताब के दूसरे अध्याय "वर्किन्ग मॉडेल्स" में स्टीवेंसन ने "अनुचित", "चाहिए" और "अच्छा" की कामचलाऊ परिभाषाएँ दी हैं। स्टीवेंसन के अनुसार "यह अच्छा है" का अर्थ है "मैं इसे पसन्द (approve) करता हूँ; आप भी ऐसा करें।"

स्टीवेंसन ने ध्यान दिलाया है कि "अच्छा" के इस मॉडेल के दो हिस्से हैं: (1) मैं इसका अनुमोदन करता हूँ और (2) आप भी ऐसा करें। पहला हिस्सा एक घोषणात्मक कथन (declarative statement) है, जबकि दूसरा हिस्सा आदेश है। स्टीवेंसन के अनुसार नैतिक शब्दों में सम्वेगात्मक अर्थ भी होता है, और उनके वर्णनात्मक कार्य भी होते हैं। मोटे तौर पर, मॉडल का पहला हिस्सा "अच्छा" के वर्णनात्मक पक्ष को संरक्षित करता है, जबकि दूसरा हिस्सा सम्वेगात्मक पक्ष को।

आर. एम. हेयर

अपनी पुस्तक *दि लैंग्वेज ऑफ मॉरल्स* में आर. एम. हेयर ने भी "अच्छा", "उचित" और "चाहिए" जैसे नैतिक शब्दों की चर्चा की है। पिछले अध्याय में हम यह उल्लेख कर चुके हैं कि हेयर का परामर्शवाद एक प्रमुख असंज्ञानात्मक सिद्धांत है। हेयर के अनुसार नैतिकता की भाषा एक किस्म की परामर्शात्मक (prescriptive) भाषा है, जो हमें कैसे आचरण करना चाहिए इस बारे में हमें परामर्श देती है, या मार्गदर्शन करती है।

हेयर ने "अच्छा", "उचित" और "चाहिए" शब्दों को प्रतिनिधिक या प्रारूपिक मूल्य-शब्द (typical value words) कहा है। हेयर के अनुसार इन शब्दों का नैतिक और गैर-नैतिक दोनों संदर्भों में इस्तेमाल होता है। उदाहरण के तौर पर, "अच्छी मोटर-कार" में "अच्छा" का इस्तेमाल गैर-नैतिक संदर्भ में हुआ है, जबकि "अच्छा इन्सान" में नैतिक संदर्भ में। हेयर के अनुसार "अच्छा" शब्द का इस्तेमाल गैर-नैतिक और नैतिक दोनो संदर्भों में एक ही तरीके से होता है: प्रशंसा करने के लिए। हेयर ने माना है कि "अच्छा" शब्द में मूल्यात्मक अर्थ (evaluative meaning) के अलावा वर्णनात्मक अर्थ का तत्व भी होता है, लेकिन, उनके अनुसार, "अच्छा" का प्राथमिक कार्य प्रशंसा करना है, उसका वर्णनात्मक अर्थ गौण है। "अच्छा" का वर्णनात्मक अर्थ अलग-अलग संदर्भों में अलग-अलग हो सकता है। यह इस पर निर्भर करता है कि किस चीज़ को हम "अच्छा"

कह रहे हैं। उदाहरण के तौर पर, "अच्छा इन्सान" के मापदण्ड "अच्छी मोटर-कार" के मापदण्ड से अलग होंगे।

इसके अलावा, हेयर की राय में, हम जब भी किसी चीज़ की प्रशंसा या निन्दा करते हैं, तो वह हमेशा, चाहे अप्रत्यक्ष रूप से, अपना या दूसरों का वर्तमान में या भविष्य में, चुनाव करने में मार्गदर्शन करना होता है। मूल्य-सम्बंधी निर्णय अन्ततः चुनाव से जुड़े होते हैं। हम "अच्छा इन्सान" के बारे में बात नहीं करते अगर हमारे सामने यह विकल्प नहीं होता कि हम किस तरह का इन्सान बनने की कोशिश करें।

पी. एच. नॉवल-स्मिथ

पी. एच. नॉवल-स्मिथ बीसवीं सदी के एक प्रमुख नैतिक दार्शनिक हैं। अपनी किताब *एथिक्स* में नॉवल-स्मिथ ने "अच्छा", "उचित", "चाहिए" और "कर्त्तव्य" की चर्चा की है। उनके अनुसार उनका उद्देश्य "अच्छा", "उचित", "चाहिए", "चुनना", "कर्त्तव्य", "इच्छा" और "सुख" जैसे शब्दों के बीच के जटिल सम्बंध को स्पष्ट करना है। नॉवल-स्मिथ के अनुसार, नैतिकता की भाषा को जिन केन्द्रीय कार्यों के लिए इस्तेमाल किया जाता है, वह है चुनना और दूसरों को चुनने की सलाह देना।

नॉवल-स्मिथ के अनुसार "अच्छा" शब्द का इस्तेमाल बुनियादी तौर पर चुनाव करने और सलाह देने के संदर्भ में होता है। जब कोई किसी चीज़ के बारे में कहता है कि "यह अच्छा है" तब वह उसके प्रति समर्थक-अभिवृत्ति (pro-attitude) व्यक्त करता है। लेकिन, नॉवल-स्मिथ के विचार में, इस प्राथमिक इस्तेमाल के अलावा भी "अच्छा" के कई इस्तेमाल होते हैं, जैसे, प्रशंसा करने के लिए, मूल्यांकन करने के लिए, इत्यादि। कई बार "अच्छा" शब्द का वर्णनात्मक रूप में भी इस्तेमाल किया जाता है।

नॉवल-स्मिथ के अनुसार, "अच्छा" एक "जैनस शब्द" (janus word) है: यह कहने से नॉवल-स्मिथ का तात्पर्य यह है कि "अच्छा" शब्द का अक्सर एक ही समय में दो या दो से अधिक कार्यों के लिए इस्तेमाल होता है।

नॉवल-स्मिथ ने "अच्छा" को "उचित" और "कर्त्तव्य" की तुलना में अधिक बुनियादी माना है।

संक्षेप में, "अच्छा" या "शुभ" के बारे में दो किस्म के विचार हैं, एक, वर्णनात्मक या संज्ञानात्मक, जिसके अनुसार "अच्छा" एक वर्णनात्मक शब्द है; और दो, अवर्णनात्मक या असंज्ञानात्मक, जिसके अनुसार "अच्छा" मुख्यतः एक अवर्णनात्मक शब्द है।

फिर, वर्णनात्मक सिद्धांत के भी दो प्रमुख रूप माने जा सकते हैं: एक, सुखवाद, जिसके अनुसार "यह अच्छा है" का अर्थ है "यह सुखद है"। दो, मूर का गैर-प्राकृतिक

संज्ञानवाद, जिसके अनुसार "अच्छा" एक विशिष्ट, सरल, अविश्लेष्य, अपरिभाष्य और गैर-प्राकृतिक गुण है।

अवर्णनात्मक सिद्धांत के भी दो प्रमुख रूप हैं: एक, सम्वेगवाद, और दो, परामर्शवाद। सम्वेगवाद के प्रवर्तक ए. जे. एयर के अनुसार "अच्छा" और अन्य नैतिक शब्द मुख्यतः सम्वेगात्मक होते हैं। स्टीवेंसन ने भी "अच्छा" को सम्वेगात्मक माना है। लेकिन, उनके अनुसार, "अच्छा" के वर्णनात्मक कार्य भी होते हैं।

परामर्शवाद के प्रवर्तक आर. एम. हेयर के अनुसार "अच्छा" का प्राथमिक कार्य प्रशंसा करना और चुनने में मार्गदर्शन करना है। उसका वर्णनात्मक अर्थ गौण होता है, जो संदर्भ के अनुसार बदलता रहता है।

हालांकि नॉवल-स्मिथ ने स्वयं "परामर्शात्मक" शब्द का इस्तेमाल नहीं किया है, लेकिन उन्हें भी, मोटे तौर पर, परामर्शवाद के अंतर्गत रखा जा सकता है। उनके अनुसार "अच्छा" का बुनियादी इस्तेमाल चुनाव करने और सलाह देने के संदर्भ में होता है। लेकिन, इसके अलावा भी "अच्छा" के कई इस्तेमाल होते हैं, जिनमे वर्णनात्मक इस्तेमाल भी शामिल है। नॉवल-स्मिथ के अनुसार "अच्छा" शब्द का इस्तेमाल अक्सर एक ही समय में एक से अधिक कार्यों के लिए होता है।

उचित

"उचित" (right) भी एक मौलिक नैतिक अवधारणा है। नीतिशास्त्र में एक प्रश्न यह भी उठाया जाता है कि "अच्छा" और "उचित" में से कौन अधिक मौलिक नैतिक अवधारणा है।

"मानक नीतिशास्त्र के सिद्धांतों का वर्गीकरण" अध्याय में हमने प्रयोजनवादी (teleological) और अप्रयोजनवादी (deontological) नैतिक मार्गदण्डों सिद्धांतों की चर्चा की है। सुखवाद जैसे प्रयोजनवादी या परिणामवादी (consequentialist) सिद्धांतों के अनुसार किसी कार्य का उचित या अनुचित होना उसके परिणाम पर निर्भर करता है। कोई कर्म "उचित" है, अगर उसका परिणाम अच्छा है। स्पष्ट है कि प्रयोजनवादी दृष्टि से "अच्छा", "उचित" की तुलना में अधिक बुनियादी अवधारणा है, और "उचित" की परिभाषा "अच्छा" के माध्यम से की जा सकती है: "यह कर्म उचित है" कहने का अर्थ हुआ "इस कर्म को करने का परिणाम अच्छा है"। इसी तरह, "यह कर्म अनुचित है" कहने का अर्थ हुआ "इस कर्म का परिणाम बुरा है"।

इसके विपरीत, अप्रयोजनवादी सिद्धांतों के अनुसार "उचित" और "अनुचित" (wrong) का निर्धारण कर्म के परिणाम से स्वतंत्र रूप में किया जा सकता है। उदाहरण के तौर पर, कांट के अनुसार किसी कर्म के उचित होने के लिए उसकी नैतिकता के नियमों से संगति तो होनी ही चाहिए; लेकिन साथ ही, यह भी जरूरी है कि उस कर्म

को कर्त्तव्य पालन या नैतिकता के नियमों के प्रति सम्मान की दृष्टि से किया जाए। कांट के अनुसार कर्म के ''उचित'' या ''अनुचित'' होने का उसके परिणाम से कोई सम्बंध नहीं है। इस तरह, ''उचित'' के बारे में दो परस्पर विरोधी विचार हो गए: एक, कर्म का ''उचित'' होना उसके अच्छे परिणाम पर निर्भर है; और दो, कर्म का ''उचित'' होना उसके परिणाम से स्वतंत्र है।

''अच्छा'' और ''उचित'' के संदर्भ में एक और बात ध्यान देने योग्य है। ''अच्छा'' शब्द का इस्तेमाल ''उचित'' की तुलना में अधिक व्यापक रूप में होता है। उदाहरण के तौर पर, ''सुख अच्छी चीज़ है'', ''यह इन्सान अच्छा है'', ''यह कर्म अच्छा है'', ''यह नैतिक नियम अच्छा है''। यानी, कर्म या नैतिक नियम को भी ''अच्छा'' कहा जाता है। जबकि दूसरी ओर, कर्म और नियम को तो ''उचित'' कहा जाता है, लेकिन सुख या इन्सान को ''उचित'' नहीं कहा जाता है, जैसे ''यह कर्म उचित है'', ''यह नैतिक नियम उचित है'' ऐसा बोलचाल में इस्तेमाल किया जाता है, लेकिन यह नहीं कहा जाता है कि ''सुख उचित चीज़ है'' या ''यह इन्सान उचित है''। (''सुख सही चीज है'' या ''यह इन्सान सही है'' - ऐसा कहा जाता है।)

संक्षेप में, नैतिक संदर्भों में हर उस स्थान पर जहाँ पर ''उचित'' का इस्तेमाल किया जाता है, ''अच्छा'' का इस्तेमाल भी किया जाता है, लेकिन हर उस स्थान पर जहाँ पर ''अच्छा'' का इस्तेमाल किया जाता है, ''उचित'' का इस्तेमाल नहीं किया जाता है। ''अच्छा'' शब्द का ''गैर-नैतिक'' संदर्भों में भी व्यापक इस्तेमाल होता है। दूसरी ओर, ऐसा लगता है कि ''उचित'' का इस्तेमाल मुख्यत: नैतिक संदर्भ में ही होता है। अंग्रेज़ी में ''right'' और ''wrong'' का इस्तेमाल गैर-नैतिक संदर्भों में भी होता है। जैसे, किसी गणित या तर्कशास्त्र के प्रश्न का उत्तर के संदर्भ में; लेकिन हिंदी में इस तरह के किसी प्रश्न के उत्तर के संदर्भ में आम तौर से यह नहीं कहा जाता है कि ''यह उत्तर उचित है'' या ''यह उत्तर अनुचित है'' बल्कि इसकी बजाय ''सही'' या ''ठीक'' और ''गलत'' शब्द का इस्तेमाल किया जाता है। इस तरह, देखा जाए तो प्रयोग की दृष्टि से ''तपहीज'' का सटीक हिंदी पयार्य ''सही'' है, न कि ''उचित'' । (जहाँ आम तौर से, ''उचित'' शब्द का इस्तेमाल होता है, वहाँ पर भी बोलचाल में ''सही'' शब्द का इस्तेमाल होता है। जैसे, ''यह काम सही नहीं है'' या ''यह नैतिक नियम सही है''।)

जो भी हो, फिलहाल हम नैतिक संदर्भों में ''right'' और ''wrong'' के लिए ''उचित'' और ''अनुचित'' का प्रयोग जारी रखेंगे।

जी. ई. मूर

''अच्छा'' क्या है, इस बारे में मूर के विचार सुखवादियों से अलग हैं, लेकिन ''उचित'' के बारे में मूर के विचार भी सुखवादियों की तरह ही हैं। मोटे तौर पर, मूर के अनुसार भी

कर्म "उचित" है अगर उसका परिणाम "अच्छा" है। इस तरह, मूर भी प्रयोजनवादी या परिणामवादी हैं। मूर ने *प्रिंसिपिया एथिका* की प्रस्तावना में नीतिशास्त्र के जो दो बुनियादी प्रश्न बतलाए हैं, उनमें दूसरा प्रश्न यह है कि "किस किस्म के कर्मों को हमें करना चाहिए?" मूर ने इस प्रश्न की व्याख्या यह कह कर भी की है कि "उचित कर्म" या "कर्त्तव्य" क्या है। इससे यह बात समझ में आती है कि मूर ने "जिस कर्म को करना चाहिए" उसे ही "उचित कर्म" माना है। इसके अलावा, उनके अनुसार "उचित कर्म" और "कर्त्तव्य" समानार्थक हैं।

अपनी किताब के छठे अध्याय "एथिक्स इन रिलेशन टू कंडक्ट" में मूर ने "उचित" और "कर्त्तव्य" की विस्तृत चर्चा की है। संक्षेप में, मूर के अनुसार "यह कर्म उचित है" या "मेरा कर्त्तव्य है" कहने का अर्थ हुआ "इस कर्म का सम्पूर्ण परिणाम सर्वश्रेष्ठ सम्भव है"।

इस तरह, मानक नीतिशास्त्र के परम्परागत रूप से संज्ञानवादी सिद्धांतों में "उचित" की प्रयोजनवादी और अप्रयोजनवादी व्याख्या की गयी है। दूसरी ओर, एयर, स्टीवेंसन, हेयर और नॉवल-स्मिथ जैसे असंज्ञानवादी नैतिक दार्शनिकों ने भी "उचित" के बारे में विचार व्यक्त किए हैं।

ए. जे. एयर

हम "अच्छा" शब्द की चर्चा के संदर्भ में ही उल्लेख कर चुके हैं कि एयर के अनुसार "अच्छा" और "उचित" जैसी अवधारणाएँ "छद्म अवधारणाएँ" हैं। ये वर्णनात्मक नहीं होती हैं, बल्कि सम्वेगात्मक होती हैं। *उदाहरण के तौर पर, एयर के अनुसार, तथ्यों की* दृष्टि से "*तुमने पैसे चुराए*" और "*तुमने पैसे चुरा कर अनुचित काम किया*" इन दोनों कथनों के बीच कोई अंतर नहीं है। "*तुमने पैसे चुराए*" एक तथ्य-सम्बंधी कथन है, जबकि "*तुमने पैसे चुरा कर अनुचित काम किया*" एक नैतिक निर्णय है। लेकिन इस दूसरे वाक्य में पहले कथन की तुलना में तथ्य-सम्बंधी कोई नयी जानकारी नहीं दी जा रही है। नैतिक शब्द "अनुचित" के माध्यम से किन्ही तथ्यों को व्यक्त नहीं किया जा रहा है, बल्कि मात्र नैतिक नापसंदगी की भावना को व्यक्त किया जा रहा है।

एयर के अनुसार, अगर इस दूसरे कथन का सामान्यीकरण कर यह कहा ज़ाए कि "पैसे चुराना अनुचित है", तो इस वाक्य का कोई तथ्यात्मक अर्थ नहीं है। इसके माध्यम से पैसे चुराने के प्रति एक विशेष किस्म की नैतिक नापसंदगी की भावना को व्यक्त किया जा रहा है। संक्षेप में, एयर के अनुसार जब हम किसी कर्म को "उचित" या "अनुचित" कहते हैं, तो हम उसके प्रति नैतिक पसंदगी या नापसंदगी की भावना को व्यक्त करते हैं। इसके अलावा, हम सामने वाले में भी वैसी ही भावना को उत्पन्न कर उसे किसी कर्म को करने या न करने के लिए प्रेरित करते हैं।

सी. एल. स्टीवेंसन

स्टीवेंसन ने भी सम्वेगवाद को ही आगे बढ़ाया है। ''वर्किंग्ग मॉडेल्स'' के अंतर्गत उन्होंने ''यह अनुचित है'' की व्याख्या इस प्रकार की है, ''मैं इसका निरनुमोदन करता हूँ, आप भी ऐसा करें''। ''अच्छा'' के संदर्भ में भी ज़िक्र कर चुके हैं कि स्टीवेंसन के अनुसार नैतिक शब्दों के सम्वेगात्मक अर्थ के अलावा उनके वर्णनात्मक कार्य भी होते हैं।

आर. एम. हेयर

''अच्छा'' के संदर्भ में हम चर्चा कर चुके हैं कि हेयर के अनुसार नैतिकता की भाषा एक किस्म की परामर्शात्मक भाषा है, जो हमें कैसे आचरण करना चाहिए इस बारे में हमें परामर्श देती है, या मार्गदर्शन करती है। हेयर ने ''अच्छा'', ''उचित'' और ''चाहिए'' शब्दों को प्रारूपिक मूल्य-शब्द कहा है। हेयर के अनुसार, इन शब्दों का इस्तेमाल नैतिक और गैर-नैतिक दोनों संदर्भों में होता है। अपनी किताब के दसवें अध्याय में हेयर ने ''चाहिए'' और ''उचित'' की एक साथ चर्चा की है।

हेयर के अनुसार ''उचित'' और ''अच्छा'' के उपयोग में असमानताएँ भी हैं, लेकिन कई संदर्भों में इन शब्दों का लगभग एक तरह से इस्तेमाल किया जा सकता है। इसी तरह, ''अच्छा'' और ''चाहिए'' में भी अंतर है, फिर भी इनका भी एक जैसे संदर्भों में भी इस्तेमाल किया जा सकता है। आमतौर से ''चाहिए'' शब्द ''अच्छा'' की तुलना में ''उचित'' शब्द के अधिक समान है। हेयर की राय में, ''उचित'' और ''चाहिए'' के बीच के सम्बंध को बताना अपेक्षाकृत आसान है, जबकि ''अच्छा'' और ''चाहिए'' के बीच का सम्बंध अधिक अप्रत्यक्ष है।

इन भिन्नताओं के बावजूद हेयर के अनुसार ''अच्छा'', ''उचित'' और ''चाहिए'' में भी इतनी पर्याप्त समानताएँ हैं कि इन सभी को ''मूल्य-शब्द'' के रूप में वर्गीकृत किया जा सके।

संक्षेप में, हेयर के अनुसार, ''अच्छा'' की तरह, ''उचित'' और ''चाहिए'' शब्दों का भी इस्तेमाल मुख्यत: चुनाव करने, मार्गदर्शन करने या परामर्श देने के लिए होता है। लेकिन, ''अच्छा'' की तरह ही, इन शब्दों के वर्णनात्मक कार्य भी होते हैं।

नॉवल-स्मिथ

अपनी किताब *एथिक्स* के तेरहवें अध्याय ने नॉवल-स्मिथ ने व्यावहारिक जीवन में ''उचित'' और ''चाहिए'' के इस्तेमाल की चर्चा की है। स्मिथ के अनुसार कर्त्तव्यों की चर्चा करने के लिए हम वास्तव में जिन शब्दों का इस्तेमाल करते हैं, उनमें ''उचित'' और ''चाहिए'' सबसे महत्त्वपूर्ण है। इन शब्दों का मुख्य इस्तेमाल किसी को कुछ करने के लिए बतलाना है। इस प्राथमिक प्रयोग के अलावा इनके गौण इस्तेमाल भी होते हैं, जो ''अच्छा'' शब्द

के गौण इस्तेमाल की तरह ही होते हैं। हम पहले ही चर्चा कर चुके हैं कि नॉवल-स्मिथ के अनुसार "अच्छा" शब्द का इस्तेमाल बुनियादी तौर पर चुनाव करने और सलाह देने के संदर्भ में होता है। लेकिन, इसके अलावा भी, "अच्छा" के कई इस्तेमाल होते हैं, जैसे, प्रशंसा करने के लिए या मूल्यांकन करने के लिए या फिर वर्णनात्मक संदर्भों में।

नॉवल-स्मिथ के अनुसार "उचित" और "चाहिए" के बीच मोटे तौर पर यह अंतर है कि "मुझे चाहिए" या "तुम्हे चाहिए" का इस्तेमाल निर्णयों और निषेधाज्ञाओं को व्यक्त करने के लिए किया जाता है, जबकि "उचित" का इस्तेमाल मुख्यतः एक विशेष तरीके से निर्णयों और निषेधाज्ञाओं का समर्थन करने के लिए किया जाता है। अगर किसी को यह स्पष्ट करने को कहा जाए कि उसने काई काम क्यों किया या क्यों करने का इरादा रखता है, तो वह कह सकता है "क्योंकि ऐसा करना उचित है"। नॉवल-स्मिथ के अनुसार, "अच्छा", "चाहिए" और "उचित" शब्दों की विशेषता यह है कि ये अपने मुख्य इस्तेमाल में ये समर्थक- अभिवृत्ति को व्यक्त करने वाले शब्द हैं।

चाहिए

"चाहिए" (ought) और "उचित" शब्दों के बीच काफी निकट सम्बंध है। हमने देखा कि आर. एम. हेयर और नॉवल-स्मिथ दोनों ने इन नैतिक शब्दों की चर्चा एक साथ एक ही अध्याय में की है। जी. ई. मूर ने तो "चाहिए", "उचित" और "कर्त्तव्य" का समानार्थक रूप में उपयोग किया है। हम "उचित" शब्द के संदर्भ में यह चर्चा कर चुके हैं कि *प्रिंसिपिया एथिका* की प्रस्तावना में मूर ने नीतिशास्त्र के जो दो बुनियादी प्रश्न बतलाए हैं, उनमें दूसरा प्रश्न यह है कि "किस किस्म के कर्मों को हमें करना चाहिए?" (बल मेरे द्वारा)। फिर, मूर ने इस प्रश्न की व्याख्या यह कह कर की है कि "उचित कर्म" या "कर्त्तव्य" क्या है। स्पष्ट है कि मूर के अनुसार "जिस कर्म को हमें करना चाहिए" वह "उचित कर्म" है। (इसे इस रूप में भी रखा जा सकता है कि किसी कर्म को "उचित" कहने का अर्थ है कि हमें उसे "करना चाहिए"।) फिर, मूर के अनुसार, "यह कर्म उचित है" या "मेरा कर्त्तव्य है" कहने का अर्थ हुआ "इस कर्म का सम्पूर्ण परिणाम सर्वश्रेष्ठ सम्भव है"। इस तरह, "अच्छा" और "उचित" की तरह मूर ने "चाहिए" की भी वर्णनात्मक व्याख्या की है। मूर के अनुसार "इस कर्म को करना चाहिए" का अर्थ होगा, "इस कर्म का सम्पूर्ण परिणाम सर्वश्रेष्ठ सम्भव है"।

ए. जे. एयर के विचारों की चर्चा हम पहले भी "अच्छा" और "उचित" के संदर्भ में कर चुके हैं। एयर के अनुसार नैतिक अवधारणाएँ सम्वेगात्मक होती हैं, वर्णनात्मक नहीं। एयर ने "कर्त्तव्य" और "चाहिए" के बीच सूक्ष्म अंतर भी किया है। एयर के अनुसार "सच बोलना तुम्हारा कर्त्तव्य है" को सच बोलने के प्रति एक किस्म की नैतिक भावना

की अभिव्यक्ति के रूप में भी देखा जा सकता है, और "सच बोलो" इस आदेश के अभिव्यक्ति के रूप में भी। "तुम्हे सच बोलना चाहिए" (बल मेरे द्वारा)। इस वाक्य से भी "सच बोलो" आदेश अभिव्यक्त होता है, लेकिन यहाँ पर आदेश का स्वर कम ज़ोरदार है।

सी. एल. स्टीवेंसन ने सम्वेगवाद को ही आगे बढ़ाते हुए "वर्किंग मॉडल्स" के अंतर्गत "चाहिए" की व्याख्या इस प्रकार की है: "उसे ऐसा करना चाहिए" का अर्थ हुआ: "मैं उसके ऐसा न करने का निरनुमोदन करता हूँ; आप भी ऐसा करें"।

हेयर और नॉवल-स्मिथ ने अन्य नैतिक शब्दों की तरह "चाहिए" की भी परामर्शात्मक व्याख्या की है, जिसकी चर्चा हम "उचित" के संदर्भ में कर चुके हैं।

कर्त्तव्य

"कर्त्तव्य" (duty) भी एक महत्त्वपूर्ण नैतिक अवधारणा है। "अच्छा", "उचित", "चाहिए" और "कर्त्तव्य" के बीच एक अंतर यह दिखता है कि बाकी नैतिक शब्दों का इस्तेमाल गैर-नैतिक संदर्भों में भी होता है, जबकि "कर्त्तव्य" शब्द का इस्तेमाल मुख्यत: नैतिक संदर्भों में ही होता है।

परम्परागत नैतिक विचारकों में कांट ने अपने नैतिक दर्शन में "कर्त्तव्य" पर बहुत बल दिया है। कांट के अनुसार किसी कर्म को "उचित" तभी कहा जा सकता है जब वह "शुभ संकल्प" या "अच्छे संकल्प" से किया जाए। कर्म के "उचित" होने के लिए उसे नैतिकता के नियम के अनुरूप तो होना ही चाहिए, लेकिन साथ ही, यह भी ज़रूरी है कि वह कर्त्तव्य पालन की दृष्टि से या नैतिकता के नियम के प्रति सम्मान की दृष्टि से किया जाए। कांट अप्रयोजनवादी हैं। उनके अनुसार "कर्त्तव्य" का कर्म के परिणाम से कोई सम्बंध नहीं है। कांट के अनुसार "कर्त्तव्य का पालन करो, चाहे विश्व ही नष्ट क्यों न हो जाए"।

मूर ने, जैसे कि हम पहले ही चर्चा कर चुके हैं, "कर्त्तव्य" की प्रयोजनवादी व्याख्या की है। मूर के अनुसार, "करना चाहिए", "उचित कर्म" और "कर्त्तव्य" समानार्थक हैं। "यह कर्म उचित है" या "मेरा कर्त्तव्य है" कहने का अर्थ हुआ "इस कर्म का सम्पूर्ण परिणाम सर्वश्रेष्ठ सम्भव है"।

"अच्छा", "उचित" और "चाहिए" जैसे शब्दों में भी हम चर्चा कर चुके हैं कि ए. जे. एयर ने नैतिक अवधारणाओं को सम्वेगात्मक माना है। एयर के अनुसार "सच बोलना तुम्हारा कर्त्तव्य है" को सच बोलने के प्रति एक किस्म की नैतिक भावना की अभिव्यक्ति के रूप में भी देखा जा सकता है, और "सच बोलो" इस आदेश के रूप में भी। एयर के अनुसार "तुम्हे सच बोलना चाहिए" इस वाक्य से भी "सच बोलो" आदेश अभिव्यक्त होता है, लेकिन यहाँ आदेश का स्वर कम ज़ोरदार है। जबकि "सच बोलना

अच्छा है'' में आदेश लगभग एक सुझाव बन गया है। इस तरह, एयर के अनुसार, नैतिक इस्तेमाल में ''अच्छा'' के अर्थ और ''कर्त्तव्य'' और ''चाहिए'' के अर्थ के बीच अंतर किया जा सकता है।

स्टीवेंसन ने ''कर्त्तव्य'' और ''उचित'' के बीच सूक्ष्म अंतर किया है। स्टीवेंसन के अनुसार ''X को करना एक कर्त्तव्य है'' मोटे तौर पर यह कहने के बराबर है कि ''X को न करना अनुचित है'' बनिस्पत इसके कि ''X को करना उचित है''।

स्टीवेंसन के अनुसार ''वर्किन्ग मॉडेल्स'' के जरिए ''कर्त्तव्य'' की व्याख्या भी ''चाहिए'' की तरह होगी ''मैं उसके X को न करने का निरनुमोदन करता हूँ''।

हेयर के अनुसार नैतिक शब्द परामर्शात्मक होते हैं। इस आधार पर कहा जा सकता है कि हेयर के अनुसार ''कर्त्तव्य'' शब्द भी परामर्शात्मक है। यह हमें कैसे आचरण करना चाहिए इस बारे में परामर्श देता है या मार्गदर्शन करता है। लेकिन, अपनी किताब *दि लैंग्वेज ऑफ मॉरल्स* में हेयर ने मुख्यतः ''अच्छा'', ''चाहिए''और ''उचित'' पर अपना ध्यान केन्द्रित रखा है, जिसकी चर्चा हम पहले कर चुके हैं।

नॉवल-स्मिथ ने अपनी किताब *एथिक्स* में ''कर्त्तव्य'' की विस्तृत चर्चा की है। नॉवल-स्मिथ के अनुसार, व्यावहारिक जीवन में कर्त्तव्यों की चर्चा करने के लिए हम वास्तव में जिन शब्दों का इस्तेमाल करते हैं, उनमें ''उचित'' और ''चाहिए'' सबसे महत्त्वपूर्ण हैं। इन शब्दों का मुख्य इस्तेमाल किसी को कुछ करने के लिए बतलाना है।

समीक्षा

हम पहले ही लिख चुके हैं कि मौलिक नैतिक शब्दों के अर्थ और उनके बीच परस्पर सम्बंध को स्पष्ट करना उतना आसान काम नहीं है। हमने इस संदर्भ में मुख्यतः जी. ई. मूर, बट्रेण्ड रसेल, ए. जे. एयर., सी. एल. स्टीवेंसन, आर. एम. हेयर और जी. एच. नॉवल-स्मिथ के विचारों की चर्चा की है। इसके अलावा, हमने सुखवादी और कांट के दृष्टिकोण का भी उल्लेख किया है। इन प्रमुख विचारकों के अलावा और भी कई नैतिक विचारक हुए हैं, जिन्होंने इन मुद्दों पर अपने विचार व्यक्त किए हैं। यहाँ पर हम इस अध्याय में चर्चा किए गए विचारों के आलोक में कुछ आरम्भिक निष्कर्ष तक पहुँचने का प्रयास करेंगे।

सबसे पहले इस बारे में स्पष्टता भी ज़रूरी है कि जब हम ''अच्छा'', ''उचित'', ''चाहिए'' और ''कर्त्तव्य'' जैसे नैतिक शब्दों का अर्थ स्पष्ट करना चाह रहे हैं, तो हम क्या करना चाह रहे हैं? क्या हम यह तय करना चाह रहे हैं कि आम बोल-चाल की भाषा में इन शब्दों का इस्तेमाल कैसे किया जाता है? तब तो फिर इस काम के लिए मानक शब्दकोशों की सहायता भी ली जा सकती है। शब्दकोश देखने से यह भी मालूम चल जाएगा कि भाषा के अधिकांश शब्दों की तरह इन शब्दों के भी एक से अधिक

अर्थ हैं। "अच्छा" जैसे नैतिक शब्द का तो गैर-नैतिक सन्दर्भों में भी व्यापक इस्तेमाल होता है। (*दि ऑक्सफोर्ड हिंदी-इंग्लिश डिक्शनरी* में "अच्छा" शब्द के ग्यारह अर्थ दिए गए हैं।)[3] ऐसे में हमें विशेष तौर से नैतिक सन्दर्भों में इन शब्दों के इस्तेमाल पर अपना ध्यान केन्द्रित करना होगा।

जब हम मानक नीतिशास्त्र में यह प्रश्न उठाते हैं कि "मानव जीवन में कौन-सी वस्तु या वस्तुएँ अपने-आप में अच्छी हैं?" तो, यहाँ पर "अच्छा" शब्द का किस अर्थ में इस्तेमाल होता है? कहा जा सकता है कि "अपने-आप में अच्छा" माने "अपने-आप में पाने का प्रयत्न करने योग्य" या "जिन्हें हम साध्य के रूप में पाने का प्रयत्न करना चाहिए"।

फिर, यह ध्यान रखना ज़रूरी है कि "'अच्छा' शब्द का अर्थ क्या है?" और "मानव जीवन में अपने-आप में अच्छा क्या है?"–ये दो अलग-अलग प्रश्न हैं। दूसरे प्रश्न के उत्तर में यह कहा जा सकता है: "सुख"। लेकिन पहले प्रश्न के उत्तर में यह नहीं कहा जा सकता है कि " 'अच्छा' शब्द का अर्थ है 'सुख' "। (दरअसल, बेंथम और मिल जैसे सुखवादियों ने सुखवाद को इस रूप में प्रस्तुत किया भी नहीं है। मिल ने अपनी किताब *यूटिलिटैरियनिज़्म* में यह कहीं भी नहीं कहा है कि "अच्छा" का अर्थ है "सुख"। वास्तव में, यह सुखवाद की मूर द्वारा की गयी व्याख्या है।) क्योंकि जब हम यह कहते हैं कि "सुख जीवन में अपने-आप में अच्छी वस्तु है" तो हम यह नहीं कह रहे होते हैं कि "सुख जीवन में अपने-आप में सुखद वस्तु है" बल्कि यह कह रहे होते हैं कि "सुख जीवन में अपने-आप में पाने का प्रयत्न करने योग्य वस्तु है"।

इसी तरह, "उचित" शब्द का अर्थ क्या है? और "कौन से कर्म उचित हैं"–ये दोनों अलग-अलग प्रश्न हैं। यहाँ भी दूसरे प्रश्न के उत्तर में यह कहा जा सकता है "जिन कर्मों का परिणाम अच्छा या सुखद है", लेकिन पहले प्रश्न के उत्तर में नहीं, क्योंकि यह "उचित" की परिभाषा नहीं है; बल्कि नैतिक मापदण्ड की समस्या का एक प्रस्तावित समाधान है। मोटे तौर पर, "उचित" का अर्थ हुआ "करना चाहिए" और "अनुचित" का अर्थ हुआ "नहीं करना चाहिए"। उदाहरण के तौर पर, "आम तौर से सच बोलना उचित है" का अर्थ हुआ "आम तौर से सच बोलना चाहिए"। "हत्या करना अनुचित है" का अर्थ हुआ "हत्या नहीं करनी चाहिए"।

इसी तरह, मोटे तौर पर, यह भी कहा जा सकता है कि "कर्त्तव्य" का अर्थ है "करना चाहिए"। उदाहरण के तौर पर, जब हम कहते हैं कि "बच्चों की देखभाल माता-पिता का कर्त्तव्य है" तो इसका अर्थ यह हुआ कि "माता-पिता को बच्चों की देखभाल करनी चाहिए"। लेकिन, विस्तार में जाने पर "कर्त्तव्य" और "उचित" के बीच एक सूक्ष्म अंतर दिखायी देता है।

"कर्त्तव्य" के साथ एक बाध्यता-सी जुड़ी मालूम देती है। जब हम किसी कर्म के बारे में कहते हैं "यह तुम्हारा कर्त्तव्य है", तो वहाँ पर यह तात्पर्य दिखता है कि "तुम्हे अवश्य ही इस कर्म को करना चाहिए", जबकि "उचित" के साथ ऐसी बाध्यता नहीं दिखती है।

इसके अलावा, अलग-अलग सन्दर्भों में "उचित" शब्द के इस्तेमाल में भी एक सूक्ष्म अंतर नज़र आता है। उदाहरण के तौर पर, अगर हम कहते हैं कि "दर्शनशास्त्र का अध्ययन उचित काम है" या "समाजशास्त्र का अध्ययन उचित काम है" आदि तो इसका अर्थ होगा कि इसे "किया जा सकता है–अगर चाहें तो करें", यह नहीं कि हर किसी को इसे अवश्य करना है।

दूसरी ओर, अगर हम किसी नैतिकता के नियम के संदर्भ में कहते हैं कि "यह नैतिकता का नियम उचित है" तो फिर इसका अर्थ यही होता है कि हमें "इस नैतिकता के नियम का पालन करना चाहिए" या इसके अनुरूप आचरण करना चाहिए; यह नहीं कि "किया जा सकता है" या "अगर चाहें तो करें"। उदाहरण के तौर पर, अगर हम कहते हैं "आम तौर से सच बोलना उचित है" तो इसका अर्थ यही होगा कि "आम तौर से सच बोलना चाहिए", यह नहीं कि "सच बोला जा सकता है अगर चाहें तो बोलें"। यहाँ पर "उचित" लगभग "कर्त्तव्य" के समानार्थक है। जबकि "दर्शनशास्त्र का अध्ययन उचित है" में "उचित" "कर्त्तव्य" का समानार्थक नहीं है। संक्षेप में, जो "कर्त्तव्य" है, वह अवश्य ही "उचित" होगा; लेकिन, यह ज़रूरी नहीं कि हर "उचित" कार्य "कर्त्तव्य" हो। इस दृष्टि से "उचित" शब्द "कर्त्तव्य" से व्यापक है। ऐसे "उचित" कार्य जिनके साथ बाध्यता जुड़ी हो "कर्त्तव्य" कहलाते हैं।

"अच्छा" और "उचित" के नैतिक उपयोग के संदर्भ में कुछ सुधारात्मक सलाह भी दी जा सकती है। उदाहरण के तौर पर, हमने देखा कि नैतिक सन्दर्भों में "उचित" और "अनुचित" शब्दों का इस्तेमाल मुख्यतः कर्मों और नैतिक नियमों के संदर्भ में किया जाता है, जैसे "यह कर्म उचित है", "यह कर्म अनुचित है" आदि; जबकि "अच्छा" शब्द का इस्तेमाल कहीं अधिक व्यापक रूप में होता है, जैसे, "यह कर्म अच्छा है", "यह नैतिक नियम अच्छा है"। इसके अलावा, "सुख अच्छी चीज़ है", "स्वतंत्रता अच्छी चीज़ है", "ज्ञान अच्छी चीज़ है" "धन अच्छी चीज़ है", इत्यादि। यहाँ पर स्पष्टता की दृष्टि से यह सलाह दी जा सकती है कि नीतिशास्त्र में कर्म और नियम के संदर्भ में "अच्छा" और "बुरा" का नहीं, बल्कि "उचित" और "अनुचित" का ही इस्तेमाल किया जाए। दूसरी ओर, "अच्छा" शब्द का इस्तेमाल सुख, स्वतंत्रता, ज्ञान और धन जैसी संज्ञात्मक या सत्तासूचक (substantive) वस्तुओं के लिए ही किया जाए। इसके बाद भी हम "साध्य के रूप में अच्छा" और "साधन के रूप में अच्छा" के बीच अंतर कर सकते हैं। उदाहरण के तौर पर, हम कह सकते हैं कि "सुख अपने-आप में अच्छी चीज़ है" जबकि "स्वतंत्रता साधन के रूप में अच्छी चीज़ है"।

अच्छा

"अच्छा" जैसे मौलिक नैतिक शब्द के बारे में दार्शनिक दृष्टि से एक महत्त्वपूर्ण प्रश्न यह है कि क्या यह वर्णनात्मक शब्द है या अवर्णनात्मक? अगर यह अवर्णनात्मक है तो फिर क्या यह मुख्यतः सम्वेगात्मक है या परामर्शात्मक या कुछ और? या फिर इसके एक-साथ कई उपयोग होते हैं?

एक बात तो स्पष्ट है कि "अच्छा" शब्द पूरी तौर से वर्णनात्मक शब्द नहीं है। (मूर द्वारा "अच्छा" को अपरिभाष्य और गैर-प्राकृतिक मानने की समीक्षा "जी. ई. मूर" अध्याय में की गयी है।) दूसरी ओर, इसे मुख्यतः सम्वेगवाद भी नहीं माना जा सकता है। एयर ने इसे मुख्यतः सम्वेगात्मक माना है, लेकिन सम्वेगवाद को विकसित करने वाले स्टीवेंसन ने, और कुछ हद तक स्वयं एयर ने भी, यह स्वीकार किया है कि "अच्छा" के वर्णनात्मक कार्य भी होते हैं।

"अच्छा" शब्द का सकारात्मक सम्वेगात्मक अर्थ भी है, लेकिन भाषा में "अच्छा" और अन्य बुनियादी नैतिक शब्दों का जिस रूप में इस्तेमाल होता है, उस दृष्टि से परामर्शवाद सत्य के अधिक करीब मालूम देता है। "अच्छा" और अन्य नैतिक शब्दों का इस्तेमाल, हमें कैसे आचरण करना चाहिए इस बारे में स्वयं किसी निर्णय तक पहुँचने और अन्य लोगों को परामर्श देने या मार्गदर्शन करने के लिए होता है। "अच्छा" शब्द का इस्तेमाल मुख्यतः प्रशंसा करने के लिए होता है। स्टीवेंसन के "वर्किन्ग मॉडेल्स" के अनुसार "यह अच्छा है" का अर्थ है, "मैं इसका अनुमोदन करता हूँ, आप भी ऐसा करें"। (प्रशंसा करने और अनुमोदन करने में अधिक फ़र्क नहीं है।) "अच्छा" शब्द का मूल्यात्मक अर्थ ही प्राथमिक है, लेकिन इसके अलावा इसका वर्णनात्मक अर्थ भी है, जो अलग-अलग सन्दर्भों में अलग-अलग होता है। इसके अलावा, नॉवल-स्मिथ कि यह स्थापना भी विचारणीय है कि "अच्छा" एक "जैनस शब्द" है, जो एक ही समय में एक से अधिक कार्यों के लिए इस्तेमाल होता है।

REFERENCES

1. उदाहरण के तौर पर, कामिल बुल्के अंग्रेज़ी-हिन्दी शब्दकोश के अनुसार, विशेषण के रूप में "good" का मुख्य अर्थ "अच्छा", "उत्तम" है। इसी तरह, ऑक्सफोर्ड अंग्रेज़ी-हिन्दी शब्दकोश के अनुसार, विशेषण के रूप में "good" का मुख्य अर्थ "अच्छा"; "उत्तम" "तृप्तिदायक" है।
2. वैसे यह अंतर मिल द्वारा उनकी पुस्तक *युटिलिटैरियनिज़्म* में भी किया गया है।
   John Stuart Mill, Utilitarianism (London: The Fontana Library, 1962), pp. 254-55.
3. R.S. McGregor (ed.), *The Oxford Hindi-English Dictionary* (New Delhi: Oxford University Press, 1993).

5

जी. ई. मूर

जी. ई मूर या जॉर्ज एडवर्ड मूर (1873-1958) बीसवीं सदी के एक प्रमुख अंग्रेज़ दार्शनिक हैं। एक अन्य अंग्रेज़ दार्शनिक बट्रेण्ड रसेल के साथ उन्हें विश्लेषणात्मक दर्शन का जनक भी माना जाता है। 1903 में प्रकाशित मूर की किताब *प्रिंसिपिया एथिका* का बीसवीं सदी के नीतिशास्त्र में प्रमुख स्थान है। बीसवीं सदी के नैतिक दर्शन की चर्चा की शुरूआत आमतौर से इसी किताब से होती है।[1]

मूर के कुछ नीतिशास्त्रीय विचारों का उल्लेख हम पहले भी अलग-अलग अध्यायों में विभिन्न सन्दर्भों में कर चुके हैं। इस अध्याय में हम *प्रिंसिपिया एथिका* में व्यक्त मूर के विचारों की समग्रता में चर्चा करेंगे। (वैसे, मूर ने *एथिक्स* नाम की एक और किताब भी लिखी थी, जो 1912 में प्रकाशित हुई थी। इसके अलावा, एक "कॉन्सेप्ट ऑफ इन्ट्रीन्सिक वैल्यू" शीर्षक लेख भी है, जो 1922 में *फ़िलसॉफ़िल स्टडीज़* में प्रकाशित हुआ था।)

प्रस्तावना

मूर की पुस्तक *प्रिंसिपिया एथिका* की प्रस्तावना का विशेष महत्त्व है। इससे स्वयं मूर के शब्दों में ही मूर की किताब के मुख्य उद्देश्यों और उसमें व्यक्त मुख्य विचारों की जानकारी मिलती है।

मूर के अनुसार नीतिशास्त्र और अन्य दार्शनिक क्षेत्रों में मौजूद कठिनाइयों और मतभेदों का मुख्य कारण बहुत सरल है: प्रश्नों का उत्तर देने की कोशिश; पहले ठीक तरीके से यह खोजे बिना कि हम कौन से प्रश्न का उत्तर देना चाहते हैं।

मूर ने अपनी किताब में स्पष्टता से उन दो प्रश्नों के बीच अंतर करने का प्रयत्न किया है, जिनका उत्तर देने का दावा नैतिक दार्शनिकों ने हमेशा किया है; लेकिन, जिन्हें उन्होंने, मूर के अनुसार, लगभग हमेशा एक-दूसरे से या अन्य प्रश्नों से मिला दिया है। पहला प्रश्न इस प्रकार का है: किस किस्म के वस्तुओं का अपने-आप में अस्तित्व होना चाहिए? (या कौन-सी वस्तुएँ साध्य के रूप में अच्छी या उनमें आंतरिक मूल्य है?); जबकि दूसरा प्रश्न इस प्रकार का है: किस किस्म के कर्मो को हमें करना चाहिए? (या कौन से कर्म उचित या कर्त्तव्य हैं?)

मूर के अनुसार, अगर हम इन दो प्रश्नों के अर्थो को स्पष्टता से समझेंगे, तो हमें यह भी स्पष्ट हो जाएगा कि उस साक्ष्य या प्रमाण का स्वरूप क्या है, जिसके द्वारा नैतिक तर्कवाक्यों को प्रमाणित या अप्रमाणित किया जा सकता है। मूर के विचार में एक बार

इन दोनों प्रश्नों के ठीक अर्थ को समझ लेने पर यह भी स्पष्ट हो जाता है किस किस्म के तर्क (reasons) इनके किसी उत्तर के पक्ष या विपक्ष में युक्ति (arguments) के रूप में प्रासंगिक हैं। यह स्पष्ट हो जाता है कि पहले प्रश्न के उत्तर के समर्थन में कोई भी प्रासंगिक प्रमाण नहीं दिया जा सकता है: उनकी सत्यता या असत्यता का अनुमान, स्वयं उनके अलावा, किसी अन्य सत्य के आधार पर नहीं किया जा सकता है। यहाँ पर, मूर के अनुसार, सिर्फ इस सावधानी द्वारा भूल से बचा जा सकता है कि जब हम इस किस्म के प्रश्न का उत्तर देने का प्रयत्न करते हैं, तो हमारे सामने सिर्फ वही प्रश्न हो न कि कोई और।

जहाँ तक दूसरे प्रश्न के उत्तर का सवाल है, तो, मूर के अनुसार, यह भी उतना ही स्पष्ट हो जाता है कि इस प्रश्नों के किसी उत्तर को प्रमाणित या अप्रमाणित किया जा सकता है। दरअसल, इस प्रश्न के किसी उत्तर की सत्यता या असत्यता के लिए इतनी सारी अलग-अलग विचार-योग्य बातें प्रासंगिक हैं कि इस बारे में सम्भाव्यता (probability) को प्राप्त करना बहुत कठिन है; जबकि निश्चयता को प्राप्त करना असम्भव। लेकिन, इस तरह के प्रमाण (proof) या खण्डन (disproof) के लिए किस किस्म का साक्ष्य आवश्यक और प्रासंगकि है, इसकी सटीक परिभाषा दी जा सकती है। मूर के विचार में ऐसे प्रमाण या साक्ष्य में दो और सिर्फ दो किस्म के तर्कवाक्यों को अवश्य रहना चाहिए: पहला उसमें उस कर्म के परिणाम सम्बंधी सत्य या कारणात्मक सत्य अवश्य रहने चाहिए; और दूसरा, स्वयंसिद्ध (self evident) वर्ग के पहले किस्म के नैतिक सत्य भी अवश्य रहने चाहिए। मूर के अनुसार, किसी कर्म को करना चाहिए, यह प्रमाणित करने के लिए दोनों किस्म के कई सत्य आवश्यक हैं; इसके अलावा और किसी भी किस्म का साक्ष्य अप्रासंगिक है। इसका अर्थ यह हुआ कि अगर कोई नैतिक दार्शनिक पहले किस्म के तर्कवाक्यों के समर्थन में कोई साक्ष्य प्रस्तुत करता है, या दूसरे किस्म के तर्कवाक्यों के समर्थन वह दोनों किस्म के सत्य कारणात्मक और नैतिक प्रस्तुत नहीं करता है, या ऐसे सत्य प्रस्तुत करता है, जो इन दोनों में से किसी किस्म के नहीं हैं, तो उसकी युक्तियों में उसके निष्कर्ष को स्थापित करने की न्यूनतम प्रवृति भी नहीं होगी।

मूर के अनुसार उनकी पुस्तक का एक मुख्य उद्देश्य नैतिक तर्कना (ethical reasoning) के मौलिक सिद्धांतों को खोजना है। इन सिद्धांतों के इस्तेमाल द्वारा जिन निष्कर्षों को प्राप्त किया जा सकता है, उनकी बजाय इन नैतिक तर्कना के मौलिक सिद्धांतों को स्थापित करना उनका मुख्य उद्देश्य है। लेकिन, अपनी किताब के छठे और अन्तिम अध्याय "दि आइडियल" में उन्होंने "अपने-आप में अच्छा क्या है?" इस प्रश्न के सही उत्तर के बारे में अपने कुछ निष्कर्षों को सामने रखने का प्रयत्न किया है। (मूर ने "मानव संसर्ग के सुख" और "सुन्दर वस्तुओं के उपभोग" को अपने-आप में अच्छा माना है।) इसी तरह, पाँचवें अध्याय "एथिक्स इन रिलेशन टू कन्डक्ट" में मूर ने दूसरे प्रश्न का उत्तर विस्तार से दिया है।[1]

अंत:प्रज्ञावाद

मूर को कभी-कभी अंत:प्रज्ञावादी (intuitionist) भी कह दिया जाता है।[2] इस बारे में भी मूर ने *प्रिंसिपिया एथिका* की प्रस्तावना में कुछ महत्त्वपूर्ण बातें कही हैं। मूर के अनुसार, उन्होंने, इस तथ्य को व्यक्त करने के लिए कि उनके पहले वर्ग के नैतिक तर्कवाक्यों को प्रमाणित या अप्रमाणित नहीं किया जा सकता है, सिजविक का अनुसरण करते हुए, उन्हें कभी-कभी "इंट्यूशंस" (intuitions) कहा है। लेकिन, वे इस बात की ओर ध्यान दिलाते हैं कि वे "इंट्यूशनिस्ट" शब्द के साधारण अर्थ में "इंट्यूशनिस्ट" या अंत:प्रज्ञावादी नहीं हैं। मूर के अनुसार, वास्तविक अंत:प्रज्ञावाद की विशेषता यह है कि उसके अनुसार उनके दूसरे वर्ग के तर्कवाक्य जो यह कहते हैं कि कोई कर्म उचित या कर्त्तव्य है को भी उन कर्मों के परिणाम के अन्वेषण द्वारा प्रमाणित या अप्रमाणित नहीं किया जा सकता है। जबकि मूर के अनुसार वे जितनी दृढ़ता से यह मानते हैं कि पहले किस्म के तर्कवाक्यों को प्रमाणित या अप्रमाणित करना सम्भव नही है, उतनी ही दृढ़ता से वे यह भी मानते हैं कि दूसरे वर्ग के तर्कवाक्यों को "इंट्यूशंस" नहीं कहा जा सकता है।

इसके अलावा, मूर यह भी कहते हैं कि जब वे पहले वर्ग के तर्कवाक्यों को "इंट्यूशंस" कहते हैं, तो उनका तात्पर्य मात्र इतना होता है, कि उनको प्रमाणित नहीं किया जा सकता है, वे इस बारे में कुछ भी नहीं कहना चाहते हैं कि उनका ज्ञान किस तरीके से होता है या उसके ज्ञान का उद्‌गम कैसे होता है। इसके अलावा, वे यह भी नहीं मानते है (जैसा कि अधिकांश अंत:प्रज्ञावादी मानते हैं) कि कोई तर्कवाक्य सत्य होगा, क्योंकि उसे हमने किसी विशेष क्षमता के इस्तेमाल द्वारा किसी विशेष तरीके से जाना है। इसके विपरीत, मूर यह मानते हैं कि हर उस तरीके में जिससे हम सत्य तर्कवाक्यों से अवगत हो सकते हैं, उससे ही असत्य तर्कवाक्यों से भी अवगत होना सम्भव है।[3]

"अच्छा" या "शुभ" की अवधारणा

"अच्छा" या "शुभ" (good) के बारे में सबसे महत्त्वपूर्ण बात यह है कि मूर ने "अच्छा" को "अपरिभाष्य" (indefinable) माना है। मूर के अनुसार "अच्छा" एक सरल, अविश्लेष्य, अपरिभाष्य, गैर-प्राकृतिक (non-natural) और विशिष्ट गुण है।

"अच्छा" के बारे में मूर ने अपनी किताब के पहले अध्याय "दि सबजेक्ट मैटर ऑफ एथिक्स" में विस्तार से अपने विचार व्यक्त किए हैं। मूर ने नीतिशास्त्र की परिभाषा ही "अच्छा के बारे में एक सामान्य अन्वेषण" के रूप में की है। मूर के अनुसार, कई नैतिक दार्शनिक इस कथन को नीतिशास्त्र की संतोषजनक परिभाषा मानते हैं कि "नीतिशास्त्र का सम्बंध इस प्रश्न से है कि मानव आचरण में अच्छा और बुरा क्या है"। मूर भी यह स्वीकार करते हैं कि नीतिशास्त्र का सम्बंध इस प्रश्न से है कि "अच्छा आचरण" क्या है। लेकिन, उनके अनुसार, आचरण के अलावा और भी कई चीज़े अच्छी हो सकती हैं। ऐसे

में "अच्छा" उस गुण का नाम है, जो उनमें और अच्छे आचरण में सामान्य (common) है। और अगर हम अपना ध्यान सिर्फ आचरण तक ही केंद्रित रखेंगे, तो हम उस गुण को गलती से कोई ऐसा गुण समझ ले सकते हैं, जो उन अन्य वस्तुओं के साथ साझा नहीं है। फिर, हम यह भी नहीं समझ पाएँगे कि अच्छा आचरण क्या है। इसलिए, मूर के अनुसार नीतिशास्त्र में पहले सामान्य रूप में इस बात की चर्चा होनी चाहिए कि "अच्छा" क्या है? इसके बाद यह तय कर पाना आसान हो जाएगा कि अच्छा आचरण क्या है; क्योंकि हम सभी अच्छी तरह जानते हैं कि "आचरण" क्या है।

इस तरह, मूर के अनुसार, नीतिशास्त्र में सबसे पहला प्रश्न यह है: अच्छा क्या है? और बुरा क्या है? इन प्रश्नों के अध्ययन को ही मूर ने नीतिशास्त्र का नाम दिया है।

अब, मूर के विचार में, "अच्छा क्या है?" इस प्रश्न के भी कई अर्थ हो सकते हैं। एक अर्थ में इस प्रश्न का उत्तर विशेष वस्तुओं की ओर इशारा करके दिया जा सकता है "यह"। लेकिन, मूर के अनुसार "वैज्ञानिक नीतिशास्त्र" में इस अर्थ में यह प्रश्न नहीं उठाया जाता है। एक दूसरे अर्थ में, इस प्रश्न का उत्तर ऐसे सामान्य कथनों द्वारा दिया जा सकता है, जैसे, "किताबें अच्छी हैं" या "सुख अच्छी चीज़ है" जैसे अरिस्टॉटल ने नीतिशास्त्र की अपनी किताब में सद्‌गुणों (virtues) की सूची दी है। मूर के अनुसार, इस अर्थ में इस प्रश्न का सम्बंध कैज्युस्ट्री (casuistry) से है। यह नैतिक खोज का लक्ष्य है। लेकिन, इस काम को नीतिशास्त्र के अध्ययन की शुरूआत में नहीं किया जा सकता है, बल्कि अन्त में किया जा सकता है।

मूर के अनुसार "अच्छा क्या है?" प्रश्न का एक तीसरा अर्थ भी है। इस प्रश्न द्वारा यह नहीं पूछा जा रहा है कि कौन-सी वस्तु या वस्तुएँ अच्छी हैं, बल्कि यह पूछा जा रहा है कि "अच्छा" की परिभाषा कैसे की जा सकती है? मूर के विचार में यह नीतिशास्त्र का सबसे बुनियादी प्रश्न है। अपने विपरीतार्थक "बुरा" को छोड़ कर, अच्छा एकमात्र विचार का सरल विषय है, जो नीतिशास्त्र के लिए विशेष है। नीतिशास्त्र के क्षेत्र में व्यवस्थित रूप से आगे बढ़ने के लिए सबसे पहले इस प्रश्न को समझना और इसके सत्य उत्तर को पहचानना ज़रूरी है। इस प्रश्न के उत्तर को जाने बिना यह भी नहीं जाना जा सकता है कि किसी नैतिक निर्णय के समर्थन में साक्ष्य क्या है। एक व्यवस्थित विज्ञान के रूप में नीतिशास्त्र का मुख्य उद्देश्य किसी वस्तु को अच्छा मानने के लिए सही तर्कों को देना है, जो इस प्रश्न का उत्तर दिए बिना सम्भव नहीं है।

सवाल यह है कि "अच्छा" की परिभाषा कैसे की जा सकती है? मूर के अनुसार इस प्रश्न को एक शाब्दिक प्रश्न के रूप में भी लिया जा सकता है। अक्सर परिभाषा का एक अर्थ होता है एक शब्द के अर्थ को दूसरे शब्दों में व्यक्त करना। [जॉन हास्पर्स ने ऐसी परिभाषा को तुल्यार्थक शब्दों द्वारा परिभाषा (definition by equivalent words) कहा है।][4] लेकिन, वे इस किस्म की परिभाषा नहीं जानना चाह रहे हैं। मूर के विचार में

शब्दकोश-विज्ञान (lexicography) को छोड़ कर अन्य किसी अध्ययन के क्षेत्र में ऐसी परिभाषा का बुनियादी महत्त्व नहीं हो सकता है। इस किस्म की परिभाषा के लिए पहले यह विचार करना होगा कि आम तौर से लोग ''अच्छा'' शब्द का इस्तेमाल किस तरह करते हैं, लेकिन, मूर के अनुसार, यह उनका काम नहीं है। मूर कहते हैं कि वे ''अच्छा'' शब्द का इस्तेमाल उसी अर्थ में करेंगे जिस अर्थ में वे सोचते हैं कि आमतौर से उसका इस्तेमाल होता है, लेकिन वे इसकी चर्चा करने के लिए उत्सुक नहीं हैं कि उनका ऐसा सोचना सही है या नहीं है। उनकी रुचि मात्र उस वस्तु या विचार में है, जिसके लिए वे, सही या गलत, यह मानते हैं कि यह शब्द एक प्रतीक है। दरअसल, वे इस वस्तु या विचार के स्वरूप को खोजना चाहते हैं, और इस बारे में किसी सहमति तक पहुँचने के लिए अति उत्सुक हैं।

मूर के अनुसार जिस अर्थ में वे इस प्रश्न को समझते हैं उस अर्थ में इस प्रश्न का उनका उत्तर बहुत निराशाजनक मालूम दे सकता है। अगर उनसे पूछा जाए ''अच्छा क्या है?'' तो उनका उत्तर है ''अच्छा अच्छा है, और यह बात यहीं खत्म हो जाती है''। अगर उनसे पूछा जाए कि ''अच्छा की परिभाषा कैसे की जा सकती है?'' तो उनका उत्तर है ''अच्छा की परिभाषा नहीं की जा सकती है; और मुझे इस बारे में इतना ही कहना है''। मूर के विचार में यह उत्तर निराशाजनक लग सकता है, लेकिन इसका बहुत अधिक महत्त्व है। दर्शनशास्त्र की शब्दावली में इसका अर्थ यह हुआ कि ''अच्छा'' के बारे में सभी तर्कवाक्य संश्लेषणात्मक (synthetic) होते हैं और कभी भी विश्लेषणात्मक (analytic) नहीं होते हैं, और यह स्पष्टतः कोई छोटी बात नहीं है। सामान्य रूप से इस बात को इस रूप में व्यक्त किया जा सकता है कि अगर ''अच्छा'' के बारे में उनका निष्कर्ष सही है, तो कोई भी ''सुख एकमात्र अच्छी वस्तु है'' या ''अच्छा वह है जिसकी इच्छा की जाए'' जैसे किसी स्वयंसिद्ध (axiom) को यह कह कर हमारे ऊपर लाद नहीं सकता है कि ''इस शब्द का अर्थ ही यही है''।

मूर के अनुसार ''अच्छा'' एक सरल धारणा (simple notion) है, जैसे कि ''पीला''। जैसे किसी ऐसे व्यक्ति के सामने, जो पहले से उसे नहीं जानता है, हम किसी भी तरह से पीला की व्याख्या नहीं कर सकते हैं; ठीक उसी तरह ''अच्छा'' की भी व्याख्या नहीं की जा सकती है। मूर कहते हैं कि उन्हें जिस किस्म की परिभाषा की तलाश है, जो किसी शब्द द्वारा निर्देशित वस्तु या धारणा के वास्तविक चरित्र का वर्णन करे, न कि सिर्फ यह बताए कि उस शब्द का इस्तेमाल किस अर्थ में होता है, सिर्फ ऐसी ही वस्तु या धारणा के लिए सम्भव है जो जटिल (complex) हो। उदाहरण के तौर पर, घोड़े की परिभाषा उसके विभिन्न गुणों को बतला कर की जा सकती है।

मूर ने तीन किस्म की परिभाषाओं की चर्चा करके इस बात को और अधिक स्पष्ट किया है कि वे किस अर्थ में ''अच्छा'' को ''अपरिभाष्य'' मानते हैं। मूर के अनुसार अगर

हम कहें जैसा कि वेब्स्टर (शब्दकोश) कहता है; ''घोड़ा'' की परिभाषा है ''इक्वूअस जीनस का एक खुरधारी चौपाया'' (A hoofed quadruped of the genus Equus), तो दरअसल, हमारे तीन अलग-अलग अर्थ हो सकते हैं: (1) हमारा अर्थ मात्र यह हो सकता है: ''जब मैं 'घोड़ा' कहता हूँ आपको यह समझना है कि मैं इक्वूअस जीनस के एक खुरधारी चौपाया के बारे में बात कर रहा हूँ।'' मूर के अनुसार, इसे ''मनमानी शाब्दिक परिभाषा'' (arbitrary verbal definition) कहा जा सकता है। [हास्पर्स ने इसे ''स्वनिर्मित परिभाषा'' (stipulative definition) कहा है।] मूर इस अर्थ में ''अच्छा'' को अपरिभाष्य नहीं मानते हैं। (2) हमारा यह अर्थ हो सकता है, जैसा कि वेब्स्टर का अर्थ होना चाहिए: ''जब अधिकांश अंग्रेज़ लोग 'घोड़ा' बोलते हैं, तो उनका अर्थ होता है इक्वूअस जीनस का एक ख़ुरधारी चौपाया।'' मूर के अनुसार, इसे ''उपयुक्त या यथातथ्य शाब्दिक परिभाषा'' (verbal definition proper) कह सकते हैं। [हॉस्पर्स ने इसे कोशीय परिभाषा (lexical definition) कहा है।] मूर इस अर्थ में भी ''अच्छा'' को अपरिभाष्य नहीं मानते हैं। (3) जब हम घोड़े को परिभाषित करते हैं, तो हमारा अर्थ कुछ कहीं अधिक महत्त्वपूर्ण हो सकता है। हमारा अर्थ हो सकता है एक विशेष वस्तु, जो हम सभी जानते हैं, जो एक विशेष तरीके से गठित है: कि उसके चार पैर हैं, एक सिर, एक हृदय, एक ज़िगर, आदि, आदि, जो सभी एक-दूसरे से एक निश्चित सम्बंध में व्यवस्थित हैं। मूर इस अर्थ में ''अच्छा'' को ''अपरिभाष्य'' मानते हैं। ''अच्छा'' के कोई अंग या अवयव नहीं हैं। घोड़े की जगह हम उसके विभिन्न अंगो की व्यवस्था के बारे में सोच सकते हैं। लेकिन, ''अच्छा'' की जगह पर हम किसी दूसरे वस्तु को नहीं रख सकते हैं।

इस तरह, मूर के अनुसार ''अच्छा'' की परिभाषा, ''परिभाषा'' शब्द के सबसे महत्त्वपूर्ण अर्थ में नहीं की जा सकती है। इस अर्थ में परिभाषा द्वारा यह बतलाया जाता है कि कोई विशेष सम्पूर्ण (whole) अनिवार्यत: किन अंगों या अवयवों द्वारा बना हुआ है। इस अर्थ में ''अच्छा'' की कोई परिभाषा नहीं दी जा सकती है, क्योंकि ''अच्छा'' के कोई अंग नहीं हैं। यह ऐसे अनगिनत वस्तुओं में से एक है, जिनकी स्वयं की कोई परिभाषा नहीं है, क्योंकि वे ऐसे बुनियादी पद हैं, जिनके माध्यम से उन सब की परिभाषा दी जाती है, जिनकी परिभाषा सम्भव है। मूर के अनुसार, ''अच्छा'' एक सरल और अपरिभाष्य गुण को निर्देशित (denote) करता है। इस मत में कोई आंतरिक कठिनाई नहीं है, ऐसे गुणों के कई और दृष्टांत भी मौजूद हैं।[4]

''अच्छा'' विशेषण और ''अच्छी वस्तु'' (Good and the Good)

''अच्छा'' की अपरिभाष्यता के संदर्भ में मूर ने ''अच्छा'' विशेषण और ''अच्छी वस्तु'' (संज्ञा) के बीच अंतर किया है। ''अच्छा'' एक विशेषण है, जिसे जो वस्तु अच्छी है या ''दि गुड'' पर लागू किया जाता है। मूर के अनुसार, ''अच्छा'' विशेषण अपरिभाष्य

है, जबकि ''अच्छी वस्तु'' (दि गुड), जिस पर हम ''अच्छा'' विशेषण को लागू करते हैं, की परिभाषा दी जा सकती है। दरअसल, नीतिशास्त्र के क्षेत्र में मूर का मुख्य उद्देश्य ''दि गुड'' का परिभाषा को खोजना है।[5]

इस तरह, संक्षेप में, मूर के अनुसार, ''अच्छी वस्तु'' की परिभाषा दी जा सकती है, लेकिन जो गुण ''अच्छा'' उस वस्तु में है उसकी परिभाषा, ''परिभाषा'' शब्द के सबसे महत्त्वपूर्ण अर्थ में नहीं दी जा सकती है। ''अच्छा'' एक सरल, अविश्लेष्य, अपरिभाष्य और विशिष्ट गुण है। क्योंकि ''अच्छा'' एक सरल गुण है, इसलिए ''अंगों में बाँटने'' के अर्थ में वह अविश्लेष्य है, और इसलिए इस अर्थ में ''विश्लेषण'' द्वारा उसकी परिभाषा नहीं दी जा सकती है। इसके अलावा, मूर ने ''अच्छा'' को ''गैर-प्राकृतिक'' भी कहा है। ''अच्छा'' एक गैर-प्राकृतिक गुण है, यह कहने से मूर का तात्पर्य यह है कि ''अच्छा'' का ''काल में अस्तित्व नहीं है''। ''अच्छा'' की कल्पना किसी ''प्राकृतिक'' वस्तु (जिसका अस्तित्व काल में हो) के गुण मात्र के रूप में ही की जा सकती है। उन वस्तुओं से अलग अपने-आप में ''अच्छा'' के काल में अस्तित्व की कल्पना नहीं की जा सकती है। इसलिए ''अच्छा'' एक ''गैर-प्राकृतिक'' गुण है। (''अच्छा'' को सरल मानने के पक्ष में मूर की युक्ति की आगे चर्चा की जाएगी। इसके अलावा, मूर ने ''साध्य के रूप में अच्छा'' (good as an end) और ''साधन के रूप में अच्छा'' (good as a means) की बीच अंतर किया है। इसकी चर्चा भी आगे करेंगे।)

खुले प्रश्न की विधि या सार्थक प्रश्न विधि
(Open Question Method)

अब तक की चर्चा में हमने देखा कि मूर ने ''अच्छा'' की अपरिभाष्यता के समर्थन में कोई युक्ति नहीं दी है, सिर्फ ''अच्छा'' और ''पीला'' के बीच सादृश्य दिखाने का प्रयत्न किया है।

मूर ने अपनी किताब के प्रथम अध्याय में ही ''खुले प्रश्न की विधि'' द्वारा यह प्रमाणित करने का प्रयत्न किया है कि ''अच्छा'' ''अपरिभाष्य'' है। मूर के अनुसार, अगर ''अच्छा'' एक सरल और अपरिभाष्य गुण को निर्देशित (denote) नहीं करता है, तो सिर्फ दो गम्भीर और विचारणीय विकल्प रह जाते हैं: एक, यह ''घोड़े'' की तरह किसी जटिल वस्तु (compex whole) को निर्देशित करता है, जिसके सही विश्लेषण के बारे मे मतभेद हैं। और दो, कि ''अच्छा'' शब्द का कोई अर्थ ही नहीं है। मूर के विचार में तथ्यों के आधार पर इन दोनों विकल्पों को अस्वीकार किया जा सकता है।

मूर के अनुसार, इनमें से पहली प्राक्कल्पना सही नहीं है, यह इस तथ्य से ही स्पष्ट हो जाता है कि हम ''अच्छा'' की चाहे जो भी परिभाषा दे, उस परिभाषित जटिल वस्तु के बारे में सार्थक रूप से यह प्रश्न उठाया जा सकता है कि ''क्या वह स्वयं अच्छा है''।

जैसे, अगर हम ''अच्छा'' की परिभाषा ''सुखद'' के रूप में करते हैं, तो सार्थक रूप से यह प्रश्न पूछा जा सकता है कि ''क्या सुख अच्छा है?'' इससे यह बात समझ में आती है कि ''सुख'' और ''अच्छा'' दो अलग-अलग धारणाएँ हैं। यह प्रश्न इस प्रश्न के बराबर नहीं है कि ''क्या सुख सुखद है?'' सामान्य तौर से अगर ''अच्छा'' की परिभाषा ''X'' के रूप में करें, तो सार्थक रूप से यह प्रश्न उठाया जा सकता है कि ''क्या X अच्छा है''। दूसरे शब्दों में, हम ''अच्छा'' की परिभाषा जिस रूप में भी (X) करें, उसके बारे में यह एक खुला प्रश्न बना रहेगा कि ''क्या X अच्छा है?'' यह इस प्रश्न के बराबर नहीं है कि ''क्या XX है?''

मूर इस खुले प्रश्न विधि के जरिए यह दिखाना चाहते हैं कि यह बात सही नहीं है कि ''अच्छा'' कोई जटिल वस्तु है, जिसके सही विश्लेषण के बारे में मतभेद हैं, बल्कि ''अच्छा'' अपरिभाष्य है।

मूर के अनुसार ऐसे ही विचारों के आधार पर दूसरी प्राक्कल्पना कि ''अच्छा'' का कोई अर्थ नहीं है को भी खारिज किया जा सकता है। हर कोई ''क्या यह अच्छा है?'' प्रश्न को समझता है, और यह भी समझता है कि यह प्रश्न ''क्या यह सुखद है?'' या ''क्या यह इच्छित है?'' या ''क्या यह पसन्द है?'' आदि प्रश्नों से अलग है, चाहे वह यह न पहचान पाए कि वह किस मायने में अलग है। इसलिए, यह भी सही नहीं है कि ''अच्छा'' का कोई अर्थ नहीं है। इस तरह, इन दोनों विकल्पों को अस्वीकार कर मूर अपने इस निष्कर्ष की स्थापना का प्रयत्न करते हैं कि ''अच्छा'' अपरिभाष्य है।[6]

प्रकृतिवादी दोष

(Naturalistic fallacy)

मूर ने जिसे ''प्रकृतिवादी दोष'' कहा है उसका सम्बंध भी ''अच्छा'' की अपरिभाष्यता से है। हम पहले ही चर्चा कर चुके हैं कि मूर के अनुसार ''अच्छा'' एक सरल गुण है, इसलिए ''अंगों में बाँटने'' के अर्थ में इसका ''विश्लेषण'' सम्भव नहीं है, और इसलिए ''विश्लेषण'' के इस अर्थ में इसकी ''विश्लेषण द्वारा परिभाषा'' नहीं दी जा सकती, जो कि मूर के अनुसार सबसे महत्त्वपूर्ण किस्म की परिभाषा है। अब, जो अपरिभाष्य है, अगर उसे परिभाषित करने की कोशिश की जाती है, या उसे किसी अन्य वस्तु के साथ बिल्कुल एक मान लिया जाता है, तो यह एक दोष है, और इसे ही मूर ने ''प्रकृतिवादी दोष'' कहा है।

हम यह भी चर्चा कर चुके हैं कि मूर के अनुसार ''अच्छा'' विशेषण की परिभाषा नहीं हो सकती है, लेकिन ''अच्छी वस्तु'' (संज्ञा) की परिभाषा हो सकती है। जो वस्तुएँ ''अच्छी'' हैं, उनमें ''अच्छा'' होने के अलावा और दूसरे गुण भी मौजूद रहते हैं। नीतिशास्त्र का उद्देश्य उनके उन अन्य गुणों को खोजना है। लेकिन, मूर के विचार में कई दार्शनिकों

ने यह सोच लिया कि जब वे उन गुणों के नाम बतला रहे हैं, तो वे अच्छा की परिभाषा दे रहे हैं। जैसे कि वे अन्य गुण और "अच्छा" पूरी तरह से एक हैं। मूर की राय में यह एक भूल है, और उन्होंने इसे ही "प्रकृतिवादी दोष" का नाम दिया है।

"अच्छा" के संदर्भ में हमने यह भी उल्लेख किया कि मूर के अनुसार "अच्छा" एक "गैर-प्राकृतिक" गुण है। यह कहने से मूर का तात्पर्य यह है कि "अच्छा" का "काल में अस्तित्व नहीं है"। "अच्छा" की कल्पना किसी "प्राकृतिक" वस्तु (जिसका अस्तित्व काल में हो) के गुण मात्र के रूप में की जा सकती है। उन वस्तुओं से अलग अपने-आप में "अच्छा" के काल में अस्तित्व की कल्पना नहीं की जा सकती है। इसलिए, "अच्छा" एक "गैर-प्राकृतिक" गुण है।

जो नैतिक सिद्धांत "अच्छा" को किसी प्राकृतिक वस्तु से जोड़ कर परिभाषित करते हैं, यानी, किसी प्राकृतिक वस्तु और "अच्छा" को बिल्कुल एक मान लेते हैं, उन्हें मूर ने "प्रकृतिवादी नीतिशास्त्र" (naturalistic ethics) कहा है। मूर के अनुसार, सुखवाद प्रकृतिवादी नीतिशास्त्र का एक प्रमुख उदाहरण है।

मूर के अनुसार अगर कोई कहता है कि "अच्छा का अर्थ है सुख" तो फिर "सुख अच्छा है" का अर्थ हो जाएगा "सुख सुख है" जो कि एक पुनरुक्ति मात्र है। इसकी और अधिक व्याख्या करते हुए मूर कहते हैं कि "जब मैं कहता हूँ कि 'मैं खुश हूँ' तो मेरा यह अर्थ नहीं होता है कि 'मैं' और 'खुश होना' एक ही वस्तु हैं। और इसी तरह, इस मत में भी कोई कठिनाई नहीं है कि मैं कहूँ कि 'सुख अच्छा है' और फिर भी मेरा यह तात्पर्य न हो कि 'सुख' और 'अच्छा' एक ही वस्तु हैं, कि सुख का अर्थ है अच्छा और अच्छा का अर्थ है सुख।"

इसी बात को और आगे बढ़ाते हुए मूर कहते हैं कि अगर वे यह कल्पना कर लें कि जब वे कहते हैं कि "मैं खुश हूँ" तो वे और "खुश होना" बिल्कुल एक हैं, तो यह भी वही तर्कदोष होगा, जिसे उन्होंने नीतिशास्त्र के क्षेत्र में "प्रकृतिवादी दोष" कहा है, हांलाकि यहाँ पर वे उसे प्रकृतिवादी दोष नहीं कहेंगे। अगर कोई व्यक्ति दो प्राकृतिक वस्तुओं को एक मान ले, तो उस तर्कदोष को प्रकृतिवादी कहने का कोई औचित्य नहीं है। लेकिन, अगर वह "अच्छा" को, जो उस अर्थ में एक प्राकृतिक वस्तु नहीं है, किसी प्राकृतिक वस्तु के साथ एक मान लेता है, तो उसे "प्रकृतिवादी दोष" कहने का औचित्य है।

मूर "अच्छा" को एक "गैर-प्राकृतिक" गुण मानते हैं। लेकिन साथ ही, मूर यह भी कहते हैं कि अगर "अच्छा" एक प्राकृतिक वस्तु हो, तो भी इस तर्कदोष के स्वरूप में कोई अंतर नहीं आएगा और न ही इसका महत्त्व रत्ती भर भी कम होगा। जो कुछ भी उन्होंने इसके बारे में कहा है वह फिर भी सत्य रहेगा: सिर्फ उसका नाम उतना उपयुक्त

नहीं रह जाएगा, जितना कि वे उसे सोचते हैं। मूर कहते हैं कि उन्हें नाम की परवाह नहीं है, बल्कि इस तर्कदोष की परवाह है। यह महत्त्वपूर्ण नहीं है कि हम उसे किस नाम से पुकारें जब तक कि हम उसे मिलने पर पहचान लें। मूर के अनुसार यह तर्कदोष नीतिशास्त्र की लगभग हर किताब में मिलता है, और फिर भी इसे पहचाना नहीं जाता है: इसलिए यह ज़रूरी है कि इसके अनेक दृष्टांत दिए जाएँ, और इसे एक नाम दिया जाए। यह एक बहुत सरल तर्कदोष है। मूर ध्यान दिलाते हैं कि जब हम कहते हैं कि "नारंगी" (फल) "पीला" है, तो हम यह नहीं सोचते हैं कि हमारा कथन हमें यह मानने के लिए बाध्य करता है कि "नारंगी" का अर्थ "पीला" से अलग कुछ भी नहीं है, या क्रि नारंगी के सिवा कुछ भी पीला नहीं हो सकता है। मान लें कि नारंगी मीठा भी है, तो क्या इससे हम यह कहने के लिए बाध्य हैं कि "मीठा" और "पीला" बिल्कुल एक हैं, कि "मीठा" की परिभाषा "पीला" के रूप में करनी चाहिए। और मान लें कि हम यह समझते हैं कि "पीला" का अर्थ सिर्फ "पीला" है और कुछ नहीं, तो इससे यह मानने में कोई कठिनाई है क्या कि नारंगी पीला है? बल्कि यह कहना बिल्कुल निरर्थक होगा कि "नारंगी पीला है", जब तक कि "पीला" का अर्थ सिर्फ "पीला" न हो जब तक कि यह पूरी तरह अपरिभाष्य न हो।

मूर "पीला" के इस सादृश्य के आधार पर यह बताना चाहते हैं कि जो बातें ऊपर "पीला" के बारे में कही गयी हैं, वे "अच्छा" के बारे में भी सत्य हैं। मूर कहते हैं कि अगर वे यह मानते हैं कि अच्छा अच्छा है, और अपरिभाष्य है, तो इससे यह नहीं सोच लेना चाहिए कि वे इस बात को नकार रहे हैं कि सुख अच्छा है। यह मानने में कोई कठिनाई नहीं है कि दोनों बातें एक साथ सत्य हैं। बल्कि "सुख अच्छा है", कहने का कोई अर्थ नहीं है, जब तक कि अच्छा सुख से अलग कोई वस्तु न हो।[7]

मूर ने "प्रकृतिवादी दोष" की चर्चा मुख्यतः *प्रिंसिपिया एथिका* के प्रथम अध्याय "दि सबजेक्ट मैटर ऑफ एथिक्स" में की है। अपनी पुस्तक के द्वितीय अध्याय "नैचुरलिस्टिक एथिक्स" में उन्होंने, उनके अनुसार, प्रकृतिवादी दोष से ग्रस्त नैतिक सिद्धांतों को दो वर्गों में बाँटा है: (1) प्रकृतिवादी नीतिशास्त्र और (2) तत्वमीमांसीय नीतिशास्त्र।

मूर के अनुसार, "अच्छा" अपरिभाष्य है, और "अच्छा" को परिभाषित करना ही एक तर्कदोष है। अगर अच्छा की परिभाषा किसी प्राकृतिक वस्तु से जोड़ कर की जाती है कोई ऐसी वस्तु जिसका अस्तित्व हमारे इन्द्रियानुभव का विषय है तो ऐसे नैतिक सिद्धांतों को मूर ने "प्रकृतिवादी नीतिशास्त्र" कहा है; जबकि अगर "अच्छा" की परिभाषा किसी ऐसे वस्तु से जोड़ कर की जाती है, जिसके एक अतींद्रिय वास्तविक विश्व में अस्तित्व का अनुमान मात्र किया जाता है, तो ऐसे नैतिक सिद्धांतों को मूर ने "तत्वमीमांसीय नीतिशास्त्र" कहा है।[8] प्रकृतिवादी सिद्धांतों में भी मूर ने सुखवाद की चर्चा अलग से

अध्याय तीन "हिडोनिज्म" में की है। चौथे अध्याय "मेटाफिजिकल एथिक्स" में मूर ने तत्वमीमांसीय नीतिशास्त्र की चर्चा की है। मूर के अनुसार प्राकृतिक वस्तुओं में सुख ही ऐसी वस्तु है, जिसे सबसे अधिक बार एकमात्र अच्छी वस्तु माना गया है। मूर के अनुसार, *मेथड्स ऑफ एथिक्स* के लेखक और उपयोगितावाद के समर्थक, हेनरी सिजविक ही एकमात्र नीतिशास्त्र के ऐसे लेखक हैं, जिन्होंने इस बात को पहचाना और व्यक्त किया कि "अच्छा" अपरिभाष्य है, या जैसाकि वे कहते हैं, "अविश्लेष्य धारणा" है।

साध्य के रूप में अच्छा और साधन के रूप में अच्छा

मूर ने अपनी किताब *प्रिंसिपिया एथिका* की प्रस्तावना में भी "साध्य के रूप में अच्छा" और "साधन के रूप में अच्छा" के बीच अंतर किया है। (देखें, इस अध्याय के अंतर्गत "प्रस्तावना") इसके अलावा, मूर ने अपनी किताब के प्रथम अध्याय "सबजेक्ट मैटर ऑफ एथिक्स" में भी इसकी चर्चा की है।

मूर के अनुसार, "अच्छा" या "शुभ" सबसे बुनियादी और विशिष्ट नैतिक अवधारणा है, जो सरल, अविश्लेष्य और अपरिभाष्य है। मूर के विचार में जब हम किसी वस्तु को "अच्छा" कहते हुए कोई सार्वभौमिक निर्णय (universal judgment) देते हैं, तो हमारा तात्पर्य या तो यह हो सकता है कि यह विशिष्ट गुण हमेशा उस वस्तु से जुड़ा रहता है, या फिर मात्र इतना कि वह वस्तु उन अन्य वस्तुओं के अस्तित्व का एक कारण या अनिवार्य शर्त है, जिनसे यह विशिष्ट गुण जुड़ा रहता है। मूर इस बात पर बल देते हैं कि इन दो किस्म के सार्वभौमिक नैतिक निर्णयों का स्वरूप एक-दूसरे से बहुत ही अलग होता है। इन्हें स्पष्ट रूप से अलग न रख पाने के कारण साधारण नैतिक चिन्तन के क्षेत्र में बहुत सारी कठिनाइयाँ पैदा हो जाती हैं। मूर के अनुसार, साधारण भाषा में इस अंतर को "अपने-आप में अच्छा" (good in itself) और "साधन के रूप में अच्छा" (good as a means) या आन्तरिक मूल्य (intrinsic value) और "साधन के रूप में मूल्य" (value as a means) के बीच के अंतर के रूप में व्यक्त किया जाता है।

साधन के रूप में अच्छा

मूर के अनुसार, जब कभी हम किसी वस्तु को "साधन के रूप में अच्छा" कहते हुए निर्णय देते हैं, तो यह निर्णय कारणात्मक (causal) सम्बंधों के बारे में होता है। इस निर्णय में दो बातें अंतर्निहित रहती हैं: पहला, हम यह निर्णय देते हैं कि इसके एक विशेष किस्म के परिणाम होंगे, और दूसरा, यह कि वे परिणाम अपने-आप में भी अच्छे होंगे। मूर के विचार में भौतिक विज्ञान के क्षेत्र में भी ऐसे कारणात्मक सम्बंधों को बताने वाले सार्वभौमिक निर्णयों को स्थापित कर पाना, जो सत्य हों, काफ़ी मुश्किल काम है। नैतिक निर्णयों के क्षेत्र में तो यह और भी अधिक कठिन है, क्योंकि इसमें कई जटिलताएँ हैं।

हम इस किस्म के प्राक्कल्पनात्मक (hypothetical) नियम भी नहीं खोज सकते हैं कि "इन परिस्थितियों में, ठीक इस कर्म के हमेशा ठीक ऐसे ही परिणाम होंगे।" जबकि किसी कर्म के परिणामों के बारे में सही नैतिक निर्णय देने के लिए हमें दो प्रश्नों के बारे में इससे अधिक जानकारी चाहिए:

(1) हमें यह जानकारी चाहिए कि किसी खास कर्म का कोई विशेष परिणाम होगा, चाहे वह जिन भी परिस्थितियों मे किया गया हो। लेकिन, यह जानकारी प्राप्त कर पाना, मूर के अनुसार, निश्चय ही असम्भव है। इतना तो तय है कि अलग-अलग परिस्थितियों में एक ही कर्म के अलग-अलग परिणाम हो सकते हैं। इसलिए, मूर के विचार में, हम अधिक से अधिक इस किस्म का सामान्यीकरण कर सकते हैं कि "इस किस्म के कर्म का आम तौर से यह परिणाम होता है।" लेकिन यह सामान्यीकरण भी सिर्फ तभी सत्य होगा, जबकि जिन परिस्थितियों में वह कर्म किया गया हो, वह आम तौर से एक-जैसे हों। किसी एक सामाजिक स्थिति और एक युग से ऐसा काफ़ी हद तक होता है। लेकिन जब हम अपने चिन्तन में दूसरे युगों को भी शामिल करते हैं, तो सामान्य परिस्थितियाँ एक-दूसरे से इतनी अलग होंगी कि जो सामान्यीकरण एक युग के लिए सत्य होगा, वह दूसरे युग के लिए सत्य नहीं होगा। इस तरह, मूर के विचार में ऐसे नैतिक निर्णय, जो यह कहते हैं कि किसी विशेष किस्म का कर्म किसी विशेष किस्म के परिणाम के लिए साधन के रूप में अच्छा है, सार्वभौमिक रूप से सत्य नहीं हो सकते; और कई, जो किसी एक काल के लिए आम तौर से सत्य होंगे, दूसरे काल के लिए आम तौर से असत्य होंगे।

(2) दूसरे, मूर के अनुसार, हमें यह जानकारी चाहिए कि किसी कर्म द्वारा उत्पन्न न सिर्फ एक परिणाम अच्छा होगा, बल्कि यह कि उस कर्म द्वारा प्रभावित सभी बाद की घटनाओं में, किसी दूसरे सम्भव कर्म की तुलना में, परिणाम बेहतर होगा। दूसरे शब्दों में, किसी कर्म को साधन के रूप में अच्छा कहते हुए निर्णय देने का तात्पर्य सिर्फ यह नहीं है कि उसके सामान्य तौर से कुछ अच्छे परिणाम होते हैं। बल्कि यह है कि दी गयी परिस्थितियों में आम तौर से उसके परिणाम सबसे अच्छे हैं। मूर के विचार में, किसी कर्म के परिणाम पर नैतिक निर्णय देने में वैज्ञानिक नियमों की स्थापना की तुलना में एक अधिक बड़ी कठिनाई और जटिलता है। वैज्ञानिक नियमों की स्थापना के लिए सिर्फ एक परिणाम या कार्य (effect) पर ध्यान देना ज़रूरी है, जबकि नैतिक निर्णय के लिए उस एक परिणाम के परिणाम और फिर उसके परिणाम पर जहाँ तक हम भविष्य के बारे में सोच सकते हैं ध्यान देना ज़रूरी है। यह स्पष्ट है कि हमारी दृष्टि कभी भी इतनी दूर तक नहीं जा सकती है कि हम निश्चित तौर से यह कह सकें कि किसी कर्म के परिणाम सर्वश्रेष्ठ सम्भव हैं। हमें इससे ही संतुष्ट रहना होगा अगर वह एक सीमित समय में सबसे श्रेष्ठ सम्भव परिणाम उत्पन्न कर सके।

साध्य के रूप में अच्छा

मूर के अनुसार, साध्य के रूप में अच्छा के बारे में दिए जाने वाले निर्णय साधन के रूप में अच्छा के बारे में दिए जाने वाले निर्णयों से इस मायने में अलग होते हैं कि अगर वे सत्य हों, तो फिर वे सार्वभौमिक रूप से सत्य होते हैं। इसलिए, इन दो किस्म के निर्णयों के बीच अंतर करना बहुत ज़रूरी है। दोनों किस्म के निर्णयों को एक ही भाषा में व्यक्त किया जा सकता है। दोनों ही दृष्टांतों में हम आम तौर से कहते हैं कि "अमुक वस्तु अच्छी है"। लेकिन, एक दृष्टांत में इसका अर्थ होगा कि वह वस्तु साधन के रूप में अच्छी है कि उसके अच्छे परिणाम हैं; जबकि दूसरे दृष्टांतों में इसका अर्थ होगा कि वह वस्तु साध्य के रूप में अच्छी है। ये दोनों निर्णय अलग-अलग किस्म के हैं। इनमें से कोई भी या दोनों निर्णय बहुत सारी वस्तुओं के बारे में दिए जा सकते हैं, और ये निर्णय सत्य या असत्य हो सकते हैं। मूर के विचार में, अगर हम इन दो किस्म के निर्णयों के बीच के अंतर को स्पष्ट नहीं रखेंगे, तो फिर हमारे कौन से नैतिक निर्णय सत्य हैं, और कौन असत्य, इस बारे में सही निर्णय ले पाने की सम्भावना बहुत कम होगी। मूर के अनुसार, नैतिक दार्शनिकों ने अक्सर इस बुनियादी अंतर की अवहेलना की है। जब कभी भी हम यह सवाल उठाते हैं कि "हमें क्या करना चाहिए?" तो इस प्रश्न के सही उत्तर के लिए दो बिल्कुल अलग-अलग किस्म के प्रश्नों का उत्तर जानना ज़रूरी है। एक तो यह जानना ज़रूरी है कि विभिन्न वस्तुओं में किस डिग्री या मात्रा में आंतरिक मूल्य है, और दूसरा कि उन विभिन्न वस्तुओं को कैसे हासिल किया जा सकता है। मूर के विचार में, नीतिशास्त्र के क्षेत्र में जिन प्रश्नों पर वास्तव में चर्चा की गयी है, उनमें से अधिकांश व्यावहारिक प्रश्न इस किस्म के हैं, जिनके लिए यह दोहरा ज्ञान ज़रूरी है। यह चर्चा इन दोनों प्रश्नों को स्पष्ट रूप से अलग-अलग रखे बिना की गयी है। मूर के अनुसार, नीतिशास्त्र के क्षेत्र में होने वाले अधिकांश मतभेद विश्लेषण की इस असफलता के परिणाम हैं। मूर के विचार में, नीतिशास्त्र का प्राथमिक और विशेष कार्य यह निर्धारित करना है कि किन वस्तुओं में किस मात्रा तक आन्तरिक मूल्य है। विश्लेषण की असफलता के कारण इस प्राथमिक कार्य की ओर पर्याप्त ध्यान नहीं दिया गया है। दूसरे, इसके परिणामस्वरूप साधन के सम्यक चर्चा की भी अवहेलना हुई है। यह प्रश्न की अपने-आप में सर्वश्रेष्ठ क्या है, और सर्वश्रेष्ठ सम्भव को कैसे हासिल किया जा सकता है, दो अलग-अलग प्रश्न हैं। दोनों का सम्बंध नीतिशास्त्र के विषय-वस्तु से है। मूर के विचार में, जितनी ही स्पष्टता से इन दोनों प्रश्नों को अलग रखा जाएगा, उतनी ही इन दोनों प्रश्नों के सही उत्तर दे पाने की सम्भावना बढ़ जाएगी।[9]

मूल्य का आंगिक सिद्धांत

(Organic Concept of Value)

मूर के अनुसार, "किन वस्तुओं में आंतरिक मूल्य है?" इसकी चर्चा इस चर्चा के बिना

अधूरी रहेगी कि जिन वस्तुओं में आंतरिक मूल्य है, वह उनमें किस मात्रा में है। *प्रिंसिपिया एथिका* के प्रथम अध्याय के अंतिम हिस्से में मूर ने इसकी चर्चा की है।

मूर के अनुसार, "साध्य के रूप में अच्छा क्या है?" यह सबसे बुनियादी नैतिक प्रश्न है, क्योंकि "साधन के रूप में अच्छा क्या है?" इस प्रश्न का उत्तर देने के लिए पहले प्रश्न का उत्तर देना ज़रूरी है। "साध्य के रूप में अच्छा क्या है?" मूर के विचार में, इस प्रश्न के सही उत्तर में इस बात की सही तुलना भी शामिल है कि जिन वस्तुओं में आंतरिक मूल्य है, उनमें वह किस मात्रा में है। इस किस्म की तुलना में, मूर के अनुसार, एक सैद्धांतिक कठिनाई है, जिसके कारण अक्सर "आंतरिक मूल्य" और "साधन के रूप में अच्छा" को एक मान लिया गया है। मूर के विचार में ऐसी बहुत सारी वस्तुएँ हैं, जिनमें आंतरिक मूल्य है; कई ऐसी वस्तुएँ भी हैं, जो निश्चित तौर से बुरी हैं; और इससे भी अधिक संख्या में ऐसी वस्तुएँ हैं, जो नैतिक दृष्टि से तटस्थ मालूम देती हैं। इन तीनों वर्गों की वस्तुएँ किसी एक सम्पूर्ण इकाई या अवयवी (whole) का अंग हो सकती हैं, जिसके दूसरे अंगों में उस वर्ग की और अन्य दोनों वर्गों की दूसरी वस्तुएँ भी शामिल रह सकती हैं। ऐसे किसी सम्पूर्ण का भी आंतरिक मूल्य रह सकता है। मूर के अनुसार, जिस विरोधाभास (paradox) की ओर ध्यान देना ज़रूरी है, वह यह है कि ऐसे किसी सम्पूर्ण के मूल्य का उसके अंगों के मूल्य के जोड़ या योगफल के साथ कोई नियमित अनुपात (regular proportion) नहीं रहता है। दो अच्छी वस्तुओं के बीच ऐसा सम्बंध हो सकता है कि उनके द्वारा बनाए गए सम्पूर्ण का मूल्य उनके अंगों के मूल्य के योग से बहुत बड़ा हो। इसी तरह, एक अच्छी और एक तटस्थ वस्तु द्वारा बनाए गए सम्पूर्ण का मूल्य उस एक अच्छी वस्तु के मूल्य से बहुत बड़ा हो सकता है। इसी तरह, दो बुरी वस्तुएँ या एक बुरी वस्तु और एक तटस्थ वस्तु मिल कर एक ऐसा सम्पूर्ण बना सकती हैं, जो अंगों की बुराई के योग से कहीं बदतर हो। यह भी सम्भव मालूम देता है कि दो तटस्थ वस्तुएँ मिल कर कोई ऐसा सम्पूर्ण बनाएँ, जिसमें बड़ी मात्रा में सकारात्मक या नकारात्मक मूल्य हो। अलग-अलग दृष्टांतों में हम चाहे जो भी निर्णय लें; मूर के अनुसार, यह सिद्धांत स्पष्ट है: यह नहीं मान लेना चाहिए कि किसी सम्पूर्ण का मूल्य उसके अंगों के मूल्यों के योग के बराबर होगा।

मूर ने इस सिद्धांत को एक उदाहरण द्वारा समझाने का प्रयत्न किया है। मूर के अनुसार, यह सत्य मालूम देता है कि किसी सुंदर वस्तु की चेतना का बहुत बड़ा आंतरिक मूल्य है। जबकि अगर किसी सुन्दर वस्तु की किसी को चेतना न हो, तो फिर उसका बहुत कम मूल्य होगा, बल्कि आम तौर से उसका कोई मूल्य नहीं माना जाता है। किसी "सुंदर वस्तु की चेतना" एक सम्पूर्ण है, जिसके दो अंग हुए: एक, सुंदर वस्तु, और दो, उसकी चेतना। अब, चेतना दूसरे सम्पूर्णों का भी अंग रहती है, जब कभी भी हमें किसी वस्तु की चेतना होती है। इनमें से कई सम्पूर्णों का बहुत कम मूल्य होता है, और कुछ तटस्थ

या बुरी भी हो सकती हैं। सिर्फ चेतना से किसी सम्पूर्ण का मूल्य बहुत बढ़ नहीं जाता है। चेतना का आंतरिक मूल्य चाहे जो भी हो, जिस सम्पूर्ण का वह अंग हो, उसका मूल्य चेतना के मूल्य और उस वस्तु के मूल्य के अनुपात में नहीं रहता है। इसलिए, मूर के विचार में, ''सुंदर वस्तु की चेतना'' को एक ऐसे सम्पूर्ण का उदाहरण माना जा सकता है, जिसका आंतरिक मूल्य उसके अंगों के आंतरिक मूल्य के योग से कहीं अधिक बड़ा है।

इस तरह, मूर के अनुसार, ऐसे सम्पूर्ण हैं, जिनमें यह गुण है कि उनका मूल्य उनके अंगों के मूल्यों के योग से अलग है, लेकिन, ऐसे सम्पूर्णों के और उनके अंगों के बीच के सम्बंध को न स्पष्टता से पहचाना गया है और न ही उन्हें अलग नाम दिया गया है। मूर के विचार में, यहाँ पर दो बातें विशेष तौर से ध्यान देने योग्य हैं: (1) किसी ऐसे अंग का अस्तित्व उस सम्पूर्ण के अस्तित्व की अनिवार्य शर्त है, जिसका वह अंग है। किसी साधन और कोई अच्छी वस्तु, जो उसका कार्य (effect) है, के बीच के सम्बंध को बतलाने के लिए भी ठीक इसी भाषा का इस्तेमाल किया जाता है। लेकिन इन दो दृष्टांतों में बहुत ही महत्त्वपूर्ण अंतर है। अंग, उस सम्पूर्ण का अंग है, जिस के अस्तित्व की वह अनिवार्य शर्त है; जबकि साधन उस सम्पूर्ण का अंग नहीं है। साध्य के अस्तित्व के लिए साधन की जो अनिवार्यता है, वह मात्र प्राकृतिक और कारणात्मक अनिवार्यता है। अगर प्रकृति के नियम कुछ दूसरे हुए होते, तो उस साध्य का अस्तित्व उस साधन के अस्तित्व के बिना भी हो सकता था। साधन के अस्तित्व का कोई आंतरिक मूल्य नहीं है। अगर साधन पूरी तौर से नष्ट हो जाए, तो भी उस साध्य के आंतरिक मूल्य में कोई परिवर्तन नहीं आएगा; जिसे हासिल करने के लिए वह अभी एक अनिवाय शर्त है। लेकिन किसी सम्पूर्ण और उसके अंग के बीच का सम्बंध इससे अलग है। यहाँ पर अंग के अस्तित्व के बिना सम्पूर्ण के अस्तित्व की कल्पना नहीं की जा सकती है। उनके बीच जो अनिवार्य सम्बंध है वह प्रकृति के नियमों से स्वतंत्र है। अगर किसी सम्पूर्ण के बारे में कहा जाता है कि उस के अस्तित्व में आंतरिक मूल्य है, तो उस सम्पूर्ण के अस्तित्व के अंतर्गत अंग का अस्तित्व भी शामिल है। अगर अंग को हटा दिया जाए, तो उसके बाद जो बचता है, उसके बारे में यह नहीं कहा जा रहा है कि उसमें आंतरिक मूल्य है। लेकिन अगर साधन को हटा दिया जाए, तो भी वह बचा रहेगा, जिसके बारे में कहा जा रहा है कि उसमें आंतरिक मूल्य है। फिर भी, (2) यह सम्भव है कि किसी अंग के अस्तित्व का अपने-आप में साधन से अधिक आंतरिक मूल्य न हो, क्योंकि, जैसी कि चर्चा की जा रही है, मूर के अनुसार, किसी सम्पूर्ण का मूल्य उसके अंगों के मूल्य के योग के बराबर नहीं होता है। किसी मूल्यवान सम्पूर्ण के अंग का आंतरिक मूल्य दोनों ही स्थितियों में बिल्कुल एक रहता है, चाहे वह सम्पूर्ण का अंग हो, या न हो। अगर उसका अपने-आप में कोई मूल्य हो, तो उसका एक अधिक मूल्यवान सम्पूर्ण के अंग होने पर भी उतना ही मूल्य रहता है, बढ़

नहीं जाता। और अगर उसका अपने-आप में कोई आंतरिक मूल्य न हो, तो किसी मूल्यवान सम्पूर्ण का अंग होने पर भी उसका कोई आंतरिक मूल्य नहीं रहता है।

मूर के अनुसार, किसी सम्पूर्ण और उसके अंग के बीच के इस विशेष सम्बंध को कोई नाम नहीं दिया गया है। इसे कोई नाम देना उपयोगी होगा। मूर के विचार में, ऐसा एक नाम है, जिसका इस सम्बंध के लिए इस्तेमाल किया जा सकता है, लेकिन तभी जबकि उसे उसके कुछ वर्तमान उपयोगों से अलग कर दिया जाए। हीगेल से प्रभावित दार्शनिकों ने ''आंगिक सम्पूर्ण'' (organic whole), ''आंगिक एकता'' (organic unity) और ''आंगिक सम्बंध'' (organic relation) जैसे शब्दों का इस्तेमाल किया है।

मूर के अनुसार, जब कहा जाता है कि कोई वस्तु ''आंगिक सम्पूर्ण'' है, तो उसके आम तौर से तीन अर्थ लिए जाते हैं: पहला, कि उनके अंगों के बीच वैसा ही सम्बंध है, जैसा साधन और साध्य के बीच रहता है। दूसरा, इस अर्थ में कि सम्पूर्ण और उसके अंगों के बीच ऐसा सम्बंध है कि सम्पूर्ण से अलग अंग निरर्थक हैं, या उनका कोई महत्त्व नहीं है। तीसरा, उस अर्थ में, जिस अर्थ में मूर इसका इस्तेमाल करना चाह रहे हैं, यानी सम्पूर्ण और उसके अंगों के बीच ऐसा सम्बंध है कि सम्पूर्ण का मूल्य अंगों के मूल्य के योग के बराबर नहीं है।

मूर का प्रस्ताव है कि ''आंगिक सम्पूर्ण'' का इस्तेमाल सिर्फ तीसरे अर्थ में किया जाए।[10]

दि आइडियल (आदर्श)

अपनी किताब *प्रिंसिपिया एथिका* के छठे और अंतिम अध्याय ''दि आइडियल'' में मूर ने ''आइडियल'' या ''आदर्श'' की चर्चा की है।

मूर के अनुसार, ''आदर्श'' (ideal) शब्द के तीन अलग-अलग अर्थ हो सकते हैं, जिनमें सिर्फ़ एक बात सामान्य है: जिस वस्तुस्थिति के बारे में कहा जाता है कि वह ''आदर्श'' है, वह न सिर्फ़ अपने-आप में अच्छी होती है, बल्कि कई अन्य वस्तुओं की तुलना में बहुत अधिक मात्रा में अपने-आप में अच्छी होती है।

मूर के अनुसार, ''आदर्श'' शब्द का पहला अर्थ है (1) वह सर्वश्रेष्ठ स्थिति जिसकी कल्पना की जा सकती है। मूर के विचार में ''आदर्श'' शब्द के इस अर्थ में स्वर्ग की सही अवधारणा आदर्श की सही अवधारणा होगी।

मूर की राय में, ''आदर्श'' शब्द का दूसरा अर्थ है (2) वह सर्वश्रेष्ठ स्थिति, जो इस जगत में सम्भव है। मूर के अनुसार, ''आदर्श'' शब्द के इस अर्थ में यूटोपिया को आदर्श कहा जा सकता है। यूटोपिया में ऐसी कई बातें हो सकती हैं, जो दरअसल में सम्भव नहीं है, लेकिन, मूर के अनुसार, यूटोपिया को गढ़ने वाला व्यक्ति यह मान कर चलता है कि कुछ बातें प्रकृति के नियमों के कारण असम्भव हैं। इसलिए, उसकी रचना ऐसी कल्पनाओं

से अलग होती हैं, जिनमें सभी प्राकृतिक नियमों की अवहेलना की जाती है। मूर ध्यान दिलाते हैं कि यह प्रश्न कि "सर्वश्रेष्ठ सम्भव वस्तुस्थिति क्या है?" इस प्रश्न से अलग है कि "वह सर्वश्रेष्ठ स्थिति क्या है जिसकी कल्पना की जा सकती है?"

मूर ने आदर्श शब्द के पहले अर्थ को "परम शुभ" (Absolute Good) और दूसरे अर्थ को "मानवीय शुभ" (Human Good) कहा है।

मूर के अनुसार, "आदर्श" शब्द का तीसरा अर्थ है (3) वह जो काफी उच्च मात्रा में अपने-आप में अच्छा है। मूर के विचार में, इस तीसरे अर्थ में "आदर्श क्या है?" इस प्रश्न का उत्तर दिए बिना पहले और दूररे अर्थ में "आदर्श" के बारे में किसी निष्कर्ष तक नहीं पहुँचा जा सकता है। इसलिए, मूर ने "दि आइडियल" अध्याय में अपने को मुख्यत: तीसरे अर्थ में "आदर्श" की चर्चा तक सीमित रखा है। मूर के अनुसार, नीतिशास्त्र का बुनियादी प्रश्न यह है: "कौन-सी वस्तुएँ साध्य के रूप में अपने-आप में अच्छी हैं?"

मूर के विचार में, सुख (pleasure) को एकमात्र अच्छी चीज़ नहीं माना जा सकता है। यह मूर का निषेधात्मक निष्कर्ष है। मूर के अनुसार, "कौन-सी वस्तुएँ अपने-आप में मूल्यवान हैं, और किस मात्रा में?" इस प्रश्न के पहले अंश के सही उत्तर तक पहुँचने के लिए यह विचार करना ज़रूरी कि ऐसी कौन-सी वस्तुएँ हैं, जिनका अन्य वस्तुओं से सम्पूर्ण अलगाव (absolute isolation) की स्थिति में, अपने-आप में अस्तित्व होने पर, हम उनके अस्तित्व को अच्छा मानते।

इसी तरह, ऊपर बताए गए प्रश्न के दूसरे हिस्से पर, या दूसरे शब्दों में, उनके तुलनात्मक मूल्य की मात्रा पर निर्णय लेने के लिए भी उनके अलग-अलग अस्तित्व के मूल्य पर विचार करना ज़रूरी है।

मूर के अनुसार, ऊपर बतायी गयी विधि को अपनाने से हम पहले के विचारकों द्वारा की गयी दो गलतियों से बच सकते हैं: (1) यह मान्यता कि जो किसी अच्छी वस्तु के अस्तित्व के लिए साधन के रूप में अनिवार्य है, वह भी अपने-आप में मूल्यवान है। मूर के अनुसार, अगर हम सिर्फ़ साधन के रूप में मूल्यवान वस्तुओं को अलग कर यह विचार करें कि अगर किसी काल्पनिक जगत में सिर्फ़ उनका ही अस्तित्व होता, तो कैसा होता; तो हमें समझ में आ जाएगा कि वे अपने-आप में कितने बेकार हैं। (2) मूर के अनुसार, दूसरा दोष या गलती है "आंगिक एकता" के सिद्धांत की अवहेलना करना। यह भूल उस वक्त की जाती है, जब हम यह मान लेते हैं कि अगर किसी सम्पूर्ण इकाई के एक अंग में आंतरिक मूल्य नहीं है, तो फिर उस सम्पूर्ण का सारा मूल्य उसके अन्य अंगों में होगा।

मूर के अनुसार, अगर इस परम पृथक्करण की विधि (method of absolute isolation) को अपनाया जाता है, और ऊपर बतायी दो गलतियों से बचा जाता है, तो फिर नीतिशास्त्र के बुनियादी प्रश्न का उत्तर देना उतना कठिन नहीं है। मूर के विचार में वे सबसे मूल्यवान

वस्तुएँ, जिन्हें हम जानते हैं या जिनकी हम कल्पना कर सकते हैं, चेतना की कुछ ऐसी स्थितियाँ हैं, जिन्हें मोटे तौर पर, मानव संसर्ग का सुख (pleasure of human intercourse) और सुन्दर वस्तुओं का उपभोग (enjoyment of beautiful objects) कहा जा सकता है। मूर के अनुसार "मानव संसर्ग का सुख" और "सुन्दर वस्तुओं का उपभोग" के अंतर्गत आने वाली सभी वस्तुएँ काफी जटिल आंगिक एकताएँ होती हैं।

सुंदर वस्तुओं के उपभोग के दृष्टांतों का विश्लेषण करने पर, मूर के अनुसार, हम यह पाते हैं कि उसमें किसी वस्तु के सुंदर गुणों के ज्ञान के अलावा, किसी किस्म की भावनाएँ और सम्वेग भी शामिल रहती हैं। उदाहरण के तौर पर, यह पर्याप्त नहीं है कि कोई व्यक्ति किसी तस्वीर के सुंदर गुणों को देखे और यह जाने की वह सुंदर है, बल्कि यह भी ज़रूरी है कि वह उस सुंदरता का रसास्वादन करे। ऐसा कहने का तात्पर्य यह होता है कि जिन सुंदर गुणों का उसे ज्ञान होता है, उसके प्रति उसमें उपयुक्त भावनाएँ भी होनी चाहिए। इस तरह, मूर के विचार में सुंदर वस्तु के उपभोग के किसी दृष्टांत को बहुत उच्च मूल्य देने के लिए उसमें कुछ भावनाओं का उपस्थित रहना ज़रूरी है, और दूसरी ओर, यह भी सम्भव है कि उस भावना का अपने-आप में बहुत कम या कोई मूल्य न हो। यही बात इस अत्यंत मूल्यवान सम्पूर्ण के ज्ञानात्मक (cognitive) तत्व के बारे में भी कही जा सकती है।

मूर के अनुसार,. जहाँ सुंदर गुणों का ज्ञान और उसके प्रति उपयुक्त भावनाएँ दोनों मौजूद हों, वहाँ पर इसके अलावा, उन सुंदर गुणों के अस्तित्व में विश्वास भी उपस्थित रह सकता है। मूर के विचार में अगर सुंदर गुणों के अस्तित्व में यह विश्वास सत्य हो तो इस सम्पूर्ण का मूल्य और अधिक बढ़ जाता है; और अगर यह विश्वास असत्य हो, तो यह मूल्य कम हो जाता है।

मूर के अनुसार, मानव संसर्ग का सुख भी एक जटिल आंगिक एकता है, और इसमें सुंदर वस्तु के उपभोग की तुलना में एक और एक जटिलता है कि व्यक्तिगत स्नेह (personal affection) के मामले में वस्तु न सिर्फ़ सुंदर होती है, बल्कि वह स्वयं भी अपने-आप में मूल्यवान होती है। इस तरह, सुंदर वस्तु के उपभोग में जो तत्व होते हैं: उपयुक्त भावनाएँ, वास्तविक सुंदर गुणों का ज्ञान, और सत्य विश्वास ये सभी मानव संसर्ग के सुख के लिए भी उतने ही ज़रूरी हैं; लेकिन यहाँ पर, इनके अलावा, एक और तथ्य भी रहता है, वह यह कि स्नेह की वस्तु को न सिर्फ़ वास्तव में सुंदर होना चाहिए, बल्कि वास्तव में उच्च मात्रा में अच्छा भी होना चाहिए।

मूर के अनुसार, व्यक्तिगत स्नेह के मामले में उस व्यक्ति के कुछ मानसिक गुण भी शामिल रहते हैं, जिसके प्रति स्नेह का अनुभव होता है। मूर की राय में जब कभी स्नेह अत्यधिक मूल्यवान होता है, वहाँ मानसिक गुणों का गुण-ग्रहण (appreciation) भी उसका

एक बड़ा अंग होता है, और इस अंग की उपस्थिति उस सम्पूर्ण को कहीं अधिक मूल्यवान बना देती है। लेकिन, मानसिक गुणों के इस गुण-ग्रहण के साथ जब उन मानसिक गुणों की शारीरिक अभिव्यक्ति का गुण-ग्रहण भी जुड़ जाता है, तो फिर यह सम्पूर्ण और अधिक मूल्यवान हो जाता है। मूर के अनुसार, इस मानसिक गुणों की शारीरिक अभिव्यक्ति के गुण-ग्रहण के अभाव में, इस सम्पूर्ण का उतना अधिक मूल्य नहीं होता है।[11]

समीक्षा

मूर विश्लेषणात्मक दर्शन के अग्रणी हैं। बीसवीं सदी के नैतिक दर्शन पर उनकी *प्रिंसिपिया एथिका* का काफ़ी प्रभाव रहा है। जैसाकि हम पहले ही लिख चुके हैं, बीसवीं सदी के नैतिक दर्शन की चर्चा की शुरूआत आम तौर से मूर की इसी किताब से होती है। लेकिन, ध्यान देने योग्य है कि मूर की किताब 1903 में प्रकाशित हुई थी। पिछले सौ वर्षों में विश्लेषणात्मक दर्शन और नीतिशास्त्र के क्षेत्र में काफ़ी विकास हुआ है। इन परिवर्तनों के आलोक में देखने पर मूर के कुछ विचार तो अभी भी सही मालूम देते हैं, पर कुछ अन्य विचार उतने संतोषजनक नहीं लगते हैं। वैसे, 1903 में ही लिखी गयी किताब की प्रस्तावना के अंत में मूर स्वयं कहते हैं कि उनकी किताब में कई त्रुटियाँ भी हैं।

प्रस्तावना

मूर ने अपनी पुस्तक की प्रस्तावना में नीतिशास्त्र के दो प्रमुख प्रश्नों के बीच अंतर किया है: एक, किस किस्म के वस्तुओं का अपने-आप में अस्तित्व होना चाहए; और दो, किस किस्म के कर्मो का हमें करना चाहिए?

साधन और साध्य के बीच मूर द्वारा किया गया अंतर मोटे तौर पर किए जाने योग्य है। लेकिन मेरे अनुसार, पहले प्रश्न को जिस ढंग से सूत्रबद्ध किया गया है वह कुछ भ्रामक है। जब हम यह कहते हैं कि "किस किस्म के वस्तुओं का अपने-आप में अस्तित्व होना चाहिए?" (बल मेरे द्वारा) तो ऐसा लगता है कि हमें ऐसी वस्तुओं की तलाश है, जो मनुष्य, मनुष्य की आवश्यकताओं और इच्छाओं से स्वतंत्र रूप में अपने-आप में मूल्यवान हैं। वास्तविकता यह है कि नैतिकता एक मानवीय सृजन और सामाजिक आवश्यकता है। नैतिक लक्ष्य मानवीय लक्ष्य हैं। इसलिए, वे बुनियादी मानवीय आवश्यकताओं और इच्छाओं से स्वतंत्र नहीं रह सकते हैं। नैतिक लक्ष्य होने के लिए वस्तुओं का अपने-आप में नहीं, बल्कि मानव के लिए अपने-आप में मूल्यवान होना चाहिए। नैतिकता के चरित्र और आवश्यकता को ध्यान में रखते हुए, पहले प्रश्न को इस प्रकार रखना चाहिए: "मानव के लिए अपने-आप में अच्छा क्या है?" या और अधिक स्पष्ट कहें तो मानव अपने-आप में साध्य के रूप में किन वस्तुओं की इच्छा रखता है या किन वस्तुओं को पसंद करता है?" अगर इस प्रश्न को इस रूप में रखा जाता है, तो इसका उत्तर भी स्पष्ट ही है: जीवन और सुख। और अगर प्रश्न को इस रूप में रखते हैं कि "मानव जीवन में

अपने-आप में अच्छा क्या है?'' तो इसका उत्तर है: सुख।[12] (एक समय रसेल भी मूर की *प्रिंसिपिया एथिका* जैसे विचारों का समर्थन करते थे। बाद में, मुख्यत: अमरीकी दार्शनिक सैंटियैना की आलोचनाओं के प्रभाव से उनके विचारों में परिवर्तन आया, और वे अंतत: संज्ञानवादी से असंज्ञानवादी बन गए। सैंटियैना की आलोचनाओं में एक यह भी था कि ''अच्छा'' मानव हित और भावनाओं से पूर्णत: स्वतंत्र नहीं हो सकता है। (इसकी चर्चा अगले अध्याय में की गयी है।)

मूर ने अपनी किताब की प्रस्तावना में नैतिक विधि की भी चर्चा की है। मूर के अनुसार, उनके पहले प्रश्न के उत्तर के समर्थन में कोई भी प्रासंगिक प्रमाण नहीं दिया जा सकता है। दूसरे शब्दों में, वे स्वयंसिद्ध होते हैं। मूर के अनुसार, यहाँ पर सिर्फ इस सावधानी द्वारा भूल से बचा जा सकता है कि जब हम इस प्रश्न का उत्तर देने का प्रयत्न करते हैं, तो हमारे सामने सिर्फ यही प्रश्न हो न कि कोई और। मूर का यह कहना सही है कि पहले प्रश्न के उत्तर एक तरह से स्वयंसिद्ध होंगे, जिन्हें बिना किसी औपचारिक प्रमाण के स्वीकार करना होगा (जैसे गणित के स्वयंसिद्ध)। इस तथ्य की ओर जॉन स्टुअर्ट मिल ने भी अपने *युटिलिटैरियनिज्म* में ध्यान दिलाया है।

मिल के अनुसार, चाहे ज्ञान का क्षेत्र हो या आचरण का, प्रथम और बुनियादी सिद्धांतों का ''सीधा प्रमाण'' देना सम्भव नहीं होता है। किसी वस्तु को अच्छा प्रमाणित किया जा सकता है, सिर्फ यह दिखला कर कि वह किसी ऐसी वस्तु को प्राप्त करने का साधन है, जिसे हम प्रमाण के बना ही अच्छा स्वीकार कर लेते हैं। दूसरे शब्दों में, नीतिशास्त्र के क्षेत्र में भी हमें कुछ स्वयंसिद्धों को बिना किसी औपचारिक प्रमाण के स्वीकार करना पड़ेगा। लेकिन, जैसा कि मिल ने आगे कहा है, इसका अर्थ यह नहीं है कि वे स्वयंसिद्ध पूरी तौर से आत्मनिष्ठ या मनमाने होंगे, बल्कि इन्हें स्वीकार करने के पक्ष में कुछ विचार प्रस्तुत किए जा सकते हैं, चाहे वे औपचारिक अर्थ में प्रमाण न हों।[13]

इसलिए, पहले प्रश्न का उत्तर देने में आत्मनिष्ठता से बचना चाहिए। ऐसा नहीं लगता है कि, जैसा कि मूर ने कहा है, हम सिर्फ दोनों प्रश्नों को दिमाग़ में अलग रख कर ही भूल से बच सकते हैं, और संतोषजनक नैतिक स्वयंसिद्ध तक पहुँच सकते हैं। उदाहरण के तौर पर, मूर के अनुसार, ''मानव संसर्ग का सुख'' और ''सुन्दर वस्तुओं का उपभोग'' अपने-आप में अच्छा या मूल्यवान है। इस तरह, तो हर कोई अपने अलग-अलग उत्तर दे सकता है, और जो बात किसी एक को ''स्वयंसिद्ध'' मालूम दे, हो सकता है कि वह दूसरे को स्वयंसिद्ध न मालूम दे। इसलिए, बेहतर है कि नैतिक साध्यों या लक्ष्यों को सभी या लगभग सभी मनुष्यों के बुनियादी और सामान्य (common) इच्छाओं पर आधारित किया जाए। अगर हम पहले प्रश्न को मेरे द्वारा ऊपर सुझाए गए ढंग से फिर से सूत्रबद्ध करते हैं, तो फिर उसका मेरे द्वारा दिया गया उत्तर आत्मनिष्ठ या मनमाना नहीं है। सभी या लगभग सभी मनुष्य जीवन और सुख की इच्छा रखते हैं।

दरअसल, नीतिशास्त्र के पहले प्रश्न को संतोषजनक तरीके से सूत्रबद्ध करने के लिए और उसका तार्किक दृष्टि से संतोषजनक उत्तर देने के लिए हमें नैतिकता के उद्गम, भूमिका, कार्य और आवश्यकता के बारे में कुछ अधिनीतिशास्त्रीय विचारों की ओर ध्यान देने की ज़रूरत है। जैसे, नैतिकता एक मानवीय सृजन है: एक मानवविहीन विश्व में कोई नैतिकता के नियम नहीं होंगे; यह एक सामाजिक आवश्यकता है: सामंजस्यपूर्ण सामाजिक जीवन के लिए तर्कसंगत नैतिक नियमों की आवश्यकता होती है; नैतिक नियम इंसानों के लिए हैं न कि इंसान नैतिक नियमों के लिए; एक तर्कसंगत नैतिकता के लिए मानव-स्वभाव और जगत की वास्तविकता को ध्यान में रखना ज़रूरी है; नैतिक लक्ष्य मानवीय लक्ष्य हैं, इसलिए वे मानव इच्छाओं से स्वतंत्र नहीं हो सकते; मानव इच्छाओं से स्वतंत्र नैतिकता की माँग करना ही एक भूल है: इसका अर्थ है कि हम नैतिकता के स्वरूप को समझ नहीं रहे हैं; नैतिकता के नियम ऐसे होने चाहिए जिन्हें सभी या लगभग सभी इंसान विवेकशील या तर्कशील प्राणी होने के नाते स्वेच्छा से स्वीकार कर सकें।[14]

दूसरे, पहले बुनियादी प्रश्न के उत्तर को प्रमाणित या अप्रमाणित नहीं किया जा सकता है, वे स्वयंसिद्ध होते हैं, इस तथ्य को व्यक्त करने के लिए, सिजविक की शब्दावली का इस्तेमाल करते हुए, मूर ने उन्हें "इंट्यूशंस" कहा है। इससे अनावयश्क भ्रम फैला और कुछ लोगों ने उन्हें अंत:प्रज्ञावादी मान लिया, जब कि "अंत:प्रज्ञावाद" के परम्परागत अर्थ में वे अंत:प्रज्ञावादी नहीं हैं। *प्रिंसिपिया एथिका* की प्रस्तावना में मूर के स्पष्टीकरण के बाद भी कुछ लोगों ने उन्हें अंत:प्रज्ञावादी कहना जारी रखा है। ऐसे में यही बेहतर हुआ होता कि मूर ने "इंट्यूशंस" शब्द का इस्तेमाल करने की बजाय इन्हें मात्र "सेल्फ एविडेंट" (स्वयंसिद्ध या स्वत:प्रमाणित) कहा होता। मूर ने अपने दूसरे प्रश्न "किस किस्म के कर्मों को हमें करना चाहिए?" के किसी उत्तर को प्रमाणित करने के बारे में जो कुछ कहा है, उससे दो बातें समझ में आती हैं: एक, वे भी मिल और अन्य उपयोगितावादियों की तरह नैतिक मापदण्ड के क्षेत्र में प्रयोजनवादी या परिणामवादी हैं, क्योंकि उनके अनुसार भी, मोटे तौर पर, कर्म का "उचित" या "अनुचित" होना उसके परिणाम पर निर्भर है। दो, जिस तरह उन्होंने "नैतिक सत्यों" की बात की है उससे स्पष्ट है कि वे अधिनीतिशास्त्रीय दृष्टि से संज्ञानवादी हैं।

प्रयोजनवाद और अप्रयोजनवाद की चर्चा "मानक नीतिशास्त्र क सिद्धांतों का वर्गीकरण" अध्याय के अंतर्गत की गयी है। मूर के विचारों का उल्लेख भी वहाँ पर हुआ है। उस अध्याय में समीक्षा के अंतर्गत हमने यह दिखलाने की कोशिश की है कि प्रयोजनवाद या परिणामवाद अप्रयोजनवाद की तुलना में तार्किक दृष्टि से बेहतर सिद्धांत है।

इसी तरह, संज्ञानवाद और असंज्ञानवाद की चर्चा "नैतिक निर्णय का स्वरूप और अधिनीतिशास्त्र के सिद्धांतों का वर्गीकरण" अध्याय के अंतर्गत की गयी है। उसकी समीक्षा

में हमने कुछ शर्त्तों के साथ "असंज्ञानवाद" या इस मत का समर्थन किया है कि नैतिक निर्णय तथ्य-सम्बंधी निर्णयों की तरह सत्य या असत्य नहीं होते हैं।

"अच्छा" की अवधारणा

मूर के "अच्छा" की अवधारणा के संदर्भ में सबसे महत्त्वपूर्ण प्रश्न यह है कि मूर का यह कहना कहाँ तक सही है कि "अच्छा" की कोई परिभाषा नहीं दी जा सकती है। स्वयं मूर के अनुसार "अच्छा" शब्द की तुल्यार्थक शब्दों के द्वारा परिभाषा दी जा सकती है (उदाहरण, "अच्छा" का अर्थ है "बढ़िया")। इसी तरह, मूर के अनुसार ही "अच्छा" की स्वनिर्मित परिभाषा भी दी जा सकती है (जैसे, "अच्छा" का अर्थ है "आत्मपूर्णता")। फिर, मूर यह भी स्वीकार करते हैं कि "अच्छा" की सूचनात्मक या कोशीय परिभाषा भी दी जा सकती है। (कोशीय परिभाषा हमेशा तुल्यार्थक शब्दों द्वारा ही होती है या नहीं, यह एक अलग प्रश्न है।)[15]

इसके अलावा, मूर का यह भी मानना है कि "अच्छी वस्तु" (दि गुड) की भी परिभाषा दी जा सकती है। फिर, ऐसे में क्या यह कहना भ्रामक नहीं है कि अच्छा की परिभाषा नहीं दी जा सकती है? कहा जा सकता है कि, मूर ने "परिभाषा" शब्द की परिभाषा ही एक अनोखे ढंग से की है, और फिर उसे ही "परिभाषा" शब्द का "सबसे महत्त्वपूर्ण अर्थ" मान लिया है।

ऐसा लगता है कि मूर ने कोशीय परिभाषा को बड़े हल्के ढंग से लिया है। कहा जा सकता है कि जब कोई शब्द भाषा में पहले से प्रचलित है, और फिर हम उसका अर्थ स्पष्ट करना चाह रहे हों, या उसे परिभाषित करना चाह रहे हों, तो ऐसे में कोशीय परिभाषा ही सबसे महत्त्वपूर्ण और प्रासंगिक है।

मूर कहते हैं कि उनका उद्देश्य "अच्छा" शब्द का अर्थो नहीं स्पष्ट करना है, बल्कि उस वस्तु के वास्तविक स्वरूप को स्पष्ट करना है जिसके लिए "अच्छा" शब्द एक प्रतीक है। प्रश्न यह है कि क्या हम पहले काम को ठीक तरीके से किए बिना दूसरे काम को सही ढंग से कर सकते हैं? "अच्छा" शब्द का अर्थ स्पष्ट किए बिना हम कैसे जान सकते हैं कि वह किस वस्तु का प्रतीक है, या वह किसी वस्तु का प्रतीक है भी या नहीं?

फिर, हम यह भी कह सकते हैं कि नीतिशास्त्र में हमें "अच्छा" शब्द के नैतिक संदर्भो में अर्थ की ओर ध्यान केन्द्रित करना चाहिए; खास कर नीतिशास्त्र के बुनियादी प्रश्नों में "अच्छा" शब्द का किस अर्थ में इस्तेमाल होता है, जैसे, इस प्रश्न में "मानव जीवन में अपने-आप में अच्छा क्या है?" यहाँ पर "अच्छा" शब्द की तुल्यार्थक शब्दों में परिभाषा की जा सकती है; "अच्छा" का अर्थ है "पाने का प्रयत्न करने योग्य" या "जिसे पाने का प्रयत्न करना चाहिए"।

मूर का कहना है कि ''अच्छे आचरण'' के अलावा भी कई चीजें अच्छी हो सकती हैं। ऐसे में ''अच्छा'' उस गुण का नाम है, जो उनमें और अच्छे आचरण में साझा है, और अगर हम अपना ध्यान सिर्फ आचरण तक ही केंद्रित रखेंगे, तो हम उस गुण को कोई ऐसा गुण समझने की गलती कर सकते हैं, जो उन अन्य वस्तुओं के साथ साझा नहीं है।

''अच्छा'' शब्द के नैतिक और गैर-नैतिक इस्तेमाल में समानताएँ हो सकती हैं (जैसा, हेयर ने ''गुड'' के लिए बतलाया है)। लेकिन, इसके अलावा, ''अच्छा'' शब्द के ऐसा गैर-नैतिक इस्तेमाल भी हो सकते हैं, जिनकी ''अच्छा'' के नैतिक इस्तेमाल से समानताएँ न हों।[16] ऐसे में अगर हम अपना ध्यान नैतिक संदर्भों पर केंद्रित नहीं रखते हैं, तो सम्भव है कि समस्या सुलझने की बजाय और उलझ ही जाए।

मूर का यह कहना सही है कि शब्दों द्वारा परिभाषा दिए जाने की एक सीमा है, और भाषा में कुछ शब्द ऐसे बुनियादी पद हैं, जिनकी स्वयं की कोई परिभाषा नहीं दी जा सकती है, लेकिन जिनके माध्यम से उन सब शब्दों की परिभाषा दी जा सकती है, जिनकी परिभाषा सम्भव है। इस संदर्भ में मूर ने ''पीला'' का उदाहरण दिया है। मूर के अनुसार, किसी ऐसे व्यक्ति के लिए, जो पहले से उसे नहीं जानता है, हम किसी भी तरह से शब्दों द्वारा ''पीले'' की व्याख्या नहीं कर सकते हैं। यह ठीक है। लेकिन, अगर ''पीला'' की शाब्दिक परिभाषा नहीं दी जा सकती है, तो उसकी निदर्शनात्मक (ostentive) परिभाषा तो दी ही जा सकती है। जो व्यक्ति पहले से पीले रंग को नहीं जानता है, तो उसे हम कई पीली वस्तुओं को किताब, कपड़ा, आदि दिखा कर कह सकते हैं ''पीला''। क्या हम ''अच्छा'' की इस तरह निदर्शनात्मक परिभाषा दे सकते हैं? मूर का कहना है कि हम अच्छी वस्तु से अलग ''अच्छा'' विशेषण की कल्पना नहीं कर सकते हैं। सोचने की बात है कि हम ऐसा क्यों नहीं कर सकते हैं? हम ''पीले'' की कल्पना तो पीली वस्तु से अलग कर सकते हैं। दूसरे, क्या हम अच्छी वस्तु में भी ''अच्छा'' को देख या दिखा सकते हैं? एक पीले टेबुल में हम ''पीला'' को देख और दिखा सकते हैं। क्या हम ''अच्छे'' टेबुल या ''अच्छे'' इन्सान में उस तरह ''अच्छा'' को देख या दिखा सकते हैं? नहीं, तो क्यों नहीं?

मूर के अनुसार ''अच्छा'' एक ''गैर-प्राकृतिक'' गुण है जिसका ''काल में अस्तित्व नहीं है''। यह तो ''अच्छा'' को और दुर्बोध बना देना हुआ। अगर काल में अस्तित्व नहीं है, तो फिर किसमें अस्तित्व है? अगर किसी वस्तु या गुण का प्रकृति में अस्तित्व है, तो उसका प्रत्यक्ष होना चाहिए, और अगर उसका कभी भी प्रत्यक्ष नहीं होता है, तो फिर यह मान लेने का कोई कारण नहीं है कि उसका अस्तित्व है। यह कहना कि वह ''गैर-प्राकृतिक'' है, उसे, ''अतिप्राकृतिक'' की ही तरह, दुर्बोध और रहस्यमय बना देता है।

दरअसल, ''अच्छा'' को इतना रहस्यमय बनाने की कोई जरूरत नहीं है। मूर ने इस सम्भावना पर विचार नहीं किया कि ''अच्छा'', ''पीला'' की तरह वर्णनात्मक शब्द

है ही नहीं। ''पीला'' और ''अच्छा'' का सादृश्य (analogy) ही गलत है। ''अच्छा'' शब्द ''पीला'' की तरह किसी वस्तु या गुण का प्रतीक नहीं है। ''अच्छा'' मुख्यतः एक अवर्णनात्मक (non-descriptive) शब्द है, जिसका इस्तेमाल अनुमोदन (approval) व्यक्त करने के लिए या प्रशंसा करने के लिए किया जाता है। इसका वर्णनात्मक अर्थ गौण है, और वह अलग-अलग संदर्भों, जैसे, ''अच्छा टेबुल'' और ''अच्छा इन्सान'', में अलग-अलग हो सकता है।

''मौलिक नैतिक अवधारणाएँ'' अध्याय के अंतर्गत हमने ''अच्छा'' की विस्तृत चर्चा की है, और वहाँ पर मूर के संज्ञानवादी विचार के अलावा रसेल, एयर, स्टीवेंसन, हेयर और नॉवल-स्मिथ के असंज्ञानवादी विचारों की भी चर्चा और समीक्षा की गयी है।

खुले प्रश्न की विधि

मूर के अुनसार अगर ''अच्छा'' एक सरल और अपरिभाष्य गुण को निर्देशित नहीं करता है, तो दो गम्भीर और विचरणीय विकल्प रह जाते हैं: एक, ''अच्छा'' किसी जटिल वस्तु को निर्देशित करता है, जिसके सही विश्लेषण के बारे में मतभेद है; और दो, ''अच्छा'' शब्द का कोई अर्थ ही नहीं है।

इनमें से दूसरे विकल्प को ''गम्भीर विचारणीय'' विकल्प माना ही नहीं जा सकता है। जब ''अच्छा'' शब्द का आम बोलचाल में व्यापक इस्तेमाल होता है, और शब्दकोशों में इसके कई अर्थ दिए हुए हैं, तो फिर यह कहना तर्कसंगत नहीं है कि ''अच्छा'' शब्द का कोई अर्थ नहीं है, यह कोई ''गम्भीर विचारणीय'' विकल्प है।

अब, अगर इस विकल्प को हटा दें, तो फिर, मूर के अनुसार, दो ही विकल्प रह जाएँगे: एक, ''अच्छा'' एक सरल, अविश्लेष्य गुण को निर्देशित करता है, या फिर वह किसी जटिल वस्तु को निर्देशित करता है। लेकिन, क्या वास्तव में ''अच्छा'' के संदर्भ में हमारे सामने सिर्फ ये ही दो विकल्प हैं? इनके अलावा, और विकल्प सम्भव नहीं हैं क्या? एक गम्भीर विकल्प यह है कि ''अच्छा'' एक अवर्णनात्मक शब्द है, और यह न किसी सरल गुण को निर्देशित करता है, और न किसी जटिल वस्तु को। जैसा कि हम पहले भी लिख चुके हैं कि मूर ने इस सम्भावना की ओर ध्यान नहीं दिया है।

दूसरे मूर की ''खुले प्रश्न की विधि'' का भी कोई विशेष महत्त्व नहीं दिखता है। क्योंकि किसी भी शब्द की किसी भी परिभाषा के बारे में सार्थक रूप से प्रश्न उठाया जा सकता है। इससे यह साबित नहीं हो जाता है कि वह परिभाषा गलत है, या कि वह शब्द किसी सरल गुण को निर्देशित करता है, या कि वह अपरिभाष्य है। उदाहरण के तौर पर, इसे तो आम तौर से स्वीकार किया जाएगा कि ''त्रिभुज तीन भुजाओं वाली आकृति है'' त्रिभुज की एक सही परिभाषा है। तो, क्या फिर इस परिभाषा के सम्बंध में सार्थक रूप से यह प्रश्न नहीं उठाया जा सकता है कि ''क्या तीन भुजाओं वाली आकृति त्रिभुज 'है?

जो "त्रिभुज" का अर्थ नहीं जानता है, वह यह प्रश्न उठा ही सकता है। लेकिन इससे यह तो नहीं साबित हो जाता है कि त्रिभुज की ऊपर दी गयी परिभाषा गलत है।

इसी तरह, अगर हम कहते हैं कि "'अच्छा' एक अवर्णनात्मक शब्द है", तो कोई सार्थक रूप में यह प्रश्न उठा सकता है कि "क्या 'अच्छा' एक अवर्णनात्मक शब्द है?" लेकिन इससे यह तो प्रमाणित नहीं हो जाएगा कि यह कथन कि "'अच्छा' एक अवर्णनात्मक शब्द है" असत्य कथन है। इसी तरह, अगर हम कहते हैं कि "'अच्छा' शब्द का इस्तेमाल आम तौर से अनुमोदन व्यक्त करने या प्रशंसा करने के लिए किया जाता है", तो इसके बारे में भी सार्थक रूप से प्रश्न उठाया जा सकता है कि "क्या 'अच्छा' शब्द का इस्तेमाल आम तौर से अनुमोदन व्यक्त करने या प्रशंसा करने के लिए किया जाता है?" लेकिन, इससे यह प्रमाणित नहीं हो जाएगा कि ऊपर दिया गया कथन असत्य है।

मूर के अनुसार "घोड़ा" शब्द एक जटिल वस्तु को निर्देशित करता है। क्या "घोड़ा" की किसी भी परिभाषा के बारे में सार्थक रूप में प्रश्न नहीं उठाया जा सकता है? उदाहरण के तौर पर, अगर कहा जाए कि "घोड़ा जीनस इक्वूअस का एक खुरधारी चौपाया है", तो फिर यह प्रश्न उठाया जा सकता है कि "क्या घोड़ा जीनस इक्वूअस का खुरधारी चौपाया है?" इसी तरह, मूर द्वारा प्रस्तावित परिभाषा सहित घोड़े की किसी भी प्रस्तावित परिभाषा के बारे में सार्थक रूप से प्रश्न उठाया जा सकता है। अगर कहा जाए, "घोड़ा X है", तो पूछा जा सकता है कि "क्या घोड़ा X है?" क्या इससे यह प्रमाणित हो जाएगा कि घोड़ा सरल और अपरिभाष्य है? इस तरह, खुले प्रश्न की विधि द्वारा न तो यह प्रमाणित किया जा सकता है कि कोई शब्द सरल और अपरिभाष्य वस्तु को निर्देशित करता है, और न ही यह प्रमाणित किया जा सकता है कि किसी शब्द की कोई प्रस्तावित परिभाषा गलत है। सार्थक प्रश्न की विधि द्वारा कुछ भी प्रमाणित नहीं होता है सिवाय इसके कि हम "अच्छा" की किसी भी परिभाषा के बारे में सार्थक रूप से प्रश्न उठा सकते हैं। और यही बात किसी भी अन्य शब्द पर भी लागू होती है।

प्रकृतिवादी दोष

मूर के "प्रकृतिवादी दोष" की अवधारणा "अच्छा" के अपरिभाष्यता से जुड़ी हुई है। इसलिए, "प्रकृतिवादी दोष" की समीक्षा भी "अच्छा" की अपरिभाष्यता की समीक्षा से जुड़ी है। मान लें कि हम यह कहते हैं कि, जिस अर्थ में मूर ने उसे "अपरिभाष्य" कहा है, "अच्छा" अपरिभाष्य नहीं है, तो फिर "अच्छा" को परिभाषित करना भी कोई तर्कदोष नहीं है। इस पर हम थोड़ी देर बाद विचार करेंगे। उससे पहले हम यह विचार कर लें कि मूर ने जिस दोष की ओर ध्यान दिलाया है, उसके लिए "प्रकृतिवादी" दोष नाम कहाँ तक उपयुक्त है। थोड़ी देर के लिए हम मान लें कि "अच्छा" एक सरल,

अविश्लेष्य और गैर-प्राकृतिक गुण है, जैसकि मूर ने कहा है, तो भी क्या "अच्छा" को परिभाषित करने के दोष के लिए "प्रकृतिवादी दोष" उपयुक्त नाम है?

अपनी किताब *प्रिंसिपिया एथिका* के पहले अध्याय "दि सब्जेट मैटर ऑफ एथिक्स" में "प्रकृतिवादी दोष" की चर्चा करते हुए मूर खुद कहते हैं कि अगर दो अलग-अलग प्राकृतिक वस्तुओं को भी एक मान लिया जाए जैसे अगर कोई कहता है "मैं खुश हूँ", तो "मैं" और "खुश होना" को बिल्कुल एक है मान लिया जाए तो भी यह भी वही दोष है, जिसे उन्होंने नीतिशास्त्र के क्षेत्र में "प्रकृतिवादी दोष" कहा है, लेकिन यहाँ पर इस दोष को "प्रकृतिवादी" कहने का कोई कारण नहीं है। लेकिन "अच्छा" को, जो उस अर्थ में प्राकृतिक वस्तु नहीं है, किसी प्राकृतिक वस्तु के साथ एक मान लिया जाए तो उसे "प्रकृतिवादी दोष" कहने का औचित्य है।

लेकिन, अपनी किताब के दूसरे अध्याय "नैचुरलिस्टिक एथिक्स" में उन्होंने, उनके अनुसार "प्रकृतिवादी दोष" से ग्रस्त नैतिक सिद्धांतों को दो वर्गों में बाँटा है (1) प्रकृतिवादी नीतिशास्त्र, जिसमें "अच्छा" की परिभाषा किसी प्राकृतिक वस्तु से जोड़ कर की जाती है, और (2) तत्वमीमांसीय नीतिशास्त्र, जिसमें "अच्छा" की परिभाषा किसी "अतींद्रिय" वस्तु से जोड़ कर की जाती है।

मूर के अनुसार, "तत्वमीमांसीय नीतिशास्त्र" में भी वही दोष है, जो "प्रकृतिवादी नीतिशास्त्र" में है, और उसे वह एक ही नाम देते हैं, "प्रकृतिवादी दोष"।

यह कहाँ तक सही है? अगर "प्रकृतिवादी दोष" नाम इसलिए उपयुक्त है, जैसा कि मूर स्वयं कहते हैं, क्योंकि "अच्छा" जो कि एक "गैर-प्राकृतिक" गुण है, उसकी परिभाषा प्राकृतिक वस्तु के माध्यम से की जाती है, तो फिर "अच्छा" के किसी "तत्वमीमांसीय" गुण या वस्तु के माध्यम से परिभाषित किए जाने को भी "प्रकृतिवादी दोष" कहना कहाँ तक उपयुक्त है। ऐसा लगता है कि मूर के अनुसार सबसे पहले "अच्छा" को परिभाषित करना या उसे किसी भी अन्य वस्तु के साथ बिल्कुल एक मान लेना ही एक दोष है, चाहे वह वस्तु प्राकृतिक हो या गैर-प्राकृतिक या तत्वमीमांसीय। मूर ने कहा भी है कि अगर "अच्छा" कोई प्राकृतिक वस्तु हो, तो भी इस दोष के स्वरूप या महत्त्व में कोई अंतर नहीं आएगा, सिर्फ इसका नाम उपयुक्त नहीं रह जाएगा। ऐसे में फिर इस दोष को "प्रकृतिवादी दोष" कहने की बजाय परिभाषा दोष कहना अधिक उपयुक्त हुआ होता।

अब, हम थोड़ी गहरायी से इस प्रश्न पर विचार करें कि क्या "अच्छा" वास्तव में उस अर्थ में अपरिभाष्य है, जिस अर्थ में मूर ने उसे अपरिभाष्य माना है।

"अच्छा" की अवधारणा की समीक्षा के अंतर्गत हमने देखा कि स्वयं मूर के अनुसार "अच्छा" की तुल्यार्थक शब्दों द्वारा परिभाषा, स्वनिर्मित परिभाषा और, जो कि स्वनिर्मित से ज्यादा महत्त्वपूर्ण है, सूचनात्मक या कोशीय परिभाषा दी जा सकती है। इसलिए, हमने

माना कि ऐसे में "अच्छा" को सीधे-सीधे "अपरिभाष्य" कहना भ्रामक हो सकता है। मूर के अनुसार, "परिभाषा" शब्द का सबसे महत्त्वपूर्ण अर्थ वह है, जिससे उस वस्तु के वास्तविक चरित्र की जानकारी मिलती है, जिसके लिए अच्छा शब्द प्रतीक है। मूर के अनुसार इस किस्म की परिभाषा ऐसे ही शब्दों से दी जा सकती है, जो जटिल वस्तुओं का प्रतीक है, जैसे, "घोड़ा"। क्योंकि "अच्छा", "पीला" की तरह, एक सरल गुण का प्रतीक है, इसलिए "अंगों में बाँटने" के अर्थ में "अच्छा" की परिभाषा नहीं हो सकती है। फिर, क्योंकि "अच्छा" की निदर्शनात्मक परिभाषा नहीं दी जा सकती है, (जबकि "पीला" की दी जा सकती है), इसलिए मूर ने इसे "गैर-प्राकृतिक" मान लिया, जिसका हमने देखा कि कोई औचित्य नहीं है।

"परिभाषा" का इस्तेमाल मूर ने जिस अर्थ में किया है, उस अर्थ में "अच्छा" की परिभाषा अंगों में बाँट उसका वास्तविक चरित्र बतलाना वास्तव में सम्भव नहीं है। लेकिन, इसका कारण वह नहीं है, जो मूर ने सुझाया है, क्योंकि "अच्छा" एक सरल और "गैर-प्राकृतिक" गुण है, बल्कि इसका कारण यह है कि "अच्छा" शब्द "घोड़ा", "पीला" या "सुख" शब्द की तरह कोई वर्णनात्मक शब्द है ही नहीं। वह घोड़ा या पीला जैसी किसी जटिल या सरल वस्तु का प्रतीक नहीं है। यह मुख्यतः एक अवर्णनात्मक शब्द है, जिसका इस्तेमाल मुख्यतः अनुमोदन करने या प्रशंसा करने के लिए होता है। जैसा कि हेयर ने कहा है, अलग-अलग संदर्भों में "अच्छा" का वर्णनात्मक अर्थ अलग-अलग हो सकता है। इसलिए, जिस अर्थ में मूर ने "परिभाषा" की परिभाषा की है, उस अर्थ में "अच्छा" की परिभाषा खोजने का प्रयत्न ही एक भूल है; असली दोष एक अवर्णनात्मक शब्द को वर्णनात्मक मानने का है, जो मूर के चिन्तन में है। इसे हम, जिसे गिलबर्ट रायल ने "कोटि दोष" (category mistake) कहा है उसका एक उदाहरण मान सकते हैं। और इसे अगर नीतिशास्त्र के क्षेत्र में एक खास नाम देना हो तो "वर्णनात्मक दोष" (descriptive fallacy) कह सकते हैं।[17]

तो, "अच्छा" कोई सरल, अविश्लेष्य और गैर-प्राकृतिक गुण नहीं है। "परिभाषा" शब्द के प्रासंगिक अर्थों में अपरिभाष्य भी नहीं है। (इसके उपयोग को बतला कर इसकी परिभाषा की जा सकती है।) "विश्लेषण" शब्द के एक अर्थ में इसका विश्लेषण भी किया जा सकता है, जैसे, जब कोई कहता है, "X अच्छा है" तो उसका अर्थ होता है "मैं X का अनुमोदन करता हूँ"।

इन सबके बावजूद "प्रकृतिवादी दोष" के जरिए मूर ने जिस एक दोष की ओर ध्यान दिलाया है अगर कोई एक गुण किसी वस्तु में हो, तो उन दो अलग-अलग वस्तुओं को बिल्कुल एक मान लेना, जैसे "मैं खुश हूँ" तो "मैं" और "खुश हूँ" को बिल्कुल एक मान लेना या "नारंगी पीला है" तो "नारंगी" और "पीला" को एक मान लेना, यह वास्तव में एक दोष है, लेकिन ऐसे में उस आरोपित गुण को न तो सरल होने की

ज़रूरत है न अपरिभाष्य। उदाहरण के तौर पर, अगर कोई कहे कि ''हावड़ा ब्रिज एक कैंटिलीवर ब्रिज है'', तो ऐसे में अगर ''कैंटिलीवर ब्रिज'' (cantilever bridge) और ''हावड़ा ब्रिज'' को बिल्कुल एक मान लिया जाए, तो यह भी एक दोष होगा, जबकि ''कैंटिलीवर ब्रिज'' न तो सरल है और न अपरिभाष्य।

इसी तरह, ''अच्छा'' शब्द के बारे में ऊपर जो कुछ भी कहा गया है, उसके बावजूद अगर हम कहें कि ''सुख अच्छा है'' और फिर मान लिया जाए कि ''सुख'' और ''अच्छा'' बिल्कुल एक हैं, तो यह एक दोष ही होगा। ''सुख'' एक वर्णनात्मक शब्द है, जबकि ''अच्छा'' मुख्यत: एक अवर्णनात्मक शब्द है, जिसका इस्तेमाल मुख्यत: पसंदगी व्यक्त करने के लिए किया जाता है। ऐसे में दोनों को बिल्कुल एक मान लेना तो भूल ही कहलाएगा। इसी तरह अगर हम कहें: ''अच्छा'' का अर्थ है ''सुख''। तो यह भी एक दोष है। लेकिन, यह दोष ''प्रकृतिवादी'' नहीं है, न ही यह अपरिभाष्य को परिभाष्य मान लेने का दोष है, बल्कि यह जो दो शब्द पर्यायवाची नहीं हैं, उन्हें पर्यायवाची मान लेने का दोष है। इसे ''पयार्यवाची दोष'' (synonym fallacy) कहा जा सकता है। उदाहरण के तौर पर, अगर हम कहें कि '''चन्द्रमा' का अर्थ है 'चाँद''' या हम कहें कि '''अच्छा' का अर्थ है 'बढ़िया''', तो इसमें कोई दोष नहीं है, क्योंकि ''अच्छा'' और ''बढ़िया'' का मुख्य अर्थ एक ही है। इसी तरह, अगर हम कहें कि '''त्रिकोण' का अर्थ है 'तीन भुजाओं वाली आकृति''' या हम कहें ''त्रिकोण तीन भुजाओं वाली आकृति है'' और फिर ''त्रिकोण'' और ''तीन भुजाओं वाली आकृति'' को बिल्कुल एक मान लें, तो इसमें भी कोई दोष नहीं है। (''त्रिकोण तीन भुजाओं वाली आकृति है'' यह एक सार्थक विश्लेषणात्मक कथन है। हम यह कह कर इसे नकार नहीं सकते हैं कि इसका यह अर्थ हो गया कि ''त्रिभुज त्रिभुज है'' या ''तीन भुजाओं वाली आकृति तीन भुजाओं वाली आकृति है'')। अगर ''अच्छा'' की परिभाषा ''सुखद'' हुई होती (जो कुछ संदर्भों में होती है)[18], तो भी ''सुख अच्छा है'' एक सार्थक कथन हुआ होता। इसलिए, मूर का यह कहना सही नहीं है कि नारंगी (फल) को पीला कहने का कोई अर्थ तभी है, जबकि ''नारंगी'' और ''पीला'' अलग-अलग हों; या ''सुख'' को ''अच्छा'' कहने का कोई अर्थ तभी है, जब ''सुख'' और ''अच्छा'' अलग-अलग हों।[19] (यह ''त्रिकोण तीन भुजाओं वाली आकृति है'' के उदाहरण से समझा जा सकता है।) लेकिन, वास्तविकता यह है कि कुछ संदर्भों में ''अच्छा'' और ''सुखद'' समानार्थक होने के बाद भी, ये दोनों शब्द बिल्कुल पर्यायवाची नहीं हैं। जब हम कहते हैं कि ''सुख अच्छा है'',[20] तो उस वक्त हमारा यह अर्थ नहीं होता है कि ''सुख सुख है'', बल्कि हम सुख के प्रति अपनी पसंदगी व्यक्त कर रहे होते हैं, या यह कह रहे होते हैं कि ''सुख प्राप्त करने का प्रयत्न करना चाहिए''। ''अच्छा के बारे में सामान्य अन्वेषण'' करते समय यह ध्यान रखना चाहिए कि भाषा के

अधिकांश शब्दों की तरह "अच्छा" के भी कई अर्थ हैं, और अलग-अलग संदर्भों में उसके अलग-अलग अर्थ होते हैं।

मूर ने "प्रकृतिवादी दोष" को या अधिक सटीक कहें तो पयार्यवाची दोष को सुखवाद के विरुद्ध और खास तौर से मिल के विरुद्ध एक औज़ार के रूप में इस्तेमाल किया है। यह एक दिलचस्प सवाल है कि क्या मिल वास्तव में इसके दोषी हैं? यहाँ पर मिल के समर्थन में भी काफ़ी कुछ कहा जा सकता है। थोड़ी देर के लिए अगर इस प्रश्न को छोड़ भी दें, तो भी, जैसा कि मूर ने खुद स्वीकार किया है कि इस दोष के बिना भी सुखवाद का समर्थन किया जा सकता है, जैसा कि सिजविक ने किया है। वैसे भी, कहा जा सकता है कि "सुख अपने-आप में अच्छा है"। यह "अच्छा" या "अपने-आप में अच्छा" की या "सुख" की परिभाषा नहीं है, बल्कि इस प्रश्न का उत्तर है कि "अपने-आप में अच्छा क्या है?" फिर, इसी तरह, "सुख अपने-आप में अच्छा है", इसे प्रमाणित करने की कोशिश करने की बजाय कहा जा सकता है कि यह एक नैतिक स्वयंसिद्ध है। इस तरह, सुखवाद के खण्डन की दृष्टि से "प्रकृतिवादी दोष" का विशेष महत्त्व नहीं है।

REFERENCES

1. G. E. Moore, *Principia Ethica* (Cambridge: The Cambridge University Press, 1965).
2. G. E. Moore, Op. Cit, pp. vii-ix.
3. Paul Edwards (ed.), The Encyclopedia of Philosophy, vol. 5, p. 379. Also see, वेद प्रकाश वर्मा, नीतिशास्त्र के मूल सिद्धांत, पृष्ठ 174-212; अधिनीतिशास्त्र के मुख्य सिद्धांत, पृष्ठ 71.
4. G. E. Moore, Op. Cit., p. X.
5. John Hospers, *An Introduction to Philosophical Analysis*, pp. 22-23.
6. G. E. Moore, *Principia Ethica*, pp. 1-10.
7. Ibid.
8. Ibid., pp. 15-16.
9. Ibid., pp. 10-14.
10. Ibid., p. 39.
11. Ibid., pp. 21-26.
12. Ibid., pp. 27-30.
13. Ibid., pp. 110-202.
14. देखें, Dr. Ramendra, "G. E. Moore", Some Reflections on Ethics (Patna: Buddhiwadi Foundation, 2012).
15. देखें, Dr. Ramendra, "John Stuart Mill", Some Reflections on Ethics (Patna: Buddhiwadi Foundation, 2012).
16. Dr. Ramendra, Op. Cit., pp. 54-55.
17. भार्गव आदर्श हिन्दी शब्दकोश के अनुसार "अच्छा" का प्रमुख अर्थ है "बढ़िया, उत्तम, भला, रोगरहित, स्वस्थ, ..." ऑक्सफोर्ड हिन्दी-इंग्लिश डिक्शनरी में "अच्छा" के अंगेजी

में ग्यारह अर्थ बतलाए गए हैं जिनमें पहला है "1. good, excellent, pleasant, fine, nice, healthy ..."

18. गैर-नैतिक सन्दर्भो में "अच्छा" शब्द का इस्तेमाल ऐसे अर्थों में भी होता है, जिसमें अंग्रेज़ी शब्द "गुड" का नहीं होता है; जैसे, किसी रोगी के लिए, "वह अच्छा हो गया", यहाँ पर "अच्छा" का अर्थ है "रोगरहित" या "स्वस्थ"। इसी तरह, यह बताए जाने पर कि कोई दुर्घटनाग्रस्त हो गया है, एक विशेष टोन में "अच्छा!" बोलने का अर्थ है "क्या वास्तव में ऐसा है?" या आश्चर्य व्यक्त करना।

19. पी. एच. नॉवल-स्मिथ ने भी "अच्छा" को वर्णनात्मक शब्द मान लेने के लिए मूर की आलोचना की है।

20. जैसे, "मैं अच्छा महसूस कर रहा हूँ" मैं सुखद महसूस कर रहा हूँ या "आइसक्रीम का खाना एक अच्छा अनुभव है" आइसक्रीम खाना एक सुखद अनुभव है।

6
बट्रेण्ड रसेल

बट्रेण्ड रसेल (1872-1970) और जी. ई. मूर बीसवीं सदी के दो महत्त्वपूर्ण ब्रिटिश दार्शनिक हैं। दोनों एक साथ केम्ब्रिज विश्वविद्यालय में पढ़ा करते थे। इन दो दार्शनिकों ने हीगेल के प्रत्ययवाद के विरुद्ध संघर्ष किया, और दर्शनशास्त्र के क्षेत्र में विश्लेषणवादी (analytical) और वास्तववादी (realistic) प्रवृत्ति की शुरूआत की। यह धारा आगे चल कर ब्रिटेन और संयुक्त राज्य अमेरिका में प्रभावशाली बनी।

मूर की *प्रिंसिपिया एथिका* का बीसवीं सदी के नैतिक दर्शन में प्रमुख स्थान है, इसकी चर्चा हम पिछले अध्याय में कर चुके हैं। दूसरी ओर, ऐसा लगता है कि रसेल के नैतिक विचारों को अकादमिक क्षेत्र में पर्याप्त महत्त्व नहीं दिया गया है।[1] दरअसल, रसेल की कई रचनाओं का बुनियादी नैतिक समस्याओं से सम्बंध है। पिछले कुछ अध्यायों में हम प्रासंगिक स्थानों पर रसेल के विचारों का उल्लेख कर चुके हैं। इस अध्याय में हम व्यवस्थित ढंग से रसेल के नीतिशास्त्रीय विचारों की संक्षिप्त चर्चा करेंगे। रसेल नीतिशास्त्र के क्षेत्र में पहले मूर जैसे संज्ञानवादी विचारों का समर्थन करते थे। बाद में वे असंज्ञानवादी हो गए। उनके विचारों में यह परिवर्तन क्यों आया, इस दृष्टि से उनके नैतिक विचारों का अध्ययन शिक्षाप्रद है।[2]

फ़िलसॉफ़िकल एसेज़

रसेल के नैतिक विचारों की पहली प्रौढ़ व्याख्या उनकी किताब *फ़िलसॉफ़िकल एसेज़* (1910) के "दि एलिमेंट्स ऑफ एथिक्स" अध्याय में मिलती है। इस अध्याय में रसेल ने मुख्यतः मूर की *प्रिंसिपिया एथिक्स* पर आधारित नैतिक विचारों का प्रवर्तन किया है। दरअसल, इस निबंध को लिखते समय रसेल भी, मूर की तरह, संज्ञानवादी थे। उनका यह मानना था कि (1) "अच्छा" सबसे बुनियादी नैतिक अवधारणा है; और (2) "अच्छा" अपरिभाष्य है। वे यह भी मानते थे कि हम अनुभव-निरपेक्ष (a priori) रूप से इस बारे में कुछ तर्कवाक्यों को जान जाते हैं कि कौन-सी वस्तुएँ अपने-आप में अच्छी हैं। इसके अलावा, रसेल के अनुसार, जब हम यह कहते हैं कि "X अच्छा है" तो हमारा यह कथन "यह टेबुल गोल है" की ही तरह सत्य या असत्य होता है, और उसकी सत्यता या असत्यता हमारी राय या भावनाओं से स्वतंत्र होती है।[3]

असंज्ञानवाद की ओर संक्रमण

रसेल के नैतिक चिंतन का संज्ञानवादी दौर बहुत दिनों तक नहीं चला। जल्दी ही वे संज्ञानवाद

से असंज्ञानवाद की ओर बढ़ने लगे। यह परिवर्तन मुख्यतः अमरीकी दार्शनिक सैंटियैना द्वारा उनकी किताब *विंड्स ऑफ डॉक्ट्रिन* (1913) में रसेल के निबंध "दि एलिमेंट्स आफ एथिक्स" की आलोचना के प्रभाव से आया। सैंटियाना की आलोचना में मुख्य बल इस बात पर था कि "अच्छा" मानव हितों और भावनाओं से पूरी तौर से स्वतंत्र नहीं हो सकता है, और अपने-आप में अच्छा या स्वतः शुभ (intrinsic goodness) के बारे में कोई भी तर्कवाक्य अगर उसे तर्कवाक्य कहा जा सकता है तो उस तरह से सत्य या असत्य नहीं हो सकता है, जिस तरह भौतिक विज्ञानों के तर्कवाक्य होते हैं; क्योंकि ये किन्ही वस्तुनिष्ठ स्थितियों के बारे में कथन नहीं होते हैं, बल्कि वे मात्र अभिरुचियों (preferences) की अभिव्यक्ति होते हैं, जिन्हें हम महसूस करते हैं।[4]

रिलिजन ऐण्ड सायंस

विकसित रूप में रसेल के असंज्ञानवाद की व्याख्या को उनकी किताब *रिलिजन ऐण्ड सायंस* (1935) में देखा जा सकता है, जो ए. जे. एयर के *लैंग्वेज, ट्रूथ ऐण्ड लॉजिक* से एक वर्ष पहले प्रकाशित हुई थी। अपनी इस किताब में एयर ने सम्वेगवाद का प्रतिपादन किया है। रसेल, "*दि एलिमेंट्स*" की तरह, *रिलिजन ऐण्ड सायंस* में भी "अच्छा" को परिभाषित करने को नीतिशास्त्र की बुनियादी समस्या मानते हैं। उनके अनुसार एक बार "अच्छा" को परिभाषित कर लेने पर, बाकी का नीतिशास्त्र स्पष्ट है: हमें इस तरह आचरण करना चाहिए, जिससे कि हमारे विश्वास के अनुसार, जितना अच्छा सम्भव है, उसके सृजन की अधिक से अधिक सम्भावना हो, और जो कम से कम सहसम्बन्धित बुराई का सृजन करे। दूसरे शब्दों में, एक बार "अच्छा" को परिभाषित कर लेने के बाद नैतिकता के नियमों को बनाना विज्ञान का विषय है।

रसेल ध्यान दिलाते हैं कि जब हम इस बारे में किसी निश्चित मत तक पहुँचना चाहते हैं कि "अच्छा" से हमार क्या तात्पर्य है, तो हम अपने को बड़ी कठिनाइयों से घिरा पाते हैं। क्योंकि वैज्ञानिक प्रश्नों से अलग, अपने-आप में अच्छा क्या है, इस प्रश्न के किसी उत्तर के पक्ष या विपक्ष में कोई साक्ष्य प्रस्तुत नहीं किया जा सकता है। विवादी व्यक्ति सिर्फ अपनी भावनाओं को अपील कर सकते हैं, और दूसरों में ऐसी ही भावनाओं को जागृत करने के लिए भाषायी उपायों (rhetorical devices) का इस्तेमाल कर सकते हैं। रसेल के अनुसार, जब कोई व्यक्ति कहता है "यह अपने-आप में अच्छा है", तो ऐसा लगता है कि उसका कथन "यह चौकोर है" या "यह मीठा है" जैसा कथन है। लेकिन, दरअसल, उसका वास्तविक तात्पर्य यह होता है कि "मैं यह चाहता हूँ कि हर कोई इसकी इच्छा करे" या "काश हर कोई इसकी इच्छा करे"।

रसेल के अनुसार, इनमें से पहला वाक्य सत्य या असत्य हो सकता है, लेकिन इसका सम्बंध नीतिशास्त्र से नहीं बल्कि मनोविज्ञान या जीवनी से है। दूसरे वाक्य का सम्बंध

नीतिशास्त्र से है; यह वाक्य किसी वस्तु के लिए इच्छा को व्यक्त करता है, लेकिन कुछ भी दावा (assert) नहीं करता है, और क्योंकि यह कुछ भी दावा नहीं करता है, इसलिए यह तार्किक दृष्टि से असम्भव है कि उसके पक्ष या विपक्ष में साक्ष्य हो, या उसमें सत्यता या असत्यता हो।

इस तरह, रिलिजन ऐण्ड सायंस में व्यक्त रसेल के नीतिशास्त्रीय विचारों के दो पक्ष है: (1) नैतिक कथन तथ्यात्मक नहीं होते हैं, चाहे वे भले ऊपर से ऐसे मालूम देते हैं, और (2) वे इच्छार्थक (optative) या इच्छाओं को व्यक्त करने वाले होते हैं।[5]

ह्यूमन सोसायटी इन एथिक्स ऐण्ड पॉलिटिक्स

रसेल के अंतिम नीतिशास्त्रीय विचार उनकी किताब *ह्यूमन सोसायटी इन एथिक्स ऐण्ड पॉलिटिक्स* (1954) में मिलते हैं। इस पुस्तक को हम रसेल की सबसे महत्त्वपूर्ण नीतिशास्त्रीय रचना मान सकते हैं। *ह्यूमन सोसायटी इन एथिक्स ऐण्ड पॉलिटिक्स* में रसेल ने डेविड ह्यूम के इस सूत्र (maxim) को अपने मार्गदर्शक सिद्धांत के रूप में स्वीकार किया है: बुद्धि सिर्फ भावनाओं की गुलाम है, और उसे ऐसे ही होना चाहिए।

कुल मिला कर रसेल ने *ह्यूमन सोसायटी* में जो कुछ कहा है वह *रिलिजन ऐण्ड सायंस* में व्यक्त विचारों से बहुत अलग नहीं है। अगर कोई नैतिक मतभेद किन्ही लक्ष्यों को प्राप्त करने के साधन के बारे में हो, तो उसे बुद्धि के इस्तेमाल द्वारा सुलझाया जा सकता है। लेकिन, जब यह मतभेद लक्ष्यों या साध्यों के बारे में हो, तो बुद्धि से कोई मदद नहीं मिल सकती है, क्योंकि हम किन साध्यों को प्राप्त करने का प्रयत्न करते हैं, यह अंततः हमारी इच्छाओं पर निर्भर करता है। *रिलिजन ऐण्ड सायंस* की ही तरह इस किताब में भी रसेल बलपूर्वक कहते हैं कि कोई इच्छा इसलिए "अतर्कसंगत" नहीं हो जाती है, क्योंकि हम उसके पक्ष में कोई तर्क नहीं दे सकते हैं। हम X की इच्छा रख सकते हैं, क्योंकि यह Y को प्राप्त करने का साधन है, लेकिन अंततः जब हम सिर्फ साधनों की बात कर चुके हों, हम ऐसी किसी चीज़ तक पहुँच जाते हैं, जिसकी हम बिना किसी तर्क के इच्छा करते हैं। फिर भी, किसी इच्छा को सिर्फ इसलिए अतर्कसंगत नहीं कहा जा सकता है, क्योंकि उसे महसूस करने के पक्ष में कोई तर्क नहीं दिया जा सकता है।

ह्यूमन सोसायटी में रसेल एक बार फिर अपने असंज्ञानवादी सिद्धांत से असंतुष्ट नज़र आते हैं। [ऐसा ही असंतोष उन्होंने पहले भी *दि फ़िलॉसफ़ि ऑफ बट्रेण्ड रसेल* में "रिप्लाई टू क्रिटिसिज़्म" (आलोचनाओं का उत्तर) के अंतर्गत व्यक्त किया था।] वे इस प्रश्न पर विचार करते हुए दिखाई देते हैं कि नैतिक ज्ञान जैसी कोई वस्तु है या नहीं।

एक वस्तुनिष्ठ नैतिकता तक पहुँचने के अपने प्रयत्नों का सारांश रसेल ने निम्नलिखित बुनियादी तर्कवाक्यों और परिभाषाओं के माध्यम से प्रस्तुत किया है:

(1) उन कर्मों का सर्वेक्षण करने पर, जो पसंदगी या नापसंदगी की भावना को जागृत करते हैं, हम यह पाते हैं कि, सामान्य नियम के रूप में, जिन कर्मों को पसंद किया जाता है, वे ऐसे हैं, जिनके बारे में यह विश्वास किया जाता है कि कुल मिला कर उनके द्वारा एक खास किस्म का असर (effect) सम्भव है; जबकि जिन कर्मों को नापसंद किया जाता है, उनसे विपरीत किस्म के असर की अपेक्षा की जाती है।

(2) ऐसे असर, जो पसंदगी की आरे ले जाते हैं, "अच्छा" के रूप में परिभाषित किए जाते हैं, और जो असर नापसंदगी की ओर ले जाते हैं, "बुरा" के रूप में।

(3) ऐसा कर्म, जिसके असर की, मौजूद साक्ष्य के आधार पर, उस परिस्थिति में सम्भव किसी दूसरे कर्म से बेहतर होने की सम्भावना हो, "उचित" के रूप में परिभाषित किया जाता है; और कोई भी दूसरा कर्म "अनुचित" है। परिभाषा के अनुसार ही, हमें उस कर्म को करना "चाहिए" जो उचित है।

(4) उचित कर्म के लिए पसंदगी महसूस करना, और अनुचित कर्म के लिए नापसंदगी महसूस करना उचित है।

रसेल के अनुसार, अगर इन परिभाषाओं और तर्कवाक्यों को स्वीकार किया जाए, तो ये नैतिक तर्कवाक्यों की एक सामंजस्यपूर्ण व्यवस्था प्रस्तुत करते हैं, जो उसी अर्थ में सत्य (या असत्य) हैं, जैसे, अगर वे विज्ञान के तर्कवाक्य हों। रसेल इस बात को स्वीकार करते हैं कि अलग-अलग समाजों में अलग-अलग समयों पर व्यापक रूप से और विविध कर्मों को पसंद किया गया है। लेकिन, रसेल के विचार में इस सम्बंध में हमारे और अन्य युगों के बीच के अंतर उन कर्मों के असर के बारे में उनके और हमारे विश्वास के बीच अंतर के कारण हैं। इस तरह, रसेल इस निष्कर्ष तक पहुँचते हैं कि मानव जाति के बीच किस किस्म के कर्मों को पसंद किया जाता है, इसकी तुलना में इस बात पर अधिक सहमति है कि हमें कैसे असर को पाने का प्रयत्न करना चाहिए। रसेल के अनुसार हेनरी सिजविक की यह स्थापना कि ऐसे ही कर्मों को पसंद किया जाता है, जिनसे सुख में वृद्धि की सम्भावना हो, मोटे तौर पर, सत्य है।[6]

(रसेल के विचार में ऊपर दिए गए सिद्धांत के आधार पर कहा जा सकता है कि नीतिशास्त्र में भी ऐसे कथन होते हैं, जो सत्य और असत्य होते हैं, न कि मात्र इच्छार्थक या आदेशात्मक। लेकिन, रसेल के अनुसार, इस सिद्धांत का आधार पसंदगी और नापसंदगी की भावनाओं में है, न कि प्रत्यक्ष द्वारा प्राप्त तथ्यों में।)

समीक्षा

बर्ट्रेण्ड रसेल के नैतिक चिंतन में सबसे मुख्य बात यह है कि वे एक समय मूर जैसे संज्ञानवाद का समर्थन करते थे, और बाद में एयर जैसे असंज्ञानवाद का समर्थन करने लगे। (वैसे, रसेल और एयर के बीच कुछ महत्त्वपूर्ण अंतर भी हैं।) इसलिए, रसेल के नैतिक

विचारों की समीक्षा में प्रमुख प्रश्न यह है कि क्या रसेल का संज्ञानवाद से असंज्ञानवाद की ओर संक्रमण सही था?

संज्ञानवाद और असंज्ञानवाद

संज्ञानवाद और असंज्ञानवाद में से कौन तार्किक दृष्टि से संतोषजनक सिद्धांत है, सामान्य रूप से इसकी चर्चा हम ''नैतिक निर्णय का स्वरूप और अधिनीतिशास्त्र के सिद्धांतों का वर्गीकरण'' अध्याय की समीक्षा के अंतर्गत कर चुके हैं। वहाँ पर भी हमने रसेल के विचारों का उल्लेख किया है।

जहाँ तक रसेल का प्रश्न है, तो जैसाकि हमने पहले भी कहा है वे एक समय मूर जैसे संज्ञानवाद का समर्थन करते थे। बाद में, सैंटियैना से प्रभाव में, वे असंज्ञानवाद का समर्थन करने लगे। रसेल के असंज्ञानवादी विचारों को उनकी किताब *रिलिजन ऐण्ड सांयस* (1935) में देखा जा सकता है। रसेल के अनुसार ''अच्छा'' को परिभाषित करना नीतिशास्त्र की बुनियादी समस्या है। लेकिन, जब हम ''अच्छा'' को परिभाषित करने का प्रयत्न करते हैं, तो बड़ी मुश्किलों में पड़ जाते हैं, क्योंकि कौन-सी चीज़ अंतिम रूप से अच्छी है, इस प्रश्न के किसी उत्तर के पक्ष, या विपक्ष में किसी वैज्ञानिक प्रश्न की तरह कोई साक्ष्य प्रस्तुत कर पाना सम्भव नहीं है। इस संदर्भ में अलग-अलग राय वाले व्यक्ति सिर्फ अपनी भावनाओं को अपील कर सकते हैं, और दूसरों में वैसी ही भावनाओं को जागृत करने के लिए भाषायी उपायों का इस्तेमाल कर सकते हैं।

रसेल के अनुसार जब कोई यह कहता है कि ''यह अपने-आप में अच्छा है'' तो ऐसा लगता है कि यह ''यह चौकोर है'' या ''यह मीठा है'' जैसा कोई कथन है। लेकिन दरअसल, उसका वास्तविक तात्पर्य यह होता है कि ''मैं चाहता हूँ कि हर कोई इसकी इच्छा करे'' या ''काश हर कोई इसकी इच्छा करे''। रसेल के अनुसार इनमें से पहला वाक्य सत्य या असत्य हो सकता है, लेकिन इस वाक्य का सम्बंध नीतिशास्त्र से नहीं बल्कि मनोविज्ञान या जीवनी से है। इनमें से दूसरे वाक्य का सम्बंध नीतिशास्त्र से है, लेकिन यह इच्छा को व्यक्त करता है, और कुछ भी दावा नहीं करता है। क्योंकि यह वाक्य कुछ भी दावा नहीं करता है, इसलिए इसके पक्ष या विपक्ष में कोई प्रमाण देना या इसमें सत्यता या असत्यता का होना तार्किक दृष्टि से असम्भव है।

किसी भी तथ्य-सम्बंधी निर्णय को हम तभी सत्य कहते हैं, जबकि उसका वास्तविकता से मेल हो। उदाहरण के तौर पर, ''पृथ्वी गोल है'' यह कथन सत्य है, क्योंकि इसका वास्तविकता से मेल है; जबकि ''पृथ्वी चपटी है'' यह कथन असत्य है, क्योंकि इसका वास्तविकता से मेल नहीं है। दूसरी ओर, नैतिक निर्णयों का सम्बंध ''क्या है'' से नहीं, बल्कि ''क्या होना चाहिए'' से होता है। जब नैतिक निर्णयों द्वारा वास्तविकता का वर्णन किया ही नहीं जाता है, तो फिर उनके वास्तविकता से मेल होने या न होने का कोई प्रश्न

ही नहीं उठता है। उदाहरण के तौर पर, ''उसने पैसे चुराए'' एक तथ्य-सम्बंधी निर्णय है। अगर जिस किसी के बारे में यह कहा जा रहा है, उसने वास्तव में पैसे चुराए हों, तो यह निर्णय सत्य होगा। दूसरी ओर, ''उसने पैसे चुरा कर अनुचित काम किया'' या ''उसे पैसे नहीं चुराने चाहिए थे'' नैतिक निर्णय है। इनका सम्बंध क्या है से नहीं, बल्कि क्या होना चाहिए से है, इसलिए इनके वास्तविकता से मेल होने या न होने का कोई प्रश्न ही नहीं उठता है। सत्यता और असत्यता के जिस मापदण्ड का इस्तेमाल तथ्य-सम्बंधी कथनों के संदर्भ में किया जाता है, उसे ऊपर बताए गए जैसे नैतिक निर्णयों पर लागू ही नहीं किया जा सकता है। इसलिए, उनके बारे में सत्यता या असत्यता का प्रश्न उठाना एक तार्किक भूल है।

तथ्य-सम्बंधी निर्णयों और नैतिक निर्णयों में तार्किक दृष्टि से एक बुनियादी अंतर है, यह नीतिशास्त्र के तर्कशास्त्र का एक महत्त्वपूर्ण निष्कर्ष है। लेकिन, इस निष्कर्ष को इस रूप में पेश करना कि नीतिशास्त्र में ''ज्ञान'' नहीं है, यह असंज्ञानवाद को पेश करने का बहुत अच्छा तरीका नहीं मालूम देता है। रसेल के अनुसार नीतिशास्त्र से सम्बन्धित सिर्फ एक बात को ही सही रूप में दर्शनशास्त्र के अंतर्गत माना जा सकता है: यह युक्ति कि नैतिक कथनों को इच्छार्थक वृत्ति में व्यक्त किया जाना चाहिए, न कि निश्चयार्थक वृत्ति में। रसेल के अनुसार, मूल्य-सम्बंधी प्रश्न ''ज्ञान के दायरे'' से बाहर हैं।

यह कहना कि नैतिक निर्णय तथ्य-सम्बंधी निर्णयों की तरह सत्य और असत्य नहीं होते हैं, एक अलग बात है; और यह कहना कि नैतिकता या मानक नीतिशास्त्र के क्षेत्र में कोई ''ज्ञान'' नहीं है, एक अलग। इससे तो ऐसा मालूम देता है कि जैसे नैतिकता का अवमूल्यन किया जा रहा है, और नैतिकता के क्षेत्र में तर्कबद्धि की कोई भूमिका ही नहीं है। दरअसल, ऊपर की गयी चर्चा से सिर्फ यह बात समझ में आती है कि नैतिक निर्णयों का तर्कशास्त्र, तथ्य-सम्बंधी निर्णयों के तर्कशास्त्र से अलग है। यह नहीं कि हम तर्कबुद्धि द्वारा नैतिक निर्णयों का समर्थन ही नहीं कर सकते हैं।

इसका कोई औचित्य नहीं दिखता कि ''ज्ञान'' शब्द को केवल तथ्यात्मक ज्ञान तक सीमित रखा जाए, तर्कबुद्धि का इस्तेमाल कर मूल्यों के बारे में हम जिन निष्कर्षों तक पहुँचते हैं, उन्हें भी ''ज्ञान'' कहा जा सकता है। ''ज्ञान'' शब्द की परिभाषा चाहे जो भी हो, वह ऐसी नहीं होनी चाहिए कि, जिसके कारण नैतिक ज्ञान की कोई सम्भावना ही न रहे। यह कहना कि नैतिकता या नीतिशास्त्र के क्षेत्र में ''ज्ञान'' नहीं है, असंज्ञानवाद को पेश करने का एक असंतोषजनक तरीका है।

रसेल इस बात से काफी प्रभावित नजर आते हैं कि बुनियादी नैतिक प्रश्नों के संदर्भ में हम उस किस्म के साक्ष्य प्रस्तुत नहीं कर सकते हैं, जैसे हम विज्ञान में कर सकते हैं। लेकिन, उन्होंने इस सम्भावना की ओर बिल्कुल ही ध्यान नही दिया कि नीतिशास्त्र का

अपना एक अलग तर्कशास्त्र भी हो सकता है; और बुनियादी नैतिक प्रश्नों को सुलझाने के लिए वैकल्पिक दृष्टिकोण भी अपनाया जा सकता है, जैसा कि मिल ने अपनी किताब *युटिलिटैरियनिज़्म* में किया है।

ह्यूमन सोसायटी इन एथिक्स ऐण्ड पॉलिटिक्स में स्वयं रसेल ने एक वैकल्पिक दृष्टिकोण अपनाया भी, तो बहुत जल्द ही वे अनावश्यक रूप से माफ़ी माँगने की मुद्रा में आ गए, क्योंकि उनके दिमाग में प्राकृतिक विज्ञानों का मॉडल ही सर्वोपरि था। नीतिशास्त्र कोई प्राकृतिक विज्ञान नहीं है, यह मुख्यत: एक तर्कसंगत और मानक अध्ययन है। इस बात को ध्यान में रखना ज़रूरी है। जैसा कि सैंटियैना ने भी कहा है "अच्छा" मानवहित और भावनाओं से पूरी तरह से स्वतंत्र नहीं हो सकता है।

नैतिकता के चरित्र को ध्यान में रखते हुए बुनियादी नैतिक लक्ष्यों के बारे में कहा जा सकता है कि वे तर्कसंगत हैं, अगर वे बुनियादी और सामान्य मानवीय आवश्यकताओं और इच्छाओं के अनुरूप हैं। नैतिकता एक मानवीय सृजन और सामाजिक आवश्यकता है। मानव इच्छाओं से स्वतंत्र रूप में नैतिक लक्ष्यों की बात करना बेकार है। (देखें, मूर की समीक्षा के अंतगर्त "प्रस्तावना")

रसेल और एयर

ऊपर हमने लिखा है कि एक समय रसेल मूर जैसे संज्ञानवाद का समर्थन करते थे; और बाद में वे एयर जैसे असंज्ञानवाद का समर्थन करने लगे। स्टीवेंसन ने भी अपनी किताब *एथिक्स ऐण्ड लैंग्वेज* के बारहवें अध्याय "सम रिलेटेड थियरिज़" में कहा है कि रसेल के बाद के नैतिक विश्लेषण लगभग ए. जे. एयर जैसे हैं। (स्पष्ट है कि स्टीवेंसन का इशारा *रिलिजन ऐण्ड सायंस* की ओर है, *ह्यूमन सोसायटी* की ओर नहीं।)

रिलिजन ऐण्ड सायंस में व्यक्त रसेल के विचारों में एयर से समानता दिखती है, सिवाय इसके की रसेल का बल इच्छाओं पर है, जो एयर में नहीं है। लेकिन, जैसा कि हमने ऊपर भी लिखा है, रसेल के असंज्ञानवाद और एयर के असंज्ञानवाद के बीच कुछ महत्त्वपूर्ण अंतर भी हैं।

एयर के विचारों की विस्तृत व्याख्या और समीक्षा अगले अध्याय में की गयी है। यहाँ पर हम संक्षेप में रसेल और एयर के बीच फ़र्क की चर्चा करेंगे:

1. रसेल ने एयर की तुलना में अपने विचारों को अधिक संतुलित तरीके से पेश किया है। रसेल ने, एयर की तरह, बुनियादी नैतिक अवधारणाओं को "छद्म अवधारणा" नहीं कहा है; और न ही यह कहा है कि नैतिक असहमति के मामले में हम अंतत: सिर्फ एक-दूसरे को अपशब्द बोल सकते हैं।

रसेल के अनुसार, अगर कोई नैतिक मतभेद किन्ही लक्ष्यों को प्राप्त करने के साधन

के बारे में हो, तो उसे बुद्धि के इस्तेमाल द्वारा सुलझाया जा सकता है। लेकिन, जब यह मतभेद लक्ष्यों या साध्यों के बारे में हो, तो बुद्धि से कोई मदद नहीं मिल सकती है, क्योंकि हम किन साध्यों को प्राप्त करने का प्रयत्न करते हैं, यह अंतत: हमारी इच्छाओं पर निर्भर करता है। इसके अलावा, रसेल इस बात पर भी बल देते हैं कि कोई इच्छा इसलिए "अतर्कसंगत" नहीं हो जाती है, क्योंकि हम उसके पक्ष में कोई तर्क नहीं दे सकते है।

2. रसेल एयर की तरह, सत्यापनीयता सिद्धांत का समर्थन नहीं करते थे।

3. रसेल को नैतिकता के सामाजिक महत्त्व की अधिक चेतना थी; और इसलिए वे *ह्यूमन सोसायटी* में एक बार फिर वस्तुनिष्ठ नैतिकता तक पहुँचने का प्रयत्न करते हैं।

4. रसेल के असंज्ञानात्मक विचार सिर्फ बुनियादी रूप में अच्छा क्या है, के बारे में है, न कि एयर की तरह सभी नैतिक पदों के बारे में। जहाँ तक "उचित" और "अनुचित" का सवाल है, तो रसेल *रिलिजन ऐण्ड सायंस* में भी प्रयोजनवादी ही हैं। वे फ़िलासॉफ़िकल एसेज से ले कर *हॅयूमन सोसायटी* तक लगातार प्रयोजनवादी ही रहे। (प्रयोजनवाद पर चर्चा के लिए देखें "मानक नीतिशास्त्र के सिद्धांतों का वर्गीकरण"।)

REFERENCES

1. स्टीवेंसन ने अपनी किताब *एथिक्स ऐण्ड लैंग्वेज* में लिखा है कि एयर के सम्वेगवाद पर गरमा-गरम बहस छिड़ गयी। जबकि बट्रेण्ड रसेल के बाद के नैतिक विश्लेषण पर, जो, स्टीवेंसन के विचार में, लगभग ए. जे. एयर जैसे हैं, उतनी व्यापक चर्चा नहीं हुई।
2. Ramendra Nath, *The Ethical Philosophy of Bertrand Russell* (New York: Vantage Press, 1993), pp. 91-104.
3. Bertrand Russell, *Philsophical Essays* (New York: Simon and Schuster, 1966).
4. G. Santayana, *Winds of Doctrine* (London: J. M. Dent and Sons).
5. Bertrand Russell, *Religion and Science* (London: Oxford University Press, 1964).
6. Bertrand Russell, *Human Society in Ethics and Politics* (London: George Allen and Unwin, 1954).

7

ए. जे. एयर

अंग्रेज दार्शनिक अल्फ्रेड जूल्स एयर (1910-1989) का बीसवीं सदी के नीतिशास्त्र में महत्त्वपूर्ण योगदान है। 1936 में प्रकाशित अपनी किताब *लैंग्वेज़, ट्रूथ ऐण्ड लॉजिक* में ऐयर ने सम्वेगवाद (emotive theory of ethics) का प्रवर्तन किया है, जो बीसवीं सदी के नैतिक चिंतन में असंज्ञानवाद (non-cognitivism) का एक प्रमुख उदाहरण है।

लैंग्वेज ट्रूथ ऐण्ड लॉजिक में एयर ने अपने ढंग से तर्कीय प्रत्यक्षवाद (logical positivism) की व्याख्या की है, और समर्थन किया है। इसी पुस्तक के छठे अध्याय ''क्रिटीक ऑफ एथिक्स ऐण्ड थियॉलॉजि'' में एयर ने सम्वेगवाद का प्रवर्तन किया है। शुरूआत में सम्वेगवाद के प्रवर्तन में एयर की रुचि नीतिशास्त्र के एक ऐसे सिद्धांत की व्याख्या करने में थी, जिसकी संगति उनके तर्कीय प्रत्यक्षवाद के साथ हो। लेकिन, जैसा कि एयर ने 1946 में लिखी गयी अपनी किताब के दूसरे संस्करण की भूमिका में कहा है, सम्वेगवाद इस आवश्यकता को संतुष्ट करने वाला एकमात्र सिद्धांत नहीं है, और न ही सम्वेगवाद और पुस्तक में उनके अन्य गैर-नैतिक कथनों के बीच अनुलग्नता (entailment) का तार्किक सम्बंध है। इसलिए, अगर पुस्तक में उनके अन्य कथनों को अवैध दिखा भी दिया जाए, तो भी इससे अपने-आप में सम्वेगवाद का खण्डन नहीं होगा। इस तरह, बाद में, एयर यह मानने लगे थे कि नैतिक पदों का उनका सम्वेगात्मक विश्लेषण स्वतंत्र रूप में वैध है।[1]

प्रस्तावना

लैंगवेज, ट्रूथ ऐण्ड लॉजिक के पंहले संस्करण की प्रस्तावना में एयर ने यह कहा है कि उनके द्वारा इस पुस्तक में व्यक्त विचार रसेल और विट्‌गंस्टाइन के सिद्धांतों पर आधारित हैं, जो कि स्वयं बर्कले और ह्यूम के इन्द्रियानुभववाद के तार्किक परिणाम हैं। इस तरह, एयर की किताब इन्द्रियानुभविक परम्परा में लिखी गयी है। इसके अलावा, प्रस्तावना में ही एयर ने यह भी लिखा है कि उनकी सबसे अधिक सहमति मॉरिट्ज शिलक के नेतृत्व में वियना सर्किल के तर्कीय प्रत्यक्षवादी कहे जाने वाले दार्शनिकों से है।[2]

एयर, सभी वास्तविक तर्कवाक्यों को दो वर्गों में बाँटते हैं: एक, विश्लेषणात्मक (analytic), जिसके अंतर्गत तर्कशास्त्र और शुद्ध गणित के अनुभव निरपेक्ष (a priori) तर्कवाक्य आते हैं; और दो, तथ्यों से सम्बन्धित तर्कवाक्य, जिन्हें एयर प्राक्कल्पना (hypothesis) मानते हैं।

कोई वाक्य वास्तविक इन्द्रियानुभविक प्राक्कल्पना को व्यक्त करता है या नहीं, इसकी जाँच के लिए एयर अर्थ के सत्यापनीयता सिद्धांत (verificationist principle of meaning) को अपनाते हैं। किसी भी इन्द्रियानुभविक प्राक्कल्पना का सत्यापन इन्द्रियानुभव द्वारा सम्भव होना चाहिए। अगर कोई अनुमानित तर्कवाक्य न तो विश्लेषणात्मक है, और न उसका सत्यापन इन्द्रियानुभव द्वारा सम्भव है, तो फिर उसकी सत्यता या असत्यता का प्रश्न ही नहीं उठता है, बल्कि वह शाब्दिक रूप में अर्थहीन है। एयर ऐसे अनुमानित तर्कवाक्यों को "तत्वमीमांसीय" मानते हैं। *लैंग्वेज, ट्रूथ ऐण्ड लॉजिक* में एयर का मुख्य उद्देश्य दर्शनशास्त्र से तत्वमीमांसा को बाहर निकालना है।[3]

एयर ने *लैंग्वेज, ट्रूथ ऐण्ड लॉजिक* के छठे अध्याय "क्रिटीक ऑफ एथिक्स एंण्ड थियॉलॉजि" में सम्वेगवाद की व्याख्या की है। यह अध्याय तेइस पन्नों का है, जिनमें से पन्द्रह पन्नों में नीतिशास्त्र की चर्चा की गयी है।[4] इस अध्याय में एयर का उद्देश्य "मूल्य सम्बंधी निर्णय" (judgment of value) की ऐसी व्याख्या प्रस्तुत करना है, जो अपने आप में भी संतोषजनक हो, और जिसकी संगति उनके सामान्य इन्द्रियानुभववादी सिद्धांतों से हो। ऐयर ने यह दिखलाने का प्रयत्न किया है कि मूल्य-सम्बंधी कथन जहाँ तक वे सार्थक हैं, वहाँ तक वे साधारण "वैज्ञानिक" कथनों की तरह हैं; और जहाँ तक वे वैज्ञानिक नहीं हैं, वहाँ तक वे शाब्दिक दृष्टि से सार्थक नहीं हैं, बल्कि वे मात्र भावनाओं या सम्वेग (emotion) की अभिव्यक्ति हैं, जो न तो सत्य हो सकते हैं और न असत्य।

नीतिशास्त्र की अवधारणा

एयर के अनुसार नैतिक दार्शनिकों की रचनाओं में, जो नीतिशास्त्रीय बातें रहती हैं, उन्हें चार मुख्य वर्गों में रखा जा सकता है: सबसे पहले, ऐसे तर्कवाक्य, जो नैतिक पदों की परिभाषाओं को व्यक्त करते हैं, या कुछ परिभाषाओं की सम्भावना या वैधता के बारे में निर्णय देते हैं। दूसरे, ऐसे तर्कवाक्य जो नैतिक अनुभव की घटनाओं का और उसके कारणों का वर्णन करते हैं। तीसरे, उनमें नैतिक सद्गुण (virtues) के लिए उपदेश या प्रबोधन रहते हैं; और अंत में, उनमें वास्तविक नैतिक निर्णय रहते हैं।

एयर के अनुसार इनमें से सिर्फ पहले वर्ग को, जिसमें नैतिक पदों की परिभाषाओं से सम्बंधित कथन रहते हैं, नैतिक दर्शन माना जा सकता है। एयर के अनुसार नीतिशास्त्र से सम्बन्धित एक पूर्णतः दार्शनिक ग्रंथ में कोई नैतिक उद्घोषणाएँ (pronouncements) नहीं की जानी चाहिए। बल्कि, उसमें नैतिक पदों का एक विश्लेषण दे कर यह दिखलाना चाहिए कि ऐसी सभी घोषणाएँ किस कोटि (category) के अंतर्गत आती हैं।[5] अपनी पुस्तक में एयर ने यही काम करने का प्रयत्न किया है।

नैतिक निर्णय का स्वरूप

एयर ने सबसे पहले इस प्रश्न पर विचार किया है कि क्या मूल्य-सम्बंधी नैतिक कथनों

(statements of ethical value) को इन्द्रियानुभविक तथ्य-सम्बंधी कथनों (statements of empirical fact) में बदला जा सकता है।

व्यक्तिनिष्ठतावाद और उपयोगितावाद

एयर के विचार में व्यक्तिनिष्ठतावादी (subjectivist) और उपयोगितावादी कहे जाने वाले नैतिक दार्शनिक यह मानते हैं कि मूल्य-सम्बंधी नैतिक कथनों को इन्द्रियानुभविक तथ्य-सम्बंधी कथनों में बदला जा सकता है।

एयर इस व्यक्तिनिष्ठतावादी मत को अस्वीकार करते हैं कि किसी कर्म को उचित या किसी वस्तु को अच्छा कहने का तात्पर्य है कि उसे आम तौर से पसंद किया जाता है; क्योंकि, उनके अनुसार, यह कहना आत्म-विरोधी बात नहीं है कि कुछ कर्म, जिन्हें आम तौर से पसंद किया जाता है. उचित नहीं है; या कि कुछ वस्तुएँ, जिन्हें आम तौर से पसंद किया जाता है, अच्छी नहीं हैं। इसी तरह, वे इस वैकल्पिक व्यक्तिनिष्ठतावादी मत को भी अस्वीकार करते हैं कि जब कोई व्यक्ति कहता है कि कोई कर्म उचित है, या कोई वस्तु अच्छी है, तो वह यह कह रहा होता है कि वह उसे पसंद करता है; क्योंकि, ऐयर के अनुसार, अगर कोई व्यक्ति यह कहता है कि वह कभी-कभी ऐसी वस्तुओं को पसंद करता है, जो बुरी या अनुचित हैं, तो इसमें कोई आत्म-विरोध नहीं है।

एयर इस उपयोगितावादी मत को भी अस्वीकार करते हैं कि किसी कर्म को उचित कहने का तात्पर्य है कि उस परिस्थिति में सम्भव सभी कर्मों में उस कर्म के परिणामस्वरूप सबसे अधिक सुख उत्पन्न होगा, या उत्पन्न होने की सम्भावना है; क्योंकि, एयर के विचार में, यह कहने में कोई आत्म-विरोध नहीं है कि कभी-कभी ऐसा कर्म करना अनुचित है, जिससे वास्तव में या सम्भवत: सबसे अधिक सुख उत्पन्न होगा। ऐयर के अनुसार, क्योंकि यह कहने में कोई आत्म-विरोध नहीं है कि कुछ सुखद वस्तुएँ अच्छी नहीं हैं, या कि कुछ बुरी वस्तुओं की इच्छा की जाती है, इसलिए "X अच्छा है" यह वाक्य "X सुखद है" या "X इच्छित है" के बराबर या समतुल्य नहीं हो सकता है।

इस तरह, एयर व्यक्तिनिष्ठतावाद और उपयोगितावाद, इन दोनों नीतिशास्त्रीय सिद्धांतों को इस आधार पर अस्वीकार करते हैं कि इनका हमारी वास्तविक भाषा की परम्पराओं से मेल नहीं है। उनके अनुसार हमारी भाषा में ऐसे वाक्य, जिनमें मानक नैतिक प्रतीक (normative ethical symbols) मौजूद हों, किसी भी प्रकार के इन्द्रियानुभविक तर्कवाक्यों के समतुल्य नहीं होते हैं। (एयर ने मानक नैतिक प्रतीक और वर्णनात्मक नैतिक प्रतीक के बीच अंतर भी किया है।)[6]

अंत:प्रज्ञावाद

एयर के अनुसार ऐसा लगता है कि एक बार यह मान लेने पर कि नैतिक अवधारणाओं को इन्द्रियानुभविक अवधारणाओं में बदला नहीं जा सकता है, नीतिशास्त्र के "परमवादी"

(absolutist) या अंत:प्रज्ञावादी (intuitionist) सिद्धांत के लिए रास्ता खुल जाता है। इस सिद्धांत के अनुसार, मूल्य-सम्बंधी कथन साधारण इन्द्रियानुभविक कथनों की तरह, निरीक्षण द्वारा नहीं, बल्कि सिर्फ एक रहस्यमय ''बौद्धिक अंत:प्रज्ञा'' (intellectual intuition) द्वारा नियंत्रित होते हैं। एयर के अनुसार इस सिद्धांत की एक विशेषता यह है कि ये मूल्य-सम्बंधी कथनों को असत्यापनीय (unverifiable) बना देते हैं। क्योंकि, जो कथन किसी एक को अंत:प्रज्ञा के आधार पर निश्चित रूप से सत्य लग सकता है, वह दूसरे को संदेहास्पद या असत्य लग सकता है। इसलिए, जब तक कि परस्पर विरोधी अंत:प्रज्ञाओं के बीच निर्णय लेने के लिए कोई मापदण्ड देना सम्भव न हो, सिर्फ अंत:प्रज्ञा को अपील करना किसी कथन की वैधता की जाँच की दृष्टि से बेकार है। इस तरह, एयर के विचार में, कहा जा सकता है कि परमवादी सिद्धांत के अनुसार नैतिक कथन असत्यापनीय होते हैं, और साथ ही, वास्तविक संश्लेषणात्मक तर्कवाक्य भी होते हैं।

एयर ध्यान दिलाते हैं कि उन्होंने इस सिद्धांत को स्वीकार किया है कि संश्लेषणात्मक कथन सिर्फ तभी सार्थक होते हैं, जब वे इन्द्रियानुभव द्वारा सत्यापनीय हो। इसलिए, परमवादी सिद्धांत उनकी इस केन्द्रीय स्थापना के विरुद्ध जाता है। एयर यह दिखला कर इस कठिनाई से बचना चाहते हैं कि नैतिक कथनों का सही विश्लेषण एक तीसरे सिद्धांत द्वारा दिया जा सकता है, जो उनके रैडिकल इन्द्रियानुभववाद के साथ संगत है।[7]

सम्वेगवाद

एयर इस बात को स्वीकार करते हैं कि मौलिक नैतिक अवधारणाएँ इस अर्थ में अविश्लेष्य होती हैं कि उन निर्णयों की वैधता की जाँच के लिए कोई मापदण्ड नहीं है, जिनमें ये अवधारणाएँ मौजूद रहती हैं। एयर कहते हैं कि वे इस हद तक ''परमवादियों'' से सहमत हैं। लेकिन, एयर के अनुसार, ''परमवादियों'' से अलग, वे इसकी व्याख्या कर सकते है कि ऐसा क्यों है। उनके अनुसार, मौलिक नैतिक अवधारणाएँ इसलिए अविश्लेष्य हैं, क्योंकि ये ''छद्‌म अवधारणाएँ'' (pseudo concepts) हैं।

नैतिक अवधारणाओं को ''छद्‌म अवधारणाएँ'' कहने से एयर का तात्पर्य यह है कि ये अवधारणाएँ वर्णनात्मक नहीं होती हैं इनके माध्यम से किन्ही तथ्यों की जानकारी नहीं दी जाती है। एयर के विचार में किसी तर्कवाक्य में किसी नैतिक प्रतीक की उपस्थिति से उसके तथ्यात्मक सामग्री में कुछ भी नहीं जुड़ता है। उदाहरण के तौर पर, एयर के अनुसार, तथ्यों की दृष्टि से ''तुमने पैसे चुराए'' और ''तुमने पैसे चुरा कर अनुचित काम किया'' इन दोनों कथनों के बीच कोई अंतर नहीं है। इस दूसरे वाक्य में, पहले कथन की तुलना में, तथ्य-सम्बंधी कोई नयी जानकारी नहीं दी जा रही है। नैतिक शब्द ''अनुचित'' द्वारा किन्हीं तथ्यों को व्यक्त नहीं किया जा रहा है, बल्कि मात्र नैतिक नापसंदगी (disapproval) की भावना को व्यक्त किया जा रहा है। यह इसी तरह है जैसे ''तुमने पैसे चुराए'' को एक

विशेष भयमिश्रित लहज़े में बोला जा रहा हो, या कुछ विशेष विस्मयादिबोधक चिह्नों के साथ लिखा जा रहा हो। यह लहज़ा या विस्मयादिबोधक चिह्न वाक्य के शाब्दिक अर्थ में कुछ भी नहीं जोड़ते हैं। वे मात्र यह दिखाते हैं कि उस वाक्य के साथ वक्ता की कुछ भावनाएँ जुड़ी हुई हैं।

एयर के अनुसार, अगर इस दूसरे कथन का सामान्यीकरण कर यह कहा जाए कि "पैसे चुराना अनुचित है", तो इस वाक्य का कोई तथ्यात्मक अर्थ नहीं है, और इसलिए इसके सत्य या असत्य होने का केाई प्रश्न ही नहीं उठता है। यह ऐसे है जैसे लिखा जा रहा हो "पैसे चुराना!!" जहाँ पर विस्मयादिबोधक चिह्नों के आकार और मोटाई, एक उपयुक्त परम्परा द्वारा, यह दिखाते हैं कि एक विशेष किस्म की नैतिक नापसंदगी की भावना को व्यक्त किया जा रहा है। यहाँ पर ऐसा कुछ भी नहीं कहा जा रहा है, जो सत्य या असत्य हो। जब कोई किसी विशेष किस्म के कर्म को उचित या अनुचित कहता है, तो वह कोई तथ्यात्मक कथन (factual statement) नहीं होता है, और न ही वह उसकी अपनी मानसिक स्थिति के बारे में कोई कथन होता है; बल्कि वह सिर्फ उसके नैतिक भावनाओं की अभिव्यक्ति होती है।

एयर के अनुसार, ऊपर जो कुछ "अनुचित" के बारे में कहा गया है, वह सभी मानक नैतिक प्रतीकों पर लागू होता है। कभी वे ऐसे वाक्यों के अंग रहते हैं, जो साधारण इन्द्रियानुभविक तथ्यों को रिकॉर्ड करते हैं, और उन तथ्यों के प्रति नैतिक भावनाओं को अभिव्यक्त करते हैं (जैसे, "तुमने पैसे चुरा कर अनुचित काम किया है")। कभी ये ऐसे वाक्यों के अंग होते हैं, जिनके ज़रिए कोई तथ्य व्यक्त नहीं किए जाते हैं, बल्कि सिर्फ किसी किस्म के कर्मो के प्रति नैतिक भावनाओं को अभिव्यक्त किया जाता है (जैसे, "पैसे चुराना अनुचित काम है")। लेकिन, हर उस दृष्टांत में, जबकि आम तौर से कहा जाएगा कि कोई नैतिक निर्णय दिया जा रहा है, प्रासंगिक नैतिक शब्द का कार्य पूर्णत: "सम्वेगात्मक" (emotive) होता है। इन शब्दों के माध्यम से कुछ वस्तुओं के बारे में भावनाओं को व्यक्त किया जाता है, उनके बारे में कुछ अभिकथन (assertion) नहीं किया जाता है।

एयर के अनुसार, उल्लेखनीय है कि नैतिक पदों के माध्यम से सिर्फ सम्वेग को व्यक्त नहीं किया जाता है, बल्कि सामने वाले में भी वैसे ही सम्वेग को जागृत करने का प्रयत्न किया जाता है, और किसी कार्य के लिए प्रेरित किया जाता है। इनमें से कुछ का इस्तेमाल तो इस तरह किया जाता है कि जिन वाक्यों में ये मौजूद हों वे आदेश (imperative) का रूप ले लेते हैं। उदाहरण के तौर पर, "सच बोलना तुम्हारा कर्त्तव्य है" को सच बोलने के प्रति एक किस्म की नैतिक भावना की अभिव्यक्ति के रूप में भी देखा जा सकता है, और "सच बोलो" इस आदेश की अभिव्यक्ति के रूप में भी। "तुम्हे सच बोलना चाहिए" इस वाक्य से भी "सच बोलो" आदेश अभिव्यक्त होता है, लेकिन यहाँ आदेश का स्वर कम

ज़ोरदार है। जबकि "सच बोलना अच्छा है" में आदेश लगभग एक सुझाव बन गया है। इस तरह, एयर के अनुसार, नैतिक इस्तेमाल में "अच्छा" के अर्थ और "कर्त्तव्य" और "चाहिए" के अर्थ के बीच अंतर किया जा सकता है। दरअसल, अलग-अलग नैतिक शब्दों के अर्थ को इसके माध्यम से परिभाषित किया जा सकता है कि उन्हें आम तौर से किन अलग-अलग भावनाओं को व्यक्त करता हुआ माना जाता है, और उनके माध्यम से किन अलग-अलग प्रतिक्रियायों को जागृत करने का प्रयत्न किया जाता है।

एयर के अनुसार ऊपर की गयी चर्चा के आधार पर यह समझना आसान है कि नैतिक निर्णयों की वैधता निर्धारित करने के लिए कोई मापदण्ड खोज पाना क्यों सम्भव नहीं है। ऐसा इसलिए नहीं है कि उनमें कोई "परम" (absolute) वैधता है, जो रहस्यमय ढंग से साधारण इन्द्रियानुभव से स्वतंत्र है; बल्कि इसलिए है, क्योंकि उनमें कोई वस्तुनिष्ठ वैधता है ही नहीं। अगर किसी वाक्य के माध्यम से किसी तर्कवाक्य को व्यक्त ही न किया जाए, तो फिर उसके बारे में यह पूछना ही निरर्थक है कि वह सत्य है या असत्य। जो वाक्य सिर्फ नैतिक निर्णय को व्यक्त करते हैं, वे कुछ भी कहते नहीं हैं, मात्र भावनाओं को व्यक्त करते हैं। उनके द्वारा विशुद्ध रूप से भावनाओं को व्यक्त किया जाता है, इसलिए वे सत्यता और असत्यता की कोटि में नहीं आते हैं। किसी दर्द की कराह या किसी आदेश की तरह वे भी इसलिए असत्यापनीय होते हैं, क्योंकि वे किसी वास्तविक तर्कवाक्य को व्यक्त नहीं करते हैं।[8]

सम्वेगवाद और परम्परागत व्यक्तिनिष्ठतावाद

एयर के अनुसार, नीतिशास्त्र के उनके सिद्धांत को "रैडिकल व्यक्तिनिष्ठ" (radical subjectivist) सिद्धांत कहा जा सकता है, लेकिन उनके सिद्धांत और परम्परागत व्यक्तिनिष्ठतावाद (orthodox subjectivist) के बीच बहुत ही महत्त्वपूर्ण अन्तर है। परम्परागत व्यक्तिनिष्ठतावादी एयर की तरह यह नहीं कहते हैं कि नैतिकतावादियों (moralizers) के वाक्य वास्तविक तर्कवाक्यों को अभिव्यक्त नहीं करते हैं। बल्कि, परम्परागत व्यक्तिनिष्ठतावादियों के अनुसार नैतिक वाक्य वक्ता की भावनाओं के बारे में तर्कवाक्य को व्यक्त करते हैं। इस मत के अनुसार "X अच्छा है" कहने का तात्पर्य है "मैं X का अनुमोदन करता हूँ"। इस मत के अनुसार नैतिक निर्णय स्पष्टतः सत्य या असत्य हो सकते हैं। अगर किसी वक्ता में वास्तव में प्रासंगिक भावनाएँ हों, तो ये निर्णय सत्य होंगे, अन्यथा असत्य। इसका सिद्धांततः इन्द्रियानुभव द्वारा सत्यापन सम्भव है। अगर कोई कहता है कि "सहनशीलता एक सद्‌गुण है", और दूसरा व्यक्ति जवाब देता है "आप इसका अनुमोदन नहीं करते हैं", तो परम्परागत व्यक्तिनिष्ठतावाद के अनुसार दूसरा व्यक्ति पहले व्यक्ति का खण्डन (contradict) कर रहा है। लेकिन, एयर के सिद्धांत के अनुसार दूसरा व्यक्ति पहले व्यक्ति का खण्डन नहीं कर रहा है; क्योंकि जब पहला व्यक्ति यह कहता है कि "सहनशीलता एक सद्‌गुण है", तो वह अपनी भावनाओं या अन्य किसी

वस्तु के बारे में कथन नहीं दे रहा है, बल्कि वह सिर्फ अपनी भावनाओं को प्रदर्शित कर रहा है। एयर के अनुसार, अपनी भावनाओं को व्यक्त करना, और यह कहना की मुझ में ये भावनाएँ हैं, दो अलग-अलग बाते हैं।[9]

नैतिक विधि

नैतिक विधि के संदर्भ में एक महत्त्वपूर्ण प्रश्न यह है कि 'क्या हम मूल्यों के प्रश्न पर विवाद करते हैं?'

जैसी कि हम चर्चा कर चुके हैं एयर ने अपने नैतिक सिद्धांत-सम्वेगवाद और परम्परागत व्यक्तिनिष्ठतावादी सिद्धांत के बीच अंतर किया है। लेकिन, उनके अनुसार, व्यक्तिनिष्ठतावाद के विरुद्ध एक प्रसिद्ध युक्ति है, जो उनके सिद्धांत के विरुद्ध भी दी जा सकती है। मूर ने ध्यान दिलाया है कि अगर नैतिक कथन सिर्फ वक्ता की भावनाओं के बारे में कथन होते हैं, तो फिर मूल्यों के प्रश्न पर बहस या विवाद करना असम्भव हो जाएगा। उदाहरण के तौर पर, अगर एक व्यक्ति कहता है कि ''मितव्ययिता एक सद्‌गुण है'', और दूसरा यह उत्तर देता है कि ''मितव्ययिता एक बुराई है'', तो परम्परागत व्यक्तिनिष्ठतावाद के अनुसार पहला यह कह रहा है कि ''मैं मितव्ययिता का अनुमोदन करता हूँ'' और दूसरा यह कि ''मैं मितव्ययिता का अनुमोदन नहीं करता हूँ'', और ये दोनों कथन एक साथ सत्य हो सकते हैं। इस तरह, वे दोनों आपस में विवाद नहीं कर रहे हैं। अब, मूर के अनुसार यह स्पष्ट है कि हम मूल्यों के प्रश्न पर विवाद करते हैं, इसलिए मूर ने यह निष्कर्ष निकाला कि व्यक्तिनिष्ठतावाद असत्य सिद्धांत है।

एयर ध्यान दिलाते हैं कि स्वयं उनके नैतिक सिद्धांत से भी यह निष्कर्ष निकलता है कि मूल्यों के प्रश्न पर विवाद करना असम्भव है। एयर के मत के अनुसार ''मितव्ययिता एक सद्‌गुण है'' और ''मितव्ययिता एक बुराई है'' किसी तर्कवाक्य को व्यक्त ही नहीं करते हैं, इसलिए, यह नहीं कहा जा सकता है कि वे असंगत तर्कवाक्यों को व्यक्त करते हैं। इसलिए यह मानना होगा कि अगर मूर की युक्ति से साधारण व्यक्तिनिष्ठतावाद का खण्डन होता है, तो फिर इससे एयर के नैतिक सिद्धांत का भी खण्डन होता है। लेकिन, एयर इस बात को अस्वीकार करते हैं कि मूर की युक्ति से साधारण व्यक्तिनिष्ठतावादी सिद्धांत का खण्डन होता है। क्योंकि, एयर के अनुसार, हम वास्तव में कभी भी मूल्यों के प्रश्न पर विवाद नहीं करते हैं।

एयर के अनुसार यह कथन, पहली नज़र में, विरोधाभासपूर्ण लग सकता है; क्योंकि हम निश्चय ही इस किस्म के विवाद में शामिल होते हैं, जिन्हें साधारणतः मूल्यों के प्रश्न के बारे में विवाद माना जाता है। लेकिन, ऐसे सभी दृष्टांतों में, जब हम विषय पर और नज़दीक से विचार करते हैं, तो हम यह पाते हैं कि वह विवाद वास्तव में मूल्यों के प्रश्न पर नहीं, बल्कि तथ्यों के प्रश्न पर होता है। एयर के विचार में, जब किसी किस्म के

किसी विशेष कर्म के नैतिक मूल्यों के बारे में हमारी किसी से असहमति होती है, तो हम उसे अपने सोचने के ढंग के पक्ष में लाने के लिए युक्तियाँ ज़रूर देते हैं। लेकिन, हम अपनी युक्तियों द्वारा यह दिखलाने का प्रयत्न नहीं करते हैं कि किसी स्थिति के प्रति, जिसके स्वरूप को उसने सही समझा है, उसकी नैतिक भावनाएँ गलत हैं। बल्कि हम यह दिखलाने का प्रयत्न करते हैं कि उस दृष्टांत से सम्बन्धित तथ्यों के बारे में वह भूल कर रहा है। हम यह युक्ति देते हैं कि वह कर्त्ता के प्रयोजन को गलत समझ रहा है, या कि उसने उस कर्म के परिणाम के बारे में गलत निर्णय लिया है; या कि उसने उन विशेष परिस्थितियों की ओर ध्यान नहीं दिया है, जिसमें कर्त्ता था। या फिर हम विशेष किस्म के कर्मों के सम्भावित परिणाम, या उस कर्म के साथ आम तौर से जुड़े गुणों के बारे में अधिक सामान्य किस्म की युक्तियाँ देते हैं। हम यह सब इस आशा से करते हैं कि हमें उस दृष्टांत में अपने विरोधी की नैतिक अभिवृत्ति को अपने जैसा बनाने के लिए उसे सिर्फ इन्द्रियानुभविक तथ्यों के स्वरूप के बारे में अपने से सहमत करवाना पर्याप्त है। और क्योंकि जिन व्यक्तियों से हम बहस करते हैं उन्होंने आम तौर से हमारी जैसी ही नैतिक शिक्षा प्राप्त की होती है, और एक जैसी सामाजिक व्यवस्था में रहते हैं; इसलिए आम तौर से हमारी अपेक्षा सही रहती है। लेकिन, अगर हमारा विरोधी हमसे अलग किस्म की नैतिक अनुकुलन (conditioning) से गुज़रा हो, और सभी तथ्यों पर सहमत होने के बाद भी चर्चा किए जा रहे कर्म के नैतिक मूल्य के बारे में हमसे असहमत हो तो, एयर के अनुसार, हम उसे युक्ति द्वारा मनवाने का प्रयत्न छोड़ देते हैं। हम यह कहते हैं कि उसके साथ बहस करना असम्भव है, क्योंकि उसकी नैतिक समझ विकृत और अविकसित है; जिसका तात्पर्य मात्र यह होता है कि वह हमसे अलग नैतिक मापदण्डों का इस्तेमाल करता है। हम यह महसूस करते हैं कि हमारे मूल्यों की व्यवस्था श्रेष्ठतर है, इसलिए हम अपमानजनक भाषा का इस्तेमाल करते हैं। लेकिन हम यह दिखाने के लिए कोई युक्ति नहीं दे सकते हैं कि हमारी मूल्यों की व्यवस्था श्रेष्ठतर है। क्योंकि यह निर्णय स्वयं भी एक मूल्य-सम्बंधी निर्णय है, और इसलिए युक्तियों के दायरे से बाहर है। क्योंकि तथ्यों के मामलों से अलग विशुद्ध रूप से नैतिक मूल्यों के मामलों में युक्तियाँ काम नहीं करती हैं, इसलिए अन्तत: हम मात्र अपशब्दों का सहारा लेते हैं।

संक्षेप में, एयर के अनुसार नैतिक प्रश्नों पर युक्तियाँ तभी सम्भव हैं, जब हम पहले किसी मूल्यों की व्यवस्था को स्वीकार कर लें। अगर हमारा विपक्षी किसी एक किस्म के सभी कर्मों ("क") के प्रति नापसंदगी व्यक्त करने के लिए हमारे साथ सहमत हो, तो हम उससे किसी विशेष कर्म ("वि") की निंदा ऐसी युक्तियों के माध्यम से करवाने में सफल हो सकते हैं, जो यह दिखाएँ कि "वि" "क" के प्रकार का कर्म है। क्योंकि यह प्रश्न कि "वि" "क" के प्रकार का कर्म हैं या नहीं पूरी तौर से तथ्यों से सम्बंधी प्रश्न है। अगर कोई व्यक्ति किन्ही नैतिक सिद्धांतों को स्वीकार करता हो, तो हम यह युक्ति दे

सकते हैं कि तार्किक दृष्टि से संगत रहने के लिए उसे कुछ विशेष वस्तुओं के प्रति एक विशेष किस्म का रवैया अपनाना चाहिए। लेकिन उन नैतिक सिद्धांतों की वैधता के बारे में हम कोई युक्ति नहीं दे सकते हैं। हम अपनी भावनाओं के आलोक में सिर्फ उसकी प्रशंसा या निन्दा कर सकते हैं।[10]

इस तरह, एयर के अनुसार हम मूल्यों के प्रश्न पर विवाद नहीं कर सकते हैं। जो विवाद मूल्यों के प्रश्न पर विवाद मालूम देते हैं, वे दरअसल में तथ्यों से सम्बंधी विवाद होते हैं। तथ्यों से अलग विशुद्ध रूप से नैतिक मूल्यों के मामले में युक्तियाँ देना सम्भव नहीं है। हम सिर्फ अपनी भावनाओं के आलोक में उसकी प्रशंसा या निंदा कर सकते हैं।

निष्कर्ष के तौर पर, एयर के अनुसार नीतिशास्त्र के अन्तर्गत सिर्फ यह कथन आता है कि नैतिक अवधारणाएँ छद्म अवधारणाएँ होती हैं, और इसलिए वे अविश्लेष्य होती हैं। अगर "नैतिक विज्ञान" से तात्पर्य किसी ऐसे विज्ञान से हो, जो हमें नैतिक मूल्यों की ऐसी व्यवस्था से अवगत कराए जो "सत्य" हो, तो फिर ऐसा कोई विज्ञान नहीं है। क्योंकि नैतिक निर्णय मात्र भावनांओं की अभिव्यक्ति होते हैं, किसी नैतिक व्यवस्था में उनकी वैधता निर्धारित करने के लिए कोई तरीका नहीं है। दरअसल, उनके बारे में सत्यता का प्रश्न उठाना ही निरर्थक है।

समीक्षा

हम अध्याय के आरम्भ में ही लिख चुके हैं कि शुरूआत में सम्वेगवाद के प्रवर्तन में एयर की रुचि नीतिशास्त्र के एक ऐसे सिद्धांत की व्याख्या करने में थी, जिसकी संगति उनके तर्कीय प्रत्यक्षवाद से हो। उन्होंने अपनी किताब *लैंग्वेज, ट्रूथ ऐण्ड लॉजिक* के छठे अध्याय "क्रिटीक ऑफ एथिक्स ऐण्ड थियॉलाजि" में सम्वेगवाद को इसी परिप्रेक्ष्य में प्रस्तुत किया है। इसका एक परिणाम यह हुआ कि सम्वेगवाद के कुछ आलोचकों ने अर्थ के सत्यापनीयता सिद्धांत को अपना निशाना बनाया।[11] ऐसा मान लिया गया कि तर्कीय प्रत्यक्षवाद के खण्डन से ही सम्वेगवाद का भी खण्डन हो जाएगा। लेकिन, जैसाकि एयर ने 1946 में लिखी गयी अपनी किताब के दूसरे संस्करण की भूमिका में लिखा है, सम्वेगवाद इस आवश्यकता को संतुष्ट करने वाला एकमात्र सिद्धांत नहीं है, और न ही सम्वेगवाद और पुस्तक में उनके अन्य गैर-नैतिक कथनों के बीच अनुलग्नता का तार्किक सम्बंध है। इसलिए, अगर पुस्तक में उनके अन्य कथनों को अवैध दिखा भी दिया जाए, तो भी इससे अपने-आप में सम्वेगवाद का खण्डन नहीं होगा। इस तरह, बाद में, एयर यह मानने लगे थे कि नैतिक पदों का उनका सम्वेगात्मक विश्लेषण स्वतंत्र रूप में वैध है। ऐसे में, सम्वेगवाद का मूल्यांकन तर्कीय प्रत्यक्षवाद से स्वतंत्र रूप में करना ही बेहतर है।[12]

उल्लेखनीय है कि एयर ने '*लैंग्वेज, ट्रूथ ऐण्ड लॉजिक*' चौबीस-पच्चीस वर्ष की उम्र में लिखी थी। बाद में उनके विचारों में कुछ परिवर्तन भी आए हैं। उदाहरण के तौर

पर, बाद में उन्होंने स्वयं स्वीकार किया कि अर्थ के सत्यापनीयता सिद्धांत को संतोषजनक ढंग से सूत्रबद्ध नहीं किया जा सका। इसी तरह, '*लैंग्वेज, ट्रूथ ऐण्ड लॉजिक*' के दूसरे संस्करण की भूमिका में एयर ने यह स्वीकार किया है कि अपनी किताब में उन्होंने सम्वेगवाद को बहुत संक्षिप्त रूप में प्रस्तुत कियां है, और उसका समर्थन नैतिक निर्णयों के उदाहरणों के अधिक विस्तृत विश्लेषण द्वारा किए जाने की आवश्यकता है। एयर के अनुसार सी. एल. स्टीवेंसन ने अपनी किताब '*एथिक्स ऐण्ड लैंग्वेज*' में इस कमी को पूरा किया है।

'*लैंग्वेज, ट्रूथ ऐण्ड लॉजिक*' की भूमिका में ही एयर यह भी स्वीकार करते हैं कि कई बार नैतिक शब्दों का वर्णनात्मक इस्तेमाल भी होता है। उदाहरण के तौर पर, अगर कोई व्यक्ति उपयोगितावादी हो, तो किसी कर्म को "उचित" कहने में उसका तात्पर्य मात्र यह हो सकता है कि वह इस किस्म का कर्म है, जिससे सामान्य सुख में वृद्धि होती है। लेकिन, एयर के अनुसार ऐसा हमेशा नहीं होता है। उनके विचार में कई नैतिक निर्णयों में नैतिक शब्दों का इस्तेमाल "विशुद्ध रूप में" मानक तरीके से किया जाता है, और सम्वेगवाद का सम्बंध ऐसे ही नैतिक निर्णयों से है।

नैतिक विधि के संदर्भ में एयर एक बार फिर यह दोहराते हैं कि उनके सिद्धांत के अनुसार मूल्यों के प्रश्नों के सन्दर्भ में एक व्यक्ति दूसरे व्यक्ति का खण्डन (contradict) नहीं कर सकता है। जो विवाद मूल्यों के बारे में जैसे लगते हैं, वे दरअसल तथ्यों के बारे में होते हैं। लेकिन, साथ ही एयर यह स्पष्टीकरण भी देते हैं कि इससे यह निष्कर्ष नहीं निकाल लेना चाहिए कि दो व्यक्ति मूल्यों के प्रश्न पर महत्त्वपूर्ण तरीके से असहमत नहीं हो सकते हैं, या कि उनके द्वारा एक-दूसरे को मनवाने का प्रयत्न बेकार है। एयर कहते हैं कि औपचारिक व्याघात के बिना भी असहमति हो सकती है, जैसी कि पसंद (taste) के मामले में होती है। ऐसी परिस्थितियों में सामने वाले की भावनाओं को अपने जैसी बनाने के लिए कोई व्यक्ति उसका ध्यान ऐसे तथ्यों की ओर दिला सकता है, जिसकी ओर उसने ध्यान न दिया हो। एयर के विचार में अधिकांश नैतिक चर्चाएँ इसी किस्म की होती हैं। इसके अलावा, एयर के अनुसार, सामने वाले पर सम्वेगात्मक भाषा के उपयुक्त चुनाव द्वारा भी प्रभाव डाला जा सकता है; और मूल्यों के मानक अभिव्यक्ति का यही व्यावहारिक औचित्य है। साथ ही, एयर इस बात पर भी बल देते हैं कि अगर किन्ही प्रासंगिक तथ्यों को चुनौती दिए बिना सामने वाला व्यक्ति विपरीत अभिवृत्ति को बनाए रखता है, तो एक ऐसी स्थिति आ जाती है, जब चर्चा को आगे नहीं बढ़ाया जा सकता है। ऐसी परिस्थिति में यह प्रश्न उठाना निरर्थक है कि परस्पर विरोधी दृष्टिकोण में कौन सत्य है। क्योंकि किसी नैतिक निर्णय के माध्यम से कोई तर्कवाक्य अभिव्यक्त नहीं होते हैं। इसलिए, यहाँ पर सत्यता या असत्यता का कोई प्रश्न ही नहीं उठता है।

इस तरह, दस वर्ष बाद लिखी गयी भूमिका में सम्वेगवाद के बारे में एयर की मूल स्थापनाएँ लगभग वहीं हैं, जो लैंग्वेज, ट्रूथ ऐण्ड लॉजिक के छठे अध्याय में हैं। लेकिन

यहाँ पर एयर की भाषा और उनका लहज़ा अधिक संतुलित है। (वे ''अपशब्द'' की बजाय भाषा के सम्वेगात्मक इस्तेमाल की बात करते हैं, जैसाकि स्टीवेंसन ने किया है।)

एयर ने जिस तरह सम्वेगवाद की व्याख्या की है, और जिस तरह उसे आम तौर से समझा गया है, उस संदर्भ में दो बातें ध्यान देने योग्य हैं। पहला, यह कि हालांकि एयर ने मानक नैतिक पदों को सम्वेगात्मक माना है, लेकिन फिर भी उन्होंने स्वीकार किया है कि नैतिक पदों का कुछ परिस्थितियों में वर्णनात्मक इस्तेमाल भी होता है। अपनी किताब के छठे अध्याय में भी एयर ने वर्णनात्मक नैतिक प्रतीक और मानक नैतिक प्रतीक के बीच अंतर किया है। इसी तरह, दस वर्ष बाद लिखी गयी भूमिका में भी एयर यह स्वीकार करते हैं कि कई बार नैतिक शब्दों का वर्णनात्मक इस्तेमाल भी होता है। इसके अलावा, एयर ने नैतिक निर्णयों को आदेश से भी जोड़ा है। आने वाले अध्यायों में हम देखेंगे कि स्टीवेंसन और हेयर ने इन बिन्दुओं को और अधिक विकसित किया है।

दूसरे, ऐसा लगता है कि नैतिक विधि सम्बंधी एयर के विचारों पर एयर के व्याख्याकारों और आलोचकों ने पर्याप्त ध्यान नहीं दिया है। स्टीवेंसन ने नैतिक विधि के संदर्भ में जो विश्वास-सम्बंधी असहमति पर आधारित अभिवृत्ति-सम्बंधी असहमति की बात की है, उसकी पूर्वछाया एयर के सम्वेगवाद में दिखती है।

दरअसल, एयर ने नीतिशास्त्र सम्बंधी अपने कुछ महत्त्वपूर्ण तार्किक निष्कर्षों को जिस परिप्रेक्ष्य में और जिस किस्म की भाषा में व्यक्त किया है, उससे अनावश्यक विवाद का जन्म हुआ है।[13] फिर, नीतिशास्त्र की एयर की अवधारणा भी संतोषजनक नहीं है। (इसकी चर्चा प्रथम अध्याय में ''मानक नीतिशास्त्र और अधिनीतिशास्त्र'' के अंतगर्त की गयी है।)

अपनी किताब '*लैंग्वेज, ट्रूथ ऐण्ड लॉजिक*' के छठे अध्याय में एयर ने जिस तरह से अपनी अपने नैतिक सिद्धांत को प्रस्तुत किया, उससे ऐसा लगता है कि उनकी नीतिशास्त्र में विशेष रुचि नहीं है, बल्कि उनकी दिलचस्पी मात्र नीतिशास्त्र का ऐसा सिद्धांत देने में है, जो उनके तर्कीय प्रत्यक्षवाद के साथ संगत हो, या जिस के द्वारा उनके तर्कीय प्रत्यक्षवाद पर आपत्तियों का निराकरण किया जा सके। उदाहरण के तौर पर, उन्होंने ''परमवाद'' को इस आधार पर अस्वीकार किया है कि वह उनके अर्थ के सत्यापनीयता सिद्धांत के विरुद्ध जा रहा है। वैसे, बाद में एयर ने इसे यह कह कर दुरुस्त करने का प्रयत्न किया कि सम्वेगवाद तर्कीय प्रत्यक्षवाद से स्वतंत्र रूप में एक वैध सिद्धांत है।

इसी तरह, एयर की भाषा कहीं-कहीं अनावश्यक रूप से विवादस्पद लगती है। उदाहरण के तौर पर, यह कहने की बजाय की नैतिक पद वर्णनात्मक नहीं होते हैं, या अवर्णनात्मक होते हैं, वे कहते हैं कि नैतिक अवधारणाएँ ''छद्म अवधारणाएँ'' होती हैं। इससे ऐसा लगता है जैसे भाषा का वर्णनात्मक इस्तेमाल ही एकमात्र वैध इस्तेमाल है, और अगर कोई शब्द वर्णनात्मक नहीं है, तो वह ''छद्म'' शब्द है। भाषा का इस्तेमाल

सिर्फ वर्णन करने के लिए नहीं होता है। भाषा का इस्तेमाल प्रश्न पूछने, आदेश देने और अभिवृत्ति या भावनाओं को व्यक्त करने के लिए भी होता है। यह मान लेने का कोई औचित्य नहीं है कि भाषा के ये इस्तेमाल नाजायज़ हैं। जब एयर ने "अच्छा", "उचित", "चाहिए" और "कर्त्तव्य" जैसी अवधारणाओं को "छद्‌म अवधारणा" कहा, तो फिर ऐसे में क्या आश्चर्य है कि उनके कुछ आलोचकों ने यह मान लिया कि वे नैतिकता के आधार पर ही प्रहार कर रहे हैं!

इसी तरह, नैतिक मूल्यों सम्बंधी असहमति और नैतिक विधि के संदर्भ में जब एयर कहते हैं कि तथ्यों सम्बंधी मतभेद को हटा देने के बाद, अंतिम विश्लेषण में, दो असहमत व्यक्ति आपस में एक दूसरे को सिर्फ "अपशब्द" ही बोल सकते हैं (बाद में उन्होंने इसे भाषा का सम्वेगात्मक इस्तेमाल कर प्रभावित करने का प्रयत्न में बदल दिया), तो इससे ऐसा लगता है कि अन्तिम विश्लेषण में नैतिक मूल्यों के क्षेत्र में तर्कबुद्धि की कोई भूमिका ही नहीं है, और यह पूरी तरह से सिर्फ भावनाओं का मामला है। यह मत संतोषजनक नहीं लगता है। इस पर हम आगे स्टीवेंसन के सन्दर्भ में विचार करेंगे। यहाँ पर मिल के विचार भी उल्लेखनीय हैं, जिसकी चर्चा हम पिछले अध्यायों में कर चुके हैं।

अनावयश्क विवादों को छोड़ कर अगर हम देखें, तो '*लैंग्वेज, ट्रूथ ऐण्ड लॉजिक*' के सम्वेगवाद में व्यक्त एयर के विचारों में तीन मुख्य बाते हैं:

1. बुनियादी नैतिक पद वर्णनात्मक नहीं, बल्कि सम्वेगात्मक होते हैं।
2. नैतिक निर्णयों के सन्दर्भ में सत्यता और असत्यता का प्रश्न उठाना बेकार है (असंज्ञानवाद)।
3. फिर, नैतिक विधि के बारे में एयर के विचार हैः अन्तिम विश्लेषण में जब तथ्य सम्बंधी सारी बातें हो चुकी हों, तो फिर सिर्फ़ भाषा के सम्वेगात्मक प्रयोग द्वारा एक-दूसरे को प्रभावित करने का प्रयत्न किया जा सकता है।

जहाँ तक "अच्छा", "उचित", "चाहिए" और "कर्त्तव्य" जैसे बुनियादी नैतिक पदों का प्रश्न है, इसकी विस्तृत चर्चा "मौलिक नैतिक अवधारणाएँः अच्छा, उचित, चाहिए और कर्त्तव्य" अध्याय में की गयी है। एक बात तो स्पष्ट है कि "अच्छा" शब्द पूरी तौर से वर्णनात्मक शब्द नहीं है। (मूर द्वारा "अच्छा" को अपरिभाष्य और गैर-प्राकृतिक मानने की समीक्षा "जी. ई. मूर" अध्याय में की गयी है।) दूसरी ओर, इसे मुख्यतः सम्वेगात्मक भी नहीं माना जा सकता है। एयर ने इसे मुख्यतः सम्वेगात्मक माना है, लेकिन सम्वेगवाद को विकसित करने वाले स्टीवेंसन ने, और कुछ हद तक स्वयं एयर ने भी, यह स्वीकार किया है कि "अच्छा" के वर्णनात्मक कार्य भी होते हैं। "अच्छा" शब्द का सकारात्मक सम्वेगात्मक अर्थ भी है, लेकिन भाषा में "अच्छा" और अन्य बुनियादी नैतिक शब्दों का जिस रूप में इस्तेमाल होता है, उस दृष्टि से परामर्शवाद सत्य के अधिक करीब मालूम

देता है। "अच्छा" और अन्य नैतिक शब्दों का इस्तेमाल, हमें कैसे आचरण करना चाहिए इस बारे में स्वयं किसी निर्णय तक पहुँचने और अन्य लोगों को परामर्श देने या मार्गदर्शन करने के लिए होता है। "अच्छा" शब्द का इस्तेमाल मुख्यत: प्रशंसा करने के लिए होता है। स्टीवेंसन के "वर्किन्ग मॉडेल्स" के अनुसार "यह अच्छा है" का अर्थ है, "मैं इसका अनुमोदन करता हूँ, आप भी ऐसा करें"। (प्रशंसा करने और अनुमोदन करने में अधिक फ़र्क नहीं है।) "अच्छा" शब्द का मूल्यात्मक अर्थ ही प्राथमिक है, लेकिन इसके अलावा इसका वर्णनात्मक अर्थ भी है, जो अलग-अलग सन्दर्भों में अलग-अलग होता है। इसके अलावा, नॉवल-स्मिथ कि यह स्थापना भी विचारणीय है कि "अच्छा" एक "जैनस शब्द" है, जो एक ही समय में एक से अधिक कार्यों के लिए इस्तेमाल होता है।

संज्ञानवाद और असंज्ञानवाद की चर्चा "नैतिक निर्णय का स्वरूप और अधिनीतिशास्त्र के सिद्धांतों का वर्गीकरण" अध्याय में हुई है। वहाँ पर हमने "समीक्षा" के अंतगर्त कुछ शर्तों के साथ असंज्ञानवाद का समर्थन किया है। (वैसे एयर ने स्वयं "असंज्ञानवाद" शब्द का इस्तेमाल नहीं किया है।)

नैतिक विधि सम्बंधी एयर के विचारों पर हम ऊपर टिप्पणी कर चुके हैं। इसकी और विस्तृत चर्चा स्टीवेंसन के सन्दर्भ में करेंगे।

इन सब के बावजूद बीसवीं सदी के नीतिशास्त्र में एयर के योगदान को भी नकारा नहीं जा सकता है।[14] हालांकि सम्वेगवाद की झलक ओगडन और रिचर्ड में भी मिलती है, और जैसी कि हम पिछले अध्याय में चर्चा कर चुके हैं, रसेल के '*रिलंजन ऐण्ड साइंस*' (1935) में भी असंज्ञानवाद का समर्थन किया गया है, एयर के '*लैंग्वेज, ट्रूथ ऐण्ड लॉजिक*' के प्रकाशन के बाद अचानक सम्वेगवाद और असंज्ञानवाद का प्रभाव बहुत बढ़ गया। एयर के बाद के प्रमुख नैतिक विचारक स्टीवेंसन, हेयर और नॉवल-स्मिथ, सभी असंज्ञानवादी हैं। एयर का सम्वेगवाद बीसवीं सदी के नीतिशास्त्र में असंज्ञानवाद का प्रमुख उदाहरण है। यहाँ तक कि कुछ लेखकों ने "सम्वेगवाद" और "असंज्ञानवाद" को पर्यायवाची मान लिया है, जो कि स्पष्टत: सही नहीं है। सम्वेगवाद एक किस्म का असंज्ञानवाद है। इसके अलावा, हेयर का परामर्शवाद असंज्ञानवाद का दूसरा प्रमुख उदाहरण है। स्टीवेन्सन और हेयर ने एयर के विचारों को किस तरह विकसित किया है, इसकी चर्चा हम आगे के अध्यायों में करेंगे।

REFERENCES

1. A. J. Ayer, Language, Truth and Logic (England: Penguin Books, 1936, 1946), pp. 26-29.
2. Ibid., pp. 41-43.
3. A. J. Ayer, Op. Cit., pp. 41-43.

4. Ibid., pp. 136-150.
5. Ibid., p. 137.
6. Ibid., p. 140.
7. Ibid., p. 141.
8. Ibid., pp. 142-144.
9. Ibid., pp. 144-45.
10. Ibid., pp. 145-148.
11. Mary Warnock, *Ethics Since 1900* (Oxford: Oxford University Press, 1978), p. 52.
12. हेयर ने दि लैंग्वेज ऑफ मॉरल्स में सत्यापनीयता सिद्धांत को आदेशों और नैतिक निर्णयों पर लागू किए जाने की आलोचना की है। हेयर के अनुसार सत्यापनीयता सिद्धांत को, जो तथ्यात्मक कथनों के लिए उपयोगी हैं, अगर बिना सोचे-समझे ऐसे वाक्यों पर लागू किया जाता है, जो तथ्यात्मक कथनों को व्यक्त नहीं करते हैं, तो समस्या पैदा होती है। हेयर के विचार में, आदेश और नैतिक निर्णय निरर्थक नहीं होते हैं, और उनके इस्तेमाल के लिए भी तार्किक नियम दिए जा सकते हैं। पृष्ठ 00.
13. हेयर के विचार में, ऐ. जे. एयर जैसे दार्शनिकों ने नैतिक निर्णयों के तार्किक चरित्र के बारे में अपने महत्त्वपूर्ण शोधों के परिणाम को सामने रखने के क्रम में कुछ ऐसी आकस्मिक बातें कह दी, जिनसे अनावश्यक विवाद और विरोध का जन्म हुआ। हेयर के अनुसार एयर के सिद्धांत का सार यह है कि नैतिक निर्णय आम तौर से उस तरह कार्य नहीं करते हैं, जिस तरह सत्यापनीयता मापदण्ड द्वारा अलग किए गए निश्चयार्थक वाक्य करते हैं। लेकिन उन्होंने जिस तरह से अपने इस मत को व्यक्त किया, और जिस तरह से उन्होंने नैतिक निर्णयों को अन्य किस्म के वाक्यों से मिला दिया, उससे काफ़ी भ्रम फैला। देखें, पृष्ठ 00.
14. स्टीवेंसन स्वीकार करते हैं कि सम्वेगात्मक अर्थ की ओर ध्यान दिलाने वाले उनसे पहले के कुछ लेखकों ने, खास कर कारनप ने, अपनी संक्षिप्त टिप्पणियों से ऐसा आभास दिया कि जैसे नीतिशास्त्र को दर्शनशास्त्र से बाहर निकाला जा रहा हो। फिर भी, स्टीवेंसन की राय में, कारनप और ऊपर ज़िक्र किए गए अन्य विश्लेषकों (एयर, रसेल और पेरी) में विरोध करने से अधिक बातें समर्थन करने योग्य हैं।

8

सी. एल. स्टीवेंसन

अमरीकी दार्शनिक चार्ल्स लेसलि स्टीवेंसन (1908-1979) बीसवीं सदी के प्रमुख नैतिक दार्शनिक हैं। उनकी किताब *एथिक्स ऐण्ड लैंग्वेज* (1944) को अधिनीतिशास्त्र का पहला व्यवस्थित ग्रंथ माना जा सकता है। स्टीवेंसन ने अपनी किताब में सम्वेगवाद का समर्थन किया है।

प्रस्तावना

अपनी किताब की प्रस्तावना में स्टीवेंसन ने यह स्पष्ट किया है कि उन्होंने भाषा और अर्थ के अध्ययन से परिप्रेक्ष्य हासिल करते हुए नीतिशास्त्र की पुरानी समस्याओं की नए सिरे से परीक्षा की है। पर साथ ही, उन्होंने यह भी कहा है कि भाषा से शुरूआत करने के बाद, वे अपने विश्लेषण को उस दिशा में ले गए हैं, जिधर वह उन्हें ले गया है। खास तौर से, उन्होंने नैतिक चर्चाओं में इस्तेमाल की जाने वाली विधियों बुद्धिसंगत विधियों (rational methods) और गैर-बुद्धिसंगत विधियों (non-rational methods) की ओर भी ध्यान दिया है।

स्टीवेंसन के अनुसार भाषा पर बल देने के अलावा, उनका दृष्टिकोण ह्यूम के जैसा है। उन्होंने अपनी पुस्तक में यह दिखलाने का प्रयास किया है कि इन्द्रियानुभववाद, जिसकी अक्सर नीतिशास्त्र को विकृत और बदनाम करने के लिए आलोचना की जाती है, दरअसल में नीतिशास्त्र को एक ऐसा स्थान दे सकता है, जिसका महत्त्व संदेह से परे है।[1]

अपनी किताब की प्रस्तावना में तो स्टीवेंसन ने सिर्फ़ ह्यूम का नाम लिया है, लेकिन किताब के बारहवें अध्याय ''सम रिलेटेड थियरिज़'' में स्टीवेंसन ने जॉन डूवी के अलावा, एयर, रसेल, कारनप और पेरी आदि का उल्लेख किया है। स्टीवेंसन के अनुसार, उनकी पुस्तक के प्रकाशन के पहले के दशक में दो दार्शनिक विश्लेषकों ने ''सम्वेगात्मक अर्थ'' (emotive meaning) की ओर अधिकाधिक ध्यान दिया है। ए. जे. एयर के विश्लेषण से गरमा-गरम बहस छिड़ गयी। जबकि बट्रेण्ड रसेल के बाद के नैतिक विश्लेशण पर, जो, स्टीवेंसन के विचार में, लगभग ए. जे. एयर जैसे हैं, उतनी व्यापक चर्चा नहीं हुई।

स्टीवेंसन के अनुसार कारनप ने भी नैतिक कथनों के आदेशात्मक (imperative) और अभिव्यंजक (expressive) कार्यों की ओर ध्यान दिलाया है। उससे भी पहले ओगडन और रिचर्ड्स ने दि मीनिंग ऑफ मीनिंग में इसकी व्याख्या की है।

स्टीवेंसन ध्यान दिलाते हैं कि कुछ आलोचकों ने यह मान लिया कि सम्वेगवाद द्वारा

"नीतिशास्त्र की प्रतिष्ठा को घटाया" गया है। लेकिन, स्टीवेंसन के अनुसार, नीतिशास्त्र के कुछ लेखकों की आलोचना करना और नीतिशास्त्र की प्रतिष्ठा को कम करना एक ही बात नहीं है। नैतिक निर्णयों की तुलना आदेश से करने का तात्पर्य आदशों के महत्त्वपूर्ण इस्तेमाल को नकारना नहीं है। नैतिक निर्णय भावनाओं को व्यक्त करते हैं यह कहने का अर्थ यह नहीं है कि सारी भावनाओं को दबा देना चाहिए। इसी तरह नैतिक निर्णय "सत्य या असत्य नहीं होते हैं" यह कहने का तात्पर्य यह नहीं है कि हम किसी वस्तु के स्वरूप और परिणामों को जाने बिना उस पर मनमाना नैतिक निर्णय दे सकते हैं।

स्टीवेंसन स्वीकार करते हैं कि ऊपर बताए गए कुछ लेखकों ने, खास कर कारनप ने, अपनी संक्षिप्त टिप्पणियों से ऐसा आभास दिया कि जैसे नीतिशास्त्र को दर्शनशास्त्र से बाहर निकाला जा रहा हो। फिर भी, स्टीवेंसन की राय में, कारनप और ऊपर ज़िक्र किए गए अन्य विश्लेषकों में विरोध करने से अधिक बातें समर्थन करने योग्य हैं। स्टीवेंसन के अनुसार, उन्होंने अपनी किताब में इन विचारकों के विश्लेषणों को, कुछ हद तक डूवी के विचारों के आलोक में, संशोधित किया है, और उन्हें किसी प्रतीत होने वाली दोषदर्शिता (cynicism) से मुक्त किया है। खास तौर से, उन्होंने सम्वेगात्मक अर्थ के अलावा नैतिक निर्णयों के जटिल वर्णनात्मक अर्थ पर भी बल दिया है।[2]

एथिक्स ऐण्ड लैंग्वेज किताब लिखने के पहले स्टीवेंसन ने माइन्ड पत्रिका में नीतिशास्त्र पर कई लेख लिखे थे। ए. जे. एयर ने *लैंग्वेज ट्रूथ ऐण्ड लॉजिक* के दूसरे संस्करण की भूमिका में "द इमोटिव मीनिंग ऑफ एथिकल टर्मस्", "एथिकल जजमेंटस् ऐण्ड अवॉइडेबिलिटी" और "परसुएसिव डेफिनिशंस" का ज़िक्र किया है। मैरी वारनॉक ने भी अपनी *एथिक्स सिन्स* 1900 में इन लेखों के आधार पर ही स्टीवेंसन के विचारों की चर्चा की है।[3] इन लेखों को 1963 में प्रकाशित स्टीवेंसन की *फैक्ट्स ऐण्ड वैल्युज़* में पुनर्प्रकाशित किया गया है। इस पुस्तक में हम *एथिक्स ऐण्ड लैंग्वेज* के आधार पर स्टीवेंसन के विचारों की चर्चा करेंगे। ऊपर बताए गए आलेखों में व्यक्त स्टीवेंसन के विचार भी इस पुस्तक में शामिल हैं।

अपनी किताब के *एथिक्स ऐण्ड लैंग्वेज* के पहले अध्याय "काइंडस् ऑफ अग्रीमेंट ऐण्ड डिसअग्रीमेंट" में स्टीवेंसन ने नैतिक असहमति के स्वरूप की चर्चा की है, लेकिन उससे पहले उन्होंने अपनी पुस्तक के क्षेत्र को स्पष्ट करने के क्रम में नीतिशास्त्र के स्वरूप के बारे में भी अपने विचार व्यक्त किए हैं।

नीतिशास्त्र का स्वरूप

स्टीवेंसन के अनुसार उनकी किताब का सम्बंध सम्पूर्ण नीतिशास्त्र से नहीं, बल्कि उसके एक सीमित और विशेष हिस्से से है। उनकी पुस्तक का पहला उद्देश्य "अच्छा" (good), "उचित" (right), "न्यायसंगत" (just) और "चाहिए" (ought) जैसे नैतिक पदों का

अर्थ स्पष्ट करना है; जबकि उसका दूसरा उद्देश्य उन सामान्य विधियों का चित्रण करना है, जिनके द्वारा नैतिक निर्णयों को प्रमाणित किया जा सकता है, या उनका समर्थन किया जा सकता है।

स्टीवेंसन के अनुसार इस किस्म के अध्ययन का मानक नीतिशास्त्र के साथ ठीक उसी प्रकार का सम्बंध है जैसा कि अवधारणाओं के विश्लेषण (conceptual analysis) और वैज्ञानिक विधि का विज्ञानों के साथ। वैज्ञानिक विधि पर लिखी गयी किताब से यह अपेक्षा नहीं की जाती है कि वह विज्ञान का काम करे। इसी तरह, स्टीवेंसन के अनुसार, उनकी किताब में कौन-से कर्म उचित हैं और कौन-से अनुचित इस बारे में किसी निष्कर्ष की अपेक्षा नहीं करनी चाहिए। चाहे विज्ञान हो या नीतिशास्त्र, किसी भी विश्लेषणात्मक या विधि सम्बंधी या प्रणाली-वैज्ञानिक (methodological) अध्ययन का उद्देश्य हमेशा अप्रत्यक्ष या परोक्ष होता है इससे यह उम्मीद की जाती है कि वह दूसरों को अपने काम की ओर स्पष्टतर मस्तिष्क और अन्वेषण के कम अपव्ययी आदतों के साथ भेजे। स्टीवेंसन की राय में मानक नीतिशास्त्र, नीतिशास्त्र की सबसे महत्त्वपूर्ण शाखा है। लेकिन, स्टीवेंसन ने यह स्पष्ट किया है कि उनकी किताब का सीमित उद्देश्य उन औज़ारों को तेज करना है, जिनका इस्तेमाल दूसरे लोग करते हैं। इस तरह, हम कह सकते हैं कि स्टीवेंसन की एथिक्स ऐण्ड लैंगवेज अधिनीतिशास्त्र की किताब है, न कि मानक नीतिशास्त्र की।[4]

नैतिक असहमति का स्वरूप

स्टीवेंसन की किताब एथिक्स ऐण्ड लैंग्वेज का मुख्य उद्देश्य नैतिक पदों के अर्थ को स्पष्ट करना और नैतिक विधियों का चित्रण करना है। लेकिन सीधे-सीधे इन विषयों पर आने से पहले स्टीवेंसन नैतिक असहमति के स्वरूप की चर्चा करते हैं। स्टीवेंसन के अनुसार नैतिक सहमति (ethical agreement) और असहमति (disagreement) का स्वरूप क्या है, इस प्रश्न का नीतिशास्त्र में केन्द्रीय महत्त्व है। क्या नैतिक सहमति और असहमति का स्वरूप प्राकृतिक विज्ञानों में पायी जाने वाली सहमति और असहमति के समानांतर है? और उनके बीच सिर्फ विषय-वस्तु का अंतर है? या कि ये दोनों एक-दूसरे से व्यापक रूप में अलग-अलग होते हैं?

स्टीवेंसन के विचार में, अगर हम इस प्रश्न का उत्तर दे सकते हैं, तो यह बात सामान्य तौर से समझ में आ जाएगी कि मानक समस्या (normative problem) क्या है, और तब नैतिक पदों और विधियों का अध्ययन भी सही ढंग से सम्भव हो पाएगा।

सरलता की दृष्टि से स्टीवेंसन ने अपना ध्यान सिर्फ "असहमति" पर केन्द्रित किया है, और सीधे-सीधे नैतिक असहमति की चर्चा करने की बजाय उन्होंने पहले दो व्यापक किस्म की असहमतियों के बीच अंतर किया है: (1) विश्वास सम्बंधी असहमत्ति (disagreement in belief) और (2) अभिवृत्ति सम्बंधी असहमति (disagreement in attitude)

विश्वास सम्बंधी असहमति

स्टीवेंसन के अनुसार विश्वास सम्बंधी असहमति के उदाहरण विज्ञान, इतिहास और जीवनी आदि में मिलते हैं, जैसे विद्युत के प्रसारण का स्वरूप क्या है, या आखिरी बार जोन्स चाय पर कब आया था। ऐसे दृष्टांतों में जब एक व्यक्ति यह विश्वास करता है कि किसी प्रश्न का उत्तर p है, और दूसरा यह कि प्रश्न का उत्तर p (p का निषेध), या कोई अन्य तर्कवाक्य, जो p से असंगत है; और चर्चा के क्रम में दोनों अपने मत के समर्थन में किसी किस्म का प्रमाण प्रस्तुत करने का प्रयत्न करते हैं, या अधिक जानकारी के आलोक में अपने मत को संशोधित करते हैं; तो ऐसी असहमति को स्टीवेंसन ने ''विश्वास सम्बंधी असहमति'' कहा है।

अभिवृत्ति सम्बंधी असहमति

दूसरी ओर, स्टीवेंसन के विचार में, कुछ दृष्टांत इससे बिल्कुल अलग किस्म के होते हैं, जिन्हें भी ''असहमति'' कहा जा सकता है। इनका सम्बंध ऐसे विरोध से होता है, जो कभी सुझाव के रूप में और हल्का रहता है, और कभी दृढ़ या पक्का। यह विरोध विश्वास सम्बंधी नहीं होता है, बल्कि अभिवृत्ति सम्बंधी होता है–दूसरे शब्दों में, यह विरोध उद्देश्यों, आकांक्षाओं, आवश्यकताओं, पसंदगी, इच्छाओं आदि का होता है।

स्टीवेंसन ने इसे कुछ उदाहरणों द्वारा स्पष्ट किया है। मान लें दो व्यक्ति एक साथ भोजन लेने का निर्णय लेते हैं। उनमें से एक ऐसे रेष्टोरेंट में चलने की सलाह देता है, जहाँ संगीत की व्यवस्था हो, जबकि दूसरा किसी अन्य रेष्टोरेंट में चलने की सलाह देता है। ऐसे में, जैसा की आम तौर से कहा जाता है, कि वे इस बात पर आसानी से सहमत नहीं हो पा रहे हैं कि किस रेष्टोरेंट को चुना जाए। इस असहमति का स्त्रोत अलग-अलग पसंद है, न कि अलग-अलग विश्वास। जब वे दोनों एक ही रेष्टोरेंट में जाने की इच्छा करने लगेंगे, तो इस असहमति का अंत हो जाएगा। इस साधारण उदारहण में यह एक हल्की, अस्थायी असहमति होगी, लेकिन फिर भी यह एक किस्म की ''असहमति'' होगी, जिससे, स्टीवेंसन के अनुसार, हम आम तौर से परिचित हैं।

इस तरह, स्टीवेंसन के अनुसार, दो व्यक्तियों के लिए कहा जाएगा कि उनके बीच अभिवृत्ति सम्बंधी असहमति है, जब एक ही वस्तु के प्रति उनकी अभिवृत्ति परस्पर विरोधी हो उदाहरण के तौर पर एक पसंदगी (approval) का और दूसरा नापसंदगी (disapproval) का और जब उनमें से कम-से-कम एक का प्रयोजन सामने वाले की अभिवृत्ति पर प्रश्न उठाने और या उसे बदलने का हो। स्टीवेंसन के विचार में यह ध्यान रखने योग्य है कि जब एक व्यक्ति दूसरे की अभिवृत्ति में परिवर्तन लाने का प्रयास कर रहा हो, तो वह साथ ही साथ, दूसरा जो कुछ कहता है, उसके आलोक में अपनी अभिवृत्ति में भी परिवर्तन लाने की तैयारी कर रहा हो।

विश्वास सम्बंधी असहमति और अभिवृत्ति सम्बंधी असहमति

स्टीवेंसन के अनुसार विश्वास सम्बंधी असहमति और अभिवृत्ति सम्बंधी असहमति के बीच मुख्य अंतर यह है कि पहले का सम्बंध इस बात से है कि कैसे बातों का सत्य वर्णन या व्याख्या की जाए; जबकि दूसरे किस्म की असहमति का सम्बंध इस बात से है कि कैसे उनका समर्थन या असमर्थन किया जाए, और इसलिए उन्हें मानव प्रयत्नों द्वारा किस प्रकार प्रभावित किया जाए।

स्टीवेंसन ने इन दो किस्म की असहमतियों के बीच के अंतर को और अधिक स्पष्ट तौर से अलग-अलग रखने के लिए एक उदाहरण दिया है। मान लें कि एक व्यक्ति का यह मत है कि अधिकांश मतदाता किसी एक विधेयक का समर्थन करते हैं, जबकि दूसरे व्यक्ति का यह मानना है कि अधिकांश मतदाता उस विधेयक के विरुद्ध हैं। ऐसे में दोनों के बीच की यह असहमति अभिवृत्ति की असहमति नहीं बल्कि मतदाताओं की अभिवृत्ति के बारे में विश्वास की असहमति है।

स्टीवेंसन ने "असहमति" और "सहमति" पदों का इस्तेमाल व्याघाती (contradictory) पदों के रूप में नहीं, बल्कि विरोधी (contrary) पदों के रूप में किया है। उनके अनुसार यह सम्भव है कि दो लोगों के विश्वास या उनकी अभिवृत्ति अलग-अलग हो, लेकिन उनमें एक जैसे विश्वासों या अभिवृत्ति तक पहुँचने की रुचि न हो। ऐसे में उनके बीच स्टीवेंसन द्वारा बताए गए अर्थ में "असहमति" नहीं होगी।

विश्वास सम्बंधी असहमति और अभिवृत्ति सम्बंधी असहमति के बीच सम्बंध

स्टीवेंसन के अनुसार यह ज़रूरी नहीं है कि हर विवाद में सिर्फ विश्वास सम्बंधी असहमति या सिर्फ़ अभिवृत्ति सम्बंधी असहमति ही मौजूद हो। अक्सर दोनों किस्म की असहमतियाँ एक साथ उपस्थित रहती हैं। विश्वासों और अभिवृत्तियों को बिल्कुल अलग-अलग खानों में नहीं रखा जा सकता है। हमारी अभिवृत्तियों का हमारे विश्वासों पर असर पड़ता है, और दूसरी ओर हमारे विश्वासों का हमारी अभिवृत्तियों पर। उदाहरण के तौर पर, अगर किसी वस्तु के स्वरूप के बारे में हमारे विश्वास में परिवर्तन आ जाए, तो इससे उसके प्रति हमारी पसंदगी की अभिवृत्ति बदल सकती है। इसी तरह, हम किसी वस्तु के प्रति अपनी अभिवृत्ति के कारण किन्ही खास किस्म के विश्वासों की ओर अधिक ध्यान दे सकते हैं, या काल्पनिक चिंतन भी कर सकते हैं। इस तरह हमारे विश्वास और हमारी अभिवृत्ति परस्पर एक-दूसरे को प्रभावित करते हैं।

स्टीवेंसन के विचार में यह पूछना कि आम तौर से हमारे विश्वासों का हमारी अभिवृत्ति पर असर पड़ता है या अभिवृत्तियों का विश्वासों पर, यह पूछने जैसा है कि "क्या लोकप्रिय लेखकों का प्रभाव लोकरुचि पर पड़ता है या लोकरुचि का असर उन पर पड़ता है?" ऐसा मान लेने का कोई कारण नहीं है कि दोनों विकल्प, परस्पर व्यावर्त्तक (mutually exclusive) हैं। दरअसल, दोनों का असर एक-दूसरे पर पड़ता है। यह ज़रूर सम्भव है कि किसी समय प्रभाव की कोई एक दिशा प्रमुख हो।

इस तरह, स्टीवेंसन के अनुसार, विश्वास सम्बंधी असहमति और अभिवृत्ति सम्बंधी असहमति के बीच निकट सम्बंध है। कुछ दृष्टांतों में तो एक का अस्तित्व पूरी तौर से दूसरे के अस्तित्व पर निर्भर कर सकता है। उदाहरण के तौर पर, मान लें X वास्तव में जैसा है, उस किस्म की वस्तुओं के प्रति A और B दोनों की अभिवृत्ति एक जैसी हो, लेकिन दोनों की अभिवृत्ति X के प्रति सिर्फ इसलिए अलग-अलग हो, क्योंकि A के X के बारे में कुछ गलत विश्वास हों, जबकि B के साथ ऐसा न हो। ऐसे में चर्चा और अन्वेषण के बाद अगर A के गलत विश्वास दुरुस्त हो जाते हैं, तो विश्वास सम्बंधी असहमति दूर हो सकती है, और यह अभिवृत्ति की असहमति को समाप्त करने के लिए पर्याप्त होगा। यहाँ पर अभिवृत्ति की असहमति पूरी तरह विश्वास की असहमति पर निर्भर है।

स्टीवेंसन इस बात पर बल देते हैं कि दोनों किस्म की असहमतियों के बीच सम्बंध हमेशा तथ्यात्मक होता है, तार्किक कभी भी नहीं होता है। जहाँ तक तार्किक सम्भावनाओं की बात है, तो अभिवृत्ति सम्बंधी असहमति के बिना भी विश्वास सम्बंधी असहमति का अस्तित्व सम्भव है। इसी तरह, विश्वास सम्बंधी असहमति के अस्तित्व के बिना भी अभिवृत्ति सम्बंधी असहमति का अस्तित्व सम्भव है।

नैतिक असहमति का स्वरूप

विश्वास सम्बंधी असहमति और अभिवृत्ति सम्बंधी असहमति के बीच के अंतर और उनके बीच परस्पर सम्बंधों की चर्चा करने के बाद स्टीवेंसन इस केंद्रीय प्रश्न पर लौटते हैं कि नैतिक असहमति का स्वरूप क्या है। स्टीवेंसन की राय में पहले के लेखकों ने इस प्रश्न को स्पष्टता से नहीं पूछा है। उन्होंने अप्रत्यक्ष रूप में विश्वास सम्बंधी सहमति और असहमति पर बल दिया है, जबकि उन्होंने अभिवृत्ति सम्बंधी असहमति की कोई चर्चा ही नहीं की है।

स्वयं स्टीवेंसन के अनुसार नैतिक मुद्दे, जब वे विवादास्पद बन जाते हैं, तो उनका सम्बंध ऐसी असहमति से होता है जिसका स्वरूप दोहरा रहता है। उसमें लगभग हमेशा विश्वास सम्बंधी असहमति रहती है, जिस पर विस्तृत और संवेदनशील ध्यान देने की आवश्यकता होती है; लेकिन इसके अलावा उसमें अभिवृत्ति सम्बंधी असहमति भी रहती है। एक ऐसे विश्लेषण को, जो वास्तविकता पर आधारित नीतिशास्त्र की एक सम्पूर्ण तस्वीर को सामने लाना चाहता हो दोनों किस्म की असहमतियों को पहचानते हुए उन पर बराबर ध्यान देना चाहिए; तभी नैतिक पदों के विभिन्न कार्यों को स्पष्ट किया जा सकेगा, और यह स्पष्ट हो पाएगा कि विज्ञान की विधियों की तुलना में नीतिशास्त्र की विधियाँ कैसी होती हैं। स्टीवेंसन के विचार में, नीतिशास्त्रीय विश्लेषण की केन्द्रीय समस्या है विस्तृत रूप से यह दिखाना है कि विश्वास और अभिवृत्ति कैसे एक-दूसरे से सम्बन्धित हैं।

स्टीवेंसन के अनुसार अगर हम रोज़मर्रा के जीवन में पैदा होने वाली ठोस नैतिक समस्याओं की ओर ध्यान दें, तो हम इस बात को आसानी से समझ पाएँगे कि उनका विश्वासों से काफ़ी हद तक सम्बंध रहता है। विश्वास सिर्फ साधन को स्थापित करने के नहीं, बल्कि साध्यों को स्थापित करने के संदर्भ में भी प्रासंगिक होते हैं। लेकिन, ऐसा नहीं सोच लेना चाहिए कि नैतिक असहमति का सम्बंध सिर्फ विश्वास की असहमति से होता है। उसमें अभिवृत्ति की असहमति भी मौजूद रहती है, और यही उन विश्वासों को एक विशेष किस्म का संगठन प्रदान करती है, जो अप्रत्यक्षतः इस असहमति को दूर करने में सहायक हो सकते हैं। अभिवृत्ति की असहमति ही मुख्यतः नैतिक मुद्दों को शुद्ध विज्ञान के मुद्दों से अलग करती है। स्टीवेंसन के विचार में हालांकि अभिवृत्ति की असहमति नैतिक असहमति का सिर्फ एक कारक है, फिर भी क्योंकि परम्परागत रूप से नीतिशास्त्रीय विश्लेषण में इसकी गम्भीर रूप से अनदेखी की गयी है, इसलिए स्टीवेंसन अपनी किताब में इस पर विशेष ध्यान देते हैं।[5]

वर्किन्ग मॉडल्स

अपनी किताब *एथिक्स ऐण्ड लैंग्वेज* के दूसरे अध्याय "वर्किन्ग मॉडेल्स" में स्टीवेंसन ने नैतिक पदों के अर्थ और नैतिक विधि के बारे में चर्चा की है, लेकिन उन्होंने जानबूझ कर इस चर्चा को अतिसरलीकृत रखा है। अर्थ के विस्तृत विश्लेषण की बजाय उन्होंने कामचलाऊ मॉडेल्स (वर्किन्ग मॉडेल्स) प्रस्तुत किए हैं-ऐसी कामचलाऊ परिभाषाएँ, जो पर्याप्त सटीकता से नैतिक शब्दों के अर्थों के इतने समान हैं, कि उनसे अस्थायी मदद ली जा सके। नैतिक विधियों की चर्चा भी इन कामचलाऊ परिभाषाओं के आधार पर ही की गयी है। आगे के अध्यायों में स्टीवेंसन ने अर्थ और विधि के अपने विश्लेषणों को और अधिक विकसित किया है।

नैतिक पदों के अर्थ

स्टीवेंसन के अनुसार कोई भी ऐसी परिभाषा संतोषजनक नहीं हो सकती है, जो नैतिक पदों के अर्थ को बिना किसी व्याख्या या शर्तों के पूरी तौर से वैज्ञानिक पदों से एकरूप कर दे। ऐसे विश्लेषण के अनुसार मानक नीतिशास्त्र के प्रश्न, विज्ञान के प्रश्नों की तरह, सिर्फ विश्वास की सहमति और असहमति को उत्पन्न करते हैं। स्टीवेंसन के विचार में ऐसे विश्लेषणों द्वारा अभिवृत्ति की असहमति की अवहेलना की जाती है, और इस तरह ये नैतिक पदों के वास्तविक इस्तेमाल की अधिक से अधिक आधी तस्वीर ही प्रस्तुत कर सकते हैं।

स्टीवेंसन स्पष्ट करते हैं कि ऊपर दिए गए निष्कर्ष का इस्तेमाल भाषा की अनेकार्थकता (ambiguity) और लचीलेपन को ध्यान में रखते हुए किया जाना चाहिए। ऐसा सम्भव है कि कुछ समय नैतिक पदों का सारा अर्थ और सारे समय कुछ अर्थ वैज्ञानिक हों, लेकिन

अनेकों-अनेक परिचित दृष्टांतों में नैतिक पदों का इस्तेमाल सिर्फ वैज्ञानिक रूप में नहीं किया जाता है। इसके अलावा भी उनके अन्य इस्तेमाल होते हैं।

नैतिक पदों के इस विज्ञान से अलग इस्तेमाल की व्याख्या के लिए स्टीवेंसन आदेश की सहायता लेते हैं। स्टीवेंसन के अनुसार "तुम्हे अपने देश की रक्षा करनी चाहिए" (नैतिक निर्णय) से हम आसानी से "देश की रक्षा करो" (आदेश) तक पहुँच सकते हैं। इन वाक्यों के बीच, स्टीवेंसन के विचार में, कई असमानताएँ हैं, लेकिन साथ ही कई समानताएँ भी हैं। स्टीवेंसन के अनुसार आदेश और नैतिक वाक्यों दोनों का ही इस्तेमाल लोगों के लक्ष्यों और आचरण को प्रोत्साहित, परिवर्तित और दूसरी दिशा में ले जाने के लिए किया जाता है, न कि उनका वर्णन मात्र करने के लिए। इस दृष्टि से ये दोनो विज्ञान के वाक्य से अलग हैं।

आदेश और नैतिक वाक्यों के बीच के समानता को ध्यान में रखते हुए स्टीवेंसन ने नैतिक पदों की कुछ ऐसी कामचलाऊ परिभाषाएँ दी हैं, जो आंशिक तौर से उन्हें एकरूप करती है। स्टीवेंसन के अनुसार, सामान्य भाषा की सूक्ष्मताओं की दृष्टि से ये परिभाषाएँ पर्याप्त नहीं हैं, लेकिन नीतिशास्त्रीय विश्लेषण को आगे बढ़ाने के लिए ये मोटे तौर पर सही है।

स्टीवेंसन ने वर्किन्ग मॉडेल्स को इस रूप में रखा है:

(1) "यह अनुचित है" का अर्थ है मैं इसका निरनुमोदन करता हूँ; आप भी ऐसा करें।

(2) "उसे ऐसा करना चाहिए" का अर्थ है मैं उसके ऐसा न करने का निरनुमोदन करता हूँ; आप भी ऐसा करें।

(3) "यह अच्छा है" का अर्थ है मैं इसका अनुमोदन करता हूँ; आप भी ऐसा करें।

स्टीवेंसन ध्यान दिलाते हैं कि तीनों परिभाषाओं में परिभाषक (definiens) के दो हिस्से हैं: पहला हिस्सा एक घोषणात्मक कथन (declarative statement) है, "मैं अनुमोदन करता हूँ" या "मैं निरनुमोदन करता हूँ", जो वक्ता की अभिवृत्ति का वर्णन करता है; और दूसरा हिस्सा "आप भी ऐसा करें" एक आदेशात्मक कथन (imperative statement) है, जिसका उद्देश्य सामने वाले की अभिवृत्ति को परिवर्तित या अधिक तीव्र करना है। ये दोनों अंश एक साथ मिल कर अभिवृत्ति सम्बंधी सहमति और असहमति की व्याख्या प्रदान करते हैं। इसे स्टीवेंसन ने इन उदाहरणों से समझाया है:

A: यह अच्छा है।

B: मैं पूरी तरह सहमत हूँ। यह निश्चय ही अच्छा है।

स्टीवेंसन के अनुसार इसका अनुवाद इस प्रकार किया जा सकता है:

A: मैं इसका अनुमोदन करता हूँ; आप भी ऐसा करें।

B : मैं इसका अनुमोदन करने में सहमत हूँ; आप भी ऐसा करें।

इसी तरह,

A : यह अच्छा है।

B : नहीं, यह बुरा है।

इसका अनुवाद इस प्रकार किया जा सकता है:

A : मैं इसका अनुमोदन करता हूँ; आप भी ऐसा करें।

B : नहीं, मैं इसका निरनुमोदन करता हूँ, आप भी ऐसा करें।

ऊपर दिए गए दूसरे उदाहरणों के कथनों के घोषणात्मक अंश यह दिखलाते हैं कि दोनों व्यक्तियों A और B की अभिवृत्तियाँ एक-दूसरे से विरोधी हैं; जबकि दूसरे अंश से यह बात समझ में आती है कि दोनों एक-दूसरे को अपनी अभिवृत्ति में परिवर्तन लाने की सलाह दे रहे हैं। इस तरह, ये वर्किन्ग मॉडेल्स, स्टीवेंसन के विचार में, कामचलाऊ ढंग से अभिवृत्ति की असहमति को संरक्षित कर रहे हैं।

स्टीवेंसन के अनुसार इन मॉडेल्स का इस्तेमाल सावधानी से किया जाना चाहिए, क्योंकि ये अभिवृत्ति की सहमति और असहमति पर तो आवश्यक बल देते हैं; लेकिन ये विश्वास की सहमति और असहमति पर कोई भी बल नहीं देते हैं। इस तरह, इनके द्वारा नैतिक समस्या के दोहरे स्त्रोत को स्पष्ट नहीं किया गया है। स्टीवेंसन के अनुसार सिर्फ़ अभिवृत्ति पर बल देने और विश्वास की अवहेलना करने की उल्टी गलती से बचना चाहिए, क्योंकि इससे ऐसा प्रतीत होगा जैसे नीतिशास्त्र का तर्कसंगत युक्तियों और अन्वेषण से कोई सम्बंध ही नहीं है, जो कि एक गम्भीर भूल होगी। स्टीवेंसन कहते हैं कि नैतिक विधियों की चर्चा के दौरान, उनके द्वारा इस असंतुलन को दुरुस्त किया जाएगा। वे अपनी किताब में अर्थ के विश्लेषण के दौरान अभिवृत्ति की सहमति और असहमति पर बल देंगे, और विधियों के विश्लेषण के दौरान विश्वास की सहमति और असहमति पर। इस प्रक्रिया से, स्टीवेंसन की राय में, अभिवृत्ति और विश्वास के बीच का निकट सम्बंध और अधिक स्पष्ट होगा।

इस तरह, स्टीवेंसन के अनुसार नैतिक पदों को पूरी तरह वैज्ञानिक पदों जैसा नहीं माना जा सकता है। इनके आदेश से मिलते-जुलते (quasi imperative) कार्य भी होते हैं, जिन्हें वर्किन्ग मॉडेल्स के जरिए अपर्याप्त ढ़ंग से व्यक्त किया गया है। स्टीवेंसन की राय में नैतिक पदों के अर्थ की संतोषजनक व्याख्या के लिए सम्वेगात्मक अर्थ (emotive meaning) की अवधारणा की सहायता ली जानी चाहिए। स्टीवेंसन के अनुसार सम्वेगात्मक अर्थ के अलावा नैतिक पदों के वर्णनात्मक कार्य भी होते है। ये वर्णनात्मक कार्य अनेकार्थक और अस्पष्ट होते हैं, और इन्हें समझने के लिए भाषा के लचीलेपन का विस्तृत अध्ययन ज़रूरी है।[6]

नैतिक पदों का सम्वेगात्मक अर्थ

हम पहले ही ज़िक्र कर चुके हैं कि 1936 में स्टीवेंसन ने *माइन्ड पत्रिका* में ''दि इमोटिव मीनिंग ऑफ एथिकल टर्म्स'' शीर्षक से एक महत्त्वपूर्ण दार्शनिक निबंध प्रकाशित किया था। ये विचार स्टीवेंसन की किताब *एथिक्स ऐण्ड लैंग्वेज* (1944) में भी शामिल हैं।

ऊपर हमने देखा कि इस पुस्तक के दूसरे अध्याय ''वर्किन्ग मॉडेल्स'' अध्याय में भी स्टीवेंसन ने नैतिक पदों के सम्वेगात्मक अर्थ का उल्लेख किया है। पुस्तक के तीसरे अध्याय ''सम प्रैगमेटिक आस्पेक्टस ऑफ मीनींग'' और चौथे अध्याय ''फर्स्ट पैटर्न ऑफ अनालिसिस'' में स्टीवेंसन ने इसे और अधिक विकसित किया है। इसके अलावा, गैर-बुद्धिसंगत विधि के अंतर्गत परसुएसिव विधि की चर्चा में भी स्टीवेंसन ने सम्वेगात्मक अर्थ को केन्द्रीय महत्त्व दिया है।

स्टीवेंसन के अनुसार, उनके द्वारा प्रस्तुत किए गए वर्किन्ग मॉडेल्स में एक कमी यह है कि इसके आदेश का अंश नैतिक निर्णय के उपदेशात्मक या अभिवृत्ति में असहमति पक्ष को सुरक्षित तो रखता है, लेकिन बहुत स्थूल तरीके से। नैतिक निर्णय ''यह अच्छा है'' और आदेश के बीच अंतर है। जब व्यक्ति को सीधे-सीधे आदेश दिया जाता है, तो वह सचेत हो जाता है। इसका एक निष्प्रभावी करने वाला असर हो सकता है। लेकिन नैतिक ''यह अच्छा है'' के साथ ऐसी बात नहीं है। हालांकि, स्टीवेंसन के विचार में व्यक्ति की नैतिक अभिवृत्ति को परिवर्तित करने में नैतिक पदों के कार्य आदेशों से बिल्कुल अलग नहीं है, इनकी व्याख्या एक विशेष और सूक्ष्म किस्म के सम्वेगात्मक अर्थ के संदर्भ में की जानी चाहिए। स्टीवेंसन के अनुसार किसी शब्द का सम्वेगात्मक अर्थ अभिवृत्ति को व्यक्त और जागृत करने की वह शक्ति है, जो वह विभिन्न भावनात्मक स्थितियों में इस्तेमाल के इतिहास के कारण हासिल कर लेता है। यह अर्थ वर्णनात्मक अर्थ से अलग है। इसे सबसे सरल रूप में विस्मयादिबोधकों में देखा जा सकता है, जबकि और जटिल रूप में इसका कविता में योगदान होता है; इसके अलावा यह आम बोल-चाल की भाषा के कई शब्दों के माध्यम से अभिव्यक्त होता है, जो प्रशंसात्मक और अपमानजनक होते हैं।

स्टीवेंसन के अनुसार सम्वेगात्मक अर्थ के कारण नैतिक निर्णय, आदेश की तरह सचेत अपील द्वारा नहीं, बल्कि सुझाव की अधिक लचीली प्रक्रिया द्वारा अभिवृत्ति में परिवर्तन लाते हैं। सम्वेगात्मक शब्द जिस किसी वस्तु पर लागू किए जाते हैं, उसे एक तरह से तेज या धीमी रोशनी में प्रस्तुत करते हैं, और इस तरह वे लोगों की अभिवृत्ति में परिवर्तन लाने के लिए उनका नेतृत्व करते हैं, न कि आदेश देते हैं। इसके अलावा, सम्वेगात्मक शब्द परस्पर प्रभाव की अनुमति भी देते हैं, और इस मायने में वे एकतरफा आदेश से अलग होते हैं।

''सम प्रैगमेटिक आसपेक्ट्स ऑफ मीनींग'' अध्याय में स्टीवेंसन ने अर्थ की एक मनोवैज्ञानिक (या व्यावहारिक) व्याख्या प्रस्तुत की है। दरअसल स्टीवेंसन ने अर्थ के

स्ववृत्ति-सिद्धांत (dispositional theory of meaning) का समर्थन किया है। स्टीवेंसन के अनुसार, किसी चिह्न (sign) का अर्थ उसका स्वभाव गुण (dispositional property) है, जहाँ पर अनुक्रिया (response) सुनने वाले में होने वाली मनोवैज्ञानिक प्रक्रियाएँ हैं, जो अलग-अलग परिस्थितियों में अलग-अलग होती हैं, और जहाँ उत्तेजक (stimulus) उसके द्वारा उस चिह्न को सुनना है।

अर्थ के स्ववृत्ति-सिद्धांत के आलोक में स्टीवेंसन ने "सम्वेगात्मक अर्थ" की व्याख्या इस प्रकार की है:

"सम्वेगात्मक अर्थ एक अर्थ है, जिसमें अनुक्रिया (सुनने वाले की दृष्टि से) या उत्तेजक (बोलने वाले की दृष्टि से) विभिन्न किस्म की भावनाएँ और अभिवृत्तियां होती हैं।"

स्टीवेंसन के अनुसार सम्वेगात्माक अर्थ को एक "प्रकार का" अर्थ माना जा सकता है, क्योंकि सम्वेग या भावनाएँ भी मनोवैज्ञानिक अनुक्रिया के व्यापक दायरे में आती हैं, जिनके आधार पर सामान्य तौर से ऊपर अर्थ की व्याख्या की गयी है।

सम्वेगात्मक अर्थ और वर्णनात्मक अर्थ के बीच अंतर करते हुए स्टीवेंसन कहते हैं कि किसी चिह्न का वर्णनात्मक अर्थ उसमें संज्ञानात्मक मानसिक प्रक्रियाएँ उत्पन्न करने की क्षमता है। जहाँ पर "संज्ञानात्मक" विश्वास करने, सोचने, मानने, आदि विशेष मानसिक क्रियाओं के लिए एक सामान्य पद हैं।

इस तरह, स्टीवेंसन के अनुसार, वर्णनात्मक और सम्वेगात्मक अर्थ के बीच का अंतर मुख्यत: इस पर निर्भर है कि उस चिह्न की प्रवृत्ति किस किस्म के मनोवैज्ञानिक स्ववृत्ति को जागृत करने की है।

स्टीवेंसन ने इस अध्याय में वर्णनात्मक अर्थ और सम्वेगात्मक अर्थ के बीच के सम्बंध की भी चर्चा की है। स्टीवेंसन कहते हैं कि कुछ देर के लिए कृत्रिम रूप से यह मान लें कि किसी शब्द का प्रशंसात्मक सम्वेगात्मक अर्थ पूरी तरह इस पर निर्भर हो कि उसका वर्णनात्मक अर्थ कोई ऐसी वस्तु हो, जिसका लोग समर्थन करते हैं। और यह भी मान लें कि कोई वक्ता इस तरह से उसके वर्णनात्मक अर्थ में परिवर्तन लाने में सफल हो जाता है, जिसे उसके श्रोता मान्यता प्रदान करते हैं। ऐसे में कोई यह अपेक्षा रख सकता है कि उस शब्द के सम्वेगात्मक अर्थ में भी अपने-आप समानांतर परिवर्तन आ जाएगा। लेकिन, स्टीवेंसन के अनुसार, दरअसल में हमेशा ऐसा नहीं होगा। जड़ता (inertia) के कारण सम्वेगात्मक अर्थ इस वर्णनात्मक अर्थ में परिवर्तन के बाद भी बना रहेगा, जिस पर वह मूलत: निर्भर था। इसके अलावा, स्टीवेंसन की राय मे, किसी शब्द का सम्वेगात्मक अर्थ शायद ही कभी उसके वर्णनात्मक अर्थ मात्र पर निर्भर करता है, बल्कि वह भावभंगिमा, बोलने का स्वर, तीव्र भावनात्मक संदर्भ पर भी निर्भर करता है, जिससे वह पहले से जुड़ा

हुआ हो। इसलिए, स्टीवेंसन के विचार में, यह समझ पाना आसान है कि क्यों वर्णनात्मक अर्थ में तीव्र परिवर्तन के बाद भी सम्वेगात्मक अर्थ अपरिवर्तित बना रहता है।

स्टीवेंसन के अनुसार सम्वेगात्मक अर्थ की यह जड़ता नीतिशास्त्र की दृष्टि से महत्त्वपूर्ण है। इसलिए वे निम्नलिखित शब्दावली को प्रस्तुत करते हैं: जिस हद तक किसी शब्द का सम्वेगात्मक अर्थ उसके वर्णनात्मक अर्थ का कार्य नहीं है, बल्कि उसके बगैर या उसमें परिवर्तन के बाद भी बना रहता है, उसे "स्वतंत्र" (independent) कहा जाएगा। स्टीवेंसन के अनसार, गैर-रूपक विस्मयादिबोधक शब्दों (non-metaphorical interjections) के सम्वेगात्मक अर्थ पूरी तरह स्वतंत्र होते हैं, जबकि "लोकतंत्र", "स्वतंत्रता" और "उदारता" जैसे अधिकांश शब्दों के सम्वेगात्मक अर्थ सिर्फ अंशतः स्वतंत्र होते हैं। दूसरी ओर, जिस हद तक किसी शब्द का सम्वेगात्मक अर्थ उसके वर्णनात्मक अर्थ का कार्य है, और उसके वर्णनात्मक अर्थ में परिवर्तन के सिर्फ छोटे "अंतराल" के बाद परिवर्तित हो जाता है, उसे "निर्भर" (dependent) कहा जाएगा।

अपनी किताब के चौथे अध्याय "फर्स्ट पैटर्न ऑफ अनालिसिस" में स्टीवेंसन ने तीसरे अध्याय "सम प्रैगमेटिक आसपेक्ट्स ऑफ मीनिंग" में की गयी अर्थ की चर्चा के आधार पर वर्किन्ग मॉडल्स की कमियों को दूर कर "अच्छा" जैसे नैतिक पदों का ऐसा विश्लेषण देने का प्रयास किया है, जो साधारण भाषा की बारीकियों और लचीलेपन के प्रति सम्वेदनशील हो। स्टीवेंसन ने वर्किन्ग मॉडेल्स में इस्तेमाल किए गए सीधे-सीधे आदेश की जगह सम्वेगात्मक अर्थ की अवधारणा का इस्तेमाल किया है। स्टीवेंसन के अनुसार वर्किन्ग मॉडेल्स का विकल्प दे पाना आसान काम नहीं है। कहा जा सकता है कि "यह अच्छा है" का अर्थ है "यह अनुमोदन किए जाने लायक है" लेकिन यहाँ पर भी दोनों वाक्यों में कुछ अंतर है।

स्टीवेंसन के अनुसार "अच्छा" शब्द अपरिभाष्य है, अगर परिभाषा से यह अपेक्षा रखी जाती है कि वह उसके प्रचलित सम्वेगात्मक अर्थ को सुरक्षित रखे। ऐसा इसलिए है कि उसका कोई सटीक सम्वेगात्मक समतुल्य नहीं है। "अच्छा" की परिभाषा उस कारण ही नहीं दी जा सकती है, जिसके कारण अंग्रेजी शब्द "हुर्रा" (hurrah) की भी परिभाषा नहीं दी जा सकती है। कहा जा सकता है कि "हुर्रा" का अर्थ है "कितना उत्तेजक"। लेकिन, स्टीवेंसन के विचार में ये दोनों पद भी मोटे तौर पर ही समानार्थक हैं। स्टीवेंसन के अनुसार, हमारी भाषा में कई ऐसे शब्द हैं, जिनका वर्णनात्मक अर्थ एक ही है, लेकिन सम्वेगात्मक अर्थों के मामले में स्थिति अलग है। हर शब्द पर उसके सम्वेगात्मक इतिहास का विशिष्ट छाप होती है।

स्टीवेंसन के अनुसार "अच्छा" को परिभाषित नहीं किया जा सकता है, इसका अर्थ यह नहीं है कि उसके सम्वेगात्मक अर्थ का और अध्ययन नहीं किया जा सकता

है। ''अच्छा'' के सम्वेगात्मक अर्थ की परिभाषा नहीं दी सकती है, लेकिन उसके लक्षणों का वर्णन किया जा सकता है। किसी शब्द का सम्वेगात्मक अर्थ उसका मनोवैज्ञानिक असर है, और यह मनोवैज्ञानिक असर साथ जुड़ी परिस्थितियों के साथ बदल सकता है। स्टीवेंसन के अनुसार ''अच्छा'' के साथ भी यही बात है। नैतिक शब्दों के लक्षण-वर्णन (characterization) को उदाहरणों के माध्यम से धीरे-धीरे विकसित किया जा सकता है।

स्टीवेंसन के अनुसार मानक नीतिशास्त्र के संदर्भ में नैतिक पदों के कार्य सम्वेगात्मक और वर्णनात्मक दोनों होते हैं। इस वर्णनात्मक कार्य की ओर ध्यान देना भी ज़रूरी है। अगर हम भाषा के लचीलेपन को ध्यान रखते हुए उन पर पर्याप्त विचार-विमर्श करना चाहते हैं, तो यह काम एक सरल परिभाषा दे कर नहीं किया जा सकता है। इसके लिए नैतिक पदों का इस्तेमाल किस तरह किया जा सकता है, इसके कई ''सैम्पल'' की परीक्षा करनी होगी। स्टीवेंसन के अनुसार नीतिशास्त्र के क्षेत्र में आगे बढ़ने के लिए रिचर्ड्स ने जिसे ''एक-और-सिर्फ-एक-सत्य-अर्थ का अंधविश्वास'' कहा है, उससे बचना अन्य क्षेत्रों की तुलना में और अधिक ज़रूरी है। स्टीवेंसन के अनुसार ''अच्छा'' शब्द के सम्वेगात्मक अर्थ के अलावा वर्णनात्मक अर्थ भी होते हैं, जिसका विश्लेषण भाषा के लचीलेपन को ध्यान में रखते हुए किया जाना चाहिए।[7]

नैतिक विधि

''वर्किन्ग मॉडेल्स'' अध्याय के दूसरे हिस्से में स्टीवेंसन ने वर्किन्ग मॉडेल्स के आधार पर नैतिक विधि की चर्चा की है। जब लोग नैतिक मुद्दों पर बहस करते हैं, तो वे किस किस्म की युक्तियों (reasoning) द्वारा सहमति प्राप्त करने की आशा कर सकते हैं?

''यह अच्छा है'' का मॉडेल (a) ''मैं इसका अनुमोदन करता हूँ'' और (b) ''आप भी ऐसा करें'' का संयोजन (conjunction) है। स्टीवेंसन के अनुसार अगर (a) और (b) के लिए अलग-अलग प्रमाण (proof) देना सम्भव हो, तभी दोनों के संयोजन के लिए प्रमाण देना सम्भव हो पाएगा।

स्टीवेंसन के अनुसार वाक्य (a) के साथ कोई समस्या नहीं है। यह वक्ता की मानसिक स्थिति के बारे में एक अभिकथन (assertion) है, और इसका इन्द्रियानुभव द्वारा सत्यापन या खण्डन सम्भव है।

वाक्य (b) के साथ, स्टीवेंसन के विचार में, समस्या है। क्योंकि यह एक आदेश है, इसलिए इसका कोई प्रमाण नहीं दिया जा सकता है। अगर हम किसी से कहें, ''दरवाज़ा बंद करो'' और वह पलट कर जवाब दे ''इसे प्रमाणित करो!'' तो हम कुछ असयमित से हो उठ सकते हैं।

इस तरह, स्टीवेंसन की राय में, ऐसा लगता है कि नैतिक निर्णयों को सिर्फ आंशिक रूप से प्रमाणित किया जा सकता है। जहाँ तक ''यह अच्छा है'' का अर्थ अंश (a) द्वारा

व्यक्त है, वहाँ तक उसका प्रमाण सम्भव है, लेकिन जहाँ तक उसका अर्थ अंश (b) द्वारा व्यक्त है, तो प्रमाण की माँग करना ही निरर्थक (nonsensical) मालूम देता है।

लेकिन, स्टीवेंसन आगे कहते हैं कि नैतिक निर्णयों को सिर्फ आंशिक रूप से ही प्रमाणित किया जा सकता है, ऐसा इसलिए प्रतीत होता है, क्योंकि हमने अनकहे रूप में यह मान लिया है कि नीतिशास्त्र के क्षेत्र में प्रमाण को बिल्कुल ठीक विज्ञान के प्रमाण की तरह होना चाहिए। इस सम्भावना की ओर ध्यान नहीं दिया गया है कि हो सकता है कि नैतिक निर्णयों के लिए अलग किस्म का प्रमाण दिया जा सके।

स्टीवेंसन के विचार में आदेशों के समर्थन में ऐसे "वैकल्पिक प्रमाण" (substitute proof) या "समर्थक युक्तियाँ" (supporting reasons) देना सम्भव है, जो भले विज्ञान के प्रमाण जैसे न हो, लेकिन जिनके द्वारा उतने ही उपयोगी ढंग से उन हिचकिचाहटों को मिटाया जा सके, जिनके कारण लोग आम तौर से प्रमाण की माँग करते हैं।

उदाहरण के तौर पर, एक आदेश को भले "प्रमाणित" नहीं किया जा सकता है, लेकिन उनका युक्तियों के माध्यम से "समर्थन" किया जा सकता है। अगर "दरवाज़ा बंद कर दो" कहने पर कोई पूछे "क्यों?" तो वह आदेश के समर्थन में युक्तियों की माँग कर रहा होता है। जवाब में उससे कहा जा सकता है "बाहर बहुत ठंढ है" या "बाहर शोर के कारण दिक्कत हो रही है"। स्टीवेंसन के अनुसार इन युक्तियों को "प्रमाण" तो नहीं कहा जा सकता है, और इनका आदेश के साथ न निगमनात्मक सम्बंध है या आगमनात्मक, लेकिन फिर भी ये आदेश का समर्थन करते है। इस दृष्टि से ये प्रमाण के समान हैं कि वे उन संशयों और हिचकिचाहट को मिटा सकते हैं, जिनके कारण कोई किसी आदेश को स्वीकार न कर रहा हो।

सामान्य तौर से, स्टीवेंसन के अनुसार, "समर्थक युक्तियाँ" उन स्थितियों का वर्णन कर किसी आदेश का समर्थन करती हैं, जिन्हें बदलना या जिन्हें लाना उस आदेश का उद्देश्य हो। अधिक सामान्य तौर पर, युक्तियाँ उन विश्वासों को बदल कर आदेश का समर्थन करती हैं, जो आदेश को मानने की अनिच्छा को बदल सकती हैं। इस तरह, ये "वैकल्पिक प्रमाण" या "समर्थक युक्तियाँ" ऐसे विश्वासों की अभिव्यक्ति होती है, जो अक्सर अभिवृत्ति की असहमति के मामलों में एक महत्त्वपूर्ण, चाहे अप्रत्यक्ष, भूमिका निभाती हैं। स्टीवेंसन के अनुसार ऐसी समर्थक युक्तियाँ सिर्फ आदेशों के संदर्भ में नहीं, बल्कि अभिवृत्ति की असहमति के सभी दृष्टांतों में दी जा सकती हैं। स्टीवेंसन के अनुसार, ये युक्तियाँ कुछ हद तक प्रमाण का काम करती हैं। इनके द्वारा सुनने वाला व्यक्ति स्वेच्छा से नैतिक निर्णय को स्वीकार कर लेता है, बिना ऐसी किसी भावना के कि ये "रूढ़िवादी", "मनमाने" या "निराधार" हैं।

"वर्किंग मॉडेल्स" अध्याय के आगे अपनी पुस्तक के अन्य अध्यायों में भी स्टीवेंसन

ने नैतिक विधियों की चर्चा की है। उदाहरण के तौर पर अध्याय पाँच ''फर्स्ट पैटर्न: मेथड'' में नैतिक असहमति को दूर करने की बुद्धिसंगत विधियों (rational methods) की चर्चा की गयी है, जबकि अध्याय छः ''परसुएशन'' में गैर-बुद्धिसंगत विधियों (non-rational methods) की।

फर्स्ट पैटर्न: मेथड

स्टीवेंसन के अनुसार, नैतिक निर्णयों का समर्थन और विरोध करने वाली युक्तियाँ, कुछ अपवादों को छोड़ कर, नैतिक निर्णयों के साथ मनोवैज्ञानिक रूप से जुड़ी रहती हैं, न कि तार्किक रूप से। उनके बीच उस किस्म का निगमनात्मक सम्बंध नहीं होता है, जैसाकि स्वयं-सिद्ध (axioms) और साध्यों (theorems) के बीच होता है; न ही उनके बीच उस किस्म का आगमनात्मक सम्बंध होता है, जैसा कि निरीक्षण का वर्णन करने वाले कथनों और वैज्ञानिक नियमों के बीच होता है।

स्टीवेंसन के विचार में ये युक्तियाँ नैतिक निर्णयों का समर्थन उसी तरह से करती हैं, जिस तरह युक्तियों द्वारा आदेश का समर्थन किया जाता है।

स्टीवेंसन ध्यान दिलाते हैं कि आम तौर से विधि-विज्ञान या विधियों के अध्ययन के अंतर्गत विभिन्न विधियों का वर्णन मात्र नहीं किया जाता है, बल्कि उनकी वैधता की भी चर्चा की जाती है। लेकिन, स्टीवेंसन पहले ही यह स्पष्ट कर देते हैं कि वे विभिन्न नैतिक विधियों का वर्णन मात्र करेंगे, उनकी ''वैधता'' पर कोई चर्चा नहीं करेंगे।

स्टीवेंसन ने फर्स्ट पैटर्न: मेथड की सामान्य रूपरेखा इस प्रकार प्रस्तुत की है:

किसी भी तथ्य से सम्बन्धित कोई भी कथन, जिसके बारे में कोई भी वक्ता यह समझता है कि उसके द्वारा अभिवृत्ति में परिवर्तन लाया जा सकता है, किसी नैतिक निर्णय के पक्ष या विपक्ष में तर्क के रूप में प्रस्तुत किया जा सकता है। उस युक्ति द्वारा उस निर्णय का वास्तव में समर्थन होता है या नही, यह इस बात पर निर्भर करता है कि सुनने वाला व्यक्ति उस पर विश्वास करता है या नहीं, और अगर वह उस पर विश्वास करता है, तो इससे उसकी अभिवृत्ति में परिवर्तन आता है या नहीं। लेकिन, चाहे उसे स्वीकार किया जाए या नहीं, फिर भी हम उसे तर्क या युक्ति कह सकते हैं।

स्टीवेंसन ने ऐसे तर्कों को चार ग्रुपों में वर्गीकृत किया है:

ग्रुप I: पहले ग्रुप में स्टीवेंसन ने ऐसी नैतिक युक्तियों को रखा है, जो तथ्यात्मक युक्तियों की तरह हैं। ये युक्तियाँ ऊपर बताए गए इस नियम का अपवाद हैं कि नैतिक निर्णयों और उनके समर्थन में दी जाने वाली युक्तियों के बीच मनोवैज्ञानिक सम्बंध होता है, तार्किक नहीं।

A: बेरोज़गारों को अगर भत्ता दिया जाए तो यह एक अच्छी बात होगी।

B: लेकिन आपने अभी तुरंत कहा है कि बेरोज़गारी भत्ता दिए जाने से लोगों को आत्मनिर्भरता की भावना कमज़ोर होगी, और आपने यह भी स्वीकार किया है कि ऐसा कोई भी काम अच्छा नहीं है, जिसका यह परिणाम हो।

यहाँ पर B A की स्थिति का विरोध उसमें एक आकारिक असंगति (formal inconsistency) दिखला कर कर रहा है। स्टीवेंसन के अनुसार नैतिक निर्णयों का कुछ वर्णनात्मक अर्थ भी होता है, और उस हद तक उन पर आकारिक तर्कशास्त्र को लागू किया जा सकता है।

ग्रुप II, III और IV में स्टीवेंसन ने ऐसी युक्तियों को रखा है जिनका नैतिक निर्णय के साथ मनोवैज्ञानिक सम्बंध होता है।

ग्रुप II में ऐसी युक्तियाँ हैं, जो जिस किसी पर नैतिक निर्णय दिया जा रहा है, उसके स्वरूप (nature) और सीधे परिणाम (consequence) की ओर ध्यान दिलाती हैं। उदाहरण के तौर पर:

A: प्रस्तावित टैक्स विधेयक कुल मिला कर बुरा है।

B: मैं इसके बारे में अधिक नहीं जानता हूँ, इत्यादि।

A: इससे गरीबों पर बहुत अधिक बोझ पड़ेगा, और इससे अमीरों के लिए कोई अंतर नहीं आएगा।

B: मैंने इस बात को नहीं समझा था, इत्यादि।

यहाँ पर A जिस पर नैतिक निर्णय दिया जा रहा है, उस के परिणाम की ओर ध्यान दिला कर अपने निर्णय का समर्थन कर रहा है।

ग्रुप III में भी नैतिक निर्णय से मनोवैज्ञानिक सम्बंध रखने वाली इन्द्रियानुभविक युक्तियाँ ही हैं, लेकिन इनका सम्बंध जिस पर निर्णय दिया जा रहा है, उसके चरित्र या सीधे परिणाम से नहीं है। इनमें से कुछ का सम्बंध दूसरे किस्म के परिणाम से है, जबकि कुछ का परिणाम से कोई सम्बंध नहीं है। उदाहरण के तौर पर:

A: वोट डालना तुम्हारा कर्त्तव्य है।

B: नहीं, मेरे वोट से अंतिम परिणाम में कोई अंतर नहीं आएगा।

A: क्या आप ऐसे चाहेंगे कि सभी आपके तौर तरीके को अपना लें।

स्टीवेंसन के अनुसार यहाँ पर A का उत्तर कान्ट के निरपेक्ष आदेश (categorical imperative) की याद दिला रहा है। (अगर सामान्य तौर से सभी वोट न डालें; तो इसका परिणाम क्या होगा।)

A: C का अपने वरिष्ठ मित्र के प्रति अच्छा व्यवहार प्रशंसनीय है।

B: शायद आप इतना आश्वस्त हो कर न बोलते अगर आप यह जानते कि वह कितना उत्सुक है कि उसका वरिष्ठ मित्र उसे अपने साथ बिज़नेस में ले ले।

A: हाँ, यह तो इस मामले को दूसरी रोशनी में दिखला रहा है।

यहाँ पर B C के प्रयोजन की ओर ध्यान दिला रहा है।

ग्रुप IV में स्टीवेंसन ने ऐसी युक्तियों को रखा है, जिनका उद्देश्य नैतिक असहमति को मिटाना नहीं, बल्कि अस्थायी रूप से विपरीत प्रभाव को टालना होता है। उदाहरण के तौर पर:

A: आप अपने कर्मचारियों के प्रति बहुत अधिक कठोर हैं।

B: लेकिन आप, निश्चय ही, ऐसा कहने वाले नहीं हो सकते हैं। आप के ख़ुद की फैक्टरी की हालत तो मेरी फैक्टरी से भी अधिक खराब है।

यहाँ पर B A पर प्रत्याक्रमण या जवाबी हमले (counter attack) द्वारा उसे चुप कराना चाह रहा है।

स्टीवेंसन के अनुसार नैतिक विधियों के इन उदाहरणों का सम्बंध अंतर-व्यक्तिगत (inter-personal) पक्ष से है; लेकिन नीतिशास्त्र के व्यक्तिगत पक्ष भी बहुत अलग नहीं हैं। व्यक्तिगत पक्ष में यह असहमति स्वयं व्यक्ति के अंदर रहती है, या, दूसरे शब्दों में, व्यक्ति के अंदर ही द्वंद्व रहता है; जबकि अंतर-व्यक्तिगत पक्ष में दो या अधिक व्यक्तियों के बीच अभिवृत्ति की असहमति रहती है। स्टीवेंसन के विचार में नीतिशास्त्र के अंतर-व्यक्तिगत और व्यक्तिगत पक्ष इस हद तक समानांतर हैं कि दोनों को बराबर महत्त्व देने के प्रयत्न से अनावयश्क दुहराव उत्पन्न होगा।

''फर्स्ट पैटर्न: मेथड'' अध्याय के अंतर्गत स्टीवेंसन ने इस प्रश्न पर भी विचार किया है कि ऊपर बतलाए गए बुद्धिसंगत विधियों द्वारा नैतिक असहमति को अंतिम रूप से सुलझा पाना कहाँ तक सम्भव है। स्टीवेंसन के अनुसार किसी अभिवृत्ति सम्बंधी असहमति के लिए कहा जाएगा कि वह विश्वास सम्बंधी असहमति ''पर आधारित'' है, अगर विश्वास सम्बंधी असहमति को मिटाने पर वह अभिवृत्ति सम्बंधी असहमति भी मिट जाए। उदाहरण के तौर पर, अगर A X को पसंद (approve) करता है, और B नापसंद (disapprove) A ऐसे में अगर X के बारे में एक जैसे विश्वास पर पहुँचने पर उनकी अभिवृत्ति सम्बंधी असहमति मिट जाए, तो कहा जाएगा कि उनकी अभिवृत्ति सम्बंधी असहमति विश्वास सम्बंधी असहमति ''पर आधारित'' (rooted in) है।

स्टीवेंसन के विचार में अगर कोई नैतिक विवाद विश्वास सम्बंधी असहमति पर आधारित हो, तो उसे उस हद तक युक्ति और अन्वेषण द्वारा सुलझाया जा सकता है, जिस हद तक उन विश्वासों की असहमति को इसके द्वारा सुलझाया जा सकता है। लेकिन अगर

कोई नैतिक विवाद विश्वास सम्बंधी असहमति पर आधारित नहीं, तो किसी किस्म का तर्कसंगत समाधान सम्भव नहीं है।[8]

परसुएसिव विधि

स्टीवेंसन के अनुसार बुद्धिसंगत विधियों द्वारा नैतिक असहमति को अंतिम रूप से दूर नहीं किया जा सकता है। ऐसी स्थिति में जब बुद्धिसंगत विधियों द्वारा नैतिक असहमति को मिटा पाना सम्भव न हो तो, स्टीवेंसन के अनुसार, ''गैर-बुद्धिसंगत'' विधियों की सहायता ली जाती है।

स्टीवेंसन के अनुसार नैतिक विवाद को सुलझाने के लिए अभिवृत्ति की असहमति को मिटाना ज़रूरी होता है। इसके लिए यह आवश्यक है किसी एक पक्ष या दोनों पक्ष की अभिवृत्तियों में परिवर्तन आए। अभिवृत्ति में परिवर्तन लाने का एक तरीका विश्वासों के माध्यम से है। जहाँ पर यह सम्भव हो, वहाँ पर बुद्धिसंगत विधियों की सहायता ली जा सकती है। लेकिन, किसी व्यक्ति की अभिवृत्तियों को बदलने के दूसरे तरीके भी हैं, जिनमें विश्वासों की कोई मदद नहीं ली जाती है। स्टीवेंसन के विचार में किसी भी अन्य मनोवैज्ञानिक फिनॉमिना की तरह अभिवृत्ति कई कारकों द्वारा निर्धारित होती है, जिनमें विश्वास भी एक है। जहाँ तक विवाद के क्रम में अभिवृत्ति में परिवर्तन लाने के लिए इन अन्य कारकों को नियन्त्रित करना सम्भव हो, इनका इस्तेमाल किया जा सकता है, और किया जाता है। ऐसी ही प्रक्रियाओं को स्टीवेंसन ने ''गैर-बुद्धिसंगत विधियाँ'' कहा है।

स्टीवेंसन के अनुसांर, ''परसुएसिव विधि'' (प्रवर्त्तन विधि) सबसे महत्त्वपूर्ण ''गैर-बुद्धिसंगत'' विधि है। यह विधि पूरी तरह शब्दों के सम्वेगात्मक प्रभाव पर निर्भर है। इसमें सम्वेगात्मक अर्थ, आलंकारिक आरोह-अवरोहए उपयुक्त रूपकए उत्तेजक या मनव्वल करने वाले भारी स्वरए नाटकीय भावभंगिमा, सुनने वालों के साथ तालमेल स्थापित करना, आदि का इस्तेमाल किया जाता है।

यहाँ पर व्यक्ति की अभिवृत्ति में विश्वास में परिवर्तन के माध्यम से नहीं, बल्कि उपदेश (exhortation) के माध्यम से लाने का प्रयत्न किया जाता है, चाहे वह स्पष्ट हो या सूक्ष्म, परिष्कृत हो या स्थूल।

स्टीवेंसन ने ''गैर-बुद्धिसंगत'' और अबुद्धिसंगत (irrational) विधियों के बीच अंतर किया है। उनके अनुसार अबुद्धिसंगत विधियाँ भी इस अर्थ में ''बुद्धिसंगत'' हैं कि उनमें तर्क का इस्तेमाल होता है, लेकिन अवैध ढंग से (स्वयं तर्कों के संदर्भ में न कि उनके द्वारा जिन नैतिक निर्णयों का समर्थन किया जाता है, उनके संदर्भ में) किया जाता है। जहाँ तक ''गैर-बुद्धिसंगत'' विधियों का सवाल है, तो इनमें, स्टीवेंसन के अनुसार, तर्क का इस्तेमाल ही नहीं किया जाता है। (यहाँ पर ''तर्क'' से तात्पर्य है ऐसे कथन जिनके द्वारा विश्वास व्यक्त किए जाते हैं।) स्टीवेंसन के विचार में अगर ''विधि'' का इस्तेमाल

व्यापक रूप में किया जाता है, तो दण्ड और पुरस्कार को भी "गैर-बुद्धिसंगत" विधि के अंतर्गत रखा जा सकता है। लेकिन, स्टीवेंसन ने इसके अंतर्गत सिर्फ़ परसुएसिव विधि की चर्चा की है, क्योंकि बुद्धिसगत विधियों की तरह इसमें भी भाषा में उपलब्ध साधनों का इस्तेमाल किया जाता है।

ग्रुप V: इस ग्रुप में स्टीवेंसन ने परसुएसिव विधि के उदाहरण दिए हैं, जो शब्दों के सम्वेगात्मक अर्थ पर निर्भर है।

A: उसके आदेश का पालन न करना तुम्हारे लिए नैतिक दृष्टि से अनुचित है।

B: ठीक इसी बात को तो मैं नकार रहा हूँ।

A: लेकिन, इस आदेश का पालन करना तुम्हारा कर्त्तव्य है। नैतिक दायित्व के हित में तुम्हे उसके आदेश का पालन करना चाहिए।

यहाँ पर नैतिक शब्दों "कर्त्तव्य", "चाहिए", "नैतिक दायित्व" शब्दों के माध्यम से कोई नई जानकारी नहीं दी जा रही है।

इस तरह, स्टीवेंसन के अनुसार नैतिक असहमति को मिटाने के लिए बुद्धिसंगत और गैर-बुद्धिसंगत विधियों का इस्तेमाल किया जाता है। स्टीवेंसन के विचार में आम तौर से इन दोनों विधियों का मिश्रित इस्तेमाल होता है। विशुद्ध रूप से परसुएसिव विधि का इस्तेमाल कम ही होता है। दरअसल, हमारी भाषा का स्वरूप ही इसके विरुद्ध जाता है, क्योंकि ऐसे बहुत कम शब्द हैं, जिनके मात्र सम्वेगात्मक अर्थ हों।[9]

समीक्षा

हम ए. जे. एयर के सम्वेगवाद की समीक्षा के क्रम में भी इस बात का उल्लेख कर चुके हैं कि स्टीवेंसन ने ए. जे. एयर के सम्वेगवाद को ही अपने ढंग से विकसित किया है। स्टीवेंसन की नीतिशास्त्र की अवधारणा एयर की तुलना में संतुलित है। उन्होंने एयर की तरह अधिनीतिशास्त्र के अर्थ-सम्बंधी पक्ष को ही सम्पूर्ण नीतिशास्त्र नहीं मान लिया है; बल्कि उन्होंने मानक नीतिशास्त्र के केन्द्रिय महत्व को स्वीकार किया है। (देखें, प्रथम अध्याय के अन्तर्गत "मानक नीतिशास्त्र और अधिनीतिशास्त्र")

इसी तरह, उन्होंने सम्वेगवाद को एयर की तरह "छद्म अवधारणाएँ" और "अप-शब्द" जैसे शब्दों का इस्तेमाल किए बिना अधिक संतुलित ढंग से पेश किया है। उनका विश्लेषण एयर से कहीं अधिक विस्तृत है। जहाँ एयर ने *लैंग्वेज, ट्रूथ ऐण्ड लॉजिक* में मात्र 15-16 पन्नों में नीतिशास्त्र की चर्चा की है, वहाँ स्टीवेंसन की *एथिक्स ऐण्ड लैंग्वेज* 338 पन्नों की किताब है।

स्टीवेंसन द्वारा विश्वास सम्बंधी असहमति और अभिवृत्ति सम्बंधी असहमति के बीच

किया गया अन्तर महत्त्वपूर्ण और किए जाने योग्य है। हमारे विश्वास और हमारी अभिवृत्ति कैसे एक-दूसरे का प्रभावित करते हैं, इसकी चर्चा भी रोचक और ज्ञानवर्धक है।

स्टीवेंसन ने ''अर्थ'' और ''सम्वेगात्मक अर्थ'' का भी विस्तृत विश्लेषण किया है तथा नैतिक पदों के वर्णनात्मक कार्यों की ओर ध्यान दिलाते हुए बार-बार भाषा के लचीलेपन की चर्चा की है।

नैतिक विधि की चर्चा के दौरान स्टीवेंसन ने ''वैकल्पिक प्रमाण'' की बात की है, और यह दिखलाया है कि चाहे आदेशों के संदर्भ में परम्परागत औपचारिक प्रमाण न दिया जा सके, फिर भी उनका युक्तियों के माध्यम से ''समर्थन'' किया जा सकता है। उन्होंने ''बुद्धिसंगत'' और ''गैर-बुद्धिसंगत'' विधियों की अनेक व्यावहारिक और दिलचस्प उदाहरणों के साथ चर्चा की है।

इन सबके बावजूद, अन्तिम विश्लेषण में, स्टीवेंसन के नैतिक विचार एयर से अलग नहीं हैं। नैतिक असहमति में अभिवृत्ति की असहमति का तत्व ही मुख्य है। विश्वास-सम्बंधी असहमति को मिटाने के बाद भी अगर अभिवृत्ति की असहमति बनी रहती है, तो ''गैर-बुद्धिसंगत'' विधि का ही इस्तेमाल किया जा सकता है, जिनमें मुख्य है ''परसुएसिव विधि'', या दूसरे शब्दों में, भाषा का सम्वेगात्मक उपयोग। संक्षेप में, स्टीवेंसन भी यह मानते हैं कि, अंतिम विश्लेषण में, नैतिक असहमति का सम्बंध सम्वेग और भावनाओं से है।

एयर की समीक्षा के क्रम में हम इस बात का ज़िक्र कर चुके हैं कि भाषा में नैतिक शब्दों का जिस तरीके से इस्तेमाल होता है, उस दृष्टि से परामर्शवाद सम्वेग्रवाद की तुलना में अधिक संतोषजनक मालूम देता है। इसलिए, यहाँ पर हम अपना ध्यान नैतिक विधि के प्रश्न पर ही केन्द्रित रखेंगे।

नैतिक विधि

स्टीवेंसन ने *एथिक्स ऐण्ड लैंग्वेज* के प्रथम अध्याय में अपनी किताब के जो दो उद्देश्य बतलाए हैं, उनमें से दूसरा उद्देश्य है, उन सामान्य विधियों का चित्रण करना, जिनके द्वारा नैतिक निर्ण्यों को प्रमाणित किया जा सकता है, या उनका समर्थन किया जा सकता है।

''वर्किन्ग मॉडेल्स'' अध्याय के दूसरे हिस्से में नैतिक विधि की चर्चा करते हुए, उन्होंने कुछ महत्त्वपूर्ण बातें कहीं हैं। उनके अनुसार, नैतिक निर्णयों को सिर्फ आंशिक रूप से ही प्रमाणित किया जा सकता है, ऐसा इसलिए प्रतीत होता है, क्योंकि हमने अनकहे रूप में यह मान लिया है कि नीतिशास्त्र के क्षेत्र में प्रमाण को बिल्कुल ठीक विज्ञान के प्रमाण की तरह होना चाहिए। इस सम्भावना की ओर ध्यान नहीं दिया गया है कि हो सकता है कि नैतिक निर्णयों के लिए अलग किस्म का प्रमाण दिया जा सके।

स्टीवेंसन के विचार में आदेशों के समर्थन में ऐसे ''वैकल्पिक प्रमाण'' या ''समर्थक

युक्तियाँ'' देना सम्भव है, जो भले विज्ञान के प्रमाण जैसे न हों, लेकिन जिनके द्वारा उतने ही उपयोगी ढंग से उन हिचकिचाहटों को मिटाया जा सके, जिनके कारण लोग आम तौर से प्रमाण की माँग करते हैं।

उदाहरण के तौर पर, स्टीवेंसन के अनुसार, एक आदेश को भले ''प्रमाणित'' नहीं किया जा सकता है, लेकिन उनका युक्तियों के माध्यम से ''समर्थन'' किया जा सकता है। अगर ''दरवाज़ा बंद कर दो'' कहने पर कोई पूछे ''क्यों?'' तो वह आदेश के समर्थन में युक्तियों की माँग कर रहा होता है। जवाब में उससे कहा जा सकता है ''बाहर बहुत ठंड है'' या ''बाहर शोर के कारण दिक्कत हो रही है''। स्टीवेंसन की राय में इन युक्तियों को ''प्रमाण'' तो नहीं कहा जा सकता है, और इनका आदेश के साथ न निगमनात्मक सम्बंध है या आगमनात्मक, लेकिन फिर भी ये आदेश का समर्थन करते हैं। इस दृष्टि से ये प्रमाण के समान हैं कि वे उन सशयों और हिचकिचाहट को मिटा सकते हैं, जिनके कारण कोई किसी आदेश को स्वीकार न कर रहा हो।

लेकिन, ''*फर्स्ट पैटर्न: मैथड*'' में नैतिक विधि की चर्चा करते हुए स्टीवेंसन कहते हैं कि नैतिक निर्णय का समर्थन और विरोध करने वाली युक्तियाँ, कुछ अपवादों को छोड़ कर, नैतिक निर्णयों के साथ मनोवैज्ञानिक रूप से जुड़ी रहती हैं, न कि तार्किक रूप से। उनके बीच उस किस्म का निगमनात्मक सम्बंध नहीं होता है, जैसाकि स्वयं-सिद्ध और साध्यों के बीच होता है; न ही उनके बीच उस किस्म का आगमनात्मक सम्बंध होता है, जैसा कि निरीक्षण का वर्णन करने वाले कथनों और वैज्ञानिक नियमों के बीच होता है।

स्टीवेंसन के विचार में ये युक्तियाँ नैतिक निर्णयों का समर्थन उसी तरह से करती हैं, जिस तरह युक्तियों द्वारा आदेश का समर्थन किया जाता है।

स्टीवेंसन स्वीकार करते हैं कि आम तौर से विधि-विज्ञान या विधियों के अध्ययन के अंतर्गत विभिन्न विधियों का वर्णन मात्र नहीं किया जाता है, बल्कि उनकी वैधता की भी चर्चा की जाती है। लेकिन, स्टीवेंसन पहले ही यह स्पष्ट कर देते हैं कि वे विभिन्न नैतिक विधियों का वर्णन मात्र करेंगे, उनकी ''वैधता'' पर कोई चर्चा नहीं करेंगे।

यहाँ पर यह सवाल उठाया जा सकता है कि स्टीवेंसन द्वारा अपनायी गयी यह प्रक्रिया कहाँ तक सही है। आम जीवन में जब लोगों के बीच नैतिक असहमति होती है, तो वे किस किस्म की युक्तियाँ देते हैं, इसका इन्द्रियानुभविक दृष्टि से विश्लेषण अपने-आप में रोचक और ज्ञानवर्धक हो सकता है। लेकिन, क्या नैतिक दार्शनिकों से यह अपेक्षा नहीं की जाएगी कि वे इससे एक कदम आगे बढ़ कर इन युक्तियों की तार्किकता पर भी विचार करें? और, हमें यह बतलाएँ कि बुनियादी नैतिक मतभेदों को मिटाने के लिए वैज्ञानिक विधि से अलग वैकिल्पक तर्कसंगत तरीके क्या हो सकते हैं?

उदाहरण के तौर पर, हम स्टीवेंसन द्वारा बतायी गयी ''बुद्धिसंगत'' विधियों के चारों

समूहों को बारी-बारी से लें। इन विधियों के बारे में स्टीवेंसन की सामान्य टिप्पणी यह है कि नैतिक निर्णय का समर्थन और विरोध करने वाली युक्तियाँ, कुछ अपवादों को छोड़ कर, नैतिक निर्णयों के साथ मनोवैज्ञानिक रूप से जुड़ी रहती हैं, न कि तार्किक रूप से।

क्या यह इन युक्तियों की वैधता पर टिप्पणी नहीं है? स्टीवेंसन ने इस सम्भावना की ओर ध्यान नहीं दिया कि आदेशों का भी अपना तर्कशास्त्र हो सकता है, जैसा कि आगे आर. एम. हेयर ने विकसित करने का प्रयास किया है। इसके अलावा, अगर किसी कर्म या नैतिक नियम का समर्थन या विरोध उसके अच्छे या बुरे परिणामों की ओर ध्यान दिला कर किया जाए, तो इसे भी एक तर्कसंगत विधि ही मानना चाहिए।

पहले समूह या ग्रुप के बारे में तो स्टीवेंसन ने स्वयं यह कहा है कि वे उनके इस सामान्य नियम के अपवाद हैं कि नैतिक निर्णय का समर्थन और विरोध करने वाली युक्तियाँ नैतिक निर्णयों के साथ मनोवैज्ञानिक रूप से जुड़ी रहती हैं, न कि तार्किक रूप से। स्टीवेंसन के अनुसार नैतिक निर्णय का कुछ वर्णनात्मक अर्थ भी होता है, और उस हद तक उन पर आकारिक तर्कशास्त्र को लागू किया जा सकता है।

दूसरे ग्रुप में स्टीवेंसन ने ऐसी युक्तियों को रखा है, जो जिस पर नैतिक निर्णय दिया जा रहा है, उसके स्वरूप और सीधे परिणाम की ओर ध्यान दिलाती हैं।

यहाँ पर कहा जा सकता है कि किसी कर्म के अच्छे या बुरे परिणाम की ओर ध्यान दिला कर उसे उचित या अनुचित सिद्ध करने का प्रयत्न करना, एक तर्कसंगत विधि है। चाहे तथ्यात्मक तर्कशास्त्र में परम्परागत रूप से इसके बारे में चर्चा नहीं हुई हो, लेकिन नीतिशास्त्र के तर्कशास्त्र की दृष्टि से यह एक "वैध" विधि है। उचित और अनुचित के बारे में दिए गए नैतिक निर्णयों पर "वास्तविकता से मेल" के मापदण्ड को लागू कर, उन्हें सत्य या असत्य नहीं प्रमाणित किया जा सकता है (असंज्ञानवाद)। लेकिन, किसी कर्म या नैतिक नियम के अच्छे या बुरे परिणाम को दिखला कर, निश्चित तौर से तार्किक रूप में उसका समर्थन या विरोध किया जा सकता है। ("मानक नीतिशास्त्र के सिद्धांतों का वर्गीकरण" अध्याय में हमने यह दिखलाया है कि कैसे प्रयोजनवाद अप्रयोजनवाद की तुलना में बेहतर सिद्धांत है। कोई कर्म या नैतिक नियम उचित है या अनुचित इसके निर्धारण के लिए उसके परिणाम की ओर ध्यान देना ज़रूरी है।)

तीसरे ग्रुप में स्टीवेंसन ने ऐसी युक्तियों को रखा है, जिनमें कुछ का सम्बंध सामान्य किस्म के परिणाम से है, या फिर कर्म को करने वाले के प्रयोजन से। यहाँ पर हम कह सकते हैं कि अगर किसी सामान्य नैतिक नियम की बात हो रही हो, तो उसके सामान्य परिणामों की ओर ध्यान दिलाना तर्कसंगत ही है।

दूसरी ओर, यह भी कहा जा सकता है कि जब किसी व्यक्ति के चरित्र का मूल्यांकन किया जा रहा हो, तो ऐसे में उसके अच्छे या बुरे प्रयोजन की ओर ध्यान दिलाना अप्रासंगिक

नहीं है। लेकिन, सबसे बड़ी समस्या स्टीवेंसन के ''बुद्धिसंगत विधियों'' के ग्रुप चार के साथ है।

ग्रुप 4 में स्टीवेंसन ने ऐसी ''युक्तियों'' को रखा है, जिनका उद्देश्य नैतिक असहमति को मिटाना नहीं, बल्कि जवाबी हमला कर सामने वाले को चुप कराना, या अस्थायी रूप से विपरीत प्रभाव को टालना है।

अब, यह पूछा जा सकता है कि यह ''विधि'' कहाँ तक एक तर्कसंगत विधि है? इसमें न किसी आकारिक असंगति की ओर ध्यान दिलाया जा रहा है, न किसी सीधे या सामान्य परिणाम या प्रयोजन की बात की जा रही है, बल्कि सिर्फ जवाबी हमला कर सामने वाले को चुप कराने का प्रयत्न किया जा रहा है! स्टीवेंसन ने जिस तरह ''बुद्धिसंगत विधि'' को परिभाषित किया है, उस दृष्टि से भले यह ''बुद्धिसंगत'' विधि हो, लेकिन वस्तुनिष्ट दृष्टि से विचार करने पर यह सीधे-सीधे ''अवैध'' है।

परम्परागत तर्कशास्त्र में एक फैलेसी या तर्कदोष की चर्चा की जाती है, जिसे लांछन-युक्ति (argumentum ad hominem) कहा जाता है। इसमें सामने वाले के कथन को असत्य प्रमाणित करने का प्रयत्न करने की बजाय उस पर व्यक्तिगत हमला किया जाता है।[10] कहा जा सकता है कि स्टीवेंसन के ''बुद्धिसंगत विधियों'' के ग्रुप चार में नीतिशास्त्र के क्षेत्र में भी ऐसी ही फैलेसी की गयी है, क्योंकि यहाँ पर सामने वाले के नैतिक निर्णय को अतर्कसंगत प्रमाणित करने के प्रयत्न की बजाय उस पर व्यक्तिगत हमला किया जा रहा है।

जिस तरह, स्टीवेंसन ने स्वयं यह कहा है कि नैतिक निर्णयों को सिर्फ आंशिक रूप से ही प्रमाणित किया जा सकता है, ऐसा इसलिए प्रतीत होता है, क्योंकि हमने अनकहे रूप में यह मान लिया है कि नीतिशास्त्र के क्षेत्र में प्रमाण को बिल्कुल ठीक विज्ञान के प्रमाण की तरह होना चाहिए। इस सम्भावना की ओर ध्यान नहीं दिया गया है कि हो सकता है कि नैतिक निर्णयों के लिए अलग किस्म का प्रमाण दिया जा सके। ठीक उसी तरह स्टीवेंसन ने यह मान लिया है कि वैधता और अवैधता का प्रश्न सिर्फ तथ्यात्मक तर्कशास्त्र की युक्तियों के संदर्भ में उठाया जा सकता है नीतिशास्त्रीय युक्तियों के संदर्भ में नहीं। मान लें हम ''वैधता'' और ''अवैधता'' शब्दों के प्रयोग को सिर्फ निगम्नात्मक युक्तियों तक सीमित रखना चाहते हों[11], तो भी जिस तरह आगमन तर्कशास्त्र की युक्तियों को ''अच्छा'' या ''बुरा'' कहा जा सकता है (तार्किक अर्थ में), उसी तरह नीतिशास्त्रीय युक्तियों को भी क्यों नहीं कहा जा सकता है? (वैसे कुछ नैतिक युक्तियाँ निगमनात्मक भी होती हैं।) अगर हम इस शब्दावली का इस्तेमाल करें, तो हम कह सकते हैं कि स्टीवेंसन के ग्रुप एक, दो और तीन में बतायी गयी युक्तियाँ नीतिशास्त्र के तर्कशास्त्र की दृष्टि से अच्छी युक्तियाँ हैं जबकि चौथे ग्रुप में बतायी गयी युक्ति अच्छी युक्ति नहीं है।

अब, हम थोड़ा "गैर-बुद्धिसंगत" विधियों की ओर ध्यान दें। ग्रुप 5 में "परसुएसिव विधि" के अन्तर्गत स्टीवेंसन ने ऐसे उदाहरण दिए हैं, जो, उनके अनुसार, पूरी तरह शब्दों के सम्वेगात्मक अर्थ पर निर्भर हैं। फिर, स्टीवेंसन स्वयं ही यह भी कहते हैं कि विशुद्ध रूप से परसुएसिव विधि का इस्तेमाल कम होता है, क्योंकि भाषा में बहुत कम ऐसे शब्द हैं, जिनका मात्र सम्वेगात्मक अर्थ होता है।

स्टीवेंसन द्वारा परसुएसिव विधि के ऊपर दिए गए उदाहरण के संदर्भ में महत्त्वपूर्ण सवाल यह है कि क्या "कर्त्तव्य" जैसे बुनियादी नैतिक पदों का किन्ही संदर्भों में मात्र सम्वेगात्मक अर्थ होता है?

मान लें किसी डॉक्टर की किसी हस्पताल में इमरजेंसी वार्ड में ड्यूटी है। ऐसे में कोई व्यक्ति किसी मरीज़ को ले कर आता है, और वह डॉक्टर उसे देखने से इनकार करता है। इसके आगे यह वार्त्तालाप है, जो स्टीवेंसन के दिए गए उदाहरण के समानांतर है:

A : आप इस मरीज़ का इलाज ना कर के एक अनुचित काम कर रहे हैं।

B : ठीक इसी बात को तो मैं नकार रहा हूँ।

A : लेकिन, इस मरीज़ का इलाज करना आपका कर्त्तव्य है।

क्या यहाँ पर यह कहा जाएगा कि यहाँ "कर्त्तव्य" शब्द के माध्यम से कोई नयी जानकारी नहीं दी जा रही है, और मात्र उसके सम्वेगात्मक अर्थ द्वारा सामने वाले को प्रभावित करने की कोशिश की जा रही है! दरअसल, यहाँ पर "कर्त्तव्य" शब्द के इस्तेमाल द्वारा सामने वाले को यह जानकारी दी जा रही है या समझाया जा रहा है कि वह जिस भूमिका में है, उसमें उससे किस किस्म के आचरण की अपेक्षा की जाती है।

मान लें ऐसी ही परिस्थितियों में कोई हस्पताल के इमरजेंसी वार्ड के चौकीदार से जा कर कहे, "इस मरीज़ का इलाज करना आपका कर्त्तव्य है", तो यह एक बेतुकी बात होगी। लेकिन, किसी डॉक्टर से, जो उस वक्त इमरजेंसी वार्ड में ड्यूटी पर है, ऐसा कहना बिल्कुल ही बेतुकी बात नहीं है, बल्कि तर्कसंगत है। यह सिर्फ़ सम्वेग या भावनाओं का मामला तो बिल्कुल ही नहीं है। जहाँ पर कोई कर्म वास्तव में किसी का कर्त्तव्य हो, वहाँ पर उसे यह कहना कि "यह कर्म तुम्हारा कर्त्तव्य है", एक तर्कसंगत बात है। दूसरी ओर, जहाँ पर कोई कर्म वास्तव में किसी का कर्त्तव्य न हो, वहाँ पर उसे यह कहना कि "यह कर्म तुम्हारा कर्त्तव्य है", एक सरासर अतर्कसंगत बात है।

खैर, स्टीवेंसन के अनुसार, उनकी पुस्तक में मानक नीतिशास्त्र के प्रश्नों का उत्तर नहीं मिलेगा। उनका उद्देश्य दूसरों को अपने काम की ओर स्पष्टतर मस्तिष्क और अन्वेषण के कम अपव्ययी आदतों के साथ भेजना है।

अधिनीतिशास्त्र के प्रश्न महत्त्वपूर्ण ज़रूर हैं, लेकिन इसका अर्थ यह भी नहीं है कि हम अधिनीतिशास्त्र की समस्याओं में उलझ कर मानक नीतिशास्त्र की बुनियादी समस्याओं को ही भूल जाएँ। इसलिए, मानक नीतिशास्त्र की बुनियादी समस्याओं के समाधान की दृष्टि से बेहतर है कि हम मिल और मूर की ओर लौट जाएँ।

असंज्ञानवाद में सत्यता का तत्त्व इतना ही है कि नैतिक निर्णय तथ्य-सम्बंधी निर्णयों की तरह सत्य और असत्य नहीं होते हैं। लेकिन, इसका अर्थ यह भी नहीं है कि, अंतिम विश्लेषण में, नीतिशास्त्र सिर्फ भावनाओं का मामला है, और इसमें तर्कबुद्धि की कोई भूमिका नहीं है। मानक नीतिशास्त्र का बुनियादी प्रश्न ''जीवन में कौन-सी चीज़े अपने-आप में पाने का प्रयत्न करने योग्य हैं?'' एक तर्कबुद्धि-सम्पन्न प्राणी द्वारा उठाया गया प्रश्न है, और इसका ऐसा उत्तर देना सम्भव है, जो हमारी तर्कबुद्धि को संतुष्ट कर सके।

मूर के विचारों की समीक्षा के क्रम में हम इसकी चर्चा कर चुके हैं कि कैसे मानक नीतिशास्त्र के बुनियादी प्रश्न का तर्कबुद्धि को संतुष्ट करने वाला उत्तर देना सम्भव है।

REFERENCES

1. C. L. Stevenson, *Ethics and Language* (U. S. A. : Yale University Press, Inc., 1960), p. vii.
2. Ibid., pp. 265-267.
3. Mary Warnock, Ethics Since 1900 (Oxford: Oxford University Press, 1978), pp. 57-62.
4. C. L. Stevenson, Ethics and Language, p. 1.
5. Ibid., pp. 1-19.
6. Ibid., pp. 20-35.
7. Ibid., pp. 37-80.
8. Ibid., pp. 111-138.
9. Ibid:, pp. 139-151.
10. Irving M. Copi, Introduction to Logic, pp. 99-100.
11. Irving M. Copi, Symbolic Logic, pp. 3-4.

9
आर. एम. हेयर

अंग्रेज़ दार्शनिक रिचर्ड मरविन हेयर (1919–2002) का बीसवीं सदी के अधिनीतिशास्त्र में महत्त्वपूर्ण योगदान है। उनकी किताब *दि लैंग्वेज ऑफ मॉरल्स* (1952) का अधिनीतिशास्त्र में महत्त्वपूर्ण स्थान है। हेयर ने अपनी किताब में परामर्शवाद (prescriptivism) का समर्थन किया है, जो सम्वेगवाद के बाद दूसरा प्रमुख असंज्ञानात्मक (non-cognitivist) सिद्धांत है। हेयर की नीतिशास्त्र पर दूसरी किताबें *मॉरल थिंकिंग* और *फ्रीडम ऐण्ड रीज़न* (1963) प्रकाशित हुई हैं। यहाँ पर हम *दि लैंग्वेज ऑफ मॉरल्स* के आधार पर हेयर के परामर्शवाद की चर्चा करेंगे।

प्रस्तावना

अपनी किताब की प्रस्तावना में हेयर ने लिखा है कि उनका उद्देश्य नीतिशास्त्र का एक ऐसा स्पष्ट, संक्षिप्त और पढ़ने-योग्य परिचय लिखना है, जो एक प्रारम्भिक विद्यार्थी को जहाँ तक सम्भव हो नीतिशास्त्र की बुनियादी समस्याओं से सीधे-सीधे रूबरू कर दे। हेयर के अनुसार नीतिशास्त्र नैतिकता की भाषा का तार्किक अध्ययन है।[1] (स्पष्ट है कि हेयर नीतिशास्त्र को अधिनीतिशास्त्र के साथ एकाकार कर रहे हैं।)

हेयर ने अपनी किताब को तीन भागों में बाँटा है। पहले भाग का शीर्षक है "*दि इम्परेटिव मूड*", दूसरे भाग का शीर्षक है "*गुड*" ("good") और तीसरे भाग का शीर्षक है "*ऑट*" ("वनहीज")। पहले भाग का पहला अध्याय है "प्रेस्क्रिप्टिव लैंग्वेज", जो हेयर के परामर्शवाद और उनके द्वारा इस पुस्तक में व्यक्त किए गए विचारों को समझने की दृष्टि से सबसे महत्त्वपूर्ण है। दूसरे अध्याय का शीर्षक है "इम्परेटिव ऐण्ड लॉजिक", जिसमें हेयर ने आदेशात्मक वाक्यों के तर्कशास्त्र की चर्चा की है।

परामर्शवाद

हेयर की पुस्तक के पहले अध्याय का शीर्षक है "प्रेस्क्रिप्टिव लैंग्वेज" (परामर्शात्मक भाषा)। हेयर के अनुसार अगर किसी व्यक्ति के बारे में हम यह पूछते हैं, "उसके नैतिक सिद्धांत क्या हैं?" तो इसका सही उत्तर यह देखने से मिलेगा कि उसका आचरण कैसा है। चाहे वह अपनी बातचीत में किन्ही भी नैतिक सिद्धांतों का समर्थन करता हो; वह दरअसल में किन नैतिक सिद्धांतों में विश्वास रखता है, यह बात इससे सामने आ जाती है कि वह वास्तविक स्थितियों में वैकल्पिक कर्मों में किस कर्म को चुनता है। हेयर के अनुसार हमारे आचरण से नैतिक सिद्धांतों की जानकारी इसलिए मिलती है, क्योंकि नैतिक सिद्धांतों का कार्य है आचरण का मार्गदर्शन करना। नैतिकता की भाषा एक किस्म की

परामर्शात्मक भाषा है। हेयर के अनुसार "हमें क्या करना चाहिए?" यह एक ऐसा प्रश्न है, जिसे लम्बे समय तक टाला नहीं जा सकता है। हेयर के विचार में एक ऐसे विश्व में, जहाँ आचरण की समस्या दिनोंदिन अधिक जटिल और कष्टदायी होती जा रही है, उस भाषा को समझना बहुत आवश्यक है, जिसके माध्यम से नैतिक प्रश्न उठाए जाते हैं, और उनके उत्तर दिए जाते हैं। क्योंकि नैतिकता की भाषा के बारे में संशय से न सिर्फ सैद्धांतिक उलझनों का, बल्कि अनावश्यक व्यावहारिक कठिनाइयों का भी जन्म होता है।

परामर्शात्मक भाषा

हेयर के विचार में किसी भी वस्तु के अध्ययन का एक पुराना, लेकिन अभी भी, उपयोगी तरीका है (per genus et differentiam)। अगर नैतिकता की भाषा "परामर्शात्मक भाषा" के वर्ग (genus) में आती है, तो उसके स्वरूप को समझने का सबसे आसान तरीका यह है पहले अन्य किस्म की भाषा और परामर्शात्मक भाषा के बीच तुलना और अंतर किया जाए, और फिर नैतिकता की भाषा और अन्य किस्म की परामर्शात्मक भाषा के बीच। हेयर के अनुसार उन्होंने अपनी किताब में इसी योजना को अपनाया है।

हेयर ने अपनी किताब में सबसे पहले साधारण आदेशात्मक वाक्यों (imperatives) की चर्चा की है, जो उनके अनुसार, सबसे सरल किस्म की परामर्शात्मक भाषा है। हेयर के अनुसार इस किस्म के वाक्यों का तार्किक आचरण (logical behaviour) नैतिकता की भाषा के विद्यार्थियों के लिए बहुत रुचि का विषय है, क्योंकि इससे नैतिक सिद्धांत के क्षेत्र की कई समस्याएँ आसानी से समझ में आने योग्य रूप में सामने आती हैं। हेयर के विचार में आदेशों का अध्ययन नीतिशास्त्र के अध्ययन के लिए सर्वश्रेष्ठ परिचय है।

एकव्यापी (singular) आदेशों के बाद हेयर ने सार्वभौमिक या सर्वव्यापी (universal) आदेशों की चर्चा की है। इन सार्वभौमिक आदेशों को कैसे स्वीकार और अस्वीकार किया जाता है, इसकी चर्चा द्वारा हेयर ने सिखाने और सीखने की प्रक्रिया का, और इसके लिए इस्तेमाल की जाने वाली भाषा के तर्कशास्त्र का वर्णन किया है।

आदेशों की चर्चा के बाद हेयर ने गैर-नैतिक मूल्य-निर्णयों (non-moral value-judgments) की चर्चा की है, जो उनके अनुसार आदेशों की तुलना में नैतिकता की भाषा के अधिक करीब हैं। हेयर ने ऐसे सभी वाक्यों को जिनमें "चाहिए" (ought), "उचित" (right) और "अच्छा" (good) जैसे शब्द हों, और जो नैतिक निर्णय न हो "गैर-नैतिक मूल्य निर्णय" कहा है। हेयर के अनुसार इनके अध्ययन से नीतिशास्त्र की समस्याओं को समझने में सहायता मिलती है। हेयर ने बारी-बारी से दो प्रारूपिक नैतिक शब्दों "अच्छा" और "चाहिए" की चर्चा की है। उन्होंने पहले इन शब्दों के "गैर-नैतिक" इस्तेमालों की चर्चा की है, फिर इनके "नैतिक" इस्तेमालों की, और दिखाने का प्रयत्न किया है कि दोनो किस्म के इस्तेमालों के बीच में कई समानताएँ हैं।[2]

इस तरह, हेयर ने परामर्शात्मक भाषा को निम्न प्रकार से वर्गीकृत किया है:

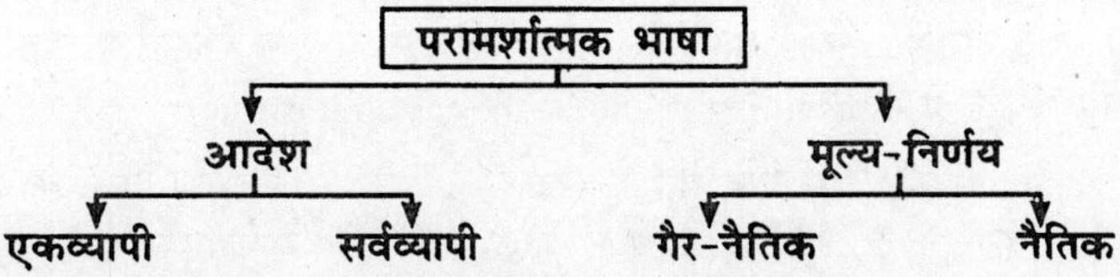

आदेशात्मक (imperative) और निश्चयार्थक (indicative)

हेयर ने ध्यान दिलाया है कि प्रारम्भिक व्याकरण की किताबों में कभी-कभी वाक्यों को इस दृष्टि से वर्गीकृत किया जाता है कि उनके माध्यम से कथन, आदेश या प्रश्न व्यक्त किए जाते हैं। हेयर के अनुसार यह वर्गीकरण तर्कशास्त्री के लिए पर्याप्त नहीं है। फिर भी, उन्होंने वैयाकरणों (grammarians) की तरह, उन सभी वस्तुओं के लिए, जो आदेशात्मक वृत्ति (imperative mood) के वाक्यों द्वारा व्यक्त किए जाते हैं, ''आदेश'' शब्द का इस्तेमाल किया है। इसी तरह, उन्होंने जो कुछ भी एक प्रारूपिक निश्चयार्थक (typical indicative) वाक्य द्वारा व्यक्त किया जाता है उसके लिए ''कथन'' (statement) शब्द का इस्तेमाल किया है। हेयर ने ''दरवाज़ा बंद कर दो'' और ''आप दरवाज़ा बंद करने जा रहे हैं'' के बीच अंतर किया है। ये दोनों ही वाक्य निकट भविष्य में दरवाज़ा बंद करने के बारे में हैं, लेकिन वे उसके बारे में जो कुछ कहते हैं, वह बिल्कुल अलग है। एक निश्चयार्थक वाक्य का इस्तेमाल किसी को यह बतलाने के लिए किया जाता है कि वस्तुस्थिति क्या है (that something is the case); जबकि आदेशात्मक वाक्य का इस्तेमाल किसी को यह बतलाने के लिए किया जाता है वह किसी वस्तुस्थिति को बनाये (to make something the case)।

हेयर ने आदेशात्मक वाक्यों के अर्थ की व्याख्या करने वाले कुछ सिद्धांतों की चर्चा की है, जो नैतिक निर्णयों के बारे में दिए जाने वाले सिद्धांतों के समानांतर है। इससे, हेयर के अनुसार, इन दोनों किस्म के वाक्यों के बीच महत्त्वपूर्ण तार्किक समानताओं की जानकारी मिलती है। पहले हेयर ने दो ऐसे सिद्धांतों की चर्चा की है, जो आदेशात्मक वाक्यों को निश्चयार्थक में बदलने का प्रयत्न करते हैं। हेयर के विचार में ये नीतिशास्त्र के उन सिद्धांतों के समानांतर है जिन्हें ''प्रकृतिवादी'' कहा जाता है। लेकिन, हेयर ने इन प्रयत्नों को असंतोषजनक मान कर अस्वीकार किया है। उनके विचार में आदेशात्मक वाक्य को निश्चयार्थक वाक्यों में बदलने के प्रलोभन के पीछे भी वही भावना है, जो मूल्य-शब्दों की ''प्रकृतिवादी'' विश्लेषण करने के पीछे है। वह भावना यह है कि सिर्फ असली निश्चयार्थक वाक्य (जिनका एक ही प्रकार मान लिया जाता है) ही संदेह से परे है, और इसलिए दूसरे किस्म के वाक्यों को भी संदेह से परे रखने के लिए यह ज़रूरी है कि यह दिखा दिया जाए कि वे भी दरअसल में निश्चयार्थक हैं। हेयर की राय में अर्थ के

''सत्यापनीयता'' सिद्धांत के लोकप्रिय होने के बाद यह भावना और तीव्र हो गयी, जिसके अनुसार, मोटे तौर पर, किसी वाक्य का कोई अर्थ तभी है, जब कि उसके सत्य होने पर कोई वस्तुस्थिति हो (something would be the case if it is true)।

हेयर के अनुसार यह एक वर्ग के वाक्यों (प्रारूपिक निश्चयार्थक) के अर्थ की आशाजनक व्याख्या है। हेयर की राय में अगर कोई वाक्य तथ्यात्मक कथन को व्यक्त करने का दावा करता है, और फिर भी हमे यह न मालूम हो कि अगर वह सत्य हो, तो वस्तुस्थिति क्या होगी; फिर वह वाक्य (हमारे लिए) निरर्थक है। लेकिन, हेयर के अनुसार, जब अर्थ के इस मापदण्ड को, जो तथ्यात्मक कथनों के संदर्भ में उपयोगी है, बिना सोचे-समझे ऐसे वाक्यों पर लागू किया जाए, जो तथ्यात्मक कथनों को व्यक्त नहीं करते हैं, तो फिर समस्या पैदा हो जाएगी। हो सकता है आदेशात्मक कथन इस मापदण्ड को संतुष्ट न करते हों, और सम्भव है कि नैतिक निर्णय को व्यक्त करने वाले वाक्य भी न करते हों; लेकिन हेयर के अनुसार इससे सिर्फ यह बात समझ में आती है कि वे इस मापदण्ड द्वारा परिभाषित अर्थ में कथनों को व्यक्त नहीं करते हैं; और सम्भव है कि यह अर्थ सामान्य इस्तेमाल से बहुत सीमित या संकीर्ण हो। इसका यह अर्थ नहीं है कि वे निरर्थक हैं, या कि उनका अर्थ इस किस्म का है कि उनके इस्तेमाल के लिए कोई तार्किक नियम नहीं दिए जा सकते हैं।

ए. जे. एयर

हेयर के अनुसार, इस खोज के बाद भी कि हमारी साधारण भाषा में पूरी तरह से अच्छे सार्थक वाक्य हैं, जिन्हें निश्चयार्थक वाक्यों में नहीं बदला जा सकता है, (आश्चर्यजनक रूप से) यह भावना बनी रह सकती है कि सिर्फ ''असली निश्चयार्थक'' ही संदेह से परे हैं। इस मान्यता के कारण ही, हेयर के विचार में, ए. जे. एयर जैसे दार्शनिकों ने नैतिक निर्णयों के तार्किक चरित्र के बारे में अपने महत्त्वपूर्ण शोधों के परिणाम को सामने रखने के क्रम में कुछ ऐसी आकस्मिक बातें कह दी, जिनसे अनावश्यक विवाद और विरोध का जन्म हुआ। (हेयर का इशारा *लैंग्वेज, ट्रुथ ऐण्ड लॉजिक* की ओर है। उनके अनुसार ''ऑन दि अनालिसिस ऑफ मॉरल जजमेंट्स'', फ़िलसॉफ़िकल एसेज़ में एयर ने अपने को अधिक संतुलित ढंग से व्यक्त किया है।)

हेयर के अनुसार, एयर के सिद्धांत का सार यह है कि नैतिक निर्णय आम तौर से उस तरह कार्य नहीं करते हैं, जिस तरह सत्यापनीयता मापदण्ड द्वारा अलग किए गए निश्चयार्थक वाक्य करते हैं। लेकिन उन्होंने जिस तरह से अपने इस मत को व्यक्त किया, और जिस तरह से उन्होंने नैतिक निर्णयों को अन्य किस्म के वाक्यों से मिला दिया, उससे काफ़ी भ्रम फैला। कारनप, एयर और स्टीवेंसन के विचारों के संदर्भ में हेयर इस मत पर विचार करते हैं कि नैतिकता की भाषा का, चाहे नैतिक निर्णय हों या आदेशात्मक वाक्य, (जिन्हें ये सिद्धांत अक्सर एक मान लेते हैं) कार्य सुनने वाले के आचरण या भावनाओं को प्रभावित करना है।

हेयर के विचार में, आम बोल-चाल की भाषा में यह बोलने में कोई हर्ज़ नहीं है कि किसी आदेश का इस्तेमाल करने में हमारा अभिप्राय किसी से कुछ करवाना होता है। लेकिन, दार्शनिक दृष्टि से यहाँ पर एक महत्त्वपूर्ण अंतर करने की ज़रूरत है। किसी को कुछ करने के लिए कहने (telling) की प्रक्रिया, और किसी से कुछ करवाने की प्रक्रिया, तार्किक दृष्टि से काफी अलग-अलग है। यह वैसे ही है जैसे किसी को यह कहना की वस्तुस्थिति कुछ है, और उसको यह विश्वास दिलाना (या दिलाने का प्रयत्न करना) कि वस्तुस्थिति कुछ है, तार्किक दृष्टि से अलग-अलग है।

हेयर के अनुसार, नैतिक दर्शन की दृष्टि सें यह अंतर बहुत महत्त्वपूर्ण है, क्योंकि इस सुझाव से कि नैतिक निर्णयों का कार्य किसी को किसी बात के लिए राज़ी करना (persuade) है, नैतिक निर्णयों और प्रॉपगैंडा के कार्यों के बीच अंतर करना मुश्किल हो गया। (हेयर का इशारा एथिक्स ऐण्ड लैंग्वेज के अध्याय XI में व्यक्त स्टीवेंसन के विचारों की ओर है।) हेयर ने आदेशों और नैतिक निर्णयों के बीच कुछ समानताओं की ओर ध्यान दिलाया है, और उन्होंने दोनों को परामर्शात्मक भाषा के वर्ग में रखा है। इसलिए वे अत्यधिक बलपूर्वक अपने को इस भ्रम से अलग करते हैं कि इन दोनों में से कोई प्रॉपगैंडा है।

हेयर के विचार में, नैतिक निर्णय के तथाकथित "आदेशात्मक सिद्धांत" (imperative theory) का इतना विरोध इसलिए हुआ, क्योंकि नैतिक निर्णयों और आदेशों के बारे में कुछ मिथ्या धारणाओं के कारण ऐसा लगा जैसे वे नैतिक चर्चा की बुद्धिसंगतता (rationality) पर संदेह प्रकट कर रहे हैं। लेकिन, हेयर के अनुसार, अगर हम इस बात को समझ लें कि आदेश, चाहे वे कथनों से कितने भी अलग क्यों न हो, इस दृष्टि से उनके समान हैं, कि उनके द्वारा किसी को कुछ कहा जाता है, न कि उसे प्रभावित करने का प्रयत्न किया जाता है, तो फिर आदेशों और नैतिक निर्णयों की समानताओं की ओर ध्यान दिलाने में कोई नुकसान नहीं है। हेयर ने यह दिखलाने का प्रयत्न किया है कि क्योंकि कथनों की तरह, आदेशों का अभिप्राय बुद्धिसंगत एजेंटों के प्रश्नों का उत्तर देना होता है, इसलिए वे भी उसी तरह तार्किक नियमों द्वारा संचालित होते हैं, ज़ैसे कथन होते हैं।[3]

आदेशात्मक वाक्य का तर्कशास्त्र

अपनी किताब *दि लैंगवेज ऑफ मॉरल्स* के दूसरे अध्याय "इम्परेटिव ऐण्ड लॉजिक" में हेयर ने आदेशात्मक वाक्यों के तर्कशास्त्र की चर्चा की है।

हेयर के अनुसार, "दरवाज़ा बंद कर दीजिए" और "आप दरवाज़ा बंद करने जा रहे हैं" दोनों का सम्बंध एक ही वस्तु से है "आपके द्वारा निकट भविष्य में दरवाज़ा बंद करना"। उनके अनुसार, इस एक वाक्य में "कृपया" और "हाँ" जोड़ कर इन्हें आदेश और कथन में बदला जा सकता है:

आपके द्वारा निकट भविष्य में दरवाज़ा बंद करना, कृपया।

आपके द्वारा निकट भविष्य में दरवाज़ा बंद करना, हाँ।

हेयर के विचार में, ऊपर दिए गए ये दोनों वाक्य सामान्य अंग्रेजी के इन दोनों वाक्यों के समानांतर हैं:

दरवाज़ा बंद कर दीजिए।

आप दरवाज़ा बंद करने जा रहे हैं।

ग्रीक शब्द "फ्रास्टिक" (phrastic) और "न्युस्टिक" (neustic) का इस्तेमाल करते हुए, हेयर ने जो दोनों वाक्यों में सामान्य है ("आप निकट भविष्य में दरवाज़ा बंद करने जा रहे हैं") उसे फ्रास्टिक, और जो अलग-अलग हैं ("कृपया" और "हाँ") उसे न्युस्टिक कहा है। हेयर की राय में, अगर हम कथन और आदेश के बीच के अनिवार्य अंतर को समझना चाहते हैं, तो हमें फ्रास्टिक नहीं बल्कि न्युस्टिक की ओर ध्यान देना होगा।

हेयर के अनुसार, आदेशात्मक और निश्चयात्मक वृत्ति में, उनके सामान्य फ्रास्टिक तत्व के कारण, वह सब कुछ साझा है, जो वास्तविक या सम्भव वस्तुस्थिति को निर्देशित करता है। आम तौर पर, फ्रास्टिक "आपके द्वारा निकट भविष्य में दरवाज़ा बंद करना" एक सम्भव वस्तुस्थिति को निर्देशित करता है; जो "दरवाज़ा बंद कर दीजिए" और "आप दरवाज़ा बंद करने जा रहे हैं" के बीच साझा है। इस तरह, हेयर के अनुसार, आज्ञार्थक (imperative) और निश्चयार्थक (indicative) उस वस्तुस्थिति को निर्देशित करते हैं, जिसके बारे में वे हैं। इसका अर्थ यह हुआ कि निश्चयार्थक वाक्यों की तरह, आज्ञार्थक या आदेशात्मक वाक्य भी उस दोष से ग्रस्त हो सकते हैं, जिनकी ओर अर्थ के सत्यापनीयता सिद्धांत ने ध्यान दिलाया है। हेयर के विचार में, जिस एक तरह से कोई वाक्य निरर्थक हो सकता है, वह यह है कि वह किसी पहचान में न आने वाली वस्तुस्थिति को निर्देशित करे। इसलिए, "ऐब्सल्यूट हरा है" और "ऐब्सल्यूट को हरा करो" दोनों ही एक ही कारण अर्थहीन हैं: हम यह नहीं जानते हैं कि ये किस चीज़ को निर्देशित कर रहे हैं।

हेयर के अनुसार, एक और दोष है, जिससे आर्ज्ञाथक भी, निश्चयार्थक की तरह, ग्रस्त हो सकते हैं। निश्चयार्थक के दृष्टांत में इसे "आत्म-व्याघात" (self-contradiction) कहा जाता है। हेयर के अनुसार, इस पद ("आत्म-व्याघात") को आज्ञार्थक पर भी लागू किया जा सकता है। उदाहरण के तौर पर, "दरवाज़ा बंद कर दीजिए" और "दरवाज़ा बंद मत कीजिए" दोनों आत्म-व्याघाती (self-contradictory) हैं।

हेयर के अनुसार, जिस तरह निश्चयार्थक पर मध्याभाव-नियम (law of excluded middle) को लागू किया जाता है, उसी तरह इसे आज्ञार्थक पर भी लागू किया जा सकता है। उदाहरण के तौर पर, अगर कोई किसी शतरंज के खिलाड़ी को यह सलाह देता है कि "अगली चाल पर तुम अपनी रानी को उसकी जगह से हटाओ या मत हटाओ" तो यह वाक्य विश्लेषणात्मक है। इससे उस खिलाड़ी को इस बारे में कोई भी सकारात्मक निर्देश

नहीं मिलता है कि वह क्या करे। ठीक उसी तरह, जैसे, ''वर्षा हो रही है या नहीं हो रही है'' विश्लेषात्मक है, और इससे हमे मौसम के बारे में कोई जानकारी नहीं मिलती है। इस तरह, हेयर के अनुसार, निश्चयार्थक की तरह आदेश भी आत्म-व्याघाती हो सकते हैं, और आत्म-व्याघात से बचने के लिए उन्हें भी कुछ तार्किक नियमों का पालन करना होगा। उदाहरण के तौर पर, ''सभी'' (all) शब्द के अर्थ को जानने का अर्थ है कि हम आत्म-व्याघात के बिना कुछ बातें नहीं बोल सकते हैं, जैसे, ''सभी मनुष्य मरणशील हैं और सुकरात एक मनुष्य है, लेकिन सुकरात मरणशील नहीं है''।

हेयर के अनुसार, ''सभी'' और अन्य तार्किक शब्दों का इस्तेमाल कथनों की तरह आदेशों में भी होता है। इसलिए, आदेशों के बीच भी, अवश्य ही निश्चयार्थक की तरह अनुलग्नता (entailement) का सम्बंध होता है। हेयर के विचार में, हमारी भाषा में आज्ञार्थक वृत्ति में सार्वभौमिक वाक्यों का अस्तित्व अपने-आप में इस बात का पर्याप्त प्रमाण है कि हमारी भाषा वहाँ पर भी अनुलग्नता की अनुमति देती है, जहाँ पर कम से कम एक पद आदेश हो। उदाहरण के तौर पर,

सभी डिब्बों को स्टेशन ले चलो।

यह एक डिब्बा है।

इसे स्टेशन ले चलो।

हेयर ध्यान दिलाते हैं कि इस अनुमान में एक आधार वाक्य निश्चयार्थ है और एक आज्ञार्थक। ऐसे में यह सवाल उठाया जा सकता है कि अगर आधार वाक्य दो अलग-अलग वृत्तियों (moods) में हों, तो हम कैसे जानेगें कि निष्कर्ष किस वृत्ति में होगा। हेयर के अनुसार, इस समस्या की ओर ऐसे तर्कशास्त्रियों द्वारा ध्यान नहीं दिया गया, जिन्होंने अपने को निश्चयार्थक वृत्ति तक ही सीमित रखा। हेयर ने इस सम्बंध में दो नियम दिए हैं:

1. किसी आधार वाक्यों के समूह से कोई भी ऐसा निश्चयार्थक निष्कर्ष वैध रूप से निगमित नहीं किया जा सकता है, जो उनमें मौजूद निश्चयार्थकों मात्र से वैध रूप में निगमित न किया जा सकता हो।
2. किसी ऐसे आधार वाक्यों के समूह से, जिसमें कम से कम एक आज्ञार्थक न हो, वैध रूप से किसी आज्ञार्थक निष्कर्ष को निगमित नहीं किया जा सकता है।

हेयर के अनुसार, नीतिशास्त्र की दृष्टि से दूसरा नियम अत्यधिक महत्त्वपूर्ण है। ह्यूम के इस प्रसिद्ध उक्ति का आधार भी यह नियम है : हम ''है'' तर्कवाक्यों की शृंखला से, ''चाहिए'' तर्कवाक्य निगमित नहीं कर सकते हैं। कार्ल पॉपर ने भी इस नियम को ''नीतिशास्त्र के बारे में सम्भवतः सबसे सरल और महत्त्वपूर्ण बात'' कहा है। कोई निर्णय नैतिक निर्णय नहीं है, अगर वह आधार वाक्य में और अधिक आज्ञार्थक के बिना, कुछ करने के लिए तर्क न प्रदान करे।[4]

"अच्छा", "उचित" और "चाहिए"

हेयर ने "अच्छा", "उचित" और "चाहिए" शब्दों को प्रतिनिधिक या प्रारूपिक मूल्य-शब्द (typical value-words) कहा है। हेयर के अनुसार, इन शब्दों का नैतिक और गैर-नैतिक दोनो संदर्भों में इस्तेमाल होता है। उदाहरण के तौर पर, "अच्छी मोटर-कार" में "अच्छा" का इस्तेमाल गैर-नैतिक संदर्भ में हुआ है, जबकि "अच्छा इन्सान" में नैतिक संदर्भ में। हेयर के अनुसार, "अच्छा" शब्द का इस्तेमाल गैर-नैतिक और नैतिक दोनों संदर्भों में एक ही तरीके से होता है: प्रशंसा करने के लिए। हेयर ने माना है कि "अच्छा" शब्द में मूल्यात्मक अर्थ (evaluative meaning) के अलावा वर्णनात्मक अर्थ का तत्व भी होता है, लेकिन "अच्छा" का प्राथमिक कार्य प्रशंसा करना है, उसका वर्णनात्मक अर्थ गौण है। "अच्छा" का वर्णनात्मक अर्थ अलग-अलग संदर्भों में अलग-अलग हो सकता है। यह इस पर निर्भर करता है कि हम किस चीज़ को "अच्छा" कह रहे हैं। उदाहरण के तौर पर, "अच्छा इन्सान" के मापदण्ड "अच्छी मोटर-कार" के मापदण्ड से अलग होंगे।

इसके अलावा, हेयर की राय में, हम जब भी किसी चीज़ की प्रशंसा या निन्दा करते हैं, तो वह हमेशा, चाहे अप्रत्यक्ष रूप से, अपना या दूसरों का वर्तमान में या भविष्य में, चुनाव करने में मार्गदर्शन करना होता है। मूल्य-सम्बंधी निर्णय अन्ततः चुनाव से जुड़े होते हैं। हम "अच्छा इन्सान" के बारे में बात नहीं करते अगर हमारे सामने यह विकल्प नहीं होता कि हम किस तरह का इन्सान बनने की कोशिश करें।

इसके अलावा, हेयर ने "अच्छा" को एक "अभिवर्त्ती" (supervenient) या "परिणामी" (consequential) विशेषण माना है। इससे उनका तात्पर्य यह है कि जब किसी भी वस्तु को "अच्छा" कहा जाता है, तो उसके बारे में वैध रूप से यह प्रश्न उठाया जा सकता है कि "इसमें अच्छा क्या है?" इस प्रश्न का उत्तर उन गुणों को बतला कर दिया जा सकता है, जिनके कारण हम उसे अच्छा कह रहे हैं।[5]

हेयर के अनुसार, "उचित" और "अच्छा" के उपयोग में असमानताएँ भी हैं, लेकिन कई संदर्भों में इन शब्दों का लगभग एक तरह से इस्तेमाल किया जा सकता है। इसी तरह, "अच्छा" और "चाहिए" में भी अंतर है, फिर भी इनका भी एक जैसे संदर्भों में भी इस्तेमाल किया जा सकता है। आमतौर से "चाहिए" शब्द "अच्छा" की तुलना में "उचित" शब्द के अधिक समान है। हेयर की राय में, "उचित" और "चाहिए" के बीच के सम्बंध को बताना अपेक्षाकृत आसान है, जबकि "अच्छा" और "चाहिए" के बीच का सम्बंध अधिक अप्रत्यक्ष है।

इन भिन्नताओं के बावजूद हेयर के अनुसार "अच्छा", "उचित" और "चाहिए" में भी इतनी पर्याप्त समानताएँ हैं कि इन सभी को "मूल्य-शब्द" के रूप में वर्गीकृत किया जा सके।

संक्षेप में, हेयर के अनुसार, ''अच्छा'' की तरह, ''उचित'' और ''चाहिए'' शब्दों का भी इस्तेमाल मुख्यतः चुनाव करने, मार्गदर्शन करने या परामर्श देने के लिए होता है। लेकिन, ''अच्छा'' की तरह ही, इन शब्दों के वर्णनात्मक कार्य भी होते हैं।

समीक्षा

हेयर का परामर्शवाद असंज्ञानवाद का दूसरा प्रमुख रूप है। एयर और स्टीवेंसन की समीक्षा के दौरान भी हम यह ज़िक्र कर चुके हैं कि भाषा में नैतिक पदों का जिस तरह इस्तेमाल होता है, उस दृष्टि से परामर्शवाद सम्वेगवाद की तुलना में अधिक संतोषजनक मालूम देता है। हेयर का यह कहना सही है किसी व्यक्ति का नैतिक सिद्धांत क्या हैं, इसका उत्तर यह देखने से मिलेगा कि उसका आचरण कैसा है, क्योंकि नैतिक सिद्धांतों का कार्य है आचरण का मार्गदर्शन करना।

अच्छा

हेयर द्वारा किया गया ''अच्छा'' का विश्लेषण मूर, एयर या स्टीवेंसन से बेहतर है। (इसकी विस्तृत चर्चा और समीक्षा ''मौलिक नैतिक अवधारणाएँ: अच्छा, उचित, चाहिए और कर्त्तव्य'' अध्याय में की गयी है।) हेयर ने ध्यान दिलाया है कि ''अच्छा'' शब्द का नैतिक और गैर-नैतिक दोनों संदर्भों में एक ही तरीके से इस्तेमाल होता है: प्रशंसा करने के लिए। हेयर ने माना है कि ''अच्छा'' शब्द में मूल्यात्मक अर्थ के अलावा वर्णनात्मक अर्थ का तत्त्व भी होता है, लेकिन ''अच्छा'' का प्राथमिक कार्य प्रशंसा करना है, उसका वर्णनात्मक अर्थ गौण है। ''अच्छा'' का वर्णनात्मक अर्थ अलग-अलग संदर्भों में अलग-अलग हो सकता है। यह इस पर निर्भर करता है कि हम किस चीज़ को ''अच्छा'' कह रहे हैं।

नैतिक निर्णय और आदेश

एयर और स्टीवेंसन दोनों ने नैतिक निर्णय और आदेश के बीच समानता की ओर ध्यान दिलाया है। हेयर ने इसे और अधिक विकसित किया है। हेयर ने अपनी किताब में सबसे पहले साधारण आदेशात्मक वाक्यों की चर्चा की है, जो उनके अनुसार, सबसे सरल किस्म की परामर्शात्मक भाषा है। हेयर के अनुसार, इस किस्म के वाक्यों का तार्किक आचरण नैतिकता की भाषा के विद्यार्थियों के लिए बहुत रुचि का है, क्योंकि इससे नैतिक सिद्धांत के क्षेत्र की कई समस्याएँ आसानी से समझ में आने योग्य रूप में सामने आती हैं। हेयर के विचार में आदेशों का अध्ययन नीतिशास्त्र के अध्ययन के लिए सर्वश्रेष्ठ परिचय है।

ए. जे. एयर

आदेशात्मक और निश्चयार्थक वाक्यों के बीच अंतर की चर्चा करने के क्रम में हेयर ने ए. जे. एयर और अर्थ के सत्यापनीयता सिद्धांत पर कुछ महत्त्वपूर्ण और सटीक टिप्पणियाँ

की हैं। इसके अलावा, उन्होंने किसी को कुछ कहने की प्रक्रिया, और किसी से कुछ करवाने की प्रक्रिया के बीच एक तार्किक दृष्टि से मइत्त्वपूर्ण और सूक्ष्म अंतर किया है।

हेयर के अनुसार, सत्यापनीयता सिद्धांत एक वर्ग के वाक्यों (प्रारूपिक निश्चयार्थक) के अर्थ की आशाजनक व्याख्या है। हेयर की राय में, अगर कोई वाक्य तथ्यात्मक कथन को व्यक्त करने का दावा करता है, और फिर भी हमे यह न मालूम हो कि अगर वह सत्य हो, तो वस्तुस्थिति क्या होगी; फिर वह वाक्य (हमारे लिए) निरर्थक है। लेकिन, हेयर के अनुसार, जब अर्थ के इस मापदण्ड को, जो तथ्यात्मक कथनों के संदर्भ में उपयोगी है, बिना सोचे-समझे ऐसे वाक्यों पर लागू किया जाए, जो तथ्यात्मक कथनों को व्यक्त नहीं करते हैं, तो फिर समस्या पैदा हो जाती है। हो सकता है आदेशात्मक कथन इस मापदण्ड को संतुष्ट न करते हों, और सम्भव है कि नैतिक निर्णय को व्यक्त करने वाले वाक्य भी न करते हों; लेकिन हेयर के अनुसार, इससे सिर्फ यह बात समझ में आती है कि वे इस मापदण्ड द्वारा परिभाषित अर्थ में कथनों को व्यक्त नहीं करते हैं; और सम्भव है कि यह अर्थ सामान्य इस्तेमाल से बहुत सीमित या संकीर्ण हो। इसका यह अर्थ नहीं है कि वे मिरर्थक हैं, या कि उनका अर्थ इस किस्म का है कि उनके इस्तेमाल के लिए कोई तार्किक नियम नहीं दिए जा सकते हैं।

हेयर के अनुसार, एयर जैसे दार्शनिकों ने नैतिक निर्णयों के तार्किक चरित्र के बारे में अपने महत्त्वपूर्ण शोधों के परिणाम को सामने रखने के क्रम में कुछ ऐसी आकस्मिक बातें कह दी, जिनसे अनावश्यक विवाद और विरोध का जन्म हुआ। हेयर की राय में, एयर के सिद्धांत का सार यह है कि नैतिक निर्णय आम तौर से उस तरह कार्य नहीं करते हैं, जिस तरह सत्यापनीयता मापदण्ड द्वारा अलग किए गए निश्चयार्थक वाक्य करते हैं। लेकिन उन्होंने जिस तरह से अपने इस मत को व्यक्त किया, और जिस तरह से उन्होंने नैतिक निर्णयों को अन्य किस्म के वाक्यों से मिला दिया, उससे काफ़ी भ्रम फैला।

हेयर के विचार में, आम बोल-चाल की भाषा में यह बोलने में कोई हर्ज़ नहीं है कि किसी आदेश का इस्तेमाल करने में हमारा अभिप्राय किसी से कुछ करवाना होता है। लेकिन, दार्शनिक दृष्टि से यहाँ पर एक महत्त्वपूर्ण अंतर करने की ज़रूरत है। किसी को कुछ करने के लिए कहने की प्रक्रिया, और किसी से कुछ करवाने की प्रक्रिया, तार्किक दृष्टि से काफी अलग-अलग है। यह वैसे ही है जैसे किसी को यह कहना की वस्तुस्थिति कुछ है, और उसको यह विश्वास दिलाना (या दिलाने का प्रयत्न करना) कि वस्तुस्थिति कुछ है, तार्किक दृष्टि से अलग-अलग है।

हेयर की राय में, नैतिक निर्णय के तथाकथित "आदेशात्मक सिद्धांत" का इतना विरोध इसलिए हुआ, क्योंकि नैतिक निर्णयों और आदेशों के बारे में कुछ मिथ्या धारण ाओं के कारण ऐसा लगा जैसे वे नैतिक चर्चा की बुद्धिसंगतता पर संदेह प्रकट कर रहे

हैं। लेकिन, हेयर के अनुसार, अगर हम इस बात को समझ लें कि आदेश, चाहे वे कथनों से कितने भी अलग क्यों न हो, इस दृष्टि से उनके समान हैं, कि उनके द्वारा किसी को कुछ कहा जाता है, न कि उसे प्रभावित करने का प्रयत्न किया जाता है, तो फिर आदेशों और नैतिक निर्णयों की समानताओं की ओर ध्यान दिलाने में कोई नुकसान नहीं है। हेयर ने यह दिखलाने का प्रयत्न किया है कि क्योंकि कथनों की तरह, आदेशों का अभिप्राय बुद्धिसंगत एजेंटों के प्रश्नों का उत्तर देना होता है, इसलिए वे भी उसी तरह तार्किक नियमों द्वारा संचालित होते हैं, जैसे कथन होते हैं।

आदेशात्मक वाक्य का तर्कशास्त्र

हेयर द्वारा आदेशात्मक वाक्यों का तर्कशास्त्र विकसित करने का प्रयत्न रोचक और महत्त्वपूर्ण है। स्टीवेंसन की समीक्षा के दौरान भी हमने कहा है कि स्टीवेंसन ने इस सम्भावना की ओर ध्यान नहीं दिया कि आदेशों और नैतिक निर्णयों का अभी अपना एक तर्कशास्त्र हो सकता है, जिसकी ओर परम्परागत तर्कशास्त्रियों ने ध्यान नहीं दिया है।

हेयर ने इस दिलचस्प तथ्य की ओर ध्यान दिलाया है कि, निश्चयार्थक वाक्यों की तरह, आज्ञार्थक या आदेशात्मक वाक्य भी उस दोष से ग्रस्त हो सकते हैं, जिनकी ओर अर्थ के सत्यापनीयता सिद्धांत ने ध्यान दिलाया है। हेयर के विचार में, जिस एक तरह से कोई वाक्य निरर्थक हो सकता है, वह यह है कि वह किसी पहचान में न आने वाली वस्तुस्थिति को निर्देशित करे। इसलिए, ''ऐब्सल्यूट हरा है'' और ''ऐब्सल्यूट को हरा करो'' दोनों ही एक ही कारण अर्थहीन हैं: हम यह नहीं जानते हैं कि ये किस चीज़ को निर्देशित कर रहे हैं।

इसके अलावा, हेयर के अनुसार, आदेशात्मक वाक्य भी निश्चयार्थक वाक्यों की तरह आत्म-व्याघात से ग्रस्त हो सकते हैं; उन पर, निश्चयार्थक की तरह, मध्याभाव-नियम को भी लागू किया जा सकता है; और आदेशों के बीच भी, निश्चयार्थक की तरह, अनुलग्नता का सम्बंध हो सकता है। हेयर के विचार में, हमारी भाषा में आज्ञार्थक वृत्ति में सार्वभौमिक वाक्यों का अस्तित्व अपने-आप में इस बात का पर्याप्त प्रमाण है कि हमारी भाषा वहाँ पर भी अनुलग्नता की अनुमति देती है, जहाँ पर कम से कम एक पद आदेश हो।

नीतिशास्त्र की अवधारणा

हेयर के अनुसार, नीतिशास्त्र नैतिकता की भाषा का तार्किक अध्ययन है। इससे यह स्पष्ट है कि हेयर नीतिशास्त्र को अधिनीतिशास्त्र के साथ एकाकार कर रहे हैं। इसे संतोषजनक नहीं माना जा सकता है। यह परिभाषा अत्यधिक सीमित है। हम एयर की नीतिशास्त्र की अवधारणा को भी असंतोषजनक मान चुके हैं। प्रथम अध्याय में हम इसकी चर्चा कर चुके हैं कि मानक नीतिशास्त्र प्लेटो, अरिस्टॉटल से ले कर मूर तक नीतिशास्त्र की मुख्यधारा रही है। इसका कोई औचित्य नहीं दिखता है कि मानक नीतिशास्त्र को नीतिशास्त्र से बाहर कर

दिया जाए। (देखें, प्रथम अध्याय के अन्तर्गत "मानक नीतिशास्त्र और अधिनीतिशास्त्र")

इसके अलावा, बीसवीं सदी के उत्तरार्द्ध में व्यावहारिक या अप्लाइड नीतिशास्त्र का भी तेजी से विकास हुआ है, जिसमें एक समय हेयर के विद्यार्थी रह चुके पीटर सिंगर का महत्त्वपूर्ण योगदान है।

REFERENCES

1. R. M. Hare, The Language of Morals (Oxford: Oxford University Press, 1952), p. iii.
2. R. M. Hare, The Language of Morals, pp. 1-3.
3. R. M. Hare, Op. Cit., pp. 4-16.
4. Ibid., pp. 17-31.
5. Ibid., pp. 127-131.

10

पी. एच. नॉवेल-स्मिथ

1

अंग्रेज़ दार्शनिक पैट्रिक होरेस नॉवल-स्मिथ (1914-2006) का भी अधिनीतिशास्त्र के क्षेत्र में महत्त्वपूर्ण योगदान है। उनकी किताब एथिक्स (1954) नीतिशास्त्र की एक चर्चित पुस्तक है। मैरी वारनॉक ने अपनी एथिक्स सिन्स 1900 के चौथे अध्याय ''आफ्टर दि इमोटिविस्ट'' में उर्मसन और हेयर के अलावा नॉवेल-स्मिथ के विचारों की चर्चा की है।[1]

नॉवल-स्मिथ की एथिक्स की सम्पादकीय प्रस्तावना ए. जे. एयर द्वारा लिखी गयी है। एयर के अनुसार, एक नैतिकतावादी (moralist) और नैतिक दार्शनिक की गतिविधियों के बीच अंतर है, जिसे हमेशा पर्याप्त रूप में अलग-अलग नहीं किया जाता है। नैतिकतावादी एक विस्तृत नैतिक संहिता देने का प्रयत्न करते हैं; जबकि नैतिक दार्शनिक का मुख्य उद्देश्य नैतिक निर्णय देना नहीं, बल्कि नैतिक निर्णय के स्वरूप का विश्लेषण करना होता है।

एयर के अनुसार, नॉवल-स्मिथ ने अपनी किताब एक नैतिक दार्शनिक के रूप में लिखी है। उन्होंने दिखाया है कि कैसे नैतिक कथन अन्य किस्म के कथनों से सम्बन्धित होते हैं, और कैसे उनसे अलग होते हैं, और उनके लिए कौन-से मापदण्ड उपयुक्त हैं।

नीतिशास्त्र का कार्य

नॉवल-स्मिथ की किताब एथिक्स के पहले अध्याय का शीर्षक है ''दि टास्क ऑफ एथिक्स''। नॉवल-स्मिथ के अनुसार, सैद्धांतिक और व्यावहारिक विज्ञानों के बीच एक अंतर है। सैद्धांतिक विज्ञानों का उद्देश्य हमें वस्तुओं के स्वरूप को समझने में सहायता करना है, चाहे वे वस्तुएँ सितारे हों, रासायनिक द्रव्य हों, भूकम्प हो, या क्रांति और मानव व्यवहार हो। सैद्धांतिक विज्ञानों में जो प्रश्न पूछे जाते हैं, उनके उत्तर कथन, वर्णन, सामान्यीकरण, व्याख्या और नियम होते हैं। नॉवल-स्मिथ ने ऐसी वार्ता (discourse) को ''सैद्धांतिक'', ''तथ्यात्मक'' और ''वर्णनात्मक'' वार्ता कहा है। दूसरी ओर, व्यावहारिक वार्ता में नॉवल स्मिथ के अनुसार, व्यावहारिक प्रश्नों के उत्तर दिए जाते हैं, जिनमें सबसे महत्त्वपूर्ण है ''मैं क्या करूँ?'' ''मुझे क्या करना चाहिए?'' अगर यह प्रश्न अपने-आप से पूछा जाए, तो इन प्रश्नों के उत्तर निर्णय, संकल्प, अभिप्राय को व्यक्त करना, या नैतिक सिद्धांत होते हैं। अगर ये प्रश्न किसी अन्य व्यक्ति से पूछे जाएँ, तो उसका उत्तर एक इस किस्म के वाक्य के आकार का कोई आदेश, निषेधाज्ञा या सलाह होगा ''ऐसा-ऐसा करो''। नॉवल-स्मिथ के अनुसार, जिन केंद्रीय गतिविधियों के लिए नैतिक भाषा का इस्तेमाल किया जाता है,

त्रे हैं चुनना और दूसरों को चुनने की सलाह देना।

नॉवल-स्मिथ के अनुसार, परम्परागत रूप से नीतिशास्त्र को एक व्यावहारिक विज्ञान माना गया है। "विज्ञान" इसलिए कि इसे एक व्यवस्थित अन्वेषण माना गया, जिसका उद्देश्य ज्ञान प्राप्त करना है, और "व्यावहारिक" इसलिए, क्योंकि इसका उद्देश्य क्या करना चाहिए इस बारे में व्यावहारिक ज्ञान प्राप्त करना है, न कि क्या है इसके बारे में ज्ञान।

नॉवल-स्मिथ के अनुसार, नैतिक दार्शनिकों ने दो कार्यों को करने का प्रयत्न किया: पहला, व्यावहारिक प्रश्नों का उत्तर देना, और दूसरा, प्रचलनों और आचरणों की आलोचना, मूल्यांकन और समीक्षा करना। लेकिन, पहले के दार्शनिकों ने, नॉवल-स्मिथ के विचार में, मूल्यांकन को व्यावहारिक प्रश्नों से कम दर्जा दिया।

नैतिक दार्शनिकों ने, नॉवल-स्मिथ की राय में, हमें विभिन्न परिस्थितियों में कैसे आचरण करना चाहिए, इस बारे में कोई विस्तृत सलाह देने का प्रयत्न नहीं किया। लेकिन वे सभी इस बात पर सहमत थे कि नैतिक दर्शन का लक्ष्य व्यावहारिक ज्ञान है: यह नहीं कि हम जाने की अच्छाई क्या है, बल्कि यह कि हम अच्छे बने। नॉवल-स्मिथ के अनुसार हम प्लेटो, अरिस्टॉटल और एपिक्यूरस, हॉब्स, स्पिनोजा और बटलर से यह सीख सकते हैं कि उनके अनुसार, हमें कैसे जीना चाहिए।

नॉवल-स्मिथ के अनुसार, ये सभी दार्शनिक एक अन्य महत्त्वपूर्ण बिंदु पर एकमत थे। वे यह मान कर चलते थे कि मनुष्य के कुछ लक्ष्य, प्रयोजन और इच्छाएँ होती हैं, जिन्हें वे हासिल या संतुष्ट करना चाहते हैं। इन उद्देश्यों को प्राप्त करने को "अच्छा जीवन" और "सुख" आदि का नाम दिया गया। नॉवल-स्मिथ के अनुसार, कान्ट के पहले नीतिशास्त्र में "कर्त्तव्य" के लिए कर्त्तव्य की बात नहीं की गयी है। पहले के नैतिक दार्शनिक कान्ट की तरह अप्रयोजनवादी (deontological) नहीं थे, बल्कि प्रयोजनवादी (teleological) थे।

नॉवल-स्मिथ के अनुसार, ईसाई, इस्लाम और बौद्ध धर्मो जैसे प्रमुख धर्मों में भी नैतिक नियमों को स्वर्ग या निर्वाण जैसे लक्ष्यों तक पहुँचने का साधन माना गया है। लेकिन, नॉवल-स्मिथ के विचार में, यह कहना कि नैतिकता के नियम सुख या अच्छा जीवन हासिल करने के नियम हैं, हमें ज़्यादा कुछ नहीं बतलाते हैं। सुख क्या है? अच्छे जीवन और बुरे जीवन में क्या अंतर है? हम ये कैसे जानेंगे कि बताए जा रहे नियमों का पालन करने से वास्तव में सुख मिलेगा या नहीं? पहले के महान दार्शनिकों ने, नॉवल-स्मिथ के अनुसार, इन्हीं सामान्य प्रश्नों का उत्तर खोजने का प्रयास किया। और क्योंकि, मनुष्य एक सामाजिक प्राणी है, अच्छा जीवन समाज में जीया जाता है, और इस संदर्भ में राजनीति की चर्चा भी ज़रूरी समझी गयी। इन दार्शनिकों के लिए नीतिशास्त्र और राजनीति एक ही विषय थे। इसके अलावा, क्योंकि यह जाने बिना की मनुष्य क्या है, मनुष्य को यह बतलाना कि उसे क्या करना चाहिए बेकार है, इसलिए मनोविज्ञान के अध्ययन को भी

ज़रूरी माना गया; और दार्शनिकों ने मानव-स्वभाव के विश्लेषण में भी काफ़ी समय लगाया। इसके अलावा, नॉवल-स्मिथ के अनुसार, तर्कशास्त्र का अध्ययन भी ज़रूरी है, हालांकि यह बात कुछ ही दार्शनिकों को स्पष्ट थी।[2]

2

नॉवल-स्मिथ के अनुसार, नीतिशास्त्र के विद्यार्थियों को इस बात से निराशा होगी कि हालांकि इस विषय का अध्ययन दो हज़ार वर्षों से अधिक समय से किया जा रहा है, फिर भी इसमें ऐसे स्थापित सत्यों की व्यवस्था उत्पन्न नहीं की जा सकी है, जिसकी तुलना गणित या प्राकृतिक विज्ञानों से की जा सके।

नॉवल-स्मिथ के विचार में, नीतिशास्त्र की इस आलोचना का आंशिक उत्तर यह है कि जैसे ही किसी सामान्य किस्म की समस्या को सुलझाने में प्रगति होती है, वह समस्या "दार्शनिक" कहे जाने वाले किसी व्यक्ति की बजाय "वैज्ञानिक" के लिए समस्या बन जाती है। दूसरे, नीतिशास्त्र की तुलना गणित और प्राकृतिक विज्ञानों से करना ठीक नहीं है, क्योंकि आचरण के क्षेत्र में निगमनात्मक विधियों को उस तरह लागू कर पाना सम्भव नहीं है, जिस तरह प्राकृतिक विज्ञानों के क्षेत्र में। अन्य बातों के अलावा, जिस तरह ताप और ऊर्जा की मात्रा की गणना की जा सकती है, उस तरह "सुख" की मात्रा की गणना नहीं की जा सकती है।

इन सबके अलावा, नॉवल-स्मिथ की राय में, यह मत कि नीतिशास्त्र की बुनियादी समस्याओं को सुलझाने की दिशा में कोई प्रगति नहीं हुई है, एक भ्रम है; क्योंकि इनमें से कुछ समस्याएँ मानवता के इतिहास में बहुत पहले ही सुलझा ली गयी थीं। नॉवल-स्मिथ के अनुसार, व्यावहारिक समस्याएँ और नीतिशास्त्र की सैद्धांतिक समस्याएँ भी गणित और प्राकृतिक विज्ञानों की समस्याओं से अलग हैं। व्यवहार में समस्याएँ मुख्यतः तब पैदा होती हैं, जब नैतिक नियमों के बीच विरोध होता है, या फिर किसी बहुप्रचलित नैतिक नियम को किसी एक दृष्टांत में कैसे लागू किया जाए, इस पर संशय हो। सैद्धांतिक नीतिशास्त्र की समस्याओं का सम्बंध, नॉवल-स्मिथ के विचार में, मुख्यतः व्यावहारिक वार्त्ता में इस्तेमाल की जाने वाली अवधारणाओं के बीच के सम्बंध और उनके तार्किक व्यवहार को समझने से है।

नॉवल-स्मिथ के अनुसार, कुछ बुनियादी नैतिक नियम ऐसे हैं, जो न कभी बदले हैं, और शायद न कभी बदलेंगे। नैतिक संहिताओं का अगर अध्ययन किया जाए, तो हम यह पाएँगे कि उनके मुख्य बिंदुओं और सिद्धांतों में अंतर नहीं है। जो विभिन्नताएँ हैं वे अंशतः किसी किस्म के आचरण के परिणाम जैसे इन्द्रियानुभविक तथ्यों के बारे में अलग-अलग राय के कारण हैं, और अंशतः सामाजिक-आर्थिक संगठनों में अंतर के कारण।

नॉवल-स्मिथ के विचार में, सामान्य और अपरिवर्तनीय नियमों को जानना पर्याप्त

नहीं है, यह जानना भी ज़रूरी है कि उन्हें लागू कैसे किया जाए। इसलिए नैतिक नियमों को हमेशा के लिए अंतिम रूप नहीं दिया जा सकता है। नैतिक समस्याओं पर नए सिरे से सोचने की आवश्यकता हमेशा रहेगी, और खास तौर से तीव्र सामाजिक और आर्थिक परिवर्तन के दौर में तथा मानव-स्वभाव के बारे में तेजी से बढ़ते ज्ञान के समय यह आवश्यकता और अधिक होगी।[3]

3

नॉवल-स्मिथ के अनुसार, ''वैज्ञानिक नैतिकता'' क्यों असम्भव है, इस बात को किसी अन्य दार्शनिक की तुलना में अरिस्टॉट्ल ने बेहतर समझा है। अन्य दार्शनिकों की तरह अरिस्टॉट्ल भी यह मानते थे कि नीतिशास्त्र का उद्देश्य इंसान को अच्छा इंसान बनाना है। लेकिन, नॉवल-स्मिथ के विचार में, वे ऐसा नहीं समझते थे कि नीतिशास्त्र पर लेक्चर दे कर या कोई हैंडबुक लिख कर किसी को अच्छा इंसान बनाना सम्भव है। नॉवल-स्मिथ के अनुसार, उनकी किताब का उद्देश्य भी प्लेटो की बजाय अरिस्टॉट्ल जैसा है।

अगर कोई उनसे जीवन जीने के लिए नैतिक संहिता माँगेगा, तो वे भी अरिस्टॉट्ल की तरह कहेंगे कि ''मैं तुम्हे कोई कोड नहीं दे सकता, जा कर सर्वश्रेष्ठ और सबसे अक्लमंद लोगों को देखो, जो तुम्हें मिल सकते हैं, और उनकी नकल करो''।

नॉवल-स्मिथ के अनुसार, हमारी कुछ व्यावहारिक समस्याओं का सम्बंध तथ्यों से होता है, लेकिन इसके अलावा भी कुछ कठिनाइयाँ हैं, जिन्हें आसानी से जाना नहीं जा सकता है। ये समस्याएँ इसलिए पैदा होती हैं, क्योंकि हम व्यावहारिक समस्याओं को सुलझाने में इस्तेमाल की जाने वाली अवधारणाओं और शब्दों को विशेषज्ञतापूर्ण तरीके से प्रयोग नहीं कर पाते हैं। नैतिक प्रश्नों से निबटने में एक विशिष्ट शब्दावली का इस्तेमाल किया जाता है। इसमें नॉवल-स्मिथ के अनुसार, इच्छा, भूख, संकल्प, ऐच्छिक चुनाव, पसंद, विवेक, पछतावा, अपराध बोध, योग्य, सुख, दुख, कर्त्तव्य, दायित्व, अच्छा और अशुभ जैसे शब्द शामिल हैं। विज्ञान के तकनीकी शब्दों की तरह, ये शब्द सिर्फ विशेषज्ञों की सम्पत्ति नहीं हैं। और जो लोग ''सुख'' और ''पछतावा'' जैसे शब्दों का अर्थ नहीं समझते, वे नीतिशास्त्र से कुछ भी नहीं सीख सकते हैं।

लेकिन, एक दूसरे तरीके से, जो दर्शनशास्त्र के विशेषज्ञ नहीं हैं, वे इन शब्दों को नहीं समझते हैं: वे इन शब्दों और इनके द्वारा अभिव्यक्त विचारों के सम्बंध को हमेशा नहीं समझते हैं। नैतिकता की समस्याओं से जुड़ी इन अवधारणाओं के बीच क्या सम्बंध है? क्या ''अच्छा'' की परिभाषा ''सुख'' या ''इच्छा'' के माध्यम से की जा सकती है।

इसी तरह, वाक्यों के बारे में भी कई सवाल उठाए जा सकते हैं। क्या सभी वाक्य, जिनके लिए प्रत्यक्षतः ऐसा दिखता है, तथ्यों को व्यक्त करते हैं? अगर हम कुछ वाक्यों का इस्तेमाल तथ्यों को व्यक्त करने के लिए करते हैं, कुछ का निर्णयों को व्यक्त करने

के लिए, कुछ का सलाह देने के लिए, आदेश देने के लिए, तो भाषा के ज़रिए जो ये सारे कार्य किए जाते हैं, वे परस्पर किस प्रकार सम्बन्धित हैं?

इन प्रश्नों से नॉवल-स्मिथ के अनुसार, और भी अमूर्त किस्म के प्रश्न उठते हैं, जो नैतिक समस्याओं से बहुत दूर मालूम दे सकते हैं। अगर हम अलग-अलग किस्म के प्रश्नों और वाक्यों के बीच अंतर करते हैं; तो इसका कोई आधार होगा। वह आधार क्या है? इस अंतर को क्या हम निरीक्षण द्वारा जानते हैं। अगर हाँ, तो किस चीज़ का निरीक्षण? उनके व्याकरणीय आकार (grammatical form) का? या जिन अलग-अलग कामों के लिए उनका इस्तेमाल किया जाता है, उस पर चिंतन द्वारा?

नॉवल-स्मिथ के अनुसार, अर्थ और वाक्यों से सम्बन्धित तार्किक प्रश्नों की नैतिक दार्शनिकों द्वारा हाल-हाल तक आम तौर पर अवहेलना की गयी। ऐसा इसलिए हुआ, क्योंकि यह मान लिया गया कि हर किस्म की बोलचाल का तर्कशास्त्र एक ही जैसा होगा। दार्शनिकों ने यह मान लिया कि सत्य की तलाश की दृष्टि से सिर्फ निश्चयार्थक वृत्ति में व्यक्त तर्कवाक्यों का ही महत्त्व है। अन्य वृत्तियाँ (moods) और वाक्य-आकार तथा भाषा के अन्य उपयोग अन्य संदर्भों में चाहे जितने भी महत्त्वपूर्ण हों, सत्य की तलाश की दृष्टि से अप्रासंगिक हैं। अपनी किताब के आगे के अध्यायों में नॉवल-स्मिथ ने यह दिखलाने का प्रयत्न किया है कि कैसे इस तार्किक रूढ़ि (logical dogma) ने हम कैसे नैतिक निर्णय लेते हैं, इस बारे में नैतिक दार्शनिकों की व्याख्या को विकृत कर दिया।

इस तरह, हालांकि नॉवल-स्मिथ नीतिशास्त्र की एक व्यापक व्याख्या ले कर चलते हैं। अंततः वे अपना ध्यान अधिनीतिशास्त्र की समस्याओं पर ही केन्द्रित करते हैं। लेकिन, उनके द्वारा की गयी ''नैतिक'' शब्दों की सूची स्टीवेंसन या हेयर से कहीं व्यापक हैं।[4]

विशेषणों का तर्कशास्त्र

क्या सभी विशेषण गुणों का प्रतीक हैं? अपनी किताब एथिक्स के पाँचवें अध्याय ''दि लॉजिक ऑफ ऐडजेक्ट्व्स'' में नॉवल-स्मिथ ने इस पूर्वमान्यता पर प्रश्न उठाया है कि विशेषण गुणों (properties) के नाम होते हैं, या कि उनकी तार्किक भूमिका किसी वस्तु को निर्देशित करना है, या कि वे किसी गुण के प्रतीक हैं।

दूसरे शब्दों में, नॉवल-स्मिथ ने यह प्रश्न उठाया है कि क्या सभी विशेषण गुणों के प्रतीक हैं? ''अच्छा'' एक विशेषण है, तो क्या अच्छाई एक गुण है? अगर ''अच्छा'' एक गुण का प्रतीक है, तो इसका अर्थ यह हुआ कि ''अच्छा'' शब्द का तार्किक व्यवहार भी ''नीला'' या ''गोल'' शब्दों के जैसा होगा। नॉवल-स्मिथ ध्यान दिलाते हैं कि मूर ने ''अच्छा'' और ''पीला'' के बीच समानताओं और अंतर की चर्चा की है। मूर के अनुसार, दोनों इस मामले में एक-जैसे हैं कि वे सरल और अपरिभाष्य हैं; जबकि उनके बीच अंतर यह है कि एक (पीला) ''प्राकृतिक'' गुण है और दूसरा (अच्छा) ''गैर-प्राकृतिक''।

लेकिन, नॉवल-स्मिथ के अनुसार, मूर की स्थापनाओं में एक पूर्वमान्यता अंतर्निहित है कि अगर ''अच्छा'' शब्द का कुछ अर्थ है, तो फिर उसे किसी वस्तु को निर्देशित (denote) करना चाहिए। एक बार अगर हम इस पूर्वमान्यता को छोड़ दें कि सभी विशेषण किन्हीं गुणों को प्रतीक हैं, तो फिर, नॉवल-स्मिथ के विचार में, हम देख पाएँगे कि अलग-अलग विशेषण तार्किक दृष्टि से अलग-अलग ढंग से काम करते हैं। तब, हमारी समस्या यह हो जाएगी कि उन्हें कैसे वर्गीकृत किया जाए, और कैसे उनके बीच के सम्बंध की व्याख्या की जाए।

A-शब्द, D-शब्द, G-शब्द

नॉवल-स्मिथ ने विशेषणों को A-शब्द, D-शब्द, G-शब्द में वर्गीकृत किया है। नॉवल-स्मिथ ने भव्य (sublime) और भयानक (terrifying) जैसे शब्दों को । (aptness) उपयुक्तता शब्द कहा है, क्योंकि ये यह दिखलाते हैं कि किसी वस्तु में ऐसे कुछ गुण हैं, जो कुछ भावनाओं को जागृत करने के लिए उपयुक्त (apt) हैं। नॉवल-स्मिथ के विचार में । शब्दों का अपना तर्कशास्त्र है, जो D (descriptive) वर्णनात्मक शब्दों और G (gerundive) क्रियात्मक विशेषण शब्दों से अलग हैं। नॉवल-स्मिथ ने प्रशंसा-योग्य, ध्यान देने-योग्य, प्रशंसनीय और निन्दनीय जैसे शब्दों को G-शब्द कहा है। G-शब्द यह सुझाव देते हैं कि किसी वस्तु में ऐसे गुण हैं, जिन्हें एक विशेष ढंग से लिया जाना चाहिए। नॉवल-स्मिथ के अनुसार, मूर ने ''अच्छा'' से सम्बन्धित अपनी युक्तियों में A-शब्दों और D-शब्दों के बीच के अंतर की अवहेलना की है।[5]

तार्किक अनोखापन

नॉवल-स्मिथ ने अपनी किताब में ''तार्किक अनोखापन'' (logical oddity) की अवधारणा का भी इस्तेमाल किया है। अपनी किताब के छठे अध्याय ''दि लॉजिक ऑफ सेन्टेन्सेज़ ऐण्ड आरगुमेंट्स'' में उन्होंने इसे कुछ काल्पनिक उद्धहरणों और वार्तालापों के माध्यम से समझाया है।

A : मैं मटन खाऊँगा।

B : क्यों?

A : क्योंकि मैं 'बीफ' की तुलना में 'मटन' पसंद करता हूँ।

B : क्यों? (तात्पर्य, यह नहीं कि ''आप 'बीफ' की तुलना में 'मटन' क्यों पसंद करते हैं?'' बल्कि यह कि ''आपका मटन को पसंद करना उसे चुनने का एक तर्क क्यों है?''

इसी तरह,

A : मैं कसाई को पैसे दूँगा।

B : क्यों?

A : क्योंकि मेरे पास उसके पैसे बनते हैं।

B : क्यों (तात्पर्य, यह नहीं कि "यह कर्ज़ कैसे उत्पन्न हुआ?", बल्कि "कर्ज का अस्तित्व उसे पैसे देने का एक तर्क क्यों है?"

नॉवल-स्मिथ के अनुसार, कोई प्रश्न "तार्किक दृष्टि से अनोखा" है, अगर उस संदर्भ में उसके लिए कोई स्थान नहीं दिखता है, क्योंकि उसका उत्तर पहले ही दिया जा चुका है।

नॉवल-स्मिथ के अनुसार, नैतिक दार्शनिक का काम है नैतिक शब्दों, वाक्यों और युक्तियों के परस्पर सम्बंधों को मैप करना। और यह काम यह दिखला कर नहीं किया जा सकता है कि कैसे एक कथन दूसरे कथन को अनुलग्नित (entail) या विरोध करता है, बल्कि यह दिखला कर किया जा सकता है कि कुछ सदर्भों में कोई एक बात कहना, और किसी दूसरी बात से इनकार करना, या कोई विशेष प्रश्न पूछना "तार्किक दृष्टि से अनोखा" है।[6]

जैनस सिद्धांत

नॉवल-स्मिथ ने अपनी किताब एथिक्स में कई तकनीकी शब्द गढ़े हैं। "जैनस सिद्धांत" (Janus Principle) भी उनमें से एक है। इस सिद्धांत के अनुसार कोई शब्द न सिर्फ एक बार में दो या दो से अधिक काम कर सकता है, बल्कि विपरीत-प्रमाण (counter evidence) के अभाव में, यह मान कर चलना चाहिए कि वह एक बार में दो या दो से अधिक काम कर रहा है। इस सिद्धांत के आधार पर नॉवल-स्मिथ ने इससे इनकार किया है कि नैतिक वाक्य मात्र आज्ञार्थक (imperative) या मात्र सम्वेगात्मक (emotive) होते हैं, या कि उनका कोई एक विशिष्ट कार्य होता है।[7]

समर्थक-अभिवृत्ति और विरोधी-अभिवृत्ति

अपनी किताब एथिक्स के आठवें अध्याय "रीज़ंस फॅार चूज़िंग" में नॉवल स्मिथ ने समर्थक-अभिवृत्ति (pro-attitude) और विरोधी-अभिवृत्ति (con-attitude) की बात की है। उन्होंने इसे स्पष्ट करने के लिए दो सूचियाँ दी हैं।

सूची A	सूची B
पसंद	नफरत
अनुमोदन	नापसंद
आनंद लेना	निरनुमोदन करना
प्रेम	घृणा करना
चाहना	अस्वीकार करना
स्वीकार करना	दूर भागना

सुख	दर्द
आराम	असुविधा
इच्छा	विमुखता
आनंद	बचने का प्रयत्न
रुचि रखना	बाधित करने का प्रयत्न
	छुटकारा पाने का प्रयत्न
स्नेह करना	रोकने का प्रयत्न
प्राप्त करने का प्रयत्न	निवारण करना
हासिल करने का प्रयत्न	
बढ़ाने का प्रयत्न	

पहली सूची के शब्द समर्थक-अभिवृत्ति को दिखलाते हैं, जबकि दूसरी सूची के शब्द विरोधी-अभिवृत्ति को।

नॉवल-स्मिथ के अनुसार, ऐसे वाक्य जिनमें "प्रो" (pro) और "कॉन" (con) शब्द मौजूद हों, चुनाव की अच्छी या तार्किक दृष्टि से पूर्ण व्याख्या प्रस्तुत करते हैं। किसी चुनाव की व्याख्या करते हुए अगर ऐसे वाक्य प्रस्तुत किए जाते हैं, तो फिर इसके बाद भी प्रश्न उठाना "तार्किक दृष्टि से अनोखा" है।[8]

अच्छा

नॉवल-स्मिथ के अनुसार, "अच्छा" शब्द का इस्तेमाल बुनियादी तौर पर चुनाव करने और सलाह देने के संदर्भ में होता है। जब कोई किसी चीज़ के बारे में कहता है कि "यह अच्छा है" तब वह उसके प्रति समर्थक-अभिवृत्ति (pro-attitude) व्यक्त करता है। लेकिन, नॉवल-स्मिथ के विचार में, इस प्राथमिक इस्तेमाल के अलावा भी "अच्छा" के कई इस्तेमाल होते हैं, जैसे, प्रशंसा करने के लिए, मूल्यांकन करने के लिए, इत्यादि। कई बार "अच्छा" शब्द का वर्णनात्मक रूप में भी इस्तेमाल किया जाता है।

नॉवल-स्मिथ के अनुसार, "अच्छा" एक "जैनस शब्द" (janus word) है: यह कहने से नॉवल-स्मिथ का तात्पर्य यह है कि "अच्छा" शब्द का अक्सर एक ही समय में दो या दो से अधिक कार्यों के लिए इस्तेमाल होता है।[5]

नॉवल-स्मिथ ने "अच्छा" को "उचित" और "कर्त्तव्य" की तुलना में अधिक बुनियादी माना है।

संक्षेप में, "अच्छा" या "शुभ" के बारे में दो किस्म के विचार हैं, एक, वर्णनात्मक

या संज्ञानात्मक, जिसके अनुसार "अच्छा" एक वर्णनात्मक शब्द है; और दो, अवर्णनात्मक या असंज्ञानात्मक, जिसके अनुसार "अच्छा" मुख्यतः एक अवर्णनात्मक शब्द है।

फिर, वर्णनात्मक सिद्धांत के भी दो प्रमुख रूप माने जा सकते हैं: एक, सुखवाद, जिसके अनुसार "यह अच्छा है" का अर्थ है "यह सुखद है"। दो, मूर का गैर-प्राकृतिक संज्ञानवाद, जिसके अनुसार "अच्छा" एक विशिष्ट, सरल, अविश्लेष्य, अपरिभाष्य और गैर-प्राकृतिक गुण है।

अवर्णनात्मक सिद्धांत के भी दो प्रमुख रूप हैं: एक, सम्वेगवाद, और दो, परामर्शवाद। सम्वेगवाद के प्रवर्तक ए. जे. एयर के अनुसार, "अच्छा" और अन्य नैतिक शब्द मुख्यतः सम्वेगात्मक होते हैं। स्टीवेंसन ने भी "अच्छा" को सम्वेगात्मक माना है; लेकिन, उनके अनुसार, "अच्छा" के वर्णनात्मक कार्य भी होते हैं।

परामर्शवाद के प्रवर्तक आर. एम. हेयर के अनुसार, "अच्छा" का प्राथमिक कार्य प्रशंसा करना और चुनने में मार्गदर्शन करना है। उसका वर्णनात्मक अर्थ गौण होता है, जो संदर्भ के अनुसार बदलता रहता है।

हालांकि नॉवल-स्मिथ ने स्वयं "परामर्शात्मक" शब्द का इस्तेमाल नहीं किया है, लेकिन उन्हें भी, मोटे तौर पर, परामर्शवाद के अंतर्गत रखा जा सकता है। उनके अनुसार "अच्छा" का बुनियादी इस्तेमाल चुनाव करने और सलाह देने के संदर्भ में होता है। लेकिन, इसके अलावा भी "अच्छा" के कई इस्तेमाल होते हैं, जिनमे वर्णनात्मक इस्तेमाल भी शामिल है। नॉवल-स्मिथ के अनुसार, "अच्छा" शब्द का इस्तेमाल अक्सर एक ही समय में एक से अधिक कार्यों के लिए होता है।

"उचित" और "चाहिए"

अपनी किताब एथिक्स के तेरहवें अध्याय ने नॉवल-स्मिथ ने व्यावहारिक जीवन में "उचित" और "चाहिए" के इस्तेमाल की चर्चा की है। स्मिथ के अनुसार, कर्त्तव्यों की चर्चा करने के लिए हम वास्तव में जिन शब्दों का इस्तेमाल करते हैं, उनमें "उचित" और "चाहिए" सबसे महत्त्वपूर्ण है। इन शब्दों का मुख्य इस्तेमाल किसी को कुछ करने के लिए बतलाना है। इस प्राथमिक प्रयोग के अलावा इनके गौण इस्तेमाल भी होते हैं, जो "अच्छा" शब्द के गौण इस्तेमाल की तरह ही होते हैं। हम पहले ही चर्चा कर चुके हैं कि नॉवल-स्मिथ के अनुसार, "अच्छा" शब्द का इस्तेमाल बुनियादी तौर पर चुनाव करने और सलाह देने के संदर्भ में होता है। लेकिन, इसके अलावा भी, "अच्छा" के कई इस्तेमाल होते हैं, जैसे, प्रशंसा करने के लिए या मूल्यांकन करने के लिए या फिर वर्णनात्मक संदर्भों में।

नॉवल-स्मिथ के अनुसार, "उचित" और "चाहिए" के बीच मोटे तौर पर यह अंतर है कि "मुझे चाहिए" या "तुम्हें चाहिए" का इस्तेमाल निर्णयों और निषेधाज्ञाओं को

व्यक्त करने के लिए किया जाता है, जबकि "उचित" का इस्तेमाल मुख्यतः एक विशेष तरीके से निर्णयों और निषेधाज्ञाओं का समर्थन करने के लिए किया जाता है। अगर किसी को यह स्पष्ट करने को कहा जाए कि उसने कोई काम क्यों किया या क्यों करने का इरादा रखता है, तो वह कह सकता है "क्योंकि ऐसा करना उचित है"। नॉवल-स्मिथ के अनुसार, "अच्छा", "चाहिए" और "उचित" शब्दों की विशेषता यह है कि ये अपने मुख्य इस्तेमाल में ये समर्थक-अभिवृत्ति को व्यक्त करने वाले शब्द हैं।

समीक्षा

नॉवल-स्मिथ के नैतिक विचारों को आम तौर से परामर्शवाद के अन्तर्गत रखा जाता है हालांकि स्वयं नॉवल-स्मिथ ने "परामर्शवाद" शब्द का उपयोग नहीं किया है, जैसकि हेयर ने किया है। नॉवल-स्मिथ के अनुसार, जिन केंद्रीय गतिविधियों के लिए नैतिक भाषा का इस्तेमाल किया जाता है, वे हैं चुनना और दूसरों को चुनने की सलाह देना।

नीतिशास्त्र का कार्य

नॉवल-स्मिथ मूर, रसेल, एयर, स्टीवेंसन या हेयर की तुलना में नीतिशास्त्र के कार्य की एक व्यापक व्याख्या ले कर चलते हैं। उन्होंने "सैद्धांतिक" और "व्यावहारिक" विज्ञानों के बीच अंतर करते हुए नीतिशास्त्र को एक व्यावहारिक विज्ञान माना है। नॉवल-स्मिथ के अनुसार, नैतिक दार्शनिकों ने दो कार्यों को करने का प्रयत्न किया: पहला, "मैं क्या करूँ" या "मुझे क्या करना चाहिए" जैसे व्यावहारिक प्रश्नों का उत्तर देना, और दूसरा, प्रचलनों और आचरणों की आलोचना, मूल्यांकन और समीक्षा करना। लेकिन, पहले के दार्शनिकों ने, नॉवल-स्मिथ के विचार में, मूल्यांकन को व्यावहारिक प्रश्नों से कम दर्जा दिया।

सुख क्या है? अच्छे जीवन और बुरे जीवन में क्या अंतर है? हम ये कैसे जानेंगे कि बताए जा रहे नियमों का पालन करने से वास्तव में सुख मिलेगा या नहीं? नॉवल-स्मिथ के अनुसार, पहले के महान दार्शनिकों ने इन्ही सामान्य प्रश्नों का उत्तर खोजने का प्रयास किया; और क्योंकि, मनुष्य एक सामाजिक प्राणी है, अच्छा जीवन समाज में जीया जाता है, और इस संदर्भ में राजनीति की चर्चा भी ज़रूरी समझी गयी। इन दार्शनिकों के लिए नीतिशास्त्र और राजनीति एक ही विषय थे। इसके अलावा, क्योंकि यह जाने बिना की मनुष्य क्या है, मनुष्य को यह बतलाना कि उसे क्या करना चाहिए बेकार है, इसलिए मनोविज्ञान के अध्ययन को भी ज़रूरी माना गया; और दार्शनिकों ने मानव-स्वभाव के विश्लेषण में भी काफ़ी समय लगाया। इसके अलावा, नॉवल-स्मिथ के अनुसार, तर्कशास्त्र का अध्ययन भी ज़रूरी है, हालांकि यह बात कुछ ही दार्शनिकों को स्पष्ट थी।

नॉवल-स्मिथ के अनुसार, सैद्धांतिक नीतिशास्त्र की समस्याओं का सम्बंध मुख्यतः व्यावहारिक वार्त्ता में इस्तेमाल की जाने वाली अवधारणाओं के बीच के सम्बंध और उनके तार्किक व्यवहार को समझने में है। उनके अनुसार अर्थ और वाक्यों से सम्बंधित तार्किक

प्रश्नों की नैतिक दार्शनिकों द्वारा हाल-हाल तक आम तौर पर अवहेलना ही गयी। ऐसा इसलिए हुआ, क्योंकि यह मान लिया गया कि हर किस्म की बोलचाल का तर्कशास्त्र एक ही जैसा होगा। दार्शनिकों ने यह मान लिया कि सत्य की तलाश की दृष्टि से सिर्फ निश्चयार्थक वृत्ति में व्यक्त तर्क वाक्यों का ही महत्त्व है। अन्य वृत्तियाँ और वाक्य-आकार और भाषा के अन्य उपयोग अन्य संदर्भों में चाहे जितने भी महत्त्वपूर्ण हों, सत्य की तलाश की दृष्टि से अप्रासंगिक हैं। अपनी किताब के आगे के अध्यायों में नॉवल-स्मिथ ने यह दिखलाने का प्रयत्न किया है कि कैसे इस तार्किक रूढ़ि ने हम कैसे नैतिक निर्णय लेते हैं, इस बारे में नैतिक दार्शनिकों की व्याख्या को विकृत कर दिया।[10]

इस तरह, हालांकि नॉवल-स्मिथ ने नीतिशास्त्र के कार्य की व्यापक व्याख्या की है, लेकिन अंततः उन्होंने अपना ध्यान अधिनीतिशास्त्र पर ही केन्द्रित किया है।

विशेषणों का तर्कशास्त्र

विशेषणों के तर्कशास्त्र के संदर्भ में, नॉवल-स्मिथ ने एक बहुत ही सटीक प्रश्न उठाया है कि क्या सभी विशेषण गुणों के प्रतीक हैं? नॉवल-स्मिथ ध्यान दिलाते हैं कि मूर ने "अच्छा" और "पीला" के बीच समानताओं और अंतर की चर्चा की है। लेकिन, नॉवल-स्मिथ के अनुसार, मूर की स्थापनाओं में एक पूर्वमान्यता अंतर्निहित है कि अगर "अच्छा" शब्द का कुछ अर्थ है, तो फिर उसे किसी वस्तु को निर्देशित करना चाहिए।[11] एक बार अगर हम इस पूर्वमान्यता को छोड़ दें कि सभी विशेषण किन्हीं गुणों को प्रतीक हैं, तो फिर, नॉवल-स्मिथ के विचार में, हम देख पाएँगे कि अलग-अलग विशेषण तार्किक दृष्टि से अलग-अलग ढंग से काम करते हैं।

नॉवल-स्मिथ ने विशेषणों को A-शब्द, D-शब्द और G-शब्द में वर्गीकृत करते हुए कहा है कि मूर ने "अच्छा" से सम्बन्धित अपनी युक्तियों में A-शब्दों (उपयुक्तता) और D-शब्दों (वर्णनात्मक) के बीच के अंतर की अवहेलना की है।

तार्किक अनोखापन

नॉवल-स्मिथ द्वारा अपनी किताब में कई नए तकनीकी शब्द गढ़े गए हैं। "तार्किक अनोखापन" की अवधारणा भी उनमें से एक है। उनके अनुसार कोई प्रश्न "तार्किक दृष्टि से अनोखा" है, अगर उस संदर्भ में उसके लिए कोई स्थान नहीं दिखता है, क्योंकि उसका उत्तर पहले ही दिया जा चुका है।

समर्थक-अभिवृत्ति (pro-attitude) और विरोधी-अभिवृत्ति (con-attitude) के बीच अंतर करते हुए नॉवल-स्मिथ कहते हैं कि ऐसे वाक्य जिनमें जिनमें "प्रो" और "कॉन" शब्द मौजूद हों, चुनाव की अच्छी या तार्किक दृष्टि से पूर्ण व्याख्या प्रस्तुत करते हैं। किसी चुनाव की व्याख्या करते हुए अगर ऐसे वाक्य प्रस्तुत किए जाते हैं, तो फिर इसके बाद भी प्रश्न उठाना "तार्किक दृष्टि से अनोखा" है।

जैनस सिद्धांत

नॉवल-स्मिथ द्वारा दिया गया जैनस सिद्धांत भी उल्लेखनीय है। इस सिद्धांत के अनुसार कोई शब्द न सिर्फ एक बार में दो या दो से अधिक काम कर सकता है, बल्कि विपरीत-प्रमाण के अभाव में, यह मान कर चलना चाहिए कि वह एक बार में दो या दो से अधिक काम कर रहा है। इस सिद्धांत के आधार पर नॉवल-स्मिथ ने इससे इनकार किया है कि नैतिक वाक्य मात्र आज्ञार्थक या मात्र सम्वेगात्मक होते हैं, या कि उनका कोई एक विशिष्ट कार्य होता है।

यह तो स्टीवेंसन ने भी माना है कि नैतिक शब्द अक्सर सम्वेगात्मक के साथ वर्णनात्मक भी होते हैं। हेयर ने भी "अच्छा" के संदर्भ में कहा है कि "अच्छा" का प्राथमिक कार्य प्रशंसा करना है, उसका वर्णनात्मक अर्थ गौण है। उनके अनुसार "अच्छा" का वर्णनात्मक अर्थ अलग-अलग संदर्भों में अलग-अलग हो सकता है। इसके अलावा, हेयर की राय में, हम जब भी किसी चीज़ की प्रशंसा या निन्दा करते हैं, तो वह हमेशा, चाहे अप्रत्यक्ष रूप से, अपना या दूसरों का वर्तमान में या भविष्य में, चुनाव करने में मार्गदर्शन करना होता है। (प्रशंसा करना और समर्थक-अभिवृति व्यक्त करना या अनुमोदन करना लगभग एक ही हैं।[12] चुनाव करने में मार्गदर्शन का अर्थ हुआ "अच्छा" शब्द का परामर्शात्मक उपयोग।)

इस तरह, हम कह सकते हैं कि हेयर के अनुसार भी "अच्छा" शब्द के सम्वेगात्मक, परामर्शात्मक और वर्णनात्मक अर्थ होते हैं।

REFERENCES

1. Mary Warnock, Ethics Since 1900 (Oxford: Oxford University Press, 1978), pp. 83-88.
2. P. H. Nowell-Smith, Ethics (Harmondsworth, Middlesex: Penguin Books Ltd., 1964), pp. 11-15.
3. P. H. Nowell-Smith, Ethics, pp. 15-19.
4. P. H. Nowell-Smith, Op. Cit., pp. 19-22.
5. Ibid., pp. 70-74.
6. Ibid., pp. 79-83.
7. Ibid., p. 100.
8. Ibid., pp. 111-116.
9. Ibid., pp. 160-167.
10. यहाँ पर नॉवल-स्मिथ के विचार हेयर जैसे लग रहे हैं। हेयर ने भी कहा है कि सत्यापनीयता सिद्धांत को सिर्फ तथ्यात्मक वाक्यों तक सीमित रखना चाहिए।
11. मूर की समीक्षा के दौरान हमने भी इसका ज़िक्र किया है। वहाँ पर हमने "अच्छा" को, जो मुख्यतः एक अवर्णनात्मक शब्द है, मूर द्वारा एक वर्णनात्मक शब्द मान लेने को "वर्णनात्मक दोष" कहा है।
12. स्टीवेंसन के अनुसार, "यह अच्छा है" का अर्थ है "मैं इसका अनुमोदन करता हूँ; आप भी ऐसा करें"।

परिशिष्ट-I

पारिभाषिक शब्दावली

अच्छा (शुभ)	good
अच्छी वस्तु	the good
अंत;अनुभूतिवाद	intuitionism
अंतर-व्यक्तिगत	inter-personal
अर्थ	meaning
अर्थ का सत्यापनीयता सिद्धांत	verificationist theory of meaning
अर्थ का स्ववृत्ति सिद्धांत	dispositional theory of meaning
अधिनीतिशास्त्र	metaethics
अनुक्रिया	response
अनुकूलन	conditioning
अनुचित	wrong
अनुभव-निरपेक्ष	priori
अनुमोदन	approval
अनेकार्थकता	ambiguity
अनुलग्नता	entailment
अपने-आप में अच्छा ('kqHk)	good in itself
अप्रयोजनवादी	anti-teleological, deontological
अपरिभाष्य	indefinable
अप्लाईड, व्यावहारिक नीतिशास्त्र (अनुंप्रयुक्त नीतिशास्त्र)	applied ethics
अबुद्धिसंगत	irrational
अभिकथन	assertion
अभिवर्त्ती	supervenient
अभिवृत्ति	attitude
अभिवृत्ति-सम्बंधी असहमति	disagreement in attitude

अवधारणा (संप्रत्यय)	concept
अवधारणाओं (संप्रत्ययों) का विश्लेषण	conceptual analysi
अवर्णनात्मक	non-descriptive
असत्यापनीय	unverifiable
असंज्ञानवाद	non-cognitivism
असंज्ञानवादी (निस्संज्ञानवादी)	non-cognitivist
असंज्ञानात्मक	non-cognitivistic
आइडियल, आदर्श	ideal
आकारिक असंगति	formal inconsistency
आंगिक	organic
आंगिक एकता	organic unity
आंगिक सम्पूर्ण	organic whole
आंगिक सम्बंध	organic relation
आंतरिक मूल्य (स्वतः मूल्य)	intrinsic value
आत्मपूर्णतावाद	perfectionism
आत्म-व्याघात	self-contradiction
आत्म-व्याघाती	self-contradictory
आदेश, आज्ञा	imperative
आदेश से मिलते-जुलते	quasi imperative
आदेशात्मक	imperative
इच्छार्थक	optative
इच्छार्थक वृत्ति	optative mood
इन्द्रियानुभविक	empirical
इंट्यूशन, अंतःअनुभूति	intuition
एकव्यापी	singular
A-शब्द	A-word
उचित	right

उत्तेजक	stimulus
उपयुक्त	apt
उपयुक्तता	aptness
उपयुक्त या यथातथ्य शाब्दिक परिभाषा	verbal definition proper
उपयोगितावाद	utilitarianism
कठोर मत	rigorism
कर्त्तव्य	duty
कथन, तर्कवाक्य	statement, proposition
कर्म-उपयोगितावाद	act-utilitarianism
कारणात्मक	causal
कारणात्मक सत्य	causal truth
कामचलाऊ या वर्किंग मॉडेल्स	working models
कॉन	con
क्रियात्मक विशेषण	gerundine
कैज्युस्ट्री (धर्मसंकटमीमांसा)	casuistry
कोटि	category
कोटि दोष	category-mistake
कोशीय परिभाषा	lexical definition
खण्डन	disproof, contradict
खुले या सार्थक प्रश्न की विधि	open question method
गैर-नैतिक मूल्य निर्णय	non-moral value judgment
गैर-प्राकृतिक (नि:प्राकृतिक) संज्ञानवाद	non-naturalistic cognitivism
गैर-बुद्धिसंगत विधि	non-rational method
घोषणात्मक कथन	declarative statement
चाहिए	ought
छद्म अवधारणाएँ	pseudo concepts
G-शब्द	G-word

जटिल	complex
जटिल वस्तु	complex whole
जैनस सिद्धांत	janus principle
जैनस शब्द	janus word
D-शब्द	D-word
तथ्य-सम्बंधी निर्णय	judgment of fact, factual judgment
तर्क	reason
तर्कीय प्रत्यक्षवाद	logical positivism
तार्किक अनोखापन	logical oddity
तार्किक आचरण	logical bebaviour
तुल्यार्थक शब्दों द्वारा परिभाषा	definition by equivalent terms
नस्ल (प्रजाति)	race
नैतिक सत्य	ethical truth
नैतिक मापदण्ड	ethical standard
नैतिक निर्णय	moral, ethical judgment
नैतिक मूल्य निर्णय	moral value judgment
नैतिक विधि	ethical method
नैतिकतावादी	moralizer, moralist
न्यायसंगत	just
नैतिक सहमति	ethical agreement
नैतिक असहमति	ethical disagreement
निश्चयार्थक	indicative
न्युस्टिक	neustic
निरर्थक	nonsensical
नियम-उपयोगितावाद	rule-utilitarianism
निदर्शनात्मक परिभाषा	ostensive definition
निर्णय	judgment

नीतिशास्त्र का तर्कशास्त्र	logic of ethics
नीतिशास्त्र	ethics
नैतिक तर्कना	ethical reasoning
निर्देशित	denote
निश्चयार्थक वृत्ति	indicative mood
प्रारूपिक मूल्य शब्द	typical value word
परिणामी	consequential
परम	absolute
परमवादी	absolutist
परामर्शवाद	prescriptivism
परामर्शात्मक	prescriptive
परिणाम	consequence
पर आधारित	rooted in
परसुएशन	persuasion
परसुएसिव (प्रवर्त्तक) विधि	persuasive method
परमपरागत व्यक्तिनिष्ठतावाद	orthodox subjectivism
परिणामवाद	consequentialist
परस्पर व्यावर्त्तक	mutually exclusive
परिभाषक	definiens
परम शुभ	absolute good
पयार्यवाची दोष	synonym fallacy
प्रो	pro
प्राक्कल्पना	hypothetical
प्रतिनिधिक, प्रारूपिक	typical
प्रमाण	proof
प्रणाली-वैज्ञानिक	methodological
प्रजातीय अल्पसंख्यक	racial minority

प्रयोजनवादी	teleological
प्रकृतिवाद	non-naturalism
प्रकृतिवादी नीतिशास्त्र	naturalistic ethics
प्रकृतिवादी दोष	naturalistic fallacy
फ्रास्टिक	phrastic
बौद्धिक अंत:प्रज्ञा	intellectual intution
बायोएथिक्स (जीव-नीतिशास्त्र)	bioethics
बुद्धिसंगत विधि	rational method
बुद्धिसंगत	rational
बुद्धिवाद	rationalism
बुरा (अशुभ)	bad
मूल्यार्थक अर्थ	evaluative meaning
मनमानी शाब्दिक परिभाषा	arbitrary verbal definition
मध्याभाव नियम	law of excluded middle
मानवीय शुभ	human good
मानक नैतिक प्रतीक	normative ethical symbols
मानक नीतिशास्त्र	normative ethics
मानक	normative
मूल्यात्मक अर्थ	evaluative meaning
मूल्य-शब्द	value-words
मूल्य	value
मूल्य-सम्बंधी निर्णय	value judgment, judgment of value
यथार्थवादी	positive
युक्ति	argument
रैडिकल व्यक्तिनिष्ठ	radical subjectivist
लक्षण-वर्णन	characterization
व्याघाती	contradictory

विरोधी	contrary
वर्ग	genus
वृत्ति	mood
व्यक्तिनिष्ठवादी	subjectivist
व्यांवसायिक नीतिशास्त्र	professional ethics
वर्णनात्मक दोष	descriptive fallacy
वास्तववादी	realistic
वैकल्पिक प्रमाण	substitute proof
विश्लेषणात्मक	analytic
विश्लेषणवादी	analytical
वर्णनात्मक मत	descriptivism
व्याकरणीय आकार	grammatical form
विपरीत-प्रमाण	counter evidence
विरोधी-अभिवृत्ति	con-attitude
वर्णनात्मक	descriptive
विश्वास-सम्बंधी असहमति	disagreement in belief
स्वभाव-गुण	dispositional property
सम्भाव्यता	probality
समाजशास्त्र	sociology
समाज-दर्शन	social philosophy
सम्वेगात्मक	emotive
सुखवाद	hedonism
सद्‌गुण	virtue
सुखमृत्यु	euthanasia
स्पीशीज़	species
स्वयं सिद्ध	axiom
संज्ञानवादी	cognitivist

साक्ष्य	evidence
स्वयं सिद्ध	self evident
सम्वेगवाद	emotivism
साधक रूप में अच्छा (शुभ)	good as an end
साधन के रूप में अच्छा (शुभ)	good as a means
सम्वेगात्मक अर्थ	emotive meaning
सत्तासूचक	substantive
संश्लेषणात्मक	synthetic
स्वनिर्मित परिभाषा	stipulative definition
सम्वेग	emotive
सम्पूर्ण	whole
सम्पूर्ण अलगाव	absolute isolation
सम्वेगात्मक	emotive
संयोजन	conjunction
समर्थक युक्ति	supporting reason
साध्य	theorum
स्वरूप	nature
सर्वव्यापी	universal
समर्थक-अभिवृत्ति	pro-attitude
सादृश्य	analogy
सूत्र	maxim
शुभ-संकल्प	good will
शब्दकोश-विज्ञान	lexicography
ज्ञानात्मक	cognitive

परिशिष्ट-II

वस्तुनिष्ठ प्रश्न

1. इनमें से कौन नीतिशास्त्र की शाखा नहीं है?

(क) मानक नीतिशास्त्र (ख) अधिनीतिशास्त्र

(ग) अप्लाइड नीतिशास्त्र (घ) मनोविज्ञान

2. मानव आचरण का तर्कसंगत और मानक दृष्टि से अध्ययन होता है:

(क) मानक नीतिशास्त्र में (ख) अधिनीतिशास्त्र में

(ग) अप्लाइड नीतिशास्त्र में (घ) इनमें से कोई भी नहीं

3. नैतिक पदों के अर्थ और नैतिक विधि का अध्ययन होता है:

(क) मानक नीतिशास्त्र में (ख) अधिनीतिशास्त्र में

(ग) अप्लाइड नीतिशास्त्र में (घ) इनमें से किसी में भी नहीं

4. किसी तात्कालिक महत्त्व की व्यावहारिक समस्या पर नीतिशास्त्र को लागू किया जाता है:

(क) मानक नीतिशास्त्र में (ख) अधिनीतिशास्त्र में

(ग) अप्लाइड नीतिशास्त्र में (घ) इनमें से किसी में भी नहीं

5. पर्यावरण नीतिशास्त्र एक उपशाखा है:

(क) मानक नीतिशास्त्र की (ख) अधिनीतिशास्त्र की

(ग) अप्लाइड नीतिशास्त्र की (घ) इनमें से किसी की भी नहीं

6. कर्म के उचित या अनुचित होने का निर्णय उसके परिणामों के आधार पर किया जा सकता है–इस मत को कहते हैं:

(क) प्रयोजनवाद (ख) अप्रयोजनवाद

(ग) उपयोगितावाद (घ) इनमें से कोई भी नहीं

7. कर्म के उचित या अनुचित होने का निर्णय उसके परिणाम से स्वतंत्र रूप में किया जा सकता है–इस मत को कहते हैं:

(क) प्रयोजनवाद (ख) अप्रयोजनवाद

(ग) उपयोगितावाद (घ) इनमें से कोई भी नहीं

8. उपयोगितावाद को इनमें से किसके अंतर्गत रखा जा सकता है:

(क) प्रयोजनवाद (ख) अप्रयोजनवाद

(ग) अंत:अनुभूतिवाद (घ) इनमें से किसी के भी नहीं

9. अंत:अनुभूतिवाद को इनमें से किसके अंतर्गत रखा जा सकता है:

(क) प्रयोजनवाद (ख) अप्रयोजनवाद

(ग) उपयोगितावाद (घ) इनमें से किसी के भी नहीं

10. नैतिक निर्णय भी तथ्य-सम्बंधी निर्णयों की तरह सत्य और असत्य होते हैं–इस मत को कहा जाता है:

(क) संज्ञानवाद (ख) असंज्ञानवाद

(ग) प्रकृतिवाद (घ) इनमें से कोई भी नहीं

11. नैतिक निर्णय तथ्य-सम्बंधी निर्णयों की तरह सत्य और असत्य नहीं होते हैं–इस मत को कहा जाता है:

(क) संज्ञानवाद (ख) असंज्ञानवाद

(ग) प्रकृतिवाद (घ) इनमें से कोई भी नहीं

12. प्रकृतिवाद इनमें से किसके अंतर्गत आता है:

(क) संज्ञानवाद (ख) असंज्ञानवाद

(ग) परामर्शवाद (घ) इनमें से किसी के भी नहीं

13. सम्वेगवाद इनमें से किसके अंतर्गत आता है:

(क) संज्ञानवाद (ख) असंज्ञानवाद

(ग) परामर्शवाद (घ) इनमें से किसी के भी नहीं

14. परामर्शवाद को इनमें से किसके अंतर्गत रखा जा सकता है:

(क) संज्ञानवाद (ख) असंज्ञानवाद

(ग) सम्वेगवाद (घ) इनमें से किसी के भी नहीं

15. इनमें से कौन मौलिक नैतिक अवधारणा नहीं है:

(क) अच्छा (ख) उचित

(ग) कर्त्तव्य (घ) शक्ति

16. मूर के अनुसार "अच्छा" है:

(क) परिभाष्य (ख) अपरिभाष्य

(ग) प्राकृतिक (घ) इनमें से कोई भी नहीं

17. मूर के अनुसार "अच्छा" है:
(क) प्राकृतिक (ख) सम्वेगात्मक
(ग) परामर्शात्मक (घ) इनमें से कोई भी नहीं

18. एयर के अनुसार "अच्छा" है:
(क) प्राकृतिक (ख) सम्वेगात्मक
(ग) परामर्शात्मक (घ) इनमें से कोई भी नहीं

19. स्टीवेंसन के अनुसार "अच्छा" है:
(क) प्राकृतिक (ख) सम्वेगात्मक
(ग) परामर्शात्मक (घ) इनमें से कोई भी नहीं

20. हेयर के अनुसार "अच्छा" है:
(क) प्राकृतिक (ख) सम्वेगात्मक
(ग) परामर्शात्मक (घ) इनमें से कोई भी नहीं

21. "अच्छा" को "जैनस" शब्द किसने कहा है:
(क) मूर (ख) एयर
(ग) हेयर (घ) नॉवल-स्मिथ

22. "अच्छा" को परिभाषित करने को मूर ने कहा है:
(क) प्रकृतिवादी दोष (ख) अप्रकृतिवादी दोष
(ग) गैर-प्रकृतिवादी दोष (घ) इनमें से कोई भी नहीं

23. मूर के अनुसार नीतिशास्त्र है:
(क) मानव आचरण का अध्ययन (ख) "अच्छा" का सामान्य अन्वेषण
(ग) "उचित" का सामान्य अन्वेषण (घ) इनमें से कोई भी नहीं

24. मूर के अनुसार नीतिशास्त्र में कौन से प्रश्न सबसे बुनियादी हैं:
(क) साध्य से सम्बंधित (ख) साधन से सम्बंधित
(ग) कैज़्युस्ट्री से सम्बंधित (घ) इनमें से कोई भी नहीं

25. मूर के अनुसार "मानव संसर्ग का सुख":
(क) साध्य के रूप में मूल्यवान है
(ख) साधन के रूप में मूल्यवान है
(ग) साधन के साधन के रूप में मूल्यवान है
(घ) इनमें से कोई भी नहीं

26. मूर के अनुसार "अच्छा" है:

(क) प्राकृतिक (ख) अप्राकृतिक

(ग) गैर-प्राकृतिक (घ) अतिप्राकृतिक

27. रसंल ने फ़िलासाफ़िकल एसेज में समर्थन किया है:

(क) संज्ञानवाद का (ख) असंज्ञानवाद का

(ग) प्रकृतिवाद का (घ) इनमें से किसी का भी नहीं

28. रसेल ने रिलिजन ऐण्ड सायंस में समर्थन किया है:

(क) संज्ञानवाद का (ख) असंज्ञानवाद का

(ग) प्रकृतिवाद का (घ) इनमें से किसी का भी नहीं

29. रसेल के अंतिम नैतिक विचार किस किताब में मिलते हैं:

(क) फ़िलासाफ़िकल एसेज (ख) रिलिजन ऐण्ड सायंस

(ग) ह्यूमन सोसायटी इन एथिक्स ऐण्ड पॉलिटिक्स

(घ) इनमें से किसी में भी नहीं

30. एयर ने नीतिशास्त्र को एकाकार किया है:

(क) मानक नीतिशास्त्र से (ख) अधिनीतिशास्त्र से

(ग) व्यावहारिक नीतिशास्त्र से (घ) सम्वेगवाद से

31. एयर ने समर्थन किया है:

(क) प्रकृतिवाद का (ख) गैर-प्रकृतिवाद का

(ग) सम्वेगवाद का (घ) परामर्शवाद का

32. एयर के अनुसार अंतिम विश्लेषण में नैतिक असहमति को सुलझाया जा सकता है:

(क) तर्कबुद्धि द्वारा (ख) निगमन तर्कशास्त्र द्वारा

(ग) आगमन तर्कशास्त्र द्वारा (घ) इनमें से किसी के द्वारा भी नहीं

33. एयर ने नैतिक कथनों की तुलना की है:

(क) तथ्यात्मक कथनों से (ख) आदेश से

(ग) प्रश्न से (घ) इनमें से किसी से भी नहीं

34. एयर ने समर्थन किया है:

(क) संज्ञानवाद का (ख) असंज्ञानवाद का

(ग) उपयोगितावाद का (घ) परामर्शवाद का

35. *प्रिंसिपिया एथिका* किताब किसने लिखी है?

(क) मूर ने (ख) एयर ने

(ग) स्टीवेंसन ने (घ) हेयर ने

36. *लैंग्वेज, ट्रूथ ऐण्ड लॉजिक* किताब किसने लिखी है?

(क) मूर ने (ख) एयर ने

(ग) स्टीवेंसन ने (घ) हेयर ने

37. *एथिक्स ऐण्ड लैंग्वेज* किताब किसने लिखी है?

(क) मूर ने (ख) एयर ने

(ग) स्टीवेंसन ने (घ) हेयर ने

38. *दि लैंग्वेज ऑफ मॉरल्स* किताब किसने लिखी है?

(क) मूर ने (ख) एयर ने

(ग) स्टीवेंसन ने (घ) हेयर ने

39. *एथिक्स* किताब किसने लिखी है?

(क) हेयर ने (ख) एयर ने

(ग) स्टीवेंसन. ने (घ) नॉवल-स्मिथ ने

40. स्टीवेंसन के अनुसार नीतिशास्त्र और अधिनीतिशास्त्र:

(क) एक हैं (ख) एक नहीं हैं

(ग) एक हैं भी और नहीं भी (घ) इनमें से कोई नहीं

41. विश्वास-सम्बंधी असहमति और अभिवृत्ति-सम्बंधी असहमति के बीच अंतर किसने किया है:

(क) मूर (ख) एयर

(ग) हेयर (घ) स्टीवेंसन

42. बुद्धिसंगत और गैर-बुद्धिसंगत विधियों के बीच अंतर किसने किया है:

(क) मूर (ख) एयर

(ग) हेयर (घ) स्टीवेंसन

43. हेयर ने नैतिक कथनों की तुलना की है:

(क) तथ्यात्मक कथनों से (ख) आदेश से

(ग) प्रश्न से (घ) विस्मयादिबोधक से

44. नीतिशास्त्र नैतिकता की भाषा का तार्किक अध्ययन है, यह किसने कहा है:

(क) मूर (ख) एयर

(ग) हेयर (घ) नॉवल-स्मिथ

45. हेयर के अनुसार आदेशों का अपना

(क) तर्कशास्त्र है (ख) तर्कशास्त्र नहीं है

(ग) तर्कशास्त्र है भी और नहीं भी (घ) इनमें से कोई नहीं

46. हेयर के अनुसार "अच्छा" शब्द का वर्णनात्मक अर्थ:

(क) मुख्य है (ख) गौण है

(ग) है ही नहीं (घ) इनमें से कोई नहीं

47. नॉवल-स्मिथ ने नीतिशास्त्र को एकाकार किया है:

(क) मानक नीतिशास्त्र से (ख) अधिनीतिशास्त्र से

(ग) व्यावहारिक नीतिशास्त्र से (घ) इनमें से किसी से नहीं

48. जैनस-सिद्धांत किसके द्वारा प्रतिपादित किया गया है?

(क) मूर द्वारा (ख) एयर द्वारा

(ग) हेयर द्वारा (घ) नॉवल-स्मिथ द्वारा

49. A-शब्द, D-शब्द और G-शब्द का अंतर किसके द्वारा किया गया है:

(क) मूर द्वारा (ख) एयर द्वारा

(ग) हेयर द्वारा (घ) नॉवल-स्मिथ द्वारा

50. समर्थक-अभिवृत्ति और विरोधी-अभिवृत्ति के बीच का अंतर किया गया है:

(क) मूर द्वारा (ख) एयर द्वारा

(ग) हेयर द्वारा (घ) नॉवल-स्मिथ द्वारा

उत्तर

1. (घ)	2. (क)	3. (ख)	4. (ग)
5. (ग)	6. (क)	7. (ख)	8. (क)
9. (ख)	10. (क)	11. (ख)	12. (क)
13. (ख)	14. (ख)	15. (घ)	16. (ख)
17. (घ)	18. (ख)	19. (ख)	20. (ग)

21. (घ)	22. (क)	23. (ख)	24. (क)
25. (क)	26. (ग)	27. (क)	28. (ख)
29. (ग)	30. (ख)	31. (ग)	32. (घ)
33. (ख)	34. (ख)	35. (क)	36. (ख)
37. (ग)	38. (घ)	39. (घ)	40. (ख)
41. (घ)	42. (घ)	43. (ख)	44. (ग)
45. (क)	46. (ख)	47. (घ)	48. (घ)
49. (घ)	50. (घ)		

ग्रन्थ-सूची

Ayer, A. J. *Language, Truth and Logic* (England: Penguin Books Ltd., 1976).

Blackburn, Simon. *The Oxford Dictionary of Philosophy* (New York: Oxford University Press, 1994).

Copi, Irving M. *Introduction to Logic* (New York: Macmillan Publishing Co., Inc., 1982).

Copi, Irving M. *Symbolic Logic* (New York: Macmillan Publishing Co., Inc., 1979).

Edwards, Paul (ed.). *The Encyclopedia of Philosophy* (New York: MacMillan Publishing Co., Inc. & The Free Press, 1992).

Edwards, Paul and Pap, Arthur (ed.). *A Modern Introduction to Philosophy* (Glencoe, Illinois: The Free Press, 1957).

Hare, R. M. *The Language of Morals* (Oxford: Oxford University Press, 1952).

Hospers, John. *An Introduction to Philosophical Analysis* (New Delhi: Allied Publishers Private Ltd., 1975).

Lillie. William. *An Introduction to Ethics* (Bombay: Allied Publishers Private Ltd., 1967.)

Mautner, Thomas. *The Penguin Dictionary of Philosophy* (London: Penguin Books, 2000).

McGregor, R.S. (ed.), *The Oxford Hindi-English Dictionary* (New Delhi: Oxford University Press, 1993).

Mill, John Stuart. *Utilitarianism* (London: The Fontana Library, 1962).

Schilpp, Paul Arthur (ed.), *The Philosophy of Bertrand Russell* (Evaston, Illinois: The Library of Living Philosophers Inc., 1946).

Moore, G. E. *Principia Ethica* (Cambridge: The Cambridge University Press, 1965).

Nath, Ramendra. *The Ethical Philosophy of Bertrand Russell* (New York: Vantage Press, 1993).

Nowell-Smith, P. H. *Ethics* (Harmondworth, Middlesex: Penguin Books Ltd., 1964).

Ramendra, *Some Reflections on Ethics* (Patna: Buddhiwadi Foundation, 2012).

Russell, Bertrand. *Philosophical Essays* (New York: Simon and Schuster, 1966).

Russell, Bertrand. *Religion and Science* (London: Oxford University Press, 1964).

Russell, Bertrand. *Human Society in Ethics and Politics* (London: George Allen and Unwin 1954).

Santayana, G. *Winds of Doctrine* (London: J. M. Dent and Sons).

Singer, Peter. *Practical Ethics* (Cambridge: Cambridge University Press, 1979, 1993).

Singer, Peter. (ed), *Applied Ethics* (Oxford University Press, 1986).

Singer, Peter. *Animal Liberation* (New York: Random Press, 1975).

Stevenson, C. L. *Ethics and Language* (U. S. A. : Yale University Press, Inc., 1960).

Warnock, Mary. *Ethics Since 1900* (Oxford: Oxford University Press, 1978).

रमेन्द्र. समाज और राजनीति दर्शन (दिल्ली: मोतीलाल बनारसीदास, 2005).

वर्मा, वेद प्रकाश. नीतिशास्त्र के मूल सिद्धांत (नयी दिल्ली: अलाईड पब्लिशर्स प्राइवेट लिमिटेड, 1987).

वर्मा, वेद प्रकाश. अधिनीतिशास्त्र के मुख्य सिद्धांत (नयी दिल्ली: अलाईड पब्लिशर्स प्राइवेट लिमिटेड, 1987).

ऑक्सफोर्ड हिन्दी-इंग्लिश डिक्शनरी।

भार्गव आदर्श हिन्दी शब्दकोष।

भाग–2

व्यावहारिक नीतिशास्त्र

(Practical or Applied Ethics)

11

व्यावहारिक नीतिशास्त्र: स्वरूप और क्षेत्र

नीतिशास्त्र दर्शनशास्त्र की एक शाखा है, परम्परागत रूप में नीतिशास्त्र के अन्तगर्त मानव-आचरण का तर्कसंगत और मानक दृष्टि से अध्ययन किया जाता है। आज के समय नीतिशास्त्र की भी तीन मुख्य उपशाखाएँ मानी जाती हैं: (1) मानक नीतिशास्त्र (normative ethics) (2) अधिनीतिशास्त्र (metaethics) और (3) व्यावहारिक नीतिशास्त्र (practical ethics) या अप्लाइड नीतिशास्त्र (applied ethics)।

नीतिशास्त्र

मानक नीतिशास्त्र **अधिनीतिशास्त्र** **व्यावहारिक नीतिशास्त्र**

मानक नीतिशास्त्र कोई नई चीज़ नहीं है। कहा जा सकता है कि नीतिशास्त्र की मुख्यधारा को ही, जो प्लेटो, अरिस्टॉट्ल, एपिक्यूरस से लेकर कांट, बेंथम, मिल, सिजविक और मूर तक प्रमुख रही, और जिसे बीसवीं सदी तक सम्पूर्ण नीतिशास्त्र माना जाता था, बीसवीं सदी के पूर्वार्द्ध में, अधिनीतिशास्त्र के उदय के बाद, मानक नीतिशास्त्र कहा जाने लगा। जबकि व्यावहारिक नीतिशास्त्र का उदय बीसवीं सदी के उत्तरार्द्ध में हुआ है। इस तरह, व्यावहारिक नीतिशास्त्र या अप्लाइड नीतिशास्त्र नीतिशास्त्र की नवीनतम उपशाखा है।

कालक्रम (chronological order) से देखने पर अधिनीतिशास्त्र मानक नीतिशास्त्र के बाद आता है। लेकिन, अगर तार्किक दृष्टि से देखा जाए, तो अधिनीतिशास्त्र, मानक नीतिशास्त्र और व्यावहारिक नीतिशास्त्र यह क्रम अधिक स्वाभाविक है।

अधिनीतिशास्त्र

बीसवीं सदी के पूर्वार्द्ध में अधिनीतिशास्त्र का उदय विश्लेषणात्मक दर्शन के उदय के साथ जुड़ा हुआ है। [अधिनीतिशास्त्र को विश्लेषणात्मक नीतिशास्त्र (analytic ethics) भी कहा जाता है।]

विश्लेषणात्मक दर्शन की शुरुआत अंग्रेज़ दार्शनिकों मूर और रसेल से मानी जाती है। इसके अलावा, विट्गंस्टाइन और गिलबर्ट रायल आदि दार्शनिकों का भी इस क्षेत्र में प्रमुख योगदान है। विश्लेषणात्मक दर्शन की विशेषता यह है कि इसके अंतर्गत शब्दों के अर्थों को स्पष्ट करने पर विशेष बल दिया जाता है। साथ ही, विश्लेषणात्मक दर्शन के अंतर्गत शब्दों के अर्थों के बारे में कुछ सूक्ष्म अंतर भी किए जाते हैं, जो पुरानी दार्शनिक

समस्याओं को नए ढंग से देखने में मदद करते हैं। उदाहरण के तौर पर, वर्णनात्मक (descriptive) अर्थ और सम्वेगात्मक (emotive) अर्थ के बीच का अंतर, जो खास कर नीतिशास्त्र के लिए विशेष महत्त्व का है।

तर्कीय प्रत्यक्षवाद (logical positivism) के अंतर्गत भी अर्थ के सिद्धांत को केन्द्रीय महत्त्व दिया गया है। भाषा विश्लेषणवादी दार्शनिकों के अनुसार तो दर्शन का एकमात्र काम है भाषा का विश्लेषण। विश्लेषणात्मक दर्शन की इन प्रवृत्तियों का नीतिशास्त्र पर भी असर हुआ, और नीतिशास्त्र के क्षेत्र में भी नीतिशास्त्र की भाषा पर ध्यान केन्द्रित किया जाने लगा, जैसा कि अधिनीतिशास्त्र के लेखकों की रचनाओं के शीर्षकों से ही स्पष्ट है: उदाहरण के तौर पर, सी. एल. स्टीवेंसन की *एथिक्स ऐण्ड लैंग्वेज* और आर. एम. हेयर की *लैंग्वेज ऑफ मॉरल्स*। अगर देखा जाए तो नीतिशास्त्र या मानक नीतिशास्त्र से अधिनीतिशास्त्र की ओर संक्रमण मूर की रचना *प्रिंसिपिया एथिका* से ही शुरू हो गयी थी। वैसे तो अपनी किताब की प्रस्तावना में मूर ने नीतिशास्त्र से सम्बंधित जिन दो प्रश्नों का ज़िक्र किया है (जिसका उल्लेख आगे ''मानक नीतिशास्त्र'' के अंतर्गत किया गया है), वे सीधे-सीधे मानक नीतिशास्त्र के ही प्रश्न हैं। इसके अलावा, मूर ने अपनी पुस्तक में इन दोनों प्रश्नों का उत्तर देने का प्रयास भी किया है। लेकिन, दूसरी ओर, अपनी किताब के प्रथम अध्याय में मूर ने स्वयं अपनी ओर से नीतिशास्त्र को ''अच्छा के बारे में एक सामान्य अन्वेषण'' के रूप में परिभाषित किया है। इसके अलावा, मूर ने यह भी कहा है कि ''अच्छा क्या है?'' इस प्रश्न का नीतिशास्त्र की दृष्टि से मुख्य अर्थ यह है कि ''अच्छा की परिभाषा कैसे की जा सकती है?'' मूर के अनुसार नीतिशास्त्र के क्षेत्र में व्यवस्थित रूप से आगे बढ़ने के लिए सबसे पहले इस प्रश्न को समझना और इसके सत्य उत्तर को पहचानना ज़रूरी है।

इसके अलावा, मूर ने अपनी किताब की प्रस्तावना में यह भी कहा है कि इस पुस्तक में उनका एक मुख्य उद्धेश्य ''अपने-आप में अच्छा क्या है?'' और ''कौन से कर्म उचित हैं?'' इन प्रश्नों का उत्तर देने की बजाय नैतिक तर्कना (ethical reasoning) के मौलिक सिद्धांतों को खोजना है। इस तरह, अगर देखा जाए तो हालांकि मूर ने कहीं भी ''*अधिनीतिशास्त्र*'' शब्द का प्रयोग नहीं किया है, और उनकी किताब मुख्यत: मानक नीतिशास्त्र की परम्परा में है; लेकिन मूर की रचना *प्रिंसिपिया एथिका* में अधिनीतिशास्त्र के बीज मौजूद हैं। (आज के समय ''अच्छा'' जैसे नैतिक बुनियादी शब्दों के अर्थ को स्पष्ट करना या नीतिशास्त्र की विधि की चर्चा को अधिनीतिशास्त्र के अंतर्गत माना जाता है।) वैसे, मिल की रचना *युटिलिटैरियनइज़्म* में भी नैतिक विधि के बारे में महत्त्वपूर्ण बातें कही गयीं हैं। नैतिक निर्णय के स्वरूप के बारे में भी मानक नीतिशास्त्र में पहले से ही चर्चा होती चली आ रही थी। इससे यह बात समझ में आती है कि अधिनीतिशास्त्र के बीज मानक नीतिशास्त्र में भी मौजूद थे।

लेकिन, सही अर्थों में एक स्वतंत्र शाखा के रूप में अधिनीतिशास्त्र का विकास बाद में हुआ है। अमरीकी नैतिक दार्शनिक सी. एल. स्टीवेंसन की *एथिक्स ऐण्ड लैंग्वेज* को अधिनीतिशास्त्र का प्रथम व्यवस्थित ग्रंथ माना जा सकता है। इसके अलावा, अंग्रेज़ दार्शनिक आर. एम. हेयर की *लैंग्वेज ऑफ मॉरल्स* भी अधिनीतिशास्त्र की रचना ही मानी जाएगी। लेकिन अधिनीतिशास्त्र की ओर बढ़ने का संकेत रसेल की बाद की रचनाओं में और ए. जे. एयर की *लैंग्वेज ट्रुथ ऐण्ड लॉजिक* में भी मिलते हैं। उदाहरण के तौर पर, दि *फ़िलॉसफ़ि ऑफ बर्ट्रेण्ड रसेल* (1946) में ''आलोचनाओं के उत्तर'' के अंतर्गत रसेल ने यह कहा है कि उनके अनुसार नीतिशास्त्र से सम्बंधित सिर्फ एक बात को ही सही रूप में दर्शनशास्त्र के अंतर्गत माना जा सकता है: यह युक्ति कि नैतिक कथनों (propositions) को इच्छार्थक वृत्ति (optative mood) में व्यक्त किया जाना चाहिए, निश्चयार्थक वृत्ति (indicative mood) में नहीं।[1] इसका अर्थ यह हुआ कि रसेल सिर्फ नैतिक निर्णय के स्वरूप के विषय में चर्चा को दर्शनशास्त्र के अंतर्गत स्थान देना चाहते थे।

एयर ने इस विषय पर अपेक्षाकृत अधिक विस्तार से अपने विचार व्यक्त किए हैं। एयर के अनुसार नैतिक दार्शनिकों की रचनाओं में, जो नीतिशास्त्रीय बातें रहती हैं, उन्हें चार मुख्य वर्गों में रखा जा सकता है: सबसे पहले, ऐसे तर्कवाक्य, जो नैतिक पदों की परिभाषाओं को व्यक्त करते हैं, या कुछ परिभाषाओं की वैधता या सम्भावना के बारे में निर्णय देते हैं। दूसरे, ऐसे तर्कवाक्य, जो नैतिक अनुभव की घटनाओं का, और उसके कारणों का वर्णन करते हैं। तीसरे, उनमें नैतिक सद्गुण (virtues) के लिए उपदेश या प्रबोधन रहते हैं। और अंत में, उनमें वास्तविक नैतिक निर्णय रहते हैं।

एयर के अनुसार, इनमें से सिर्फ पहले वर्ग को, जिसमें नैतिक पदों की परिभाषाओं से सम्बंधित कथन रहते हैं, नैतिक दर्शन माना जा सकता है। एयर के अनुसार नीतिशास्त्र से सम्बंधित एक पूर्णत: दार्शनिक ग्रंथ में कोई नैतिक उद्घोषणाएँ (pronouncements) नहीं की जानी चाहिए। बल्कि, उसमें नैतिक पदों का एक विश्लेषण दे कर यह दिखलाना चाहिए कि ऐसी सभी घोषणाएँ किस कोटि (category) के अंतर्गत आती हैं।[2] एयर की राय में नैतिक दर्शन के अंतर्गत सिर्फ यह कथन आता है कि नैतिक अवधारणाएँ छद्म अवधारणाएँ होती हैं। इसलिए, उनका विश्लेषण नहीं किया जा सकता।[3] स्पष्ट है कि एयर ने नीतिशास्त्र को अधिनीतिशास्त्र के अर्थ-सम्बंधी पक्ष से एकाकार कर दिया है।

सी. एल. स्टीवेंसन ने अपनी किताब एथिक्स ऐण्ड लैंग्वेज में एक अलग रवैया अपनाया है। स्टीवेंसन के अनुसार, उनकी किताब का सम्बंध सम्पूर्ण नीतिशास्त्र से नहीं बल्कि उसके एक सीमित और विशेष हिस्से से है। उनकी पुस्तक का पहला उद्धेश्य ''अच्छा'', ''उचित'', ''न्ययासंगत'' (just) और ''चाहिए'' (ought) जैसे नैतिक पदों का अर्थ स्पष्ट करना है; जबकि उसका दूसरा उद्देश्य उन सामान्य विधियों का चित्रण करना है, जिनके द्वारा नैतिक निर्णयों को प्रमाणित किया जा सकता है, या उनका समर्थन किया जा सकता है।

स्टीवेंसन के अनुसार, इस किस्म के अध्ययन का मानक नीतिशास्त्र के साथ ठीक उसी प्रकार का सम्बंध है, जैसा कि अवधारणाओं के विश्लेषण (conceptual analysis) और वैज्ञानिक विधि का विज्ञानों के साथ। वैज्ञानिक विधि पर लिखी गयी किताब से यह अपेक्षा नहीं की जाती है कि वह विज्ञान का काम करे। इसी तरह, स्टीवेंसन के अनुसार, उनकी किताब में कौन से कर्म उचित हैं और कौन से अनुचित इस बारे में किसी निष्कर्ष की अपेक्षा नहीं करनी चाहिए। चाहे विज्ञान हो या नीतिशास्त्र, किसी भी विश्लेषणात्मक या विधि सम्बंधी या प्रणाली-वैज्ञानिक (methodological) अध्ययन का उद्देश्य हमेशा अप्रत्यक्ष या परोक्ष होता है इससे यह उम्मीद की जाती है कि वह दूसरों को अपने काम की ओर स्पष्टतर मस्तिष्क और अन्वेषण के कम अपव्ययी आदतों के साथ भेजे। स्टीवेंसन के अनुसार, उनकी किताब का सीमित उद्देश्य उन औज़ारों को तेज करना है, जिनका इस्तेमाल दूसरे लोग करते हैं।[4]

संक्षेप में, अधिनीतिशास्त्र का उदय बीसवीं सदी में विश्लेषणात्मक दर्शन के उदय के साथ जुड़ा हुआ है। अधिनीतिशास्त्र के दो मुख्य पक्ष हैं: (1) अर्थ-सम्बंधी और (2) विधि-सम्बंधी। अधिनीतिशास्त्र के अर्थ-सम्बंधी पक्ष के अन्तर्गत मुख्यत: नैतिक पदों के अर्थ और उनके बीच परस्पर सम्बंधों के बारे में; नैतिक निर्णयों के अर्थ, स्वरूप और उसके कार्यों के बारे में चर्चा की जाती है। दूसरी ओर, अधिनीतिशास्त्र के विधि-सम्बंधी पक्ष के अन्तर्गत नैतिक युक्तियों के स्वरूप के बारे में चर्चा की जाती है।

इसके अलावा, स्टीवेंसन और पॉल एडवर्ड्स जैसे अधिनीतिशास्त्र के लेखकों ने नैतिक विधि या नैतिक युक्तियों की चर्चा के संदर्भ में नैतिक असहमति के स्वरूप की चर्चा भी की है। स्टीवेंसन ने अपनी किताब के पहले अध्याय में ही नैतिक असहमति के स्वरूप का प्रश्न उठाया है। स्टीवेंसन के अनुसार नैतिक असहमति के स्वरूप को स्पष्ट किए बिना नैतिक शब्दों के अर्थ और नैतिक विधियों का सही विश्लेषण सम्भव नहीं है।[5]

मानक नीतिशास्त्र

हम पहले चर्चा कर चुके हैं कि नीतिशास्त्र की मुख्यधारा को ही, जो प्लेटो, अरिस्टॉट्ल, एपिक्यूरस से लेकर कांट, बेंथम, मिल, सिजविक और मूर तक प्रमुख रही, और जिसे बीसवीं सदी तक सम्पूर्ण नीतिशास्त्र माना जाता था, बीसवीं सदी के पूर्वार्द्ध में, अधिनीतिशास्त्र के उदय के बाद, मानक नीतिशास्त्र कहा जाने लगा।

मानक नीतिशास्त्र में मानव आचरण का अध्ययन मानक दृष्टि से किया जाता है। दूसरे शब्दों में, मानक नीतिशास्त्र में मानव आचरण का अध्ययन इस दृष्टि से किया जाता है कि मानव आचरण को कैसा होना चाहिए। संक्षेप में, मानक नीतिशास्त्र के अंतर्गत मानव आचरण का तर्कसंगत और मानक दृष्टि से अध्ययन किया जाता है। मानव आचरण में क्या उचित है और क्या अनुचित? मानव जीवन में कौन-सी चीज़े अच्छी या पाने योग्य हैं और

कौन-सी बुरी? ये मानक नीतिशास्त्र के बुनियादी प्रश्न हैं। हम कह सकते हैं कि मानक नीतिशास्त्र के अंतर्गत उचित और अनुचित कर्मों के निर्धारण के लिए तर्कसंगत मापदण्ड की तलाश की जाती है। इस तरह, नैतिक मापदण्ड (ethical standard) की समस्या मानक नीतिशास्त्र की केन्द्रीय समस्या है। नीतिशास्त्र के लम्बे इतिहास में नैतिक मापदण्ड की समस्या को सुलझाने के प्रयत्न में दिए गए कुछ प्रमुख सिद्धांतों का मानक नीतिशास्त्र के अंतर्गत समीक्षात्मक अध्ययन किया जाता है, जैसे, अन्त:अनुभूतिवाद (intuitionism), कांट का बुद्धिवाद (rationalism), आत्मपूर्णतावाद (perfectionism) और सुखवाद (hedonism)। उदाहरण के तौर पर, सुखवाद के अनुसार, मोटे तौर पर, जिन कर्मों से सुख में वृद्धि होती है, वे उचित हैं, और जिनसे हम इसकी विपरीत दिशा में जाते हैं, वे अनुचित। दूसरे शब्दों में, सुखवाद के अनुसार उचित और अनुचित कर्मों का मापदण्ड है: सुख। सुख ही एकमात्र ऐसी वस्तु है जो अपने-आप में अच्छी है।

वैसे तो मानक नीतिशास्त्र की केन्द्रीय समस्या नैतिक मापदण्ड की ही है, लेकिन परम्परागत रूप से "नीतिशास्त्र" या मानक नीतिशास्त्र के अंतर्गत नीतिशास्त्र की आवश्यक मान्यताएँ (postulates of ethics), नैतिक निर्णय का स्वरूप (nature) और विषय (object) आदि का अध्ययन भी किया जाता रहा है।

अंग्रेज़ दार्शनिक जी. ई. मूर की 1903 में प्रकाशित *प्रिंसिपिया एथिका* मुख्यत: मानक नीतिशास्त्र की किताब ही मानी जाएगी। मूर, एक अन्य अंग्रेज़ दार्शनिक बट्रेण्ड रसेल के साथ, विश्लेषणात्मक (analytical) दर्शन के जनक भी माने जाते हैं। मूर के अनुसार, नैतिक दार्शनिकों ने दो किस्म के प्रश्नों का उत्तर देने का दावा किया है, लेकिन उन्होंने लगभग हमेशा इन दो किस्म के प्रश्नों को एक-दूसरे से या अन्य प्रश्नों से मिला दिया है। पहला प्रश्न इस प्रकार का है: किस किस्म की वस्तुओं का अपने-आप में अस्तित्व होना चाहिए? (या कौन-सी वस्तुएँ साध्य के रूप में अच्छी हैं या स्वत: मूल्यवान हैं?), जबकि दूसरा प्रश्न इस प्रकार का है: किस किस्म के कर्मों को हमें करना चाहिए? (या कौन से कर्म उचित या कर्त्तव्य हैं?)

मूर ने एक तरह से पहले प्रश्न को अधिक बुनियादी माना है, क्योंकि मूर के अनुसार, दूसरे प्रश्न के उत्तर को सत्य प्रमाणित करने के लिए पहले प्रश्न का उत्तर जानना ज़रूरी है।[6]

व्यावहारिक नीतिशास्त्र

व्यावहारिक नीतिशास्त्र या अप्लाइड नीतिशास्त्र, नीतिशास्त्र की सबसे नयी शाखा है। अप्लाइड नीतिशास्त्र को "अनुप्रयुक्त नीतिशास्त्र" भी कहते हैं। इसका उदय बीसवीं सदी के उत्तरार्द्ध में हुआ है। नीतिशास्त्र के लेखक आस्ट्रेलियाई दार्शनिक पीटर सिंगर का व्यावहारिक नीतिशास्त्र के विकास में विशेष योगदान है।

सिंगर ने *प्रैक्टिकल एथिक्स* नाम की एक किताब लिखी है, जिसके प्रथम संस्करण

का प्रकाशन 1980 में हुआ, जबकि इसके दूसरे संस्करण का प्रकाशन 1993 में, और तीसरे संशोधित संस्करण का प्रकाशन 2011 में हुआ है।[7] सिंगर के अनुसार, व्यावहारिक नीतिशास्त्र में नीतिशास्त्र या नैतिकता को व्यावहारिक समस्याओं पर लागू किया जाता है। सिंगर कहते हैं कि व्यावहारिक नीतिशास्त्र का क्षेत्र बहुत व्यापक है, लेकिन उनकी किताब में व्यावहारिक नीतिशास्त्र की सभी समस्याओं पर विचार नहीं किया गया है। उन्होंने चर्चा किए गए विषयों का चुनाव दो आधार पर किया है: एक, प्रासंगिकता, और दो, किस हद तक दार्शनिक चिंतन उनके समाधान में योगदान दे सकता है।

सिंगर के अनुसार कुछ मुद्दे इसलिए विवादास्पद होते हैं, क्योंकि उनसे सम्बंधित तथ्यों को लेकर मतभेद रहते हैं। जबकि दूसरी ओर, कुछ मुद्दे ऐसे होते हैं जहाँ तथ्य-सम्बंधी मतभेद नहीं रहते हैं, बल्कि परस्पर विरोधी नैतिक विचारों के कारण मतभेद पैदा होते हैं। इन दूसरे किस्म के मुद्दों के संदर्भ में दार्शनिकों द्वारा किया जाने वाला चिंतन और विश्लेषण समस्याओं के समाधान में सहायक हो सकता है। सिंगर के अनुसार, उन्होंने अपनी किताब में ऐस ही मुद्दों को चुना है, जिनमें तथ्यात्मक नहीं, बल्कि नैतिक मुद्दों की बड़ी भूमिका रहती है।[8]

पीटर सिंगर ने अपनी किताब *प्रैक्टिकल एथिक्स* के तीसरे संस्करण में प्रजातीय अल्पसंख्यकों (racial minorities) के साथ व्यवहार, महिलाओं की समानता, भोजन और शोध के लिए पशुओं का इस्तेमाल, गर्भपात, सुखमृत्यु (euthanasia), शिशु-हत्या, पर्यावरण, कानून का पालन, सविनय अवज्ञा, हिंसा और आतंकवाद तथा समृद्ध लोगों के गरीबों की मदद करने का दायित्व जैसे व्यावहारिक मुद्दों पर नीतिशास्त्र या नैतिकता को लागू किया है। अपनी किताब के तीसरे संस्करण में सिंगर ने जलवायु परिवर्तन (climate change) पर एक नया अध्याय जोड़ा है, जबकि शरणार्थियों की समस्या से सम्बंधित अध्याय को हटा दिया है।[9] अपनी किताब के पहले अध्याय "अबाउट एथिक्स" (About Ethics) में सिंगर ने अपने उन नैतिक विचारों की संक्षिप्त रूपरेखा प्रस्तुत की है, जिनके आधार पर उनकी किताब में विभिन्न व्यावहारिक मुद्दों पर विचार किया गया है।

पीटर सिंगर ने *अप्लाइड एथिक्स* (1986) नाम की एक किताब भी सम्पादित की है। सिंगर के अनुसार अप्लाइड नीतिशास्त्र के अंतर्गत किसी तात्कालिक महत्व की व्यावहारिक समस्या का नैतिक समाधान खोजने का प्रयास किया जाता है।[10]

दि ऑक्सफोर्ड डिक्शनरी ऑफ़ फ़िलॉसफ़ि के अनुसार अप्लाइड नीतिशास्त्र वह विषय है; जो वास्तविक व्यावहारिक समस्याओं पर नीतिशास्त्र को लागू करता है; जैसे, गर्भपात, सुखमृत्यु, पशुओं के साथ व्यवहार या अन्य पर्यावरणीय, कानूनी, राजनीतिक और सामाजिक समस्याएँ।[11]

पेन्ग्युइन डिक्शनरी ऑफ़ फ़िलॉसफ़ि के अनुसार अप्लाइड नीतिशास्त्र के अंतर्गत निजी और सार्वजनिक जीवन की ऐसी विशेष समस्याओं की नैतिक दृष्टि से दार्शनिक परीक्षा की

जाती है, जिन पर नैतिक निर्णय दिया जा सकता है। उदाहरण के तौर पर, व्यक्तिगत या निजी सम्बंध, मेडिकल विज्ञान और व्यवहार, नस्ल-सम्बंधी प्रश्न, राजनीतिक आतंकवाद, पर्यावरण सम्बंधी मुद्दे, आदि।[12]

अप्लाइड या व्यावहारिक नीतिशास्त्र को दार्शनिक अन्वेषण की एक शाखा के रूप में स्वीकार करने का अर्थ है इस मत को अस्वीकार करना कि दर्शनशास्त्र में नैतिक समस्याओं का विश्लेषण और स्पष्टीकरण मात्र किया जा सकता है, लेकिन उन समस्याओं का समाधान नहीं खोजा जा सकता है।

व्यावहारिक नीतिशास्त्र का पिछले तीन-चार दशकों में काफ़ी विकास हुआ है, और अब इसके अंतर्गत बायोएथिक्स (bioethics), व्यावसायिक नीतिशास्त्र (professional ethics), पर्यावरण-नीतिशास्त्र (environmental ethics), पशु-नीतिशास्त्र (animal ethics), सेक्स-नीतिशास्त्र (sexual ethics), कम्प्युटर और सूचना नीतिशास्त्र (computer and information ethics) तथा कुछ अन्य सामाजिक-राजनीतिक प्रश्नों का जैसे, नस्लवाद, लिंग समानता, मृत्युदण्ड, आतंकवाद, अमीर-गरीब आदि अध्ययन किया जाता है।

बायोएथिक्स या जीव-नीतिशास्त्र के अंतर्गत जीव-विज्ञान और चिकित्साशास्त्र के क्षेत्र में होने वाली नयी खोजों के नैतिक प्रभाव पर विचार किया जाता है। उदाहरण के तौर पर, इसके अंतर्गत गर्भपात, सुखमृत्यु, सरोगेट माँ, टेस्ट ट्यूब बेबी, क्लोनिग, स्टेम सेल रिसर्च और जेनेटिक इन्जीनियरिंग जैसी समस्याओं पर नैतिक दृष्टि से विचार किया जाता है।

दरअसल, बीसवीं सदी के सातवें और आठवें दशक में अप्लाइड या व्यावहारिक नीतिशास्त्र का उदय बायोएथिक्स के उदय के साथ जुड़ा है। चिकित्साशास्त्र और जीवविज्ञान के क्षेत्र में नए आविष्कारों और खोज के कारण ऐसी नयी-नयी समस्याएँ पैदा होने लगीं, जिन पर नैतिक दृष्टि से विचार करना ज़रूरी हो गया। हम देख चुके हैं कि बीसवीं सदी में एक दौर ऐसा भी आया जब एयर जैसे नैतिक दार्शनिक यह कहने लगे कि दार्शनिकों का काम नैतिक पदों के अर्थ का विश्लेषण मात्र है। मानक नीतिशास्त्र की महत्त्वपूर्ण और वास्तविक समस्याओं से ऐसे दार्शनिकों ने अपना मुँह मोड़ लिया। लेकिन, जब जीव विज्ञान और चिकित्सा-शास्त्र के क्षेत्र में ऐसी समस्याएँ पैदा होने लगीं, जिन पर नैतिक दृष्टि से विचार करना ज़रूरी था, तो ऐसे में यह स्वाभाविक ही था कि नैतिक दार्शनिकों से यह अपेक्षा की जाने लगी कि वे तात्कालिक महत्त्व के इन व्यावहारिक समस्याओं पर नैतिक दृष्टि से विचार करें। उदाहरण के तौर पर, सुखमृत्यु की अनुमति मिलनी चाहिए या नहीं? अगर हाँ, तो किन परिस्थितियों में, अगर नहीं, तो क्यों नहीं? ज़ाहिर है कि इन समस्याओं पर मानक दृष्टि से ही विचार किया जा सकता है। इसलिए, यह भी कहा जाता है कि चिकित्साशास्त्र ने नीतिशास्त्र की जान बचाई।[13]

व्यावसायिक नीतिशास्त्र के अंतर्गत मेडिकल, शिक्षण, पत्रकारिता, कानून और बिज़नेस आदि विभिन्न व्यवसायों के नैतिक आचरण के मापदण्डों पर विचार किया जाता है। उदाहरण के तौर पर, बिज़नेस नीतिशास्त्र के अन्तर्गत कॉरपोरेट बिज़नेस के सामाजिक दायित्व, भ्रामक विज्ञापन, इनसाइडर ट्रेडिंग, कर्मचारियों के बुनियादी अधिकार, रोजगार के मामले में भेदभाव और सकारात्मक क्रिया (affirmative action) आदि विषयों पर विचार किया जाता है। भारतीय संदर्भ में पैसे लेकर "खबर" छापने (paid news) या खबर दबाने, और कई प्रमुख पत्रकारों द्वारा पैसे लेकर कॉरपोरेट बिज़नेस घरानों के हितों को आगे बढ़ाने के प्रयत्नों के सामने आने के बाद मीडिया नीतिशास्त्र की समस्याएँ भी महत्त्वपूर्ण हो गयी हैं।

इसी तरह, पर्यावरण नीतिशास्त्र में पर्यावरण के प्रति और पशु–नीतिशास्त्र में पशुओं के प्रति मानव के आचरण पर विचार किया जाता है। पर्यावरण नीतिशास्त्र के अन्तर्गत प्रदूषण नियंत्रण, प्राकृतिक साधनों का इस्तेमाल, सम्पोष्य विकास और आने वाली पीढ़ियों के प्रति हमारे दायित्व जैसे विषयों पर चर्चा की जाती है। पर्यावरण सम्बंधी समस्याओं के दिनोंदिन अधिक से अधिक गम्भीर होते चले जाने के कारण पर्यावरण–नीतिशास्त्र का महत्त्व भी बढ़ गया है। जलवायु परिवर्तन भी एक महत्त्वपूर्ण समस्या के रूप में उभर कर सामने आयी है।

पशु–नीतिशास्त्र का भी अप्लाइड नीतिशास्त्र के अंतर्गत महत्त्वपूर्ण स्थान है। पशु भी पर्यावरण के ही अंग हैं, इसलिए पशु–नीतिशास्त्र को पर्यावरण नीतिशास्त्र के अंतर्गत भी रखा जाता है। दरअसल, पीटर सिंगर ने *प्रैक्टिकल एथिक्स* (1979) से भी पहले *ऐनिमल लिबरेशन* (1975) नाम की एक किताब लिखी थी, जिसमें पशुओं के प्रति मानव व्यवहार को ले कर बुनियादी प्रश्न उठाए गए थे।[14] सिंगर के अनुसार, जैसे नस्ल (race) और लिंग (sex) के आधार पर भेदभाव गलत है, वैसे ही 'स्पीशीज़' (species) के आधार पर भी भेदभाव गलत है। सभी पशु एक समान हैं।

सेक्स नीतिशास्त्र के अन्तर्गत आकस्मिक सेक्स (casual sex), समलैंगिकता (homosexuality), विवाह पूर्व (pre-marital) और विवाहेतर सेक्स (extra-marital sex), कार्यस्थल पर सेक्सुअल उत्पीड़न (sexual harrasement at workplace), वैवाहिक बलात्कार (marital rape), सहजीवन (live-in-relationship), मानव व्यापार (human trafficking), देहकर्म (sex-work) और पोर्नोग्राफी जैसे विषयों पर चर्चा की जाती है।

कम्प्युटर और सूचना नीतिशास्त्र व्यावहारिक नीतिशास्त्र की एक नई उपशाखा है। इसके अन्तर्गत सूचना–प्रौद्योगिकी के सामाजिक और नैतिक प्रभावों की चर्चा की जाती है।

इसके अलावा, व्यावहारिक नीतिशास्त्र के अन्तर्गत कुछ अन्य सामाजिक–राजनीतिक प्रश्नों का अध्ययन भी किया जाता है। उदाहरण के तौर पर, नस्लवाद, लिंग समानता, मृत्युदण्ड, आतंकवाद, समृद्ध लोगों का गरीबों के प्रति दायित्व, आदि।

संक्षेप में, हम यह कह सकते हैं कि व्यावहारिक नीतिशास्त्र का दायरा काफ़ी व्यापक है और इसमें निरंतर नए-नए विषय शामिल हो रहे हैं।

व्यावहारिक नीतिशास्त्र और मानक नीतिशास्त्र

व्यावहारिक नीतिशास्त्र और मानक नीतिशास्त्र के बीच निकट सम्बंध है। सुखमृत्यु, गर्भपात या तात्कालिक महत्त्व के किसी भी व्यावहारिक मुद्दे पर मानक दृष्टि से विचार, किसी नैतिक मापदण्ड के आधार पर ही किया जा सकता है। दूसरे शब्दों में, मानक नीतिशास्त्र के निष्कर्षों के आधार पर ही हम व्यावहारिक नीतिशास्त्र में किसी समस्या का ''उचित'' या ''अनुचित'' के रूप में मूल्यांकन कर सकते हैं। उदाहरण के तौर पर, पीटर सिंगर ने अपनी किताब *प्रैक्टिकल एथिक्स* में अभिरुचि उपयोगितावाद (preference utilitarianism) को अपने नैतिक मूल्यांकनों का आधार बनाया है। जैसाकि हम पहले उल्लेख कर चुके हैं अपनी किताब के पहले अध्याय ''अबाउट एथिक्स'' (About Ethics) में सिंगर ने अपने उन नैतिक विचारों की संक्षिप्त रूपरेखा प्रस्तुत की है, जिनके आधार पर उनकी किताब में विभिन्न व्यावहारिक मुद्दों पर विचार किया गया है।

सिंगर के अनुसार, व्यावहारिक नीतिशास्त्र को ठोस आधार देने के लिए यह दिखलाना ज़रूरी है कि नैतिक तर्कना (ethical reasoning) सम्भव है। इसलिए, उन्होंने ऐसे नैतिक विचारों की रूपरेखा प्रस्तुत की है, जिनके अन्तर्गत नैतिक निर्णयों तक पहुँचने में तर्कबुद्धि को महत्त्वपूर्ण भूमिका प्रदान की गयी है।[15]

सिंगर के अनुसार, हर किसी को अपनी आवश्यकताओं, ज़रूरतों और इच्छाओं की चिंता रहती है, जो कि स्वाभाविक ही है। इन्हें ही सिंगर ने अभिरुचियाँ (preferences) कहा है। सिंगर के विचार में नीतिशास्त्र में सार्वभौमिक (universal) दृष्टिकोण को अपनाया जाता है। इसलिए, जब हम नैतिक दृष्टि से विचार करते हैं तब हम अपनी अभिरुचियों को दूसरों की अभिरुचियों से अधिक महत्त्व नहीं दे सकते हैं; बल्कि तब हमें उन सभी की अभिरुचियों को ध्यान में रखना होगा, जो हमारे निर्णय द्वारा प्रभावित होंगे। ऐसे में हमें इस तरह के कर्म का चुनाव करना होगा, जिसके कुल मिला कर, सभी प्रभावित लोगों के लिए सर्वश्रेष्ठ परिणाम हों।

सिंगर ने अपनी अभिरुचि उपयोगितावाद तथा बेन्थम, मिल और सिजविक के सुखवादी उपयोगितावाद के बीच अंतर किया है। सिंगर के अनुसार, शास्त्रीय उपयोगितावाद के अनुसार हमें ऐसे कर्मों को करना चाहिए, जिनसे सुख को अधिक से अधिक बढ़ाया जा सके और दुख को कम से कम किया जा सके। जबकि अभिरुचि उपयोगितावाद के अनुसार, हमें ऐसे कर्मों को करना चाहिए, जिनसे कुल मिला कर, सभी प्रभावित लोगों की अभिरुचियों को बढ़ाया जा सके।[16]

सिंगर ने अपनी किताब में मुख्यत: अभिरुचि उपयोगितावादी दृष्टिकोण को अपनाया है। लेकिन, इसके अलावा, उन्होंने कई मुद्दों पर सुखवादी उपयोगितावाद, अप्रयोजनवादी-नियम पर आधारित दृष्टिकोण, अधिकार-सिद्धांतों और न्याय की दृष्टि से भी विचार किया है।

निष्कर्ष के तौर पर हम कह सकते हैं कि अधिनीतिशास्त्र, मानक नीतिशास्त्र और अप्लाइड या व्यावहारिक नीतिशास्त्र, नीतिशास्त्र की तीन प्रमुख शाखाएँ हैं, और ये आपस में एक-दूसरे से जुड़ी हुई हैं। इन्हें एक-दूसरे से स्वतंत्र नहीं मानना चाहिए। अधिनीतिशास्त्र के अध्ययन के बाद ही मानक नीतिशास्त्र की समस्याओं को बेहतर ढंग से सुलझाया जा सकता है, और मानक नीतिशास्त्र के निष्कर्षों को ही अप्लाइड नीतिशास्त्र में समकालीन नैतिक समस्याओं पर लागू किया जा सकता है।

व्यावहारिक नीतिशास्त्र एवं समाज और राजनीति दर्शन

व्यावहारिक नीतिशास्त्र एवं समाज और राजनीति दर्शन के बीच एक निकट सम्बंध दिखता है। दोनों के विषय-वस्तु में कुछ हद तक समानता है। दरअसल, समाज-राजनीति दर्शन के मानक या नैतिक पक्ष के अन्तर्गत सामाजिक-समितियों, संस्थाओं और प्रक्रियाओं पर मानक या नैतिक दृष्टि से विचार किया जाता रहा है। जैसा कि मॉरिस गिन्सबर्ग ने अपनी पुस्तक सोसिऑलजि में कहा है, समाज दर्शन के मानक पक्ष के अन्तर्गत नीतिशास्त्र के परिणामों को सामाजिक संगठन और सामाजिक विकास की समस्याओं पर लागू किया जाता है।[17] ऐसे में व्यावहारिक नीतिशास्त्र एवं समाज-राजनीति दर्शन के विषय-वस्तु के बीच कुछ समानता स्वाभाविक ही है।

व्यावहारिक नीतिशास्त्र के अन्तर्गत जिन समस्याओं पर विचार किया जा रहा है, इनमें से कई पर परम्परागत रूप से समाज और राजनीति दर्शन के अन्तर्गत विचार होता रहा है। उदाहरण के तौर पर, नस्लवाद, लिंग समानता, परिवार, विवाह, तलाक, सेक्स-नैतिकता, मृत्यु-दण्ड, सविनय अवज्ञा और आतंकवाद पर परम्परागत रूप से समाज और राजनीति दर्शन में विचार होता रहा है।[18]

दूसरी ओर, व्यावहारिक नीतिशास्त्र के अन्तर्गत कई ऐसे विषयों पर विचार हो रहा है, जिन पर परम्परागत रूप से समाज-राजनीति दर्शन में विचार नहीं हुआ है; जैसे, बायोएथिक्स, व्यावसायिक नीतिशास्त्र और पर्यावरण नीतिशास्त्र की समस्याएँ।[19]

अमीरों का गरीबों के प्रति क्या उत्तरदायित्व है इस प्रश्न पर भी परम्परागत रूप से समाज-राजनीति दर्शन में उस तरह विचार नहीं किया गया है, जिस तरह पीटर सिंगर ने अपनी किताब *प्रैक्टिकल एथिक्स* में किया है।

इसी तरह, समाज-राजनीति दर्शन में ऐसे कई प्रश्नों पर विचार होता रहा है, जिन पर फिलहाल व्यावहारिक नीतिशास्त्र में विचार नहीं हो रहा है। उदाहरण के तौर पर, राजनीति दर्शन में लोकतंत्र, समाजवाद, मार्क्सवाद, सर्वोदय, सम्पूर्ण क्रांति और मानवतावाद

जैसे विभिन्न राजनीतिक विचारधाराओं पर तथा सम्प्रभुता और न्याय जैसी अवधारणाओं पर विचार किया जाता है। इसी तरह, समाज दर्शन में सामाजिक परिवर्तन और सामाजिक स्तरीकरण पर विचार किया जाता है।[20]

व्यावहारिक नीतिशास्त्र में तात्कालिक महत्त्व के व्यावहारिक प्रश्नों पर विचार किया जाता है। इस संदर्भ में उल्लेखनीय है कि अलग-अलग देश और काल में अलग-अलग समस्याएँ तात्कालिक महत्त्व की हो सकती हैं। उदाहरण के तौर पर, भारत में नस्लवाद की तरह जाति-व्यवस्था और साम्प्रदायिकता भी तात्कालिक महत्त्व की समस्याएँ हैं। इसके अलावा, गरीबी और गैरबराबरी की समस्या भी है। इसी तरह, कुछ समस्याएँ जो ऑस्ट्रेलिया या संयुक्त-राज्य अमेरिका के लिए तात्कालिक महत्त्व की हैं, सम्भव है भारत और अन्य देशों के लिए न हो।

फिर, यह कह पाना भी मुश्किल है कि भविष्य में किस देश-समाज में कौन-सी सामाजिक-राजनीतिक समस्या तात्कालिक महत्त्व की बन जाएगी। उदाहरण के तौर पर, आतंकवाद की समस्या आज जितने तात्कालिक महत्त्व की बनी हुई है, उतनी पहले नहीं थी। इसी तरह, जिन देशों पर विदेशी आक्रमण हुआ है, उनके लिए तो युद्ध ही सबसे बड़ी तात्कालिक महत्त्व की समस्या होगी। इस तरह, ऐसी समस्याएँ, जिन पर परम्परागत रूप से समाज और राजनीति दर्शन में विचार होता रहा है, किसी देश और काल में व्यावहारिक नीतिशास्त्र की समस्या बन जा सकती हैं।

REFERENCES

1. Mary Warnock, Ethics Since 1900 (Oxford: Oxford University Press. 1978). pp. 83-88.
2. Paul Arthur Schilpp (ed.), The Philosophy of Bertrand Russell (Evaston. Illinois: The Library of Living Philosophers Inc., 1946), p. 719.
3. A. J. Ayer, Language, Truth and Logic (England: Penguin Books Ltd., 1976). p. 137.
4. Ibid., p. 148.
5. C. L. Stevenson, Ethics and Language (USA: Yale University Press Inc:, 1960), p. 1.
6. Ibid., p. 2.
7. मानक नीतिशास्त्र और अधिनीतिशास्त्र की विस्तृत चर्चा के लिए देखें, भाग-1.
8. Peter Singer, Practical Ethics (New Delhi: Cambridge University Press, 1980, 1993, 2011).
9. Ibid.. pp. vii and viii.
10. उन्होंने ऐसा इसलिए किया है, क्योंकि उनके अनुसार इस मुद्दे का तथ्यों से अत्यधिक सम्बंध है, और इस संदर्भ में एक देश और दूसरे देश के बीच काफ़ी अंतर होता है। ऐसे में, सिंगर के अनुसार, एक अध्याय में इसकी संक्षिप्त चर्चा सतही ही हो सकती है।
11. Peter Singer (ed), Applied Ethics (Oxford: Oxford University Press, 1986), p. 1.

12. The Oxford Dictionary of Philosophy, p. 126.
13. The Penguin Dictionary of Philosophy, p. 33.
14. Stephen Toulmin,1982, "How Medicine Saved the Life of Ethics". Perspectives in Biology and Medicine, 25 (4) : 736-750.
15. Peter Singer, Animal Liberation (New York: Random House, 1975).
16. Peter Singer, Practical Ethics (New Delhi: Cambridge University Press. 2011), p. 8.
17. Ibid., pp. 12-13.
18. रमेन्द्र, समाज और राजनीति दर्शन (दिल्ली: मोतीलाल बनारसीदास, 2005), पृष्ठ-7.
19. वही
20. वैसे, व्यावहारिक नीतिशास्त्र के प्रभाव से पारिस्थिकी दर्शन जैसे विषय को भी अब समाज और राजनीति दर्शन के अन्तर्गत शामिल कर लिया गया है। देखें, रमेन्द्र, समाज-राजनीति दर्शन, पृष्ठ-130-135.

12

नैतिक कर्मों के प्रति प्रयोजनवादी और अप्रयोजनवादी दृष्टिकोण

पिछले अध्याय में हम उल्लेख कर चुके हैं कि व्यावहारिक नीतिशास्त्र और मानक नीतिशास्त्र के बीच निकट सम्बंध है। सुखमृत्यु, गर्भपात या तात्कालिक महत्त्व के किसी भी व्यावहारिक मुद्दे पर मानक दृष्टि से विचार, किसी नैतिक मापदण्ड के आधार पर ही किया जा सकता है। दूसरे शब्दों में, मानक नीतिशास्त्र के निष्कर्षों के आधार पर ही हम व्यावहारिक नीतिशास्त्र में किसी समस्या का "उचित" या "अनुचित" के रूप में मूल्यांकन कर सकते हैं।

मानक नीतिशास्त्र के सिद्धांतों का वर्गीकरण "प्रयोजनवादी" (teleological) या परिणामवादी (consequential) और "अप्रयोजनवादी" (anti-teleological या deontological) या गैर-परिणामवादी (non-consequential) के रूप में किया जाता है। इस तरह, व्यावहारिक नीतिशास्त्र की समस्याओं पर भी प्रयोजनवादी या अप्रयोजनवादी दृष्टि से विचार किया जा सकता है।

नैतिक मापदण्ड के सिद्धांत

- **अप्रयोजनवादी**
  - **अन्तःअनुभूतिवाद**
  - **कांट का बुद्धिवाद**
- **प्रयोजनवादी**
  - **आत्मपूर्णतावाद**
  - **सुखवाद**

प्रयोजनवाद या परिणामवाद

नैतिक मापदण्ड के ऐसे सिद्धांत, जिनके अनुसार कर्म का "उचित" या "अनुचित" होना उनके परिणाम (consequence) पर निर्भर है, "प्रयोजनवादी" कहे जाते हैं। प्रयोजनवादी सिद्धांतों के अनुसार, अगर कर्म का परिणाम "अच्छा" है, तो कर्म "उचित" है, और अगर परिणाम "बुरा" है, तो कर्म "अनुचित" है। कौन-सा परिणाम "अच्छा" है, और कौन-सा परिणाम "बुरा", इस बारे में प्रयोजनवादी सिद्धांतों के मत अलग-अलग हो सकते हैं, बल्कि हैं। उदाहरण के तौर पर, सुखवाद के अनुसार सुख अच्छी चीज़ है, जबकि आत्मपूर्णतावाद के अनुसार "आत्मपूर्णता"। सुखवाद के अनुसार, अगर किसी कर्म से सुख में वृद्धि होती है, तो वह उचित है, जबकि आत्मपूर्णतावाद के अनुसार जिन कर्मों से हम आत्मपूर्णता की ओर बढ़ते हैं, वे उचित हैं। लेकिन दोनों ही प्रयोजनवादी हैं; क्योंकि दोनों के अनुसार कर्म का उचित या अनुचित होना उसके परिणाम पर निर्भर है।

इसी तरह, मूर ने अपनी किताब *प्रींसिपिया एथिका* में जो मानक नीतिशास्त्र-सम्बंधी विचार दिए हैं, उन्हें भी प्रयोजनवादी ही कहा जाएगा, क्योंकि मूर के अनुसार भी कर्म का

उचित या अनुचित होना उसके परिणाम पर निर्भर है; हालांकि कौन-सी चीज़ अपने-आप मे अच्छी है, इस बारे में मूर के विचार ऊपर बतलाए गए दोनो सिद्धांतों से अलग हैं। मूर ने ''मानव संसर्ग के सुख'' (the pleasure of human intercourse) और ''सुन्दर वस्तुओं के उपभोग'' (enjoyment of beautiful objects) को अपने-आप में अच्छा माना है।

सुखवाद का ही विकसित रूप उपयोगितावाद (utilitarianism) है, जिसका समर्थन अन्य लोगों के अलावा, बेंथम, मिल और सिजविक ने किया है। कभी-कभी उपयोगितावाद के भी दो रूपों की चर्चा की जाती है कर्म-उपयोगितावाद (act utilitarianism) और नियम-उपयोगितावाद (rule utilitarianism)।[1] कर्म-उपयोगितावाद के अनुसार किसी कर्म का उचित या अनुचित होना उसके ''उपयोगी'' होने, या अच्छे परिणाम पर निर्भर करता है, जबकि नियम-उपयोगितावाद के अनुसार किसी नैतिक नियम का उचित या अनुचित होना उसके अच्छे परिणाम पर निर्भर करता है। ये सभी नैतिक मापदण्ड के प्रयोजनवादी सिद्धांतों के उदाहरण हुए।

क्योंकि प्रयोजनवादी सिद्धांतों के अनुसार कर्म का उचित या अनुचित होना उनके परिणाम पर निर्भर करता है; इसलिए, ''प्रयोजनवादी'' सिद्धांतों को ''परिणामवादी'' (consequentialist) भी कहा जाता है। पीटर सिंगर ने भी अपनी किताब प्रेक्टिकल एथिक्स में प्रयोजनवाद का समर्थन किया है। उन्होंने इसके लिए ''परिणामवाद'' शब्द का इस्तेमाल किया है। सिंगर के अनुसार, परिणामवादी नैतिक नियमों से नहीं, बल्कि उद्देश्यों (goal) से शुरुआत करते हैं। वे कर्मों का मूल्यांकन इस आधार पर करते हैं कि वे किस हद तक इन उद्देश्यों को आगे बढ़ाते हैं। सिंगर की राय में उपयोगितावाद सबसे प्रसिद्ध परिणामवादी सिद्धांत है। (हम पिछले अध्याय में चर्चा कर चुके हैं कि सिंगर ने एक किस्म के उपयोगितावाद का समर्थन किया है, जिसे उन्होंने अभिरुचि उपयोगितावाद कहा है।) सिंगर के अनुसार, किसी कर्म का परिणाम उन परिस्थितियों पर निर्भर करता है, जिनमें उस कर्म को किया गया है। इसलिए, उपयोगितावादी दृष्टि से किसी एक कर्म को अलग-अलग परिस्थितियों में उनके अलग-अलग परिणामों के आधार पर उचित या अनुचित कहा जा सकता है।

अप्रयोजनवाद या गैरपरिणामवाद

जैसाकि नाम से ही स्पष्ट है नैतिक मापदण्ड के ''अप्रयोजनवादी'' सिद्धांत, प्रयोजनवादी सिद्धांतों के विपरीत, यह मानते हैं कि कर्म का ''उचित'' या ''अनुचित'' होना उसके परिणाम से स्वतंत्र है। कोई कर्म उचित है या अनुचित इसके निर्धारण के लिए हमे उसके परिणाम को देखने की कोई ज़रूरत नहीं है। उदाहरण के तौर पर, अन्तःअनुभूतिवाद और कांट का बुद्धिवाद या कठोर मत (rigorism) नैतिक मापदण्ड के अप्रयोजनवादी सिद्धांत हैं। दोनों के अनुसार कर्म उचित है या अनुचित, इसका निर्धारण उनके परिणामों से स्वतंत्र

रूप में किया जा सकता है। अन्त:अनुभूतिवाद के अनुसार, मोटे तौर पर, कोई कर्म उचित है या अनुचित इसका ज्ञान हमें सीधे अन्त:अनुभूति द्वारा हो जाता है। इसके लिए उसके परिणाम को देखने की कोई ज़रूरत नहीं है।

दूसरी ओर, कांट के बुद्धिवाद या कठोर मत के अनुसार किसी भी कर्म को "उचित" तभी कहा जा सकता है, जब वह "शुभ संकल्प" (good will) से किया जाए। काट के अनुसार नैतिकता के नियम "बुद्धि के नियम" हैं, जिनका ज्ञान बुद्धि द्वारा हो जाता है। कर्म के उचित होने के लिए उसकी नैतिकता के नियमों से संगति तो होनी ही चाहिए, लेकिन यह पर्याप्त नहीं है। साथ ही, यह भी ज़रूरी है कि उस कर्म को कर्त्तव्य पालन या नैतिकता के नियमों के प्रति सम्मान की दृष्टि से किया जाए; तभी यह समझा जाएगा कि वह कर्म "शुभ संकल्प" या "अच्छे संकल्प" से किया गया है। संक्षेप में, कांट के अनुसार भी कर्म के उचित या अनुचित होने का निर्धारण उसके परिणाम से स्वतंत्र रूप में किया जा सकता है।

कभी-कभी "अंत:अनुभूतिवाद" और "अप्रयोजनवाद" को एक मान लिया जाता है। इसकी ओर विलियम लिली ने भी ध्यान दिलाया है। लिली के अनुसार, रैशडल ने अपनी *थ्योरी ऑफ गुड ऐण्ड इविल* में ऐसा किया है।[2] लेकिन ऐसा करना सही नहीं है। एकदम सही अर्थों में "अंत:अनुभूतिवाद" नैतिक मापदण्ड के उन सिद्धांतों को कहते हैं, जिनके अनुसार कर्म के उचित या अनुचित होने का ज्ञान, बुद्धि के इस्तेमाल के बिना, सीधे "अंत:अनुभूति" से हो जाता है। अपने मुख्य रूप में अंत:अनुभूतिवाद एक अप्रयोजनवादी सिद्धांत है। लेकिन अंत:अनुभूतिवाद ही एकमात्र अप्रयोजनवादी सिद्धांत नहीं है। कांट का बुद्धिवाद भी एक अप्रयोजनवादी सिद्धांत है।

समीक्षा

नीतिशास्त्र में हमें ऐसे तर्कसंगत मापदण्ड की तलाश रहती है, जिसका समर्थन तर्कबुद्धि द्वारा किया जा सके। सवाल यह है कि तार्किक दृष्टि से प्रयोजनवाद और अप्रयोजनवाद में से कौन बेहतर है?

जैसा कि जॉन स्टुअर्ट मिल ने अपनी किताब युटिलिटैरियनिज़्म में कहा है, चाहे ज्ञान के क्षेत्र में हो या आचरण के, प्रथम और बुनियादी सिद्धांतों का "सीधा प्रमाण" देना सम्भव नहीं होता है। किसी वस्तु को अच्छा प्रमाणित किया जा सकता है, सिर्फ यह दिखला कर कि वह किसी ऐसी वस्तु को प्राप्त करने का साधन है, जिसे हम प्रमाण के बिना ही अच्छा स्वीकार कर लेते हैं। दूसरे शब्दों में, हमे नीतिशास्त्र के क्षेत्र में भी कुछ स्वयंसिद्धों (axioms) को बिना औपचारिक प्रमाण के स्वीकार करना होगा। इसका अर्थ यह नहीं है कि ये स्वयंसिद्ध पूरी तौर से आत्मनिष्ठ या मनमाने हों, बल्कि इन्हें स्वीकार करने के पक्ष में कुछ विचार प्रस्तुत किए जा सकते हैं, चाहे वे औपचारिक अर्थ में प्रमाण न हों।

मिल की इस बात से सहमत होते हुए यह कहा जा सकता है कि नैतिक मापदण्ड के संदर्भ में जहाँ तक उसके समर्थन में युक्ति देना सम्भव हो, वहाँ तक युक्ति अवश्य दी जानी चाहिए।

अब, इस पृष्ठभूमि में हम प्रयोजनवाद और अप्रयोजनवाद पर विचार करें।

कांट का बुद्धिवाद अप्रयोजनवादी सिद्धांतों का एक प्रमुख उदाहरण है। कांट के अनुसार नैतिकता के नियम एक ''निरपेक्ष आदेश'' (categorical imperative) हैं, यानी ये ऐसे नियम हैं जिनका बिना शर्त्त हर हाल में पालन किया जाना चाहिए।

दूसरी ओर, बेथम और मिल का उपयोगितावाद प्रयोजनवाद का एक प्रमुख उदाहरण है। उपयोगितावाद के अनुसार नैतिकता के नियमों का पालन इसलिए किया जाना चाहिए, क्योंकि उनके पालन करने का परिणाम सबके लिए अच्छा है। बल्कि नैतिकता के ऐसे ही नियमों का पालन किया जाना चाहिए, जिनके लिए यह दिखा पाना सम्भव हो कि उनके पालन करने का परिणाम सबके लिए अच्छा है। दूसरे शब्दों में, हम नैतिकता के नियमों का समर्थन यह दिखला कर कर सकते हैं कि उनके पालन करने का परिणाम अच्छा है। फिर, ऐसे में, जहाँ पर, युक्ति देना सम्भव है, वहाँ पर युक्ति न दे कर, नैतिकता के नियमों को ही अपने-आप में साध्य मान लेना तार्किक दृष्टि से संतोषजनक नहीं है।

काट ने ''निरपेक्ष आदेश'' के जो रूप बतलाए हैं, उनमें पहला यह है कि ''नैतिकता के ऐसे सिद्धांतों (maxim) पर आचरण करें, जिन्हें आप सार्वभौमिक (universal) नियम बनाने का संकल्प ले सकते हैं''।

कांट का यह कथन इस दृष्टि से महत्त्वपूर्ण है कि यह हमारा ध्यान इस ओर दिलाता है कि हमारे नैतिक चिंतन और आचरण में एक तार्किक संगति होनी चाहिए। अगर हम किसी आचरण को अपने लिए ''उचित'' मानते हैं, तो हमें यह भी मानना होगा कि ठीक वैसी ही परिस्थितियों में वह आचरण दूसरों के लिए भी ''उचित'' होगा। तार्किक असंगति के बिना हम यह नहीं कह सकते हैं कि कोई आचरण हमारे लिए उचित है, लेकिन ठीक उन्हीं परिस्थितियों में, दूसरों के लिए अनुचित, या यह कि कोई आचरण दूसरों के लिए अनुचित है, लेकिन ठीक उन्ही परिस्थितियों में हमारे लिए उचित।

यह सही है कि हमारे नैतिक चिंतन में तार्किक संगति होनी चाहिए। यह जरूरी है, लेकिन यह नैतिकता का संतोषजनक मापदण्ड देने के लिए पर्याप्त नहीं है। इसके लिए कर्मों और नैतिक नियमों के परिणाम की ओर ध्यान देना ज़रूरी है।

इस संदर्भ में हम कांट के उदाहरण को ही लें। अगर कोई किसी से पैसे उधार लेता है, तो उसे लौटा देना चाहिए या नहीं? अगर कोई यह सोचता है कि वह पैसे न लौटाए, तो कांट के अनुसार, वह इस आचरण को तभी करे, जब वह इसे एक सार्वभौमिक नियम बनाने को तैयार हो कि ''कोई भी किसी से पैसे उधार ले, तो न लौटाए''। (अगर किसी

ने स्वयं उससे भी पैसे उधार लिए हों, तो वह भी उसे न लौटाए।) ज़ाहिर है कि अगर समस्या को इस रूप में पेश किया जाएगा, तो अधिकांश लोगों को ऐसा ही महसूस होगा कि नैतिक नियम यही होना चाहिए कि "कोई भी किसी से पैसे उधार ले, तो फिर वह उसे लौटा दे"।

लेकिन क्यों? अगर सिर्फ तार्किक संगति ही बरते जाने की बात है, तो कोई व्यक्ति कह सकता है कि "ठीक है, मैं उधार के पैसे नहीं लौटाऊँगा। किसी ने भी किसी से पैसे उधार लिए हों, तो न लौटाए। किसी नें मुझसे भी पैसे उधार लिए हों, तो वह भी न लौटाए"। ऐसा कहने में कोई तार्किक असंगति तो नहीं है! (ऐसा व्यक्ति किसी को उधर देगा ही नहीं।)

इसलिए, सवाल सिर्फ तार्किक संगति का नहीं है। सवाल यह है कि, अगर इसे एक सार्वभौमिक नैतिक नियम बना दिया गया कि "कोई भी किसी से पैसे उधार ले, तो वह उसे न लौटाए", तो इसका परिणाम क्या होगा। ऐसे में अधिकांश लोग किसी को उधार देना ही नहीं चाहेंगे। पूरी बैंकिग व्यवस्था चरमरा जाएगी, और किसी को ज़रूरत के समय उधार नहीं मिल पाएगा। इसलिए, यही नैतिक नियम बेहतर है कि "कोई भी किसी से पैसे उधार ले तो वह उसे लौटा दे", क्योंकि इसका परिणाम आम तौर से अच्छा है। इससे ज़रूरतमंद लोगों को समय पर उधार मिलने की सम्भावना बनी रहेगी।

इस तरह, निष्कर्ष के तौर पर हम कह सकते हैं कि प्रयोजनवाद या परिणामवाद अप्रयोजनवाद की तुलना में बेहतर सिद्धांत है। कोई कर्म या नैतिक नियम उचित है या अनुचित इसके निर्धारण के लिए उसके परिणाम की और ध्यान देना ज़रूरी है।

REFERENCES

1. Paul Edwards (ed.), The Encyclopedia of Philosophy (New York: MacMillan Publishing Co., Inc. & The Free Press, 1992), vol. 8, p. 206.
2. William Lillie, An Introduction to Ethics (New Delhi: Allied Publishers Private Ltd., 1967), pp. 120-21.

13

लिंग समानता

लिंग समानता का अध्ययन परम्परागत रूप से समाज दर्शन के अंतर्गत भी होता रहा है।[1] अब, इसे व्यावहारिक नीतिशास्त्र के अंतर्गत भी महत्त्वपूर्ण स्थान दिया गया है। पीटर सिंगर ने अपनी पुस्तक *प्रैक्टिकल एथिक्स*[2] में सेक्सवाद (sexism) या सेक्स पर आधारित भेदभाव की भी चर्चा की है।

वर्ग-व्यवस्था और जाति-व्यवस्था की तरह औरत-मर्द गैरबराबरी भी सामाजिक समता के आदर्श के विरुद्ध है। लिंग समानता, या दूसरे शब्दों में, औरत-मर्द बराबरी सामाजिक समता के व्यापक आदर्श का एक हिस्सा है। सामाजिक समता का अर्थ यह हुआ कि सामाजिक दृष्टि से हर व्यक्ति को एक बराबर महत्त्व दिया जाना चाहिए, क्योंकि जन्म, सेक्स, रंग, जाति और धर्म की दृष्टि से अलग-अलग होने के बावजूद सभी मनुष्य मनुष्य होने के नाते एक समान हैं। भारतीय संविधान की प्रस्तावना में भारत के सभी नागरिकों को प्रतिष्ठा और अवसर की समानता उपलब्ध कराने की बात की गयी है। इसमें समता के अधिकार को भी मौलिक अधिकार माना गया है। समता के अधिकार के अंतर्गत कानून के समक्ष समता का अधिकार शामिल है। राज्य द्वारा धर्म, उद्‌गम, जाति, सेक्स या जन्म-स्थान के आधार पर एक नागरिक और दूसरे नागरिक के बीच भेदभाव नहीं किया जा सकता है। समता के अधिकार को मानव अधिकार के रूप में भी मान्यता मिली हुई है। संयुक्त राष्ट्र संघ के चार्टर के अनुसार, "नस्ल, सेक्स, भाषा और धर्म के आधार पर कोई भेदभाव किए बिना सभी के लिए मानव अधिकारों और मौलिक स्वतंत्रताओं के प्रति सम्मान को प्रोत्साहित करना" संयुक्त राष्ट्र संघ के मुख्य उद्देश्यों में एक है। मानव अधिकारों के सार्वभौमिक घोषणा-पत्र के अनुसार, "सभी मनुष्य जन्म से स्वतंत्र और गरिमा एवं अधिकारों की दृष्टि से समान हैं।" इस तरह, सेक्स के आधार पर कोई भी भेदभाव लिंग समानता के आदर्श के विरुद्ध है। लिंग समानता के अंतर्गत राजनीतिक समानता भी शामिल है।

महिलाओं की समस्या पर भी दो दृष्टि से विचार किया जा सकता है: एक, समाजशास्त्रीय या यथार्थवादी दृष्टि से, और दूसरे, समाज-दार्शनिक या मानक दृष्टि से। महिलाओं की समस्या पर समाज-दार्शनिक दृष्टि से विचार करने के लिए भी पहले वास्तविक स्थिति की जानकारी ज़रूरी है।

औरत और समाज : एक समाजशास्त्रीय दृष्टि

औरत-मर्द गैरबराबरी एक सामाजिक वास्तविकता है। हैरालाम्बस की पुस्तक *सोशियॉलजि:*

थीम्स ऐण्ड पर्सपेक्टिव्स के एक खण्ड में महिलाओं की सामाजिक स्थिति पर विचार किया गया है। हैरालाम्बस के अनुसार, महिलाएँ बच्चों को जन्म देती हैं; महिलाएँ माँ और पत्नी हैं; महिलाएँ खाना बनाती हैं, मरम्मत, सिलाई और धुलाई का काम करती हैं; वे पुरुषों की देखभाल करती हैं; और वे पुरुषों के प्राधिकार (authority) के अधीन रहती हैं। उन्हें उच्च प्रतिष्ठा वाले व्यवसायों और शक्तिशाली पदों से अलग रखा जाता है। ये सामान्यीकरण, कुछ हद तक लगभग सभी ज्ञात मानव समाजों पर लागू होते हैं। सेक्स या लिंग पर आधारित श्रम का विभाजन समाज में सबसे बुनियादी किस्म का विभाजन मालूम देता है। सरल शिकारी और संग्रह करने वाले समूह (hunting and gathering band) से ले कर जटिल-से-जटिल औद्योगिक समाजों में कुछ कामों को मर्दों का काम माना जाता है, और कुछ को औरतों का। प्रतिष्ठा, धन और शक्ति की दृष्टि से लगभग हमेशा औरतों की लिंग भूमिकाओं (gender roles) को कम महत्त्व दिया जाता है।

बीसवीं सदी में, खासकर नारी मुक्ति आन्दोलन के उदय के बाद से, सेक्स पर आधारित श्रम के विभाजन और औरत-मर्द गैरबराबरी पर काफ़ी जोरदार बहस हुई है। हैरालाम्बस के अनुसार, इस बहस में मुख्यतः दो पक्ष सामने आए हैं। एक पक्ष के अनुसार, कुछ हद तक औरत और मर्द के बीच जैविक या जेनेटिक भिन्नता औरत-मर्द गैरबराबरी का आधार है। दूसरे पक्ष के अनुसार, लिंग भूमिकाएँ संस्कृति द्वारा निर्धारित की जाती हैं, और सेक्स सम्बंधी गैरबराबरी समाज में बनाए गए शक्ति सम्बंधों (power relationships)[3] का परिणाम है। उदाहरण के तौर पर, एक ओर मानवशास्त्री जॉर्ज पीटर मर्डक (George Peter Murdock) के विचार हैं; और दूसरी ओर, ब्रिटिश समाजशास्त्री ऐन्न ओकली (Ann Oakley) के।

मर्डक

मर्डक के अनुसार, समाज में औरत और मर्द के बीच श्रम के विभाजन का आधार औरत और मर्द के बीच जैविक भिन्नता है। पुरुषों में अधिक शारीरिक शक्ति होती है, और महिलाओं द्वारा बच्चों का जन्म दिया जाता है। इसलिए, व्यावहारिकता के आधार पर पुरुषों और महिलाओं के लिए अलग-अलग भूमिकाएँ बन जाती हैं। मर्डक की राय में औरत और मर्द की जैविक भिन्नता को देखते हुए सेक्स-आधारित श्रम का विभाजन समाज को संगठित करने का सबसे कार्यकुशल तरीका है।

शिकार और संग्रह करने वाले समूहों से लेकर आधुनिक राष्ट्रीय-राज्यों के 224 समाजों में औरत और मर्दों की भूमिका के अपने अध्ययन के आधार पर मर्डक ने यह निष्कर्ष निकाला कि इन समाजों में शिकार करने का, लकड़ी काटने का और उत्खनन का काम मुख्यतः पुरुष करते हैं; जबकि खाना बनाने का, सब्जी बटोरने का, पानी लाने का और कपड़े सिलने-मरम्मत करने का काम औरतें करती हैं। मर्डक के अनुसार, अपने

''श्रेष्ठ'' शारीरिक ताकत के कारण पुरुष लकड़ी काटने, उत्खनन, जमीन की सफ़ाई और मकान बनाने जैसे ''शारीरिक दृष्टि से कठिन'' कामों को बेहतर तरीके से कर सकते हैं; क्योंकि उन पर बच्चें को जन्म देने और उनकी देखभाल करने का बोझ नहीं रहता है। वे शिकार करने, मछली पकड़ने, जानवर चराने या व्यापार करने के लिए दूर तक जा सकते हैं। दूसरी ओर, महिलाएँ ऐसे ''हल्के'' काम आसानी से कर सकती हैं, जिन्हें घर पर रह कर या घर के पास रह कर किया जा सकता है, जैसे, सब्जी इकट्ठा करना, पानी लाना, खाना बनाना, कपड़े और बर्तन बनाना। इस तरह, बच्चे को जन्म देने और उसका पालन करने की जैविक भूमिका के कारण औरत घर से बँध कर रहती है। अपने शरीर-गठन के कारण वह हल्के शारीरिक श्रम से जुड़े कामों को कर सकती है। मर्डक के अनुसार, उनके द्वारा अध्ययन किए गए सभी समाजों में सेक्स-आधारित श्रम का विभाजन मौजूद है। इससे वे यह निष्कर्ष निकालते हैं कि इस विभाजन में जो अन्तर्निहित लाभ है, सम्भवतः उस कारण ही यह विभाजन ''सार्वभौमिक'' है।[4]

ओकली

दूसरी ओर, नारी मुक्ति आन्दोलन की समर्थक महिला समाजशास्त्री ओकली के अनुसार लिंग भूमिकाएँ संस्कृति द्वारा निर्धारित होती हैं। यह सार्वभौमिक नहीं हैं। मानव संस्कृति में बहुत विविधता है, और यह विविधता मानवनिर्मित है, न कि जैविक शक्तियों पर आधारित। ओकली ने स्वयं मर्डक द्वारा दिए गए अध्ययन के आधार पर मर्डक के निष्कर्षों को चुनौती दी है। उनके अनुसार, मर्डक ने अपने अध्ययन से प्राप्त सामग्री (data) की पूर्वाग्रहयुक्त व्याख्या की है। वे अन्य संस्कृतियों को पश्चिमी और पुरुष की दृष्टि से देखते हैं। मर्डक द्वारा अध्ययन किए गए समाजों से 14 समाज ऐसे हैं, जिनमें लकड़ी काटने का काम या तो सिर्फ औरतों द्वारा किया जाता है, या औरत-मर्द दोनों द्वारा। 36 समाज ऐसे हैं, जिनमें जमीन की सफ़ाई का काम औरतों द्वारा किया जाता है। इसी तरह, 38 समाज ऐसे हैं जिनमें खाना बनाने का काम मिल-जुल कर किया जाता है। ओकली के अनुसार, कई ऐसे समाज हैं जिनमें श्रम के विभाजन पर जैविकता का कोई प्रभाव नहीं दिखता है। कॉन्गो के जंगलों में रहने वाले शिकारी और संग्रहक मबूती पिग्मियों के बीच श्रम के विभाजन के कोई विशेष नियम नहीं होते हैं। पुरुष और स्त्री एक साथ शिकार करते हैं। पिता और माँ की भूमिका के बीच कोई स्पष्ट अंतर नहीं रहता है दोनों मिल-जुलकर बच्चों की देखभाल करते हैं। ऑस्ट्रेलिया के तस्मानिया की आदिम जनजातियों में महिलाएँ शिकार करने और मछली पकड़ने का काम भी करती हैं। चीन, रूस, क्यूबा और इज़राइल में महिलाएँ सेना की महत्त्वपूर्ण अंग हैं। भारत में मकान बनाने वाले श्रमिकों में 12 प्रतिशत महिलाएँ हैं। कुछ एशियाई और लैटिन अमरीकी देशों में उत्खनन के काम में लगे श्रमिकों में से एक चौथाई महिलाएँ हैं। ओकली के अनुसार, इन उदाहरणों से यह स्पष्ट हो जाता है कि कोई भी काम ऐसे नहीं हैं, जो सिर्फ महिलाओं द्वारा किए जाते हों, और न ही

महिलाएँ शारीरिक ताकत के कारण किन्हीं कामों को करने में अक्षम हैं। उनके अनुसार, जैविक कारणों से कठिन शारीरिक श्रम वाले कार्यों को करने में महिलाओं की अक्षमता एक मिथ है। लिंग भूमिकाएँ संस्कृति द्वारा निर्धारित की जाती हैं न कि जैविकता द्वारा।[5]

मार्क्सवादी विश्लेषण

एंगेल्स और मार्क्स द्वारा भी समाज में औरत की स्थिति का विश्लेषण किया गया है। एंगेल्स के अनुसार, समाज में औरतों की अधीनता निजी सम्पत्ति की संस्था, विशेष कर उत्पादन के साधनों में निजी स्वामित्व का परिणाम है। एक-विवाह (monogamy) का जन्म निजी सम्पत्ति की संस्था की रक्षा के लिए हुआ है। जब एक पुरुष व्यक्ति के हाथ में काफी धन इकट्ठा हो गया, और वह यह इच्छा रखने लगा कि वह धन सिर्फ उसकी अपनी संतान को मिले, तो एक-विवाह का जन्म हुआ। पुरुषों को महिलाओं को नियन्त्रित करने की ज़रूरत हुई ताकि वे "निर्विवाद" रूप से अपने संतान की पहचान कर सकें। पुरुष प्रधान एक-विवाह में पत्नी आर्थिक दृष्टि से पति पर निर्भर रहती है। इसलिए, पति के लिए पत्नी को नियन्त्रित करना सम्भव हुआ। एंगेल्स के अनुसार, विवाह में पुरुष की प्रधानता उसकी आर्थिक प्रधानता का परिणाम है। एक बार पुरुष की आर्थिक प्रधानता के समाप्त होने पर विवाह में पुरुष की प्रधानता भी समाप्त हो जाएगी।

मार्क्स और एंगेल्स के अनुसार, पूंजीवादी समाज में महिला-श्रमिकों की माँग के कारण जैसे-जैसे औरत की पति पर निर्भरता खत्म होती जाएगी, वैसे-वैसे परिवार के अंदर पुरुष के प्रभुत्व से भी मुक्ति मिल जाएगी। लेकिन, बुर्जुआ पत्नियों पर पति का नियन्त्रण बना रहेगा, क्योंकि उन्हें अभी भी सम्पत्ति के उत्तराधिकारियों को जन्म देना होगा।

मार्क्स और एंगेल्स के अनुसार, समाजवादी समाज में जब उत्पादन के साधनों का सामुदायिक स्वमित्व होगा, तब औरत-मर्द के बीच सही अर्थों में समानता स्थापित हो जाएगी। बुजुर्आ पत्नी पतियों के सम्पत्ति के लिए उत्तराधिकारी पैदा करने वाली निजी सम्पत्ति नहीं रह जाएगी, क्योंकि तब विरासत में देने के लिए कोई सम्पत्ति ही नहीं रह जाएगी। घर चलाने और माँ का काम औरतों को व्यक्तिगत रूप से नहीं करना होगा, क्योंकि यह पूरे समुदाय का दायित्व बना जाएगा।[6]

औरत-मर्द गैरबराबरी के इस मार्क्सवादी विश्लेषण से इतना तो स्पष्ट है कि मार्क्स और एंगेल्स औरत्-मर्द की समानता के आदर्श को स्वीकार करते थे; और वे इसका स्त्रोत आर्थिक गैरबराबरी में देखते हुए आर्थिक समता की वकालत करते थे, जो उनके अनुसार उत्पादन के साधनों के सामुदायिक स्वामित्व से ही सम्भव है।

औरत की सामाजिक स्थिति के मार्क्सवादी विश्लेषण की कई दिशाओं से आलोचना की गयी है। एक, सेक्स-सम्बंधी भेदभाव का अस्तित्व आर्थिक वर्ग के उदय के पहले से है।[7] ऐसे समाजों में भी औरत-मर्द गैरबराबरी का अस्तित्व पाया जाता है जिनमें निजी

सम्पत्ति की संस्था का पूर्ण विकास नहीं हुआ है, विशेष कर उत्पादन के साधनों में। इसकी व्याख्या कैसे होगी? दूसरे, पूंजीवादी समाज में मार्क्स और एंगेल्स की भविष्यवाणी के अनुसार सर्वहारा वर्ग में औरत-मर्द बराबरी पूरी तौर से स्थापित नहीं हुई है;[8] जबकि दूसरी ओर, बुजुर्आ वर्ग की महिलाओं की स्थिति में भी कुछ सुधार हुआ है। तीसरे, भूतपूर्व सोवियत संघ में उत्पादन के साधनों पर निजी स्वामित्व के समाप्त होने के बाद भी पूरी तौर से औरत-मर्द बराबरी स्थापित नहीं हुई थी।[9] यहाँ पर प्रश्न यह नहीं है कि निजी सम्पत्ति की संस्था अपने-आप में सही है, या गलत। यह एक स्वतंत्र प्रश्न है। यहाँ पर प्रश्न यह है कि क्या औरत-मर्द गैरबराबरी का निजी सम्पत्ति से अनिवार्य सम्बंध है। क्या औरत-मर्द गैरबराबरी की मार्क्सवादी व्याख्या पूरी तौर से सही है? दरअसल, यह समस्या कहीं अधिक जटिल मालूम देती है। निजी सम्पत्ति की संस्था से तो औरत और औरत एवं मर्द और मर्द के बीच भी गैरबराबरी पैदा होती है।[10] औरत-मर्द गैरबराबरी को कुछ हद तक जैविक और कुछ हद तक सांस्कृतिक आधार मालूम देता है। औरत और मर्द दोनों आर्थिक दृष्टि से आत्मनिर्भर और समान हों, इसे एक आदर्श माना जा सकता है। यह आर्थिक समता के व्यापक आदर्श का अंग है। लेकिन, औरत-मर्द गैरबराबरी को समझने और उसे मिटाने के लिए उसके जैविक और सांस्कृतिक आधारों की ओर ध्यान देना भी ज़रूरी है।

औरत : जाति और वर्ग

हम यह चर्चा कर चुके हैं कि लगभग सभी या अधिकांश समाजों में औरत-मर्द के बीच एक श्रम का विभाजन होता है। इसके अलावा, औरत द्वारा किए जाने वाले कामों को कम प्रतिष्ठा दी जाती है। इस तरह, समाज-परिवार में पुरुष और स्त्री को दी जाने वाली प्रतिष्ठा में अंतर होता है।

एक तथ्य यह भी है कि समाज में अलग-अलग दी जाने वाली प्रतिष्ठा के आधार पर अलग-अलग सामाजिक वर्ग बन जाते हैं। जाति-व्यवस्था के साथ भी श्रेष्ठता और हीनता की भावना जुड़ी रहती है। प्रश्न यह है कि क्या हम औरत को सामाजिक वर्ग या जाति मान सकते हैं?

पहले हम जाति को लें। इतना तो स्पष्ट ही है कि औरत एक जाति नहीं है। जाति एक अंतर्विवाही समूह है। हर जाति में औरत-मर्द दोनों होते हैं। इस तरह, औरत जातियों में बँटी हुई हैं। सभी जातियों की औरतों की सामाजिक स्थिति भी एक जैसी नहीं है। ब्राह्मण जाति की औरतों की सामाजिक स्थिति दलित या पिछड़ी जातियों की औरतों की तुलना में बेहतर है। उन्हें ''अछूत'' नहीं माना जाता है, हालांकि ब्राह्मण जाति के पुरुषों की तुलना में उनकी स्थिति दूसरे दर्जे की है। परम्परागत रूप से ब्राह्मण जाति की औरतों का उपनयन नहीं होता है, उन्हें शिक्षक या पुरोहित बनने का अधिकार प्राप्त नहीं रहा है। अब ब्राह्मण औरतें शिक्षित भी हो रही हैं और शिक्षक भी बन रही हैं, लेकिन अभी भी

पुरोहित का काम ब्राह्मण पुरुष ही करते हैं। देखा जाए तो दलित जातियों की औरतों की स्थिति सबसे खराब है। एक ओर वे जाति-श्रेणी में भी सबसे नीचे हैं, और दूसरे अपनी जाति के पुरुषों की तुलना में भी उनकी स्थिति दूसरे दर्जे की है। जाति और औरत के इस सम्बंध से यह बात भी समझ में आती है कि जाति-व्यवस्था में समता की दिशा में आ रहे परिवर्तनों का औरत की स्थिति पर भी असर पड़ेगा। पिछड़ी और दलित जातियों का सामाजिक स्थिति में सुधार का लाभ पिछड़ी और दलित जातियों की औरतों को भी मिलेगा, और मिल रहा है, चाहे भले शुरुआत में इन जातियों के पुरुष की जाति के आधार पर दिए जा रहे आरक्षण जैसी सुविधाओं का अधिक लाभ उठाएँ। उदाहरण के तौर पर, अगर दलित जातियों के साथ ''अछूत'' जैसा व्यवहार बंद होता है, तो इसका लाभ दलित पुरुषों के साथ, दलित औरतों को भी मिलता है।

अब, हम सामाजिक वर्ग को लें। क्या औरत एक सामाजिक वर्ग है? यहाँ पर भी हमारा उत्तर नकारात्मक ही होगा। औरत एक सामाजिक वर्ग तब बनती जब समाज में सभी औरतों की प्रतिष्ठा लगभग एक बराबर होती, और उनके बीच कोई सामाजिक दूरी (social distance) नहीं हुई होती। लेकिन, वास्तविकता यह है कि औरतें अलग-अलग सामाजिक वर्गों में बँटी हुई हैं। एक वर्ग और दूसरे वर्ग की औरतों के बीच एक सामाजिक दूरी रहती है।

यह सही हैं कि एक वर्ग की स्त्री और पुरुषों के बीच प्रतिष्ठा का अंतर होता है, जैसे, परिवार के अंदर। लेकिन, यह अंतर इतना नहीं होता कि उन्हें दो अलग-अलग वर्ग मान लिया जाए। उल्लेखनीय है कि दो व्यक्तियों में थोड़ी-बहुत प्रतिष्ठा के अंतर से सामाजिक वर्ग नहीं बनता है। सामाजिक वर्ग तब बनता है जब प्रतिष्ठा का अंतर इतना अधिक हो कि उनके बीच एक सामाजिक दूरी आ जाए। आपस में विवाह न करना सामाजिक दूरी का सबसे बड़ा उदाहरण है। इसलिए, यह कहना कि पति-पत्नी के बीच कोई सामाजिक दूरी होती है, सही नहीं है। दरअसल, एक परिवार के सदस्यों के बीच कोई सामाजिक दूरी नहीं होती, चाहे भले परिवार के पुरुष मुखिया को अन्य सदस्यों की तुलना में अधिक प्रतिष्ठा दी जाती हो। इसलिए, कुछ समाजशास्त्रियों की यह राय ठीक मालूम देती है कि सामाजिक वर्ग की इकाई परिवार है। एक परिवार के सदस्य, चाहे वे पति-पत्नी हों, या बेटे-बेटी एक ही सामाजिक वर्ग के होते हैं। परिवार के अंदर भले ही उनकी प्रतिष्ठा में अंतर होता है।

संक्षेप में, भारत की महिलाएँ अलग-अलग जातियों और वर्गों में बँटी हुई हैं। सभी महिलाओं की सामाजिक प्रतिष्ठा एक बराबर नहीं है। अपनी जाति या वर्ग के अंदर पुरुषों की तुलना में आम तौर से स्त्रियों की स्थिति दूसरे दर्जे की है। फिर भी, इस तथ्य से इनकार नहीं किया जा सकता है कि सभी वर्गों और जातियों की महिलाओं को महिला होने के नाते कुछ विशेष समस्याओं का सामना करना पड़ता है एक खास किस्म के

श्रम के विभाजन को उनके ऊपर आरोपित किया जाता है, और उनके द्वारा किए जाने वाले कामों को कम प्रतिष्ठा दी जाती है। महिलाएँ महिलाओं के रूप में संगठित हो कर इसके विरुद्ध संघर्ष कर सकती हैं। लेकिन, दूसरी ओर, यह भी सही है कि पिछड़ी और दलित जाति की महिलाओं को दो किस्म की समस्याओं का सामना करना पड़ता है: एक, पिछड़ी और दलित जातियों की सदस्य होने के कारण; और दूसरे, महिला होने के कारण। इसलिए, महिलाओं की स्थिति सुधारने के आंदोलन के अंदर दलित-पिछड़ी जातियों-वर्गों की महिलाओं की समस्याओं की ओर विशेष ध्यान देना ज़रूरी है।

औरत और सामाजिक परिवर्तन

सामाजिक वास्तविकता काफ़ी जटिल और परिवर्तनशील होती है। समाजशास्त्री विलियम जे. गूड (William J. Goode) के अनुसार, सारी दुनिया में महिलाएँ समानता के अधिकार का दावा कर रही हैं, काम के क्षेत्र में भी और परिवार के अंदर भी। उनका यह ''विद्रोह'' समानता की विश्वव्यापी माँग का हिस्सा है। यह माँग प्रजातियों, जातियों, उपनिवेशों और उपराष्ट्रीयताओं द्वारा भी की जा रही है। दुनिया के उत्पीड़ित समूह अब अपनी निम्न स्थिति को स्वीकार करने के लिए तैयार नहीं हैं। गूड ने अंदाज लगाया कि समानता की दिशा में परिवर्तन का यह आंदोलन चलता रहेगा। पुरुष इसका हठपूर्वक विरोध करेंगे, लेकिन वे फिर अंतत: अनिच्छापूर्वक इसके अनुकूल हो जाएँगे। क्योंकि महिलाएँ अधिक समानता की माँग जारी रखेंगी, और आम तौर से, पुरुष भी यही पसंद करेंगे कि महिलाएँ खुश रहें।[11]

बीसवीं सदी में समाज में महिलाओं की स्थिति में काफ़ी परिवर्तन आया है। उदाहरण के तौर पर, हम वोट के अधिकार को लें। राजनीतिक समानता के इस अधिकार को हासिल करने के लिए अतीत में महिलाओं को काफ़ी संघर्ष करना पड़ा है। भूतपूर्व सोवियत संघ में 1917 में, संयुक्त राज्य अमेरिका में 1920 में, ब्रिटेन में 1928 में महिलाओं को मतदान का अधिकार प्राप्त हुआ।[12] भारत के संविधान में औरत और मर्द को वोट डालने और चुनाव लड़ने का एक-जैसा अधिकार दिया गया है। पुरुषों के बराबर राजनीतिक अधिकार मिलने के बाद भी उच्च राजनीतिक पदों पर पुरुषों की तुलना में महिलाओं की संख्या काफ़ी कम है। भारत में इस असंतुलन को दूर करने के लिए आरक्षण की सहायता भी ली जा रही है। दरअसल, लिंग समानता का आदर्श काफ़ी व्यापक है। इसका सम्बंध राजनीतिक समानता के अतिरिक्त शिक्षा, रोजगार, विवाह, परिवार और सम्पत्ति के क्षेत्र में समानता से भी है। उन्नीसवीं और बीसवीं सदी में नारी मुक्ति आंदोलन द्वारा इन प्रश्नों को सशक्त ढंग से उठाया गया है।[13]

अब हम विशेष कर भारत के संदर्भ में महिलाओं की बदलती हुई स्थिति की चर्चा करेंगे। भारत एक विशाल देश है। यहाँ कई भाषाएँ हैं, कई धर्म हैं। लोकतंत्र, मानवतावाद, समाजवाद और साम्यवाद जैसी विचारधाराओं का भी समाज पर प्रभाव है। इसके अलावा,

समाज अलग-अलग वर्गों-जातियों में बँटा हुआ है। अलग-अलग क्षेत्रों में अलग-अलग धार्मिक समूहों और अलग-अलग वर्गों-जातियों में महिलाओं की स्थिति कुछ अलग-अलग हो सकती है। फिर भी, कुछ बातें सामान्य तौर से कही जा सकती हैं। एक, परम्परागत रूप से भारतीय समाज भी पुरुष-प्रधान समाज रहा है, और भारत में भी औरत-मर्द गैरबराबरी मौजूद रही है। दो, भारतीय महिलाओं की स्थिति में समता की दिशा में परिवर्तन आ रहा है। तीन, यह परिवर्तन पर्याप्त नहीं है, औरत-मर्द बराबरी के सामाजिक आदर्श और सामाजिक वास्तविकता के बीच अभी भी एक बड़ी खाई है।

भारतीय समाज में, अधिकांश अन्य समाजों की तरह, औरत-मर्द गैरबराबरी मौजूद रही है। परम्परागत रूप से भारतीय समाज में महिलाओं को दूसरे दर्जे का स्थान दिया गया है। हिन्दू धर्मशास्त्र मनुस्मृति में औरतों के प्रति व्यक्त दृष्टिकोण इसका एक उदाहरण है। वर्ण-व्यवस्था के अंतर्गत ''शूद्रों'' के अलावे ''द्विज'' जाति की महिलाओं को भी उपनयन और वेद के अध्ययन का अधिकार प्राप्त नहीं रहा है। उनके लिए विवाह ही उपनयन के बराबर है, और पति की सेवा ही वेद के अध्ययन के।[14] पति चाहे जैसा भी हो पत्नी को उसे ''देवता'' मानना चाहिए।[15] मनुस्मृति में तो यहाँ तक कह दिया गया कि औरत कभी भी स्वतंत्र और आत्मनिर्भर होने के लायक नहीं है, उसे विवाह से पहले पिता के, विवाह के बाद पति के और पति के बाद पुत्र के अधीन रहना चाहिए।[16]

मुसलिम समाज भी परम्परागत रूप से पुरुष-प्रधान समाज रहा है। पर्दा, बहु-विवाह और मौखिक तलाक जैसी संस्थाएँ महिलाओं की दशा को दिखलाती हैं। हिन्दू, ईसाई[17] और इस्लाम[18] धर्मों सहित अधिकांश धर्मों द्वारा औरत-मर्द के बीच के परम्परागत श्रम के विभाजन और गैरबराबरी को मान्यता प्रदान की गयी है।

आधुनिकीकरण और लोकतंत्रीकरण की प्रक्रिया के परिणामस्वरूप भारत में भी महिलाओं की स्थिति में परिवर्तन आ रहा है। आधुनिकीकरण की प्रक्रिया की शुरुआत के पहले महिलाओं में शिक्षा का प्रसार लगभग नहीं के बराबर था। सती, महिला-शिशु हत्या (female infanticide), बहु-विवाह और बाल-विवाह जैसी बुराइयाँ समाज में बड़े पैमाने पर प्रचलित थीं। विधवाओं की स्थिति भी दयनीय थी। एम. एन. श्रीनिवास के अनुसार, ''पश्चिमीकरण'' की प्रक्रिया के शुरुआत के पहले परम्परागत हिन्दू शिक्षा सिर्फ ''उच्च'' जातियों के बच्चों तक सीमित थी।[19] स्वाभाविक ही है कि यह परम्परागत हिन्दू शिक्षा सिर्फ ''उच्च'' जातियों के पुरुषों तक ही सीमित थी। उन्नीसवीं सदी में बंगाल में राममोहन रॉय और महाराष्ट्र में ज्योतिबा फुले और सावित्री बाई फूले, जैसे समाज-सुधारकों को औरतों के बीच शिक्षा के प्रसार के लिए बहुत प्रयत्न करना पड़ा। उन्होंने विधवाओं के पुनर्विवाह को प्रोत्साहन देकर विधवाओं की स्थिति को सुधारने का प्रयत्न किया। बंगाल में भी विद्यासागर ने विधवाओं (मुख्यतः ब्राह्मण) की स्थिति को सुधारने का प्रयत्न किया। समाज-सुधारकों

के प्रयत्नों के परिणामस्वरूप ब्रिटिश सरकार द्वारा 1829 में सती प्रथा पर, और 1833 में नरबलि और गुलामी प्रथा सहित महिला शिशु हत्या पर भी कानूनी रोक लगा दी गयी।[20]

बीसवीं सदी में गांधी ने स्वतंत्रता आंदोलन में महिलाओं की हिस्सेदारी को प्रोत्साहित किया, हालांकि औरत-मर्द सम्बंधों पर उनके कुछ विचार रूढ़िवादी थे। वे एक ओर बाल-विवाह का विरोध करते थे और विधवा विवाह का समर्थन करते थे, और दूसरी ओर, गर्भनिरोधक द्वारा बर्थ कंट्रोल और प्रेम विवाह का विरोध करते थे। उन्होंने औरत-मर्द के बीच परम्परागत श्रम के विभाजन का भी समर्थन किया है। लेकिन, उनके द्वारा अपनाए गए सत्याग्रह की विधि से स्वतंत्रता आंदोलन में औरतों की हिस्सेदारी को प्रोत्साहन मिला।[21]

बीसवीं सदी में ही तमिलनाडु में पेरियार ने औरत-मर्द बराबरी की वकालत की। उन्होंने अपने आत्मसम्मान आंदोलन में इसे महत्त्वपूर्ण स्थान दिया। वे औरतों के लिए सम्पत्ति में बराबरी के अधिकार का, और विधवा पुनर्विवाह का समर्थन करते थे। इसके अलावा, वे गर्भनिरोधक द्वारा बर्थ कंट्रोल के भी समर्थन में थे। पेरियार ने औरत-मर्द की परस्पर सहमति से, और ब्राह्मण पुरोहित की उपस्थिति या किसी धार्मिक कर्मकाण्ड के बिना, आत्मसम्मान विवाह का समर्थन किया। पेरियार देवदासी प्रथा को भी समाप्त करने के पक्ष में थे,[22] जिसके अंतर्गत, खास कर, दक्षिण भारत में हिन्दू मन्दिरों में अधिकांश दलित जातियों की नाबालिग लड़कियों को देह-कर्म करने के लिए बाध्य किया जाता है।[23]

1950 में लागू किए गए भारतीय संविधान में औरत-मर्द को बराबरी के अधिकार दिए गए। भारत के संविधान में जाति और धर्म के अलावे लिंग पर आधारित भेदभाव को भी समाप्त कर दिया गया है। समता के अधिकार को एक मौलिक अधिकार के रूप में मान्यता दी गयी है। स्वतंत्रता के बाद हिन्दू कानून में सुधार लाया गया। इसमें डॉ. आम्बेडकर की प्रमुख भूमिका रही।[24] आजादी के बाद, 1974 के बिहार आंदोलन के दौरान, जयप्रकाश नारायण ने सम्पूर्ण क्रांति के अपने चिंतन के अंतर्गत औरत-मर्द के बराबरी को स्थान दिया।[25] डॉ. लोहिया ने भी सप्त क्रांति के अपने विचार के अंतर्गत औरत-मर्द बराबरी का समर्थन किया।[26] मोटे तौर पर, लोकतांत्रिक और समाजवादी चिंतन का प्रभाव औरत-मर्द बराबरी के पक्ष में रहा है। स्वयं महिलाओं के कई संगठन बने। नारी-मुक्ति आंदोलन का भारत पर भी असर पड़ा, और महिलाओं ने अपने अधिकारों के लिए संघर्ष किया।

आजादी के बाद परिवार नियोजन और छोटे परिवार के आदर्श के प्रचार-प्रसार से भी महिलाओं की स्थिति में सुधार हुआ है। पिछले दो सौ वर्षों में महिलाओं में साक्षरता बढ़ी है, और उच्च शिक्षा में महिलाओं की संख्या बढ़ी है; लेकिन यह अभी भी पुरुषों की तुलना में कम है। इस तरह, प्रोफेसर, वकील, डॉक्टर, इंजीनियर, ऑफिसर, उद्योग, व्यापार, पत्रकारिता आदि जैसे जिन व्यवसायों में पहले पुरुषों का वर्चस्व था, अब महिलाओं की संख्या बढ़ी है; लेकिन अभी भी पुरुषों की तुलना में संख्या कम ही है। राजनीति और

समाज सेवा सहित सामाजिक जीवन के अन्य क्षेत्रों में भी ऐसी ही स्थिति है। राजनीति और सामाजिक परिवर्तन के क्षेत्र में पहले से अधिक महिलाएँ सक्रिय हैं। इस तरह महिलाओं की स्थिति में सुधार ज़रूर हुआ है; लेकिन वह पर्याप्त नहीं है।

स्वतंत्रता के बाद हिन्दू कानून में किए गए सुधारों द्वारा महिलाओं की कानूनी स्थिति को बेहतर बनाया गया है। वर्तमान कानूनी स्थिति यह है कि एक ओर, बहु-विवाह और बाल-विवाह पर कानूनी रोक लगायी गयी है, और दूसरी ओर, अंतर्जातीय विवाह और विधवा-पुनर्विवाह की अनुमति दी गयी है। पिता की सम्पत्ति में पुरुष और स्त्री को काफ़ी हद तक बराबर का अधिकार दिया गया है। इसी तरह, स्त्री और पुरुष दोनों को तलाक का अधिकार दिया गया है (परम्परागत हिन्दू कानून में तलाक का प्रावधान नहीं था)।

यह बात सही है कि महिलाओं की संवैधानिक और कानूनी स्थिति और समाज में उनकी वास्तविक स्थिति के बीच आज भी एक दूरी है। फिर भी, इन कानूनी सुधारों का अपना महत्त्व है। एक तरह से यह परिवर्तन की दिशा को निर्धारित कर रहे हैं। कोई भी जागरूक महिला इन कानूनी सुधारों का लाभ उठा सकती है। दुःख की बांत है कि मुसलिम निजी कानून में अभी भी बहु-विवाह और एकतरफा मौखिक तलाक जैसी बुराइयों को कानूनी मान्यता प्राप्त है। सम्पत्ति के अधिकार के मामले में भी मुसलिम महिलाओं की स्थिति बदतर है।

तिहत्तरवें संविधान संशोधन द्वारा पंचायतों में, और चौहत्तरवें संशोधन द्वारा नगरपालिकाओं में महिलाओं के लिए एक तिहाई स्थान आरक्षित किए गए हैं। (बिहार में महिलाओं के लिए 50 प्रतिशत स्थान आरक्षित हैं।) यह महिलाओं की राजनीतिक हिस्सेदारी बढ़ाने और उनकी सामाजिक स्थिति सुधारने की दिशा में एक बड़ा कदम है। अब लोकसभा और विधानसभाओं में भी महिलाओं के लिए एक तिहाई स्थान आरक्षित करने का प्रस्ताव है। महिलाओं की स्थिति को सुधारने के लिए इस प्रस्ताव को लागू करने के अलावा, जिस तरह पंचायतों और नगरपालिकाओं में अनुसूचित जातियों और जनजातियों के लिए आरक्षित स्थानों में से एक तिहाई स्थान इन वर्गों की महिलाओं के लिए आरक्षित किए गए हैं; उसी तरह शिक्षण संस्थाओं और सरकारी नौकरियों में भी अनुसूचित जातियों, जनजातियों और अन्य पिछड़ी जातियों के लिए आरक्षित स्थानों में से एक तिहाई स्थान इन वर्गों की महिलाओं के लिए आरक्षित किया जा सकता है। महिलाओं के बीच शिक्षा के प्रसार के लिए विशेष प्रयत्न अति आवश्यक है। इसके बिना महिला सशक्तिकरण सम्भव नहीं है।

इस तरह, महिलाओं की स्थिति में सुधार के बावजूद अभी भी स्थिति संतोषजनक नहीं है। आज भी बेटी की बजाय बेटे के प्रति विशेष लगाव काफ़ी परिवारों में साफ़ दिखता है। "स्त्रीभ्रूण हत्या" (female foeticide) जैसी बुराइयाँ भी इस मनोवृत्ति से ही जुड़ी हुई हैं। इसे हम महिला शिशु हत्या का आधुनिक रूप मान सकते हैं। बेटी की शिक्षा और

स्वास्थ्य को भी कई परिवारों में पर्याप्त महत्त्व नहीं दिया जाता है। एक ओर दहेज जैसी बुराई है, तो दूसरी ओर लड़कियों को सम्पत्ति का अधिकार भी व्यवहार में कम ही हासिल हो पाता है। विवाह के दौरान वर और वधू परिवार के एक-दूसरे के साथ व्यवहार में भी औरत-मर्द गैरबराबरी साफ़ दिखाई देती है। समाज में औरत की स्थिति की जानकारी सेक्स अनुपात से भी मिलती है। भारत में प्रति हजार पुरुषों की तुलना में महिलाओं की संख्या 933 है (2011 जनगणना)। इससे यह बात समझ में आती है कि औरत-मर्द बराबरी की दिशा में अभी और बहुत कुछ करने की ज़रूरत है।

औरत और समाज : एक मानक दृष्टि

इस खण्ड में हम औरत की सामाजिक स्थिति पर मुख्यत: स्वतंत्रता और समता के आदर्शों की दृष्टि से विचार करेंगे।

विभिन्न समाजों में औरत-मर्द गैरबराबरी क्यों है, इसकी व्याख्या करने के लिए कई सिद्धांत दिए गए हैं। हम चर्चा कर चुके हैं कि एक पक्ष के अनुसार इस गैरबराबरी का आधार जैविक, और दूसरे पक्ष के अनुसार इसका आधार सांस्कृतिक है। इसके अलावा, मार्क्सवादी दृष्टिकोण भी है, जिसके अनुसार औरत-मर्द गैरबराबरी का आधार निजी सम्पत्ति की संस्था है, खास कर, उत्पादन के साधनों का निजी स्वामित्व। फिर, इस मत की आलोचना भी की गयी है।

औरत-मर्द गैरबराबरी की व्याख्या चाहे जो भी हो, सवाल यह है कि क्या यह नैतिक दृष्टि से उचित है? किसी समाज में मौजूद औरत-मर्द गैरबराबरी की वैज्ञानिक व्याख्या करना, और उसका नैतिक औचित्य (moral justification) दिखलाना दोनों एक बात नहीं है। थोड़ी देर के लिए मान लें कि औरत-मर्द गैरबराबरी की व्याख्या के लिए जैविक सिद्धांत सही है, और शिकार करने वाले समाजों में इस गैरबराबरी का उदय हुआ; तो क्या इससे यह साबित हो जाएगा कि आज के कृषि और औद्योगिक समाजों में, जबकि बर्थ कंट्रोल भी सम्भव है, और जबकि भोजन जुटाने के लिए शिकार पर नहीं जाना पड़ता है, इसे बनाए रखना उचित है? (वैसे, हम यह चर्चा कर चुके हैं कि शिकार करने वाले सभी समाजों में भी बिल्कुल एक जैसा श्रम का विभाजन नहीं है।)

जब हम मानक दृष्टि से औरत-मर्द गैरबराबरी की बात करते हैं, और समता के आदर्श को सामने रखते हैं, तो महत्त्वपूर्ण बात यह हे कि हम कोई ऐसा प्रस्ताव न रखें, जो प्राकृतिक या जैविक दृष्टि से सम्भव न हो। उदाहरण के तौर पर, हम यह नहीं कह सकते हैं कि पुरुषों को भी नौ महीने बच्चों को गर्भ में रखना चाहिए, या उन्हें अपना दूध पिलाना चाहिए, क्योंकि यह प्राकृतिक दृष्टि से सम्भव नहीं है। लेकिन, इसके अलावा, और जितने भी काम हैं उनमें साझेदारी सम्भव है। औरत-मर्द के बीच श्रम के विभाजन

पर समाजशास्त्रीय चर्चा से स्पष्ट हुआ है कि यह विभाजन अधिकांशतः सांस्कृतिक है, न कि जैविक।

इसलिए, स्वतंत्रता की दृष्टि से सभी औरतों पर या मर्दों पर भी किसी एक श्रम के विभाजन को आरोपित करना उचित नहीं है। कई समाजों में महिलाएँ शिकार भी करती हैं; दूसरी ओर, कई समाजों में पुरुष बच्चों की देखभाल भी करते हैं। इसके अलावा, ऐसे समाज भी हैं, जहाँ औरत और मर्द ये दोनों काम मिल-जुल कर करते हैं। इस तरह, शिकार करना, लकड़ी काटना, उत्खनन, खाना बनाना, बच्चों की देखभाल, कपड़ों की मरम्मत जैसे काम औरत और मर्द दोनों कर सकते हैं। फिर, एक ही काम किसी एक समाज में मर्दों द्वारा और किसी दूसरे समाज में औरतों द्वारा किए जाते हैं। औरत-मर्द के बीच श्रम के विभाजन में सांस्कृतिक विविधता के संदर्भ में ओडिशा के बोंडा जनजाति का उदाहरण उल्लेखनीय है। इस जनजाति में कम उम्र (10-15 वर्ष) के लड़कों का विवाह अपने से 10-15 वर्ष बड़ी औरतों से कर दिया जाता है। वैवाहिक जीवन के पहले हिस्से में पत्नी पति की रक्षा करती है, जंगल से भोजन इकट्ठा करती है; जबकि पत्नी के वृद्ध हो जाने पर पति यह काम करता है। इस तरह, पति-पत्नी की भूमिका में अदला-बदली हो जाती है।[27]

ऊपर दिए गए उदाहरणों से यह बात समझ में आती है कि औरत और मर्द के बीच श्रम का विभाजन अधिकांशतः सांस्कृतिक है, और इसे मानव निर्णय द्वारा बदला भी जा सकता है। उदाहरण के तौर पर, हम शिक्षा के क्षेत्र को ही लें, परम्परागत रूप से भारत में महिलाओं को शिक्षा से वंचित रखा जाता था। लेकिन अब जब उन्हें शिक्षा के क्षेत्र में आगे आने का अवसर प्रदान किया गया है, तो कई बार स्कूलों और कॉलेजों में लड़कियाँ लड़कों से बेहतर प्रदर्शन भी कर रही हैं। आज भारतीय समाज में औरतें कई ऐसे कामों को कर रही हैं, जिनके बारे में कुछ समय पहले तक यह समझा जाता था कि उसे सिर्फ पुरुष ही कर सकते हैं। इनमें कॉलेज या विश्वविद्यालयों में पढ़ाने, डॉक्टरी, इंजीनियरी से लेकर हवाई जहाज उड़ाने तक के काम शामिल हैं। कई महिलाएँ कृषि और मकान बनाने के क्षेत्र में मजदूरी और यहाँ तक कि उत्खनन के काम में भी लगी हुई हैं।

आज के समय ऐसे कई परिवार हैं, जिनमें औरत-मर्द दोनों घर से बाहर भी काम करते हैं, और घर के अंदर के कामों में भी सहयोग करते हैं। ऐसे परिवार भी सम्भव हैं, जिनमें औरत बाहर का काम करती हों, पुरुष घर के अंदर का। और ऐसे परिवार तो हैं ही जिनमें पुरुष घर से बाहर का काम करते हैं; और महिलाएँ घर के अंदर का। स्वतंत्रता की दृष्टि से इनमें से किसी भी एक मॉडल को सभी परिवारों पर आरोपित करना उचित नहीं है। प्रत्येक पति-पत्नी को यह स्वतंत्रता मिलनी चाहिए कि अपनी रुचि और क्षमता के आधार पर आपस में जैसा श्रम का विभाजन करना चाहें, करें।

समता की दृष्टि से यह ज़रूरी है कि औरत और मर्द के बीच श्रम का विभाजन चाहे जो भी हो, दोनों के कामों को बराबर प्रतिष्ठा दी जाए। सिर्फ़ श्रम के विभाजन से अपने-आप सामाजिक गैरबराबरी पैदा नहीं हो जाती है। सामाजिक गैरबराबरी तब पैदा होती है, जब श्रम के विभाजन के साथ श्रेष्ठता और हीनता की भावना जुड़ जाती है। यही बात औरत-मर्द सम्बंधों पर भी लागू होती है। परम्परागत श्रम के विभाजन के अंतर्गत औरत खाना बनाने और बच्चों की देखभाल का काम करती है, तो क्या इस काम का महत्त्व नहीं है? गैरबराबरी इसलिए पैदा होती है, क्योंकि औरत द्वारा किए जाने वाले कामों को कम प्रतिष्ठा दी जाती है और पुरुष द्वारा किए जाने वाले कामों को श्रेष्ठ मान लिया जाता है। समाजशास्त्रीय अध्ययनों से यह पाया जाता है कि एक ही काम जैसे कपड़े बनाना, बर्तन बनाना, सिलाई करना जब किसी समाज में औरतों द्वारा किये जाते हैं, तो उसे कम प्रतिष्ठा दी जाती है, और जब किसी समाज में पुरुषों द्वारा किए जाते हैं, तो उसे अधिक प्रतिष्ठा दी जाती है।[28] इसलिए, सवाल मनोवृत्ति को बदलने का है। औरत और मर्द में जैविक अंतर है, लेकिन एक को श्रेष्ठ और दूसरे को हीन मानना जैविक अंतर का वर्णन नहीं, बल्कि मूल्यांकन है। उदाहरण के तौर पर, औरत बच्चों को जन्म दे सकती है, दूध पिला सकती है, पुरुष यह काम नहीं कर सकते हैं। इस आधार पर यह भी कहा जा सकता है कि औरत द्वारा किए जाने वाले काम श्रेष्ठ हैं, और पुरुषों द्वारा किए जाने वाले काम हीन। पुरुष द्वारा किए जाने वाले काम श्रेष्ठ हैं, और औरत द्वारा किए जाने वाले हीन, यह जैविक स्थिति का वर्णन मात्र नहीं है, बल्कि उसका मूल्यांकन है। जब औरत-मर्द दोनों एक-दूसरे द्वारा किये जाने वाले काम के महत्त्व को समझेंगे और उसका सम्मान करेंगे, तभी समाज में औरत-मर्द बराबरी आएगी।

मानक दृष्टि से विचार करने पर यही कहा जा सकता है कि बेटे और बेटियों का दुनिया में एक-जैसा स्वागत होना चाहिए। उन्हें एक जैसी शिक्षा मिलनी चाहिए, उनके स्वास्थ्य को एक बराबर महत्त्व मिलना चाहिए। यह नहीं मान लेना चाहिए कि औरत के जीवन का एकमात्र लक्ष्य विवाह करना है, और पुरुष के जीवन का एकमात्र लक्ष्य पैसे कमाना है। लड़के और लड़कियों को एक जैसी शिक्षा मिलनी चाहिए, ताकि दोनों आगे चल कर आत्मनिर्भर बन सकें, घर-बाहर दोनों का काम कर सकें। माँ-बाप की सम्पत्ति में दोनों को बराबर का अधिकार मिलना चाहिए। संक्षेप में, वैवाहिक और पारिवारिक सम्बंधों का आधार स्वतंत्रता और समता को होना चाहिए। वयस्क औरत और मर्द स्वतंत्रतापूर्वक समता के आधार पर विवाह करें, मिल-जुल कर परिवार चलाएँ। परिवार का मुखिया सिर्फ़ पुरुष न हो, पति-पत्नी दोनों मिल कर परिवार के महत्त्वपूर्ण निर्णय लें, बेटे और बेटी के बीच किसी किस्म का भेदभाव न हो। घर-परिवार के बाहर भी सभी काम औरत-मर्द दोनों के लिए खुले रहें। दोनों द्वारा किए जाने वाले कामों को समान प्रतिष्ठा दी जाए। एक समान काम के लिए एक समान वेतन हो। औरत-मर्द के लिए दोहरे नैतिक मापदण्ड न

हों। सभी कानून पूरी स्वतंत्रता और समता के मूल्यों पर आधारित हों। यही लिंग समानता का लोकतांत्रिक आदर्श है।

लिंग समानता का प्रश्न काफ़ी व्यापक प्रश्न है, और इसके कई आयाम हैं, जैसे, सामाजिक, नैतिक, राजनीतिक, आर्थिक और शैक्षणिक। लिंग समानता के आदर्श की ओर बढ़ने के लिए औरत और मर्द दोनों को ही बदलना होगा। साथ ही, औरत और मर्द की रूढ़िबद्ध धारणाओं (stereotypes) को भी बदलना होगा। औरत-मर्द बराबरी के संदर्भ में यह ध्यान रखना होगा कि औरत और मर्द दो अलग-अलग सामाजिक वर्ग या जातियाँ नहीं हैं। हर वर्ग और जाति में महिलाएँ और पुरुष दोनों होते हैं। इसके अलावा, अलग-अलग वर्गों और जातियों में महिलाओं की स्थिति अलग-अलग है। दूसरे, औरत-मर्द बराबरी के लिए एक महत्त्वपूर्ण मोर्चा परिवार है। परिवार में औरत-मर्द के बीच पति-पत्नी, माँ-बेटे, पिता-बेटी और भाई-बहन का सम्बंध रहता है। इसलिए, यहाँ पर उस तरहं दो परस्पर विरोधी गुटों में बँट कर संघर्ष सम्भव नहीं दिखता है, जैसा जाति और वर्ग में सम्भव है। इसलिए, औरतों को तो अपनी मानसिकता बदल कर अपने अधिकारों के लिए संघर्ष करना ही होगा। साथ ही, पुरुषों को भी अपनी मानसिकता बदल कर इस संघर्ष में औरतों का साथ देना होगा।

REFERENCES

1. रमेन्द्र, समाज और राजनीति दर्शन (दिल्ली: मोतीलाल बनारसीदास, 2005), पृष्ठ-72-84.
2. Peter Singer, Practical Ethics (New Delhi: Cambridge University Press, 1980, 1993, 2011).
3. M. Haralambos with R. M. Heald, Sociology: Themes and Perspectives (Delhi: Oxford University Press, 1984), p. 369.
4. Ibid., p. 371.
5. Ibid., pp. 373-75.
6. Ibid., pp. 390-91.
7. Ibid., p. 398.
8. Ibid., p. 391.
9. Ibid., p. 393.
10. Ibid., p. 397.
11. Willian J. Goode, The Family (New Delhi: Printice-Hall of India Pvt. Ltd., 1987), pp. 139-40.
12. The New Encyclopaedia Britannica, vol. 19, p. 912.
13. Ibid., p. 910.
14. मनुस्मृति (वाराणसी: चौखम्भा संस्कृत संस्थान, 1982), 2:67.
15. वहीं, 5:15
16. वहीं, 5:148.

17. M. Haralambos, Op. Cit., p. 369.
18. Ibn Warraq, Why I am not a Muslim (Amherst, New York: Prometheus Books, 1995), pp. 290-327.
19. M. N. Sriniwas, Social Change in Modern India (Bombay: Orient Longman Ltd., 1980), p. 48.
20. Ibid., p. 47.
21. Nirmal Kumar Bose, Selections from Gandhi (Ahmedabad: Navajivan Publishing House, 1972), pp. 271-83.
22. K. Veeramani (ed.) Periyar on Women's Rights (Madras: Emerald Publishers, 1996).
23. Jogan Shankar, Devadasi Cult: A Sociological Analysis (New Delhi: Ashish Publishing House, 1994), pp. 167-69.
24. Dhananjay Keer, Dr. Ambedkar Life and Mission (Bombay: Popular Prakashan, 1997), pp. 394-419.
25. डॉ. रमेन्द्र (सं.), जयप्रकाश विचार संकलन (पटना: राजेन्द्र प्रकाशन, 1986), पृ. 13-14.
26. डॉ लोहिया, जाति प्रथा (हैदराबाद: नवहिन्द प्रकाशन, 1964).
27. R. P. Mohanty, "A Reversal of Family Roles", Manushi, No. 127, p. 35.
28. M. Haralambos, Op. Cit., p. 376.

14

नस्लवाद

लिंगवाद (sexism) की तरह, नस्लवाद (racism) का अध्ययन भी परम्परागत रूप से समाज दर्शन के अंतर्गत होता रहा है। अब, लिंग समानता की ही तरह, नस्लवाद को भी व्यावहारिक नीतिशास्त्र में महत्त्वपूर्ण स्थान दिया गया है। पीटर सिंगर ने अपनी प्रैक्टिकल एथिक्स में नस्लवाद की भी चर्चा की है।

नस्लवाद या प्रजातीयता एक महत्त्वपूर्ण सामाजिक समस्या रही है, और आज भी मानवता को इससे पूरी तौर से मुक्ति नहीं मिली है। कई समाजों में परम्परागत रूप से ''नस्ल'' के आधार पर लोगों को श्रेष्ठ ओर हीन माना गया है, और माना जा रहा है। यह जन्म पर आधारित सांबधिक प्रस्थिति (ascribed status) का एक उदाहरण हुआ।[1] किसी एक नस्ल में जन्म लेने के कारण ही किसी को श्रेष्ठ, और किसी को हीन मान लिया जाता है। अपने को ''श्रेष्ठ'' समझने वाले लोग, अपने से ''हीन'' के साथ भेदभाव बरतते हैं। लिंग भेद (gender discrimination) की तरह ही नस्लवाद भी समता के मूल्य के विरुद्ध है।

नस्ल (race)

वैसे तो ''नस्ल'' या ''प्रजाति'' शब्द का इस्तेमाल एक से अधिक अर्थो में हुआ है। उदाहरण के तौर पर, कभी-कभी ''मानव नस्ल'' ("human race") की भी बात की जाती है। अपने मुख्य जैविक अर्थ में ''नस्ल'' का इस्तेमाल सम्पूर्ण मानव जाति (species) के ऐसे उपवर्गो के लिए किया जाता है, जो रंग, बाल, शक्ल, शरीर के अंगों के अनुपात और रक्त के प्रकार (blood type) जैसे आनुवंशिक गुणों की दृष्टि से एक जैसे होते हैं।[2]

दूसरे शब्दों में, ''नस्लवाद'' के लिए प्रासंगिक अर्थ में ''नस्ल'' कोई ऐसा मानव समूह है, जिसे जन्मजात और अपरिवर्तनीय शारीरिक गुणों के आधार पर स्वयं अपने, या अन्य लोगों द्वारा, सांस्कृतिक दृष्टि से भिन्न माना जाता है।[3]

परम्परागत रूप से मानव जाति को रंग के आधार प्र ''काले'', ''गोरे'', ''पीले'' और ''लाल'' के रूप में वर्गीकृत किया गया है। आज इस वर्गीकरण को अत्यधिकं सरल भी माना जा रहा है,[4] और इस पर मानवविज्ञान (anthropology) और आनुवंशिकी (genetics) के क्षेत्र में शोध जारी है, लेकिन ''नस्लवाद'' के अध्ययन की दृष्टि से यह सरल वर्गीकरण भी पर्याप्त है। जैसे, अगर यह माना जाता है कि गोरे लोग काले लोगों से श्रेष्ठ हैं, तो यह नस्लवाद का एक उदाहरण है। बल्कि, नस्लवाद के संदर्भ में कई बार ऐसे उपवर्ग को भी ''नस्ल'' मान लिया जाता है, जिनके बारे में ऐसा समझा जाता

है कि वे एक ही पूर्वज के वंशज हैं, और इस कारण कई मायनों में एक-जैसे हैं. चाहे वे ऊपर बताए गए जैविक अर्थ में ''नस्ल'' न भी हों, जैसे, ''आर्य नस्ल'', ''यहूदी नस्ल'' और हिन्दू नस्ल''।[5]

नस्लवाद

दि पेन्युन डिक्शनरी ऑफ़ फ़िलासफ़ि के अनुसार, नस्लवाद वह सिद्धांत है, जो दूसरे नस्ल में हीन और खतरनाक गुणों को आरोपित करता है; और जो नस्ल के आधार पर दूसरे नस्ल के लोगों के साथ भेदभाव बरतता है।[6]

द *इनसॉक्लोपीडिया ऑफ़ फ़िलासफ़ि* के अनुसार, नस्लवाद वह सिद्धांत है, जो मनुष्य के एक समूह को दूसरे समूह से नैतिक और मानसिक दृष्टि से श्रेष्ठ समझता है, और ऐसा मानता है कि यह श्रेष्ठता आनुवंशिक, जैविक अंतर पर आधारित है।[7]

द *इनसॉक्लोपीडिया ऑफ़ फ़िलासफ़ि* के अनुसार, नस्लवाद के साथ आम तौर से तीन किस्म की मान्यताएँ जुड़ी रहती हैं। सबसे पहले तो यह माना जाता है कि मानव को जैविक दृष्टि से कई अलग-अलग वर्गों में बाँटा जा सकता है। दूसरे, ऐसा समझा जाता है कि अलग-अलग मानव समूहों के बीच का अंतर प्रत्येक समूह के सामान्य जैविक आनुवंशिक गुणों पर आधारित होता है। उदाहरण के तौर पर, कुछ नस्लों के बारे में यह दावा किया जाता है कि वे आनुवंशिक रूपों से ही युद्ध में अधिक कुशल होती हैं।

यह ज़रूरी नहीं कि इन दो बातों को मानने वाला व्यक्ति अनिवार्यतः नस्लवादी हो, लेकिन ये मान्यताएँ नस्लवाद के समर्थनं के लिए आवश्यक हैं। नस्लवाद से जुड़ी तीसरी और सबसे विशिष्ट मान्यता यह है कि न सिर्फ मानव समूह एक-दूसरे से अलग होते हैं; बल्कि कुछ, अन्य की तुलना में, शारीरिक, बौद्धिक या नैतिक दृष्टि से ''बेहतर'', ''अधिक मजबूत'', ''उच्च'' या ''अधिक सृजनात्मक'' होते हैं। ऐसा समझा जाता है कि ''उच्च'' नस्ल या नस्लों को निम्न नस्लों पर अपना वर्चस्व स्थापित करने, उन्हें गुलाम बनाने, यहाँ तक कि उन्हें नष्ट कर देने का अधिकार होता है। अंत में यह भी माना जाता है कि ''उच्च'' और ''निम्न'' नस्लों के लोगों को आपस में विवाह नहीं करना चाहिए, क्योंकि नस्लों का मिश्रण या ''संकरीकरण'' (mongrelization) प्रकृति के विरुद्ध है। इससे श्रेष्ठ नस्ल का स्तर नीचे गिर जाएगा. और उसका पतन हो जाएगा।[8]

नस्लवाद के उदाहरण

मानव इतिहास में नस्लवाद के कई उदाहरण मिल जाएँगे। एक प्रमुख उदाहरण गोरों (कॉकेशियन) द्वारा काले (निग्रॉयड) लोगों के साथ भेदभाव का है। इसी तरह, यूरोप के गोरे लोगों द्वारा अमेरिका, ऑस्ट्रेलिया, अफ्रीका और एशिया के अपने उपनिवेशों के मूल निवासियों के साथ भेदभावपूर्ण व्यवहार भी नस्लवाद का उदाहरण है। हिटलर द्वारा नात्सी

जर्मनी में यहूदियों के साथ किया गया व्यवहार एक "नस्लवाद" का उदाहरण है। इसी तरह, भारतीय संदर्भ में वर्ण-व्यवस्था और जाति-व्यवस्था को भी नस्लवाद का उदाहरण माना जा सकता है।

स्पेन और पुर्तगाल ने दक्षिण अमेरिका महादेश के कई क्षेत्रों को अपना उपनिवेश बनाया, और इस क्रम में दक्षिण अमेरिका के "इंडियन" कहे जाने वाले मूल निवासियों के साथ जो भेदभावपूर्ण व्यवहार हुआ, उसमें नस्लवाद का तत्व निश्चित तौर से मौजूद था।[9]

फ्रांस और निदरलैण्ड जैसे यूरोप के अन्य देशों के अलावा, ब्रिटेन के उपनिवेशों में खास तौर से संयुक्त राज्य अमेरिका, ऑस्ट्रेलिया और दक्षिण अफ्रीका में नस्लवाद का पूरा प्रदर्शन हुआ। ऑस्ट्रेलिया और अमेरिका के मूलनिवासियों के साथ भेदभावपूर्ण व्यवहार किया गया। यहाँ तक कि नरसंहार की घटनाएँ भी हुई।[10]

संयुक्त राज्य अमेरिका में अफ्रीका से लाए गए काले लोगों को गुलाम बना कर रखा गया, और इसे उचित ठहराने के लिए नस्लवाद का इस्तेमाल किया गया। गुलामों की शिक्षा के विरुद्ध कानून बनाए गए, यहाँ तक कि उन्हें साक्षर होने से भी रोका गया।[11]

हिटलर द्वारा जर्मनी में यहूदियों के साथ किया गया व्यवहार, और दक्षिण अफ्रीका में गोरे अल्पसंख्यकों द्वारा वहाँ के बहुसंख्यक काले लोगों के साथ व्यवहार, बीसवीं सदी में "नस्लवाद" के प्रमुख उदाहरण माने जाते हैं।

नस्लवाद और रंगभेद (apartheid)

अफ्रिकान्ज़ भाषा के शब्द "अपाट्हेड" (apartheid) का अर्थ है पार्थक्य (aparthood)। इस शब्द का इस्तेमाल 1948 के बाद से दक्षिण अफ्रीका की नेशनल पार्टी द्वारा अल्पसंख्यक गोरे और बहुसंख्यक काले लोगों को अलग-अलग रखने की नीति के लिए किया जाता था। सरकारी तौर पर इसे "अलग लेकिन समान विकास" की नीति भी कहा जाता था।[12] हिन्दी में "अपाट्हेड" को " प्रजाति-पार्थक्य", "रंगभेद", "वर्ण-भेद" या "नस्लभेद" कहा जाता है। इस नीति के अंतर्गत बहुसंख्यक (80 प्रतिशत) काले लोगों को सिर्फ विशेष क्षेत्रों में जमीन का मालिक होने का अधिकार दिया गया था, जो क्षेत्र दक्षिण अफ्रीका के कुल जमीनी क्षेत्र का मात्र 13 प्रतिशत था। काले लोगों को वोट देने के अधिकार से वंचित रखा गया, और उन्हें गोरों के शहरी क्षेत्र में प्रवेश करने और रहने के लिए औपचारिक अनुमति लेनी पड़ती थी। नस्लभेद की नीति के अंतर्गत काले और गोरे लोगों के बीच शारीरिक और वैवाहिक सम्बंधों को भी गैरकानूनी बना दिया गया था।[13] अपाट्हेड या रंगभेद बीसवीं सदी में सरकार द्वारा मान्यता प्राप्त संस्थागत नस्लवाद का एक प्रमुख उदाहरण था। यह व्यवस्था बीसवीं सदी में ही समाप्त हो गयी, और उसके बाद स्वतंत्रता सेनानी नेल्सन मंडेला 1994 में दक्षिण अफ्रीका के पहले काले राष्ट्रपति निर्वाचित हुए।

नस्लवाद और फ़ासिज़्म

हिटलर के फ़ासिस्टवाद में भी नस्लवाद के तत्व हैं। नात्सी जर्मनी में "आर्य" और "यहूदी" को भी नस्ल मान लिया गया था। 1930 से 1940 में जर्मनी में यहूदी-विरोध (anti-semitism) अपनी चरम पराकाष्ठा पर पहुँच गयी थी।[14] हिटलर ने "जर्मन आर्य" नस्ल की श्रेष्ठता की बात की, और दूसरी ओर, अल्पसंख्यक यहूदी नस्ल को जर्मनी की सभी समस्याओं के लिए जिम्मेवार माना। उसने यहूदियों के विरुद्ध सिलसिलेवार नफ़रत का प्रचार किया, और अंततः बड़े पैमाने पर उनकी हत्या करवायी। यह नस्लवाद का एक जघन्य उदाहरण हुआ।

नस्लवाद और वर्ण-व्यवस्था

कुछ विद्वानों ने हिन्दू वर्ण-व्यवस्था और जाति-व्यवस्था को नस्लवाद का उदाहरण माना है। उनके अनुसार, जाति-व्यवस्था का उद्‌गम आक्रमणकारी आर्यों और पराजित द्रविड़ों के बीच के शारीरिक अंतर से हुआ है। इसकी काफ़ी सम्भावना है कि ऊपर के तीन वर्ण ब्राह्मण, क्षत्रिय और वैश्य मूलतः "आर्यों" के बीच से चुने गए थे, जबकि चौथा वर्ण "शूद्र" और "अछूत" जैसे वर्ण-बाह्य मूलतः अधिकांश "द्रविड़" थे।[15] धर्म-दर्शन के एक विद्वान याकुब मसीह के अनुसार, पारसी धर्मग्रंथों गाथा और अवेस्ता में भी ब्राह्मण, क्षत्रिय और वैश्य का उल्लेख है, जबकि उसमें शूद्र का कोई ज़िक्र नहीं है।[16] इससे इस अटकल को बल मिलता है कि ये ऊपर के तीन वर्ण "आर्यों" के आपस का विभाजन था, जबकि भारत आने पर उन्होंने भारत के पराजित मूल निवासियों को या तो शूद्र में डाल दिया या "वर्ण-बाह्य" घोषित कर दिया।

"वर्ण" शब्द का अर्थ ही है "रंग"; तो इस दृष्टि से "वर्ण-व्यवस्था" का अर्थ हुआ "रंग पर आधारित व्यवस्था"।

जाति के उद्‌गम का नस्लवादी सिद्धांत सही है या नहीं, यह एक स्वतंत्र प्रश्न है, और इसका सम्बंध इतिहास और समाजशास्त्र से है। फिर भी, इसे एक प्राक्कल्पना के रूप में तो स्वीकार किया ही जा सकता है।

अगर जाति-व्यवस्था के उद्‌गम के सवाल को छोड़ भी दें, तो भी अवधारणात्मक स्तर पर नस्लवाद और जाति-व्यवस्था के बीच समानता साफ़ दिखायी देती है। नस्लवाद के अंतर्गत सिर्फ किसी "नस्ल" में पैदा होने के कारण ही किसी को श्रेष्ठ और किसी अन्य "नस्ल" में पैदा होने के कारण किसी को हीन मान लिया जाता है। इसी तरह, जाति-व्यवस्था के अंतर्गत किसी एक जाति (ब्राह्मण) में पैदा होने मात्र से किसी व्यक्ति को श्रेष्ठ और किसी अन्य जाति में पैदा होने से हीन, यहाँ तक कि "अछूत" भी मान लिया जाता है। "नस्ल" और "जाति" दोनों ही जन्म पर आधारित भेदभाव ("सार्वधिक प्रस्थिति") के उदाहरण हैं। नस्लवाद के अंतर्गत "श्रेष्ठ" नस्ल की "शुद्धता" को बनाए

रखने के लिए अंतर्विवाह पर पाबंदी लगायी जाती है। दक्षिण अफ्रीका में रंगभेद की नीति के तहत इसे कानूनी रूप भी दे दिया गया था। इसी तरह, वर्ण-व्यवस्था के अंतर्गत भी अलग-अलग वर्णों के लोगों के आपस में विवाह करने पर पाबंदी रहती है। आज के समय पहले की तुलना में अंतर्जातीय विवाहों की संख्या बढ़ी है, लेकिन आज भी अधिकांश तयशुदा विवाह एक ही जाति में हो रहे हैं।

नस्लवाद के अंतर्गत अलग-अलग नस्ल के लोगों द्वारा एक साथ मिल बैठ कर खाने-पीने को हतोत्साहित किया जाता है; जाति-व्यवस्था के अंतर्गत भी ऐसा ही है। वर्ण-व्यवस्था के अंतर्गत शूद्रों और औरतों को शिक्षा से वंचित रखने का प्रयास हुआ। नस्लवाद के अंतर्गत भी एक समय संयुक्त राज्य अमेरिका में काले गुलामों के साथ ऐसा करने का प्रयत्न हुआ था। नस्लवाद के अंतर्गत दक्षिण अफ्रीका में काले लोगों को गोरों के शहरों से बाहर एक निश्चित स्थान पर रहने के लिए बाध्य किया जाता था। जाति-व्यवस्था के अंतर्गत भी परम्परागत रूप से दलित जातियों को गाँव के बाहर रहने के लिए बाध्य किया गया, और उन्हें सार्वजनिक कुँओं और तालाबों से पानी लेने से रोका गया।

''नस्लवाद'' के संदर्भ में जिस ''नस्ल'' की बात की जाती है, यह ज़रूरी नहीं है कि वह जैविक अर्थ में भी ''नस्ल'' हो। अगर आनुवंशिक आधार पर किसी समूह को एक-दूसरे से अलग माना जाए, तो वह भी ''नस्ल'' है। ''नस्ल'' शब्द के इस अर्थ में ''जाति'' को भी एक किस्म की ''नस्ल'' माना जा सकता है, क्योंकि आनुवंशिक आधार पर ब्राह्मण जाति में पैदा होने के कारण ही ब्राह्मणों को अलग तथा अन्य जातियों को ब्राह्मणों से और एक-दूसरे से अलग माना जाता है। इस तरह, जाति-व्यवस्था को अवधारणात्मक स्तर पर ''नस्लवाद'' के एक रूप की तरह देखा जा सकता है।

कई समाजों में वर्ग के निर्धारकों में एक निर्धारक प्रजाति या नस्ल भी होती है।[17] जब वर्ग-व्यवस्था में रंग या नस्ल ही मुख्य या एकमात्र निर्धारक हो जाए, तो यह कुछ-कुछ वर्ण-व्यवस्था या जाति-व्यवस्था जैसी नज़र आने लगती है, जैसाकि दक्षिण अफ्रीका में ''अपाट्हेड'' की तहत हुआ। जिस हद तक नस्लवाद और जाति-व्यवस्था एक समान हैं, उस हद तक जाति-व्यवस्था की आलोचनाएँ नस्लवाद पर भी लागू होंगी। जाति-व्यवस्था की ही तरह, नस्लवाद भी स्वतंत्रता, समता और बंधुता के मूल्यों के विरुद्ध है।

जाति और अपार्टहेड में समानताएँ

(1) जाति और एकमात्र रंग आधारित वर्ग दोनों सामाजिक स्तरीकरण (social stratification) के रूप हैं।[18]

(2) वर्ग और जाति दोनों में अलग-अलग वर्गों/जातियों के सदस्यों के बीच एक सामाजिक दूरी (social distance) रहती है।[19] आम तौर से वर्ग-व्यवस्था में यह दूरी जाति-व्यवस्था की तुलना में कम कठोर होती है। लेकिन अपार्टहेट् के तहत यह सामाजिक

दूरी सामान्य तौर पर वर्ग-व्यवस्था में पाए जाने वाली दूरी से अधिक कठोर, और लगभग जाति-व्यवस्था जैसी नज़र आने लगती है। मुख्य अंतर यह है कि ''अपार्टहेड' के तहत भी काले लोगों को पूरी तरह से ''अछूत'' नहीं माना जाता था।

(3) जाति पूरी तरह जन्म पर आधारित रहती है, जबकि आमतौर से वर्ग में जन्म सहित और भी कारक होते हैं, जैसे, व्यवसाय, धन, शिक्षा, आदि। व्यवसाय, धन, शिक्षा, आदि का सम्बंध ''साधित प्रस्थिति'' (achieved status) से है, यानी ऐसी प्रस्थिति जिसे प्रयत्न द्वारा हासिल किया जा सकता है।[20] इन कारकों के कारण आमतौर से वर्ग-व्यवस्था में कुछ सामाजिक गतिशीलता (social mobility) रहती है, जबकि जाति-व्यवस्था के सिर्फ़ जन्म पर आधारित होने के कारण इसमें सामाजिक गतिशीलता का अभाव रहता है।[21] अपार्टहेड के अंतर्गत सिर्फ़ रंग पर आधारित सामाजिक स्तरीकरण किया गया था। जाति की तरह नस्ल या रंग भी जन्म पर आधारित ''सांबधिक प्रस्थिति'' (ascribed status) का उदाहरण है। इसलिए, जाति-व्यवस्था की तरह, अपार्टहेड या केवल रंग पर आधारित वर्ग-व्यवस्था में भी सामाजिक गतिशीलता का अभाव था। कह सकते हैं कि रंग पर आधारित वर्ग भी जाति की तरह एक ''बंद'' वर्ग का उदाहरण था।[22]

(4) परम्परागत रूप से जाति अंतर्विवाही समूह होते हैं। दूसरी ओर, वर्ग-व्यवस्था में भी आम तौर से अपने वर्ग में ही विवाह को प्रोत्साहित किया जाता है। एक-दूसरे से विवाह पर रोक भी ''सामाजिक दूरी'' का एक उदाहरण है। आमतौर से जाति-व्यवस्था में वर्ग-व्यवस्था की तुलना में सामाजिक दूरी अधिक कठोर होती है, लेकिन अपार्टहेड के अंतर्गत गोरे और काले लोगों के बीच विवाह पर कानूनी रोक लगा दी गयी थी। इस तरह, यह जाति-व्यवस्था जैसी ही हो गयी थी। भारत के संदर्भ में आज अंतर्विवाह पर रोक कानूनी स्तर पर नहीं है, बल्कि धार्मिक-सामाजिक स्तर पर है।

जाति और अपार्टहेड में अंतर

(1) अपार्टहेड का सम्बंध किसी धर्म से नहीं था, जबकि जाति-व्यवस्था का सम्बंध हिन्दू धर्म से है। यह हिन्दू या ब्राह्मण धर्म द्वारा मान्यता प्राप्त है, और हिन्दू धर्म में परम्परागत तौर पर सिर्फ़ ब्राह्मण जाति में जन्मे पुरुष ही पुरोहित बन सकते हैं।

(2) परम्परागत रूप से प्रत्येक जाति का किसी एक व्यवसाय से सम्बंध रहा है, जबकि अपार्टहेड के अंतर्गत काले और गोरे लोगों का अलग-अलग व्यवसायों से सम्बंध था।

(3) अपार्टहेड और जाति-व्यवस्था के बीच एक महत्त्वपूर्ण अंतर यह है कि 1948 के बाद से इस नीति को दक्षिण अफ्रीका में सरकारी मान्यता प्राप्त थी। इसके अंतर्गत काले लोगों को वोट के अधिकार से वंचित किया गया था। दूसरी ओर, इसी दौरान भारत में 1950 में भारतीय संविधान को लागू किया गया, जिसके अंतर्गत सभी नागरिकों को स्वतंत्रता और समता के मौलिक अधिकार प्राप्त है। किसी भी दो भारतीय नागरिक

(स्त्री-पुरुष) को विवाह करने का कानूनी अधिकार प्राप्त है, चाहे उनका जन्म जिस भी जाति या धर्म में हुआ हो। भारत के संविधान में छुआछूत को समाप्त घोषित किया गया है। इतना ही नहीं, आदिवासी जनजातियों सहित पिछड़ी और दलित जातियों की स्थिति में सुधार के लिए विधायिका, सरकारी सेवाओं और शिक्षा के क्षेत्र में आरक्षण जैसे उपाय भी किए गए हैं। इस तरह, भारत में जातीय भेदभाव को कोई सरकारी मान्यता नहीं मिली हुई है। इसे धार्मिक और सामाजिक स्तर पर मान्यता प्राप्त है, हालांकि इसमें भी निरंतर परिवर्तन आ रहा है।

REFERENCES

1. रमेन्द्र, समाज और राजनीति दर्शन (दिल्ली: मोतीलाल बनारसीदास, 2005), पृष्ठ-61.
2. The Encyclopaedia Britannica, vol. 15, p. 348.
3. Ibid., vol. 15., p. 360.
4. Ibid, pp. 351-52.
5. Roger Scruton, A Dictionary of Political Thought (London: Pan Books, 1983), p. 390.
6. The Penguin Dictionary of Philosophy.
7. The Encyclopedia of Philosophy, vol. 7, p. 58.
8. Ibid., pp. 58-59.
9. The Encyclopaedia Britannica, vol. 15, p. 362.
10. Ibid., pp. 362-63.
11. Ibid., p. 356.
12. Roger Scruton, A Dictionary of Political Thought, p. 19.
13. The Encyclopaedia Britannica, vol 1, p. 439.
14. The Encyclopaedia Britannica, vol 15, pp. 360, 362.
15. Ibid., p. 361.
16. Y. Masih, A Comparative Study of Religion, p. 27.
17. रमेन्द्र, समाज और राजनीति दर्शन, पृष्ठ-61-62.
18. वही, पृष्ठ-55-56.
19. वही, पृष्ठ-55-56
20. वही, पृष्ठ-61.
21. वही, पृष्ठ-65.
22. वही.

15
सरोगेट माँ

व्यावहारिक नीतिशास्त्र के अंतर्गत बायोएथिक्स का महत्त्वपूर्ण स्थान है। बायोएथिक्स या जीव-नीतिशास्त्र के अंतर्गत जीव-विज्ञान और चिकित्साशास्त्र के क्षेत्र में होने वाली नयी खोजों के नैतिक प्रभाव पर विचार किया जाता है। उदाहरण के तौर पर, इसके अंतर्गत गर्भपात, सुखमृत्यु, टेस्ट ट्यूब बेबी, सरोगेट माँ, क्लोनिंग, स्टेम सेल रिसर्च और जेनेटिक इन्जीनियरिंग जैसी समस्याओं पर नैतिक दृष्टि से विचार किया जाता है।

दरअसल, बीसवीं सदी के सातवें और आठवें दशक में अप्लाइड या व्यावहारिक नीतिशास्त्र का उदय बायोएथिक्स के उदय के साथ जुड़ा है। चिकित्साशास्त्र और जीवविज्ञान के क्षेत्र में नए आविष्कारों और खोज के कारण ऐसी नयी-नयी समस्याएँ पैदा होने लगीं, जिन पर नैतिक दृष्टि से विचार करना ज़रूरी हो गया। बीसवीं सदी में एक दौर ऐसा भी आया था, जब ऐ. जे. एयर जैसे नैतिक दार्शनिक यह कहने लगे कि दार्शनिकों का काम नैतिक पदों के अर्थ का विश्लेषण मात्र है। मानक नीतिशास्त्र की महत्त्वपूर्ण और वास्तविक समस्याओं से ऐसे दार्शनिकों ने अपना मुँह मोड़ लिया था। लेकिन, जब जीवविज्ञान और चिकित्सा-शास्त्र के क्षेत्र में ऐसी समस्याएँ पैदा होने लगीं, जिन पर नैतिक दृष्टि से विचार करना ज़रूरी हो गया, तो ऐसे में यह स्वाभाविक ही था कि नैतिक दार्शनिकों से यह अपेक्षा की जाने लगी कि वे तात्कालिक महत्त्व के इन व्यावहारिक समस्याओं पर नैतिक दृष्टि से विचार करें। उदाहरण के तौर पर, सुखमृत्यु की अनुमति मिलनी चाहिए या नहीं? अगर हाँ, तो किन परिस्थितियों में, अगर नहीं, तो क्यों नहीं? ज़ाहिर है कि इन समस्याओं पर मानक दृष्टि से ही विचार किया जा सकता है। इसलिए, यह भी कहा जाता है कि चिकित्साशास्त्र ने नीतिशास्त्र की जान बचाई।[1]

सरोगेट माँ की समस्या भी बायोएथिक्स के क्षेत्र में एक महत्त्वपूर्ण समस्या है। 1970 के दशक में इन विट्रो फर्टीलाइजेशन (शरीर से बाहर निषेचन) तकनीक के विकास के बाद निःसंतान दम्पति सरोगेट माँ की सहायता से बच्चे पैदा करने में सफल हुए।

आज के समय संयुक्त राज्य अमेरिका, ऑस्ट्रेलिया, कनाडा, ब्राजील और विश्व के कई देशों में सरोगेट माँ से समझौता कर कई हज़ार बच्चों का जन्म हो रहा है। भारत में 1992 में व्यावसायिक सरोगेसी को कानूनी दर्जा मिला था। भारत के बारे में रोज़मेरी टांग ने *इंटरनेट एनसाइक्लोपीडिया ऑफ़ फ़िलॉसफ़ि* में अपने आलेख "सरोगेट पैरेंटिंग" में कहा है कि कुछ हज़ार रुपयों का करार कर गरीब महिलाएँ सरोगेट माँ बनने को तैयार हो जाती हैं।[2]

यह प्रथा वैसे तो विश्व-भर में फैल रही है, फिर भी सरोगेट बच्चों की संख्या पूरी दुनिया में काफी कम है। अधिकांश लोग प्रजनन के लिए तीसरी पार्टी को शामिल करना पसंद नहीं करते हैं। साथ ही, अधिकांश लोग सरोगेसी की प्रक्रिया को अपनाने में आर्थिक रूप से असमर्थ होते हैं। फिर भी, सरोगेसी व्यवस्था के अस्तित्व और इस्तेमाल से समाज में माता-पिता द्वारा बच्चे के पालन-पोषण के सम्बंध में कई महत्त्वपूर्ण सवाल उठ गए हैं।[3]

"सरोगेट माँ" का अर्थ

अमेरिकन हेरिटेज डिक्शनरी ऑफ़ द इंगलिश लैंग्वेज़ के अनुसार, सरोगेट माँ एक ऐसी औरत है, जो अक्सर पैसों के लिए, कृत्रिम गर्भाधान (artificial insemination) या पहले से निषेचित अंडाणु (fertilized ovum) के आरोपण (implantation) से उत्पन्न बच्चे को जन्म देने के लिए तैयार हो जाती है, और जो अपने माँ के अधिकार को त्याग देती है।[4]

कॉलिन्स इंग्लिश डिक्शनरी के अनुसार, सरोगेट माँ एक ऐसी औरत है, जो या तो पुरुष द्वारा कृत्रिम गर्भाधान से, या महिला के भ्रूण (embryo) के आरोपण द्वारा किसी प्रजनन में अक्षम दम्पति की ओर से बच्चे को जन्म देती है।[5]

इस तरह, सरोगेट मातृत्व प्रजनन में एक किस्म की सहायता है, जिसमें आम तौर से तीन व्यक्ति शामिल रहते हैं: एक प्रजनन में अक्षम दम्पति (पति-पत्नी) और एक सरोगेट माँ।

इन विट्रो फर्टीलाइजेशन

इन विट्रो फर्टीलाइजेशन (आई. वी. एफ.) इस प्रक्रिया में मानव शरीर के बाहर टेस्ट ट्यूब्र में शुक्राणुओं (sperms) द्वारा अंडाणु (eggs or ovum) का निषेचन (fertilization) कराया जाता है। आई. वी. एफ. एक तकनीक है, जिसके द्वारा किसी महिला के अंडाशय से अंडे को अलग कर, उसका निषेचन शुक्राणुओं द्वारा कराया जाता है, और फिर निषेचित अंडाणु या भ्रूण को महिला के गर्भाशय में स्थानांतरित कर दिया जाता है। इस प्रक्रिया से जन्म लेने वाले बच्चे को "टेस्ट-ट्युब बेबी" भी कहा जाता है।

इन विट्रो फर्टीलाइजेशन तकनीक का इस्तेमाल 1970 के दशक से हो रहा है। 25 जुलाई, 1978, में दुनिया के पहले "टेस्ट-ट्यूब बेबी" लुईस ब्राउन (Louise Brown) का जन्म ब्रिटेन में हुआ।[6] भारत की पहली आई. वी. एफ. शिशु, दुर्गा, का जन्म 3 अक्तूबर, 1978, में हुआ।[7]

परम्परागत सरोगेसी बनाम गर्भावधि सरोगेसी

सरोगेट मातृत्व मुख्यत: दो प्रकार की होती हैं: (1) परम्परागत (traditional) सरोगेट मातृत्व और (2) गर्भावधि (gestational) सरोगेट मातृत्व।

परम्परागत सरोगेट मातृत्व में सरोगेट माँ का उस पुरुष से प्राप्त शुक्राणुओं द्वारा कृत्रिम गर्भाधान (insemination) कराया जाता है, जो अपनी पत्नी के साथ बच्चे का पालन-पोषण

करने का इरादा रखता है। ऐसे दृष्टांतों में सरोगेट माँ बच्चे की जेनेटिक माँ भी होती है, और गर्भावधि माँ भी। इस कारण, उसे बच्चे के जन्म के बाद अपने मातृत्व के अधिकार को कानूनी तरीके से छोड़ना होता है, ताकि वह महिला, जो बच्चे को पालने का इरादा रखती है (intended mother), उस बच्चे के जन्म के बाद, बच्चे को गोद ले कर, उसे अपना बना सके। पुरुष, जो बच्चे को पालने का इरादा रखता है (intended father), उसे बच्चे को गोद लेने की आवश्यकता नहीं होती है, अगर वह जेनेटिक पिता भी हो।

दूसरी ओर, गर्भावधि मातृत्व की व्यवस्था में परिस्थितियाँ अलग होती हैं। यहाँ आम तौर से बच्चे को पालने का इरादा रखने वाले माता-पिता दोनो का जेनेटिक सम्बंध अपने होने वाले बच्चे से होता है। इस दूसरे किस्म के दृष्टांतों में सरोगेट माँ का बच्चे से कोई भी जेनेटिक सम्बंध नहीं रहता है। इस कारण, बच्चे के जन्म के बाद, उस माता-पिता को, जो बच्चे को पालने का इरादा रखते हैं, बच्चे को गोद लेने की आवश्यकता नहीं होती है। इसके अलावा, अगर बच्चे को पालने का इरादा रखने वाले माता-पिता का बच्चे से जेनेटिक सम्बंध न हो, तो उन्हें बच्चे को गोद लेने की आवश्यकता होगी। उदाहरण के तौर पर, कुछ दृष्टांतों में बच्चे को पालने का इरादा रखने वाले दम्पति किसी प्रजनन क्लिनिक से सरप्लस जमे हुए भ्रूण (surplus frozen embroyo) को गोद लेते हैं, और फिर सरोगेट माँ की सहायता से बच्चे को जन्म देते हैं।

इतरलिंग कामी (heterosexual) दम्पति, जो प्रजनन में अक्षम हैं, वे ही आम तौर से सरोगेट माँ से समझौता करते हैं। फिर भी, एकाकी व्यक्ति (single), स्त्रीसमलैंगिक दम्पति, पुरुषसमलैंगिक दम्पति और प्रजनन में सक्षम लोग भी समझौते कर, सरोगेट माँ की सेवाओं को हासिल करते हैं।

व्यावसायिक सरोगेसी बनाम गैर-व्यावसायिक सरोगेसी

सरोगेट मातृत्व की व्यवस्था व्यावसायिक (commercial) और गैर-व्यावसायिक (non-commercial) दोनों प्रकार की हो सकती है। व्यावसायिक सरोगेसी में बच्चे के जन्म के बाद, उस बच्चे को पालने का इरादा रखने वाले दम्पति द्वारा सरोगेट माँ और तीसरी पार्टी (ब्रोकर आदि) को आर्थिक भुगतान किया जाता है।

इसके विपरीत, गैर-व्यावसायिक व्यवस्था में बच्चे के जन्म के बाद उसे पालने का इरादा रखने वाले दम्पति, अपने परिवार के किसी सदस्य या मित्र की सहायता लेते हैं। ऐसे में, सरोगेट माँ को, अपने परिवार के सदस्य या मित्र के लिए एक नए बच्चे को जन्म दे कर, उसे उपहारस्वरूप देने में गहरा संतोष मिलता है। इसलिए, इसे परार्थवादी सरोगेसी (altruistic surrogacy) भी कहा जाता है। ऐसी स्थिति में सरोगेट माँ आर्थिक भुगतान नहीं लेती है। अधिक-से-अधिक वह डॉक्टर के बिल के पैसे ले लेती है।

सरोगेट मातृत्व के पक्ष और विपक्ष में नैतिक युक्तियाँ

सरोगेट मातृत्व उचित है या अनुचित

अगर कोई औरत पैसे ले कर, या बिना पैसे लिए, प्रजनन में अक्षम किसी दम्पति की संतान प्राप्त करने में सहायता करती है, तो इसे किसी भी दृष्टि से अनुचित नहीं कहा जा सकता। यह पूरी तौर से उचित है, क्योंकि इसका परिणाम अच्छा है। सरोगेट माँ एक उपयोगी काम करती है, और आम तौर से माँ के रूप में अपने अधिकारों को भी छोड़ देती है। अगर सरोगेट माँ अपने काम के लिए पैसे ले रही हो, तो इसे भी अनुचित नहीं कहा जा सकता। प्रोफ़ेसर, डॉक्टर, इंजीनियर सभी अपने काम के लिए पैसे लेते हैं। ऐसे में अगर सरोगेट माँ अपने काम के लिए पैसे लेती है, तो क्या गलत है? एक ओर, प्रजनन में अक्षम दम्पति को बच्चा मिल जाता है; दूसरी ओर, सरोगेट माँ को कुछ आमदनी हो जाती है। इसलिए, यह प्रक्रिया दोनों पक्षों के लिए लाभदायक है।

कैथलिक चर्च इस आधार पर सरोगेट मातृत्व का विरोध करते हैं कि सम्भोग द्वारा बच्चे के जन्म की प्रक्रिया और विवाह की संस्था ईश्वर की देन हैं। मानव द्वारा इसमें हस्तक्षेप उचित नहीं है।

यह युक्ति पूरी तौर से ईश्वर के अस्तित्व की मान्यता पर टिकी हुई है। ईश्वर का अस्तित्व है या नहीं, यह धर्म-दर्शन के अंतर्गत एक चर्चा का विषय है। ईश्वर के पक्ष और विपक्ष में युक्तियों की चर्चा के आधार पर निष्कर्ष के तौर पर यही कहा जा सकता है कि ईश्वर का अस्तित्व नहीं है।[8] इसलिए, व्यावहारिक नीतिशास्त्र में इस तरह के ईश्वर-आधारित युक्तियों को गम्भीरता से नहीं लिया जा सकता।

इसके अलावा, सरोगेसी के पक्ष और विपक्ष में कुछ युक्तियाँ संयुक्त राज्य अमरीका में ''बेबी एम'' केस के संदर्भ में भी सामने आयीं हैं, जिसकी चर्चा हम नीचे करेंगे।

''बेबी एम'' केस ("Baby M" case)

सरोगेसी के संदर्भ में एक नैतिक प्रश्न यह भी उठाया जाता है कि अगर सरोगेट माँ बच्चे के जन्म के बाद बच्चे को दम्पति को देने से इंकार कर दे, तो क्या इसे उचित माना जाएगा?

सरोगेट माँ दम्पति के साथ बच्चे के जन्म के बाद बच्चे को उन्हें देने का करार करती है। ऐसे में अगर वह बच्चे के जन्म के बाद बच्चे को देने से इंकार कर दे, तो यह ऊपरी तौर से अनुचित ही लगता है। लेकिन, यह मुद्दा भी उतना सरल नहीं है, जितना सतह पर दिखता है।

इस संदर्भ, संयुक्त राज्य अमरीका का ''बेबी एम'' ("Baby M") केस उल्लेखनीय है। इसी केस के माध्यम से अमरीका में ''सरोगेट माँ'' का प्रश्न चर्चित हुआ। इस केस का उल्लेख रोज़मेरी टॉन्ग ने *इंटरनेट इंसाइक्लोपीडिया ऑफ़ फ़िलॉसफ़ि* में अपने आलेख

''सरोगेट पैरेंटिंग'' में किया है।[9] इस केस के मुख्य तथ्य इस प्रकार हैं: न्यू जर्सी में 1980 के दशक में विलियम स्टर्न ने मेरी बैथ व्हाइट्हेड को अपने शुक्राणु से कृत्रिम गर्भाधान कराया, और उससे एक स्वस्थ्य बच्चे के जन्म देने पर 10000 डॉलर देने का, और गर्भपात हो जाने की स्थिति में 1000 डॉलर देने का समझौता किया। समझौते के अंतर्गत व्हाइट्हेड इस बात पर सहमत हुई कि बच्चे के जन्म के बाद वे अपने मातृत्व के अधिकारों का छोड़ देंगी, जिससे कि स्टर्न की पत्नी उस बच्चे को गोद ले सकें। मेरी व्हाइट्हेड ने एक कन्या शिशु को जन्म दिया, और फिर उन्होंने अपने बच्चे को स्टर्न को देने से इंकार कर दिया। इसके अलावा, उन्होंने 10000 डॉलर भी लेने से मना कर दिया। इस तरह, वे अपने समझौते से मुकर गयीं। व्हाइट्हेट ने स्टर्न दम्पति से कहा कि वे इस अंतिम निर्णय तक पहुँच चुकी हैं कि वे अपने बच्चे को कभी भी नहीं छोड़ेंगी। उनके लिए पैसा उतना महत्त्वपूर्ण नहीं है, जितना कि अपने बच्चे से प्यार। एक समय, सम्पूर्ण व्हाइटहेड परिवार कानून के हाथों से बचने के लिए बच्चे के साथ फ्लोरिडा भाग गए। लेकिन जल्दी ही न्यू जर्सी पुलिस ने उन्हें पकड़ लिया, और बच्चे को जब्त कर लिया। तब तक स्टर्न दम्पति ने एक जज द्वारा बच्चे की कस्टडी का अधिकार प्राप्त कर लिया था। जज सॉरको (Sorkow) ने यह माना कि सरोगेसी समझौते को लागू करना ''बेबी एम'' के सर्वश्रेष्ठ हित में था। उनके अनुसार, व्हाइट्हेड माँ बनने के योग्य नहीं थीं, क्योंकि वह भावनात्मक रूप से अस्थिर थीं, जो इस तथ्य से ही ज़ाहिर होता है कि उन्होंने इस किस्म का समझौता किया। बच्ची स्टर्न दम्पति को दे दी गयी, व्हाइट्हेड के मातृत्व के अधिकार छीन लिए गये, और स्टर्न की पत्नी को बेबी एम को गोद लेने की अनुमति दे दी गयी।

व्हाइट्हेड इस फैसले के विरुद्ध न्यू जर्सी के सुप्रीम कोर्ट में गयीं, और लम्बे कानूनी संघर्ष के बाद न्यू जर्सी सुप्रीम कोर्ट ने जज सॉरको के निर्णय को उलट दिया। सुप्रीम कोर्ट ने यह कहते हुए सरोगेसी समझौतों को अवैध घोषित किया कि यह छिपे हुए रूप में बच्चे बेचना ("Baby selling") है। कोर्ट ने व्हाइट्हेड के मातृत्व के अधिकारों को वापस दिला दिया, और स्टर्न द्वारा बेबी एम को गोद लिए जाने को अवैध करार दिया। इसके बावजूद कोर्ट ने बेबी को स्टर्न परिवार के साथ ही रखने की अनुमति दी, इस शर्त (proviso) के साथ कि व्हाइट्हेड को बच्चे से मिलने का अधिकार (visitation right) दिया जाएगा। कोर्ट की युक्ति यह थी कि दो वर्ष के बच्चे के सर्वश्रेष्ठ हित में यही था कि वह उसी एकमात्र परिवार के साथ रहे, जिसे उसने जाना है।

रोजमेरी टॉन्ग के अनुसार, इस निर्णय पर दो तरह की प्रतिक्रियाएँ आयीं। कुछ लोगों ने यह माना कि यह निर्णय निष्पक्ष है। कुछ दूसरों ने यह शिकायत की कि यह एक ऐसा एक दृष्टांत है, जहाँ व्हाइट्हेड जैसे गरीब और श्रमिक वर्ग के लोगों की तुलना में स्टर्न जैसे विशेष-सुविधा प्राप्त लोगों को उनके धन और सामाजिक प्रस्थिति (status) के आधार पर बेहतर पैरेंट्स मान लिया गया है।

व्यावसायिक सरोगेसी के आलोचक इस बात पर जोर देते हैं कि सरोगेट पैरेंटिंग व्यवस्था ऐसी गरीब, जवान, अकेली या नृजातीय/अल्पसंख्यक महिलाओं का शोषण करती है, जिन्हें पैसे की बहुत ज़रूरत है। कुछ सरोगेसी एजेन्सियां तो सरोगेट माँ को यह समझाती हैं कि वे उन दम्पति के लिए, जो बच्चे के जन्म के बाद उसके पालन-पोषण का इरादा रखते हैं, सिर्फ एक इनक्यूबेटर (अण्डे सेने की मशीन) की तरह हैं!

इसके अलावा, सरोगेसी के कुछ विरोधी, कम-से-कम दो कारणों से गैरव्यावसायिक सरोगेसी का भी विरोध करते हैं। पहला, परिवार की किसी महिला सदस्य पर किसी दूसरी महिला सदस्य के लिए सरोगेट माँ बन कर प्रेम दर्शाने के लिए दबाव डाला जा सकता है। दूसरे, आलोचकों का यह मानना है कि बच्चे को जब यह जानकारी मिलती है कि उसका पालन करने वाली माँ उसकी असली माँ नहीं है, बल्कि उसकी मामी/चाची/मौसी/फुआ गर्भाधान द्वारा जन्म देने वाली या नौ महीने कोख में रखने वाली माँ है, तो बच्चे को मानसिक कष्ट से गुजरना पड़ सकता है।

अंत में, कुछ आलोचक सरोगेसी व्यवस्था का इस आधार पर विरोध करते हैं कि इसके अंतर्गत बच्चों को उत्पादन की एक वस्तु के रूप में मान लिए जाने का खतरा है, जिसे समझौते के अंतर्गत इस तरह प्राप्त किया जा सकता है, जैसे वे कोई इंसान नहीं बल्कि सिर्फ वस्तु हों।

दूसरी ओर, सरोगेट पैरेंटिंग के समर्थक अपने विरोधियों पर इन्द्रियानुभविक तथ्यों को तोड़ने-मरोड़ने का आरोप लगाते हैं। रोज़मेरी टॉन्ग के अनुसार, जो लोग संयुक्त राज्य अमरीका में सरोगेसी का समर्थन करते हैं, वे इस तथ्य को स्वीकार करते हैं कि आमतौर से पालन-पोषण का इरादा रखने वाले माता-पिता उन सरोगेट माताओं से अधिक समृद्ध होते हैं, जिनकी सेवाएँ वे प्राप्त करते हैं; लेकिन वे इस बात से इंकार करते हैं कि पालन-पोषण का इरादा रखने वाले माता-पिता सरोगेट माँ का नियमित रूप से शोषण करते हैं। वे इस तथ्य की ओर ध्यान दिलाते हैं कि अधिकांश सरोगेट माताएं गोरी होती हैं, 20 से 30 वर्ष उम्र की होती हैं, श्रमिक वर्ग की होती हैं, और विवाहित होती हैं। इसके अलाघा, सरोगेसी एजेन्सियाँ ऐसी महिलाओं को सरोगेट माँ के रूप में इस्तेमाल करना पसंद करती हैं, जिनके पहले से कम-से-कम एक बच्चा हो, और जो परार्थवादी तथा आर्थिक दोनों ही दृष्टिकोण से सरोगेट का काम करने को प्रेरित रहती हैं। सरोगेट पैरेंटिंग के समर्थक इस बात पर बल देते हैं कि जब पालन-पोषण का इरादा रखने वाले माता-पिता और सरोगेट के बीच एक अच्छा सम्बंध होता है, तो ऐसे में जिस बच्चे को बहुत अधिक चाहा जा रहा है, उसे कोई नुकसान नहीं होता है, बल्कि बच्चा अपने को एक विशेष रूप से प्यार करने वाले परिवार में पाता है। अंत में सरोगेसी के समर्थक यह दावा करते हैं कि समाज में अधिक से अधिक खुले गोद लेने की प्रक्रिया का समर्थन

किया जा रहा है, और मिले-जुले परिवारों को सराहा जा रहा है। ऐसे में सरोगेसी परिवार स्थापित करने के कई तरीकों में से एक तरीका है।

''बच्चे बेचना'' ("Baby selling")

सरोगेसी के विरोधी कुछ लोग ऐसा मानते हैं कि सरोगेट माँ द्वारा जन्म के बाद बच्चे को दम्पति को दे देना ''बच्चे बेचने'' के बराबर है। ऊपर हमने देखा कि ''बेबी एम'' केस में न्यू जर्सी सुप्रीम कोर्ट ने भी ऐसा कहा है।

सरोगेट माँ एक करार या समझौते के अंतर्गत एक प्रजनन में अक्षम दम्पति की बच्चे पैदा करने में सहायता करती है। इसे ''बच्चे बेचने'' के समकक्ष बिल्कुल ही नहीं रखा जा सकता है। जो बच्चे वास्तव में अपने माता-पिता द्वारा बेच दिए जाते हैं, वे अक्सर अवैध सेक्स व्यापार (sex trafficking) सहित मानव व्यापार (human trafficking) का शिकार होते हैं। बच्चे बेचने का परिणाम बुरा है, इसलिए यह अनुचित है। जब कि हम पहले ही चर्चा कर चुके हैं कि सरोगेट माँ का काम उचित है।

सरोगेट माँ और बच्चे के अधिकार

सरोगेट माँ और सरोगेसी से पैदा हुए बच्चे के अधिकार के सम्बंध में कई प्रश्न उठाए जाते हैं। एक प्रश्न यह है: क्या बच्चे को अपनी सरोगेट माँ के बारे में जानकारी दी जानी चाहिए?

एक मत तो यह है कि बच्चे को सरोगेट माँ के बारे में जानकारी देने से सम्भव है कि बच्चे के लिए कुछ मनोवैज्ञानिक समस्याएँ पैदा हो जाएँ। बच्चे के माता-पिता के लिए भी समस्याएँ पैदा हो सकती हैं। ऐसे में यही बेहतर है कि बच्चे के सामने सरोगेट माँ की पहचान को न लाया जाए। एक दृष्टि से यह मत सही मालूम देता है। लेकिन, इस समस्या को बच्चे के अधिकार की दृष्टि से भी देखने की ज़रूरत है। उदाहरण के तौर पर, इंडियन काउंसिल ऑफ मेडिकल सायंसेज़ के मार्गदर्शक सिद्धांत (guidelines) के अनुसार, असिस्टेड रिप्रोडक्टिव टेक्नोलॉजि (ART) के अंतर्गत जन्मे बच्चे को अठारह वर्ष का होने के बाद अपनी सरोगेट माँ या जेनेटिक पिता के बारे में जानकारी प्राप्त करने का अधिकार है। पर इसके अंतर्गत उनका नाम और पता शामिल नहीं होगा। बच्चे के अठारह वर्ष के होने पर पालन-पोषण करने वाले माता-पिता के लिए बच्चे को यह जानकारी अपनी ओर से देना ज़रूरी नहीं है, लेकिन अगर ऐसा कोई अवसर आए कि यह मुद्दा बच्चे के लिए महत्त्वपूर्ण बन जाए, तो उससे इस बात को छिपाने की कोशिश नहीं करनी है।[10]

एक प्रश्न यह भी है कि अगर सरोगेट माँ बच्चे से मिलने का अधिकार माँगे तो क्या उसे यह अधिकार मिलना चाहिए? ऊपर हमने देखा कि ''बेबी एम'' केस में न्यू जर्सी सुप्रीम कोर्ट ने सरोगेसी का करार करने वाली वास्तविक माँ को बच्चे से मिलने का

अधिकार दिया। सरोगेट माँ द्वारा नौ महीने बच्चे को गर्भाशय में रखने के बाद जन्म पर बच्चे को किसी अन्य को सौंप देना भावनात्मक दृष्टि से कठिन काम है। अगर बच्चे के साथ सरोगेट माँ का जेनेटिक सम्बंध हो, तो स्थिति और भी जटिल हो जाती है, क्योंकि ''सरोगेट माँ'' ही बच्चे की वास्तविक माँ होती है। अगर देखा जाए तो गैरव्यावसायिक सरोगेसी में आम तौर से सरोगेट माँ को बच्चे से मिलने का अधिकार रहता ही है। ऐसे में व्यावसायिक सरोगेसी करने वाली अपेक्षाकृत गरीब वर्ग की सरोगेट माँ से, सरोगेसी समझौते द्वारा, बच्चे से मिलने के अधिकार को छीन लेना अनुचित है। सरोगेट माँ को बच्चे से मिलने का अधिकार मिलना चाहिए, पर बच्चे और पालने वाले माता-पिता की मनोवैज्ञानिक एवं भावनात्मक आवश्यकताओं को ध्यान में रखते हुए, सरोगेट माँ की पहचान को सामने न लाया जाए तो ही बेहतर है।

REFERENCES

1. Stephen Toulmin, 1982, "How Medicine Saved the Life of Ethics", Perspectives in Biology and Medicine, 25 (4): 736-750.
2. Rosemarie Tong, "Surrogate Parenting" in Internet Encyclopedia of Philosophy. www.iep.utm.edu/surr-par/ (retrived 15.04.2016).
3. Ibid.
4. "A woman who agrees, often for pay, to give birth to a child resulting from artifical insemitation or the implantation of an already feritilized egg and who surrenders any parental rights", American Heritage Dictionary of the English Languge, Fifth edition, 2011, published by Houghton Miffin Harcourt Publishing Company.
5. "A woman who bears child on behalf of a couple unable to have a child, either by artificial insemination from the man or implantation of an embryo from the woman". Collins English Dictionary – complete and unabridged, 12th edition 2014, Harper Collins Publishers.
6. www.medicalnewstoday.com/articles/262798php (retrieved, 22.03.2016).
7. www.myhealth.com/what-is-in-vitro-fertilization-in-hindi-131522369 (retrieved, 22.03.16).
8. डॉ. रमेन्द्र, धर्म-दर्शन: सामान्य और तुलनात्मक (दिल्ली: मोतीलाल बनारसीदास, 2006), पृष्ठ 92-110.
9. Rosemarie Tong, "Surrogate Parenting" in Internet Encyclopedia of Philosophy. www.iep.utm.edu/surr-par/ (retrived 15.04.2016).
10. www.surrogacylawsindia.com (retrieved 11.04.2016).

16

कार्यस्थल पर सेक्सुअल उत्पीड़न

व्यावहारिक नीतिशास्त्र के अंतर्गत सेक्स-नीतिशास्त्र (sexual ethics) का भी अध्ययन किया जाता है। सेक्स-नीतिशास्त्र के अंतर्गत आकस्मिक सेक्स (casual sex), समलैंगिकता (homosexuality), विवाह पूर्व (pre-marital) और विवाहेतर सेक्स (extra-marital sex), कार्यस्थल पर सेक्सुअल उत्पीड़न (sexual harassment at workplace), वैवाहिक बलात्कार (marital rape), सहजीवन सम्बंध (live-in-relationship), देहकर्म (sex-work), सेक्स व्यापार (sex trafficking) और पोर्नोग्राफ़ि (pornography) जैसे विषयों पर नैतिक दृष्टि से विचार किया जाता है।

इनमें से कार्यस्थल पर सेक्सुअल उत्पीड़न एक बहुचर्चित विषय है। विद्यार्थियों के लिए यह एक विशेष महत्त्व का विषय है, क्योंकि "कार्यस्थल" के अंतर्गत विश्वविद्यालयों सहित शिक्षण संस्थान भी शामिल हैं; और कुछ विश्वविद्यालयों में छात्राओं द्वारा अपने पुरुष शिक्षकों पर सेक्सुअल उत्पीड़न के आरोप भी लगाए गए हैं, जिनमें शोध-छात्राओं द्वारा अपने सुपरवाइज़रों पर लगाए गए आरोप भी शामिल हैं। इसके अलावा, पत्रकारों, वैज्ञानिकों, जजों, खेल-प्रशिक्षकों, फिल्मकारों, आदि पर भी इस तरह के आरोप लगे हैं।

कार्य-स्थल पर सेक्सुअल उत्पीड़न एक विश्वव्यापी समस्या है। भारत में सार्वजनिक रूप में प्रमुखता से यह मामला राजस्थान में सरकार के लिए 1992 से "साथिन" के रूप में काम कर रही महिला, भंवरी देवी, के सामूहिक बलात्कार के बाद सामने आया। भंवरी देवी साथिन के रूप में बाल-विवाह रोकने के लिए काम कर रही थीं। भंवरी देवी केस के तथ्यों के आधार पर विशाखा और अन्य महिला समूहों ने राजस्थान और केन्द्र सरकार के विरुद्ध सुप्रीम कोर्ट में एक जनहित याचिका दायर कर, यह माँग की कि सेक्सुअल उत्पीड़न को महिलाओं के समता के मौलिक अधिकार के उल्लंघन के रूप में मान्यता दी जाए; और सभी कार्यस्थलों और संस्थाओं को इन अधिकारों को सुनिश्चित कराने के लिए जिम्मेवार और जवाबदेह बनाया जाए।

सुप्रीम कोर्ट ने एक महत्त्वपूर्ण ऐतिहासिक निर्णय, विशाखा बनाम राजस्थान सरकार (1997), में सेक्सुअल उत्पीड़न को परिभाषित करते हुए, इसे रोकने के लिए मार्गनिर्देश दिए, जिन्हें विशाखा मार्गनिर्देश (Vishakha guidelines) के रूप में जाना गया।

कार्यस्थल पर सेक्सुअल उत्पीड़न के रोकथाम के लिए कानून

अंततः 2013 में भारत की संसद ने कार्यस्थल पर यौन उत्पीड़न रोकने के लिए एक कानून बनाया कार्यस्थल पर सेक्सुअल उत्पीड़न (निवारण, निषेध और क्षतिपूर्ति) अधिनियम,

2013 [Sexual Harassment of Women at Workplace (Prevention, Prohibition and Redressal) Act, 2013][1] और इस कानून को 9 दिसम्बर, 2013, से लागू किया गया।[2]

कार्यस्थल पर सेक्सुअल उत्पीड़न के रोकथाम के लिए बनाए गए इस कानून में कहा गया है कि सेक्सुअल उत्पीड़न के कारण महिलाओं के संविधान की धारा 14[3] और 15[4] में दिए गए मौलिक अधिकारों का, संविधान की धारा 21[5] में सम्मानपूर्वक जीने के अधिकार का, और किसी भी व्यवसाय, व्यापार या बिज़नेस के अपनाने के अधिकार का, जिसके अंतर्गत सेक्सुअल उत्पीड़न से मुक्त सुरक्षित माहौल का अधिकार शामिल है, उल्लंघन होता है।

इसके अलावा, कानून में यह भी कहा गया है कि सेक्सुअल उत्पीड़न के विरुद्ध सुरक्षा और सम्मानपूर्वक काम करने के अधिकार को महिलाओं के विरुद्ध सभी प्रकार के भेदभाव को समाप्त करने पर समझौता (Convention on the Elimination of all Forms of Discrimination against Women) जैसे समझौतों और साधनों (instruments) के माध्यम से अंतरराष्ट्रीय स्तर पर मानव अधिकार के रूप में मान्यता प्राप्त है। इस कन्वेशन को भारत सरकार ने भी 25 जून, 1993 को सम्पुष्ट (ratify) किया है।[6]

''कार्यस्थल'' की परिभाषा

कार्यस्थल पर सेक्सुअल उत्पीड़न कानून, 2013, के अंतर्गत ''कार्यस्थल'' की परिभाषा बहुत व्यापक रूप में की गई है। इसके अंतर्गत सभी सरकारी संस्थान, शिक्षण संस्थान सहित प्राइवेट सेक्टर के संस्थान, गैरसरकारी स्वयं सेवी संस्थान (NGO), हॉस्पिटल, नर्सिंग होम, खेल से जुड़ी संस्थाएँ और आवास या घर भी शामिल हैं। इसके अलावा, ''कार्यस्थल'' के अंतर्गत वे स्थान भी शामिल हैं, जहाँ किसी कर्मचारी को किसी काम के सिलसिले में भेजा जाता है, और वे वाहन भी, जो रोजगार देने वाले या नियोक्ता (employer) द्वारा काम के सिलसिले में यात्रा करने के लिए उपलब्ध कराया जाता है।

''सेक्सुअल उत्पीड़न'' की परिभाषा

ऊपर बतलाए गए कानून में ही ''सेक्सुअल उत्पीड़न'' की परिभाषा इस प्रकार की गयी है:

निम्नलिखित अप्रिय (unwelcome) कार्य या व्यवहार (प्रत्यक्ष या अंतर्निहित रूप में)

1. शारीरिक सम्पर्क और शारीरिक सम्पर्क करने का प्रयत्न (advances); या
2. सेक्सुअल एहसान (favours) के लिए माँग या अनुरोध; या
3. सेक्सुअल दृष्टि का आभास देने वाली (coloured) बातें बोलना; या
4. पोर्नोग्राफ़ि दिखाना; या
5. सेक्सुअल स्वरूप का कोई भी अन्य अप्रिय, शारीरिक, शाब्दिक (verbal) या गैरशाब्दिक (non-verbal) आचरण।

सेक्सुअल उत्पीड़न के मुख्य तत्त्व : कई बार परिस्थितियाँ, जिनकी शुरुआत अहानिकर तरीके से होती हैं, अंत में अनुपयुक्त व्यवहार में बदल सकती हैं। कार्यस्थल पर सेक्सुअल उत्पीड़न के सदर्भ में यह ध्यान रखना महत्त्वपूर्ग है कि यह अप्रिय होती है, और यह अनुभव आत्मनिष्ठ है। यहाँ पर महत्त्वपूर्ण है प्रभाव (impact) न कि इरादा (intent), और यह लगभग हमेशा शक्ति (power) के संदर्भ में उत्पन्न होती है। नीचे दिए गए तालिका से सेक्सुअल उत्पीड़न के आत्मनिष्ट स्वरूप और उत्पीड़न के शिकार व्यक्ति पर प्रभाव का पता चलता है; चाहे, इस किस्म का व्यवहार करने वाले व्यक्ति के इरादे कुछ भी क्यों न हों:

अप्रिय (Unwelcome)	**प्रिय (Welcome)**
बुरा लगता है (Feels bad)	अच्छा लगता है (Feels good)
एक-तरफा (One-sided)	पारस्परिक (Reciprocal)
शक्तिहीन महसूस करना (Feels powerless)	स्थिति अपने नियंत्रण में (In-control)
शक्ति पर आधारित (Power-based)	समता पर आधारित (Equality)
अनचाहा (Unwanted)	चाहा (Wanted)
गैरकानूनी (Illegal)	कानूनी (Legal)
आक्रामक (Invading)	मुक्त/खुला (Open)
अपमानजनक (Demeaning)	कद्र करने वाला (Appreciative)
गुस्सा/उदासी उत्पन्न करता है (Causes anger/sadness)	खुशी उत्पन्न करता है (Causes happiness)
आत्म-सम्मान में कमी उत्पन्न करता है (Causes negative self-esteem)	आत्म-सम्मान को बढ़ाता है (Causes positive self-esteem)[7]

शिकायत समिति का स्वरूप : कार्यस्थल पर सेक्सुअल उत्पीड़न कानून, 2013, के अनुसार, प्रत्येक कार्यस्थल पर रोज़गार देने वाले व्यक्ति को एक लिखित आदेश द्वारा एक समिति का गठन करना होगा, जिसे ''आंतरिक शिकायत समिति'' (Internal Complaints Committee) कहा जाएगा। इस समिति (ICC) की अध्यक्ष कार्यस्थल पर काम करने वाली कोई वरिष्ठ महिला होंगी। समिति के सदस्यों में कम से कम 50 प्रतिशत महिलाएँ होगीं। इनमें से कम-से-कम दो सदस्य महिला कर्मचारियों में से होगीं, जिन्हें अगर सम्भव हो तो महिलाओं के लिए सामाजिक कार्य करने का अनुभव, या कानून की जानकारी हो।

इसके अलावा, एक सदस्य किसी ऐसे गैरसरकारी संगठन से सम्बद्ध होगा, जो महिलाओं के हक में काम करती हो, और जिसे सेक्सुअल उत्पीड़न से सम्बंधित मुद्दों की जानकारी हो।

इसके अलावा, इस कानून के अंतर्गत स्थानीय शिकायत समिति (Local Complaints Committee) के गठन का भी प्रावधान है। प्रत्येक जिला-अधिकारी को एक स्थानीय शिकायत समिति का गठन करना है, ताकि असंगठित क्षेत्र और छोटे प्रतिष्ठान में काम करने वाली महिलाएँ भी सेक्सुअल उत्पीड़न से मुक्त वातावरण में काम कर सकें। यह समिति (LCC) ऐसी महिलाओं की शिकायत स्वीकार करेगी:

1. जो ऐसे संगठनों में काम करती हैं, जहाँ दस से कम कर्मचारी हैं।
2. जहाँ पर शिकायत काम देने वाले व्यक्ति (employer) के विरुद्ध हो।
3. घरेलू कामगार महिलाओं से।

कानून के अनुसार, इस समिति की अध्यक्ष सामाजिक क्षेत्र में काम करने वाली और महिलाओं के अधिकारों के लिए प्रतिबद्ध कोई प्रतिष्ठित महिला होगी। इस समिति में भी कम-से-कम 50 प्रतिशत महिलाएँ होंगी।[8]

शिकायत का प्रारूप: कोई भी महिला सेक्सुअल उत्पीड़न की लिखित शिकायत स्वयं कर सकती है। अगर किसी कारणवश उसके लिए स्वयं ऐसा कर पाना सम्भव न हो, तो कोई भी दूसरा व्यक्ति, जिसे घटना की जानकारी हो, उसकी लिखित सहमति से शिकायत कर सकता है। अगर कोई महिला मानसिक रूप से अक्षम हो तो, उसके रिश्तेदार, दोस्त, शिक्षक या मनोचिकित्सक, मनोवैज्ञानिक या अभिभावक, जिनके संरक्षण में शिकायतकर्त्ता का इलाज चल रहा हो, उसकी ओर से शिकायत कर सकते हैं।

लिखित शिकायत में सेक्सुअल उत्पीड़न की घटना या घटनाओं का वर्णन किया जाना चाहिए। उसकी तिथि या तिथियाँ, समय, जिसके विरुद्ध शिकायत हो या प्रतिवादी (respondant) का नाम, और दोनों पक्षों के बीच सम्बंध का उल्लेख होना चाहिए।[9]

शिकायतकर्त्ता के अधिकार: शिकायत समिति को शिकायतकर्त्ता के प्रति एक सहानुभूतिपूर्ण रवैया अपनाना चाहिए, ताकि वह एक भयमुक्त वातावरण में अपनी शिकायतों को रख सके। इसके अलावा, शिकायतकर्त्ता को प्रतिवादी के कथन, साक्ष्य और गवाहों की सूची की एक प्रति मिलनी चाहिए। इस पूरी प्रक्रिया के दौरान शिकायतकर्त्ता की पहचान को गुप्त रखा जाना चाहिए। अगर शिकायतकर्त्ता प्राथमिकी (FIR) दर्ज़ कराना चाहे तो इसमें उसकी सहायता की जानी चाहिए। शिकायतकर्त्ता को, अगर वह संतुष्ट न हो तो, शिकायत समिति के जाँच-परिणामों, और सुझावों के विरुद्ध अपील करने का अधिकार भी होगा।

प्रतिवादी के अधिकार: प्रतिवादी को यह अधिकार होगा कि उसकी बातों को धैर्यपूर्वक सुना जाए, ताकि वह निष्पक्ष रूप में अपनी बातों को कह पाए। इसके अलावा,

प्रतिवादी को भी शिकायतकर्त्ता के कथन, साक्ष्य और गवाहों की सूची की एक प्रतिलिपि दी जाएगी। प्रतिवादी की पहचान को भी पूरी प्रक्रिया के दौरान गुप्त रखा जाएगा। प्रतिवादी को भी शिकायत समिति के जाँच-परिणामों और सुझावों से असंतुष्ट होने पर अपील करने का अधिकार होगा।[10]

गलत और विद्वेषपूर्ण शिकायत की दशा में दण्ड : अगर आंतरिक शिकायत समिति या स्थानीय शिकायत समिति इस निष्कर्ष तक पहुँचती हैं कि प्रतिवादी पर लगाए गए आरोप विद्वेषपूर्ण हैं, या शिकायतकर्त्ता या किसी अन्य शिकायत करने वाले व्यक्ति ने कोई फर्ज़ी या भ्रामक दस्तावेज़ प्रस्तुत किए हैं, तो ऐसी दशा में वह काम देने वाले व्यक्ति या जिला-अधिकारी को उस महिला या शिकायत करने वाले व्यक्ति के विरुद्ध कारवाई करने की सलाह दे सकती है।[11]

आन्तरिक शिकायत समिति न गठित करने पर दण्ड : आन्तरिक शिकायत समिति न गठित करने पर, या आन्तरिक शिकायत समिति के सुझावों पर कार्यवाही न करने पर, काम देने वाले व्यक्ति (नियोक्ता) पर 50 हजार रुपए तक का जुर्माना किया जा सकता है।[12]

निष्कर्ष

कार्यस्थल पर सेक्सुअल उत्पीड़न (निवारण, निषेध और क्षतिपूर्ति) अधिनियम, 2013, भारत में कार्यस्थल पर सेक्सुअल उत्पीड़न रोकने की दिशा में उठाया गया एक महत्त्वपूर्ण कदम है। इस कानून को प्रभावी ढंग से लागू किए जाने की आवश्यकता है। इसके लिए महिलाओं और पुरुषों दोनों को ही इस कानून के बारे में जानकारी और चेतना की ज़रूरत है। उल्लेखनीय है कि इस कानून का सम्बंध केवल पुरुषों द्वारा महिलाओं के सेक्सुअल उत्पीड़न से है। अगर तार्किक दृष्टि से देखा जाए, तो कार्यस्थल पर पुरुषों द्वारा पुरुषों का, महिलाओं द्वारा पुरुषों का और महिलाओं द्वारा महिलाओं का सेक्सुअल उत्पीड़न भी सम्भव है। दरअसल, व्यवहार में भी ऐसी घटनाएँ होती ही हैं, चाहे भले उनकी संख्या पुरुषों द्वारा महिलाओं के सेक्सुअल उत्पीड़न की तुलना में कम हो। फिर भी, सेक्सुअल उत्पीड़न तो सेक्सुअल उत्पीड़न ही है, चाहे वह जिसके द्वारा जिसका भी किया जाए। भविष्य में ऐसे मामलों की तरफ़ भी ध्यान देने की ज़रूरत है।

REFERENCES

1. Handbook on Sexual Harassment of Women at Workplace (Prevention, Prohibition and Redressal) Act 2013 (Government of India, Ministry for Women and Child Development, November, 2015), p. 3.
2. The Gazette of India, No. 2733, New Delhi, Monday, December 9, 2013, Agrahayana 18, 1935.
3. धारा 14 द्वारा नागरिकों को कानून के समक्ष समता का अधिकार प्राप्त है।

4. धारा 15 के अनुसार, "राज्य किसी नागरिक के विरुद्ध केवल धर्म, मूलवंश, जाति, लिंग या जन्मस्थान या इनमें से किसी के आधार पर कोई विभेद नहीं करेगा।"
5. धारा 21 के अनुसार, "किसी भी व्यक्ति को, उसके प्राण या दैहिक स्वतंत्रता से विधि द्वारा स्थापित प्रक्रिया के अनुसार ही वंचित किया जाएगा, अन्यथा नहीं"। इस धारा का सम्बंध कानून के शासन (rule of law) के बुनियादी सिद्धांत से है।
6. The Gazette of India, No. 2733, New Delhi, Monday, December 9, 2013, Agrahayana 18, 1935.
7. Handbook on Sexual Harassment of Women at Workplace (Prevention, Prohibition and Redressal) Act 2013 (Government of India, Ministry for Women and Child Development, November, 2015), p. 10.
8. Ibid., pp. 19-21.
9. Ibid., pp. 23-24.
10. Ibid., pp. 24-25.
11. Sexual Harassment of Women at Workplace (Prevention, Prohibition and Redressal) Act, 2013, Section 14. (1).
12. Handbook on Sexual Harassment of Women at Workplace (Prevention, Prohibition and Redressal) Act 2013 (Government of India, Ministry for Women and Child Development, November, 2015), p. 38.

17

पर्यावरण नीतिशास्त्र

मानव आचरण का पर्यावरण पर क्या प्रभाव पड़ता है? यह प्रभाव अच्छा है या बुरा? परम्परागत रूप में मानक नीतिशास्त्र में मानव आचरण का अध्ययन अन्य इंसानों पर उसके प्रभाव के संदर्भ में ही किया जाता था। लेकिन, आज व्यावहारिक नीतिशास्त्र के अंतर्गत पर्यावरण नीतिशास्त्र का महत्त्वपूर्ण स्थान है।

वैसे तो व्यापक अर्थ में मनुष्य के पर्यावरण या वातावरण (surroundings) के अंतर्गत अन्य मानव भी आ जाते हैं, लेकिन पर्यावरण नीतिशास्त्र के अंतर्गत और वैसे भी जब आम तौर से ''पर्यावरण'' की चर्चा होती है, तो उसका तात्पर्य ''गैरमानवीय पर्यावरण'' (non-human environment) से होता है। इस अर्थ में मानव पर्यावरण के अंतर्गत मानव को छोड़ कर अन्य पशु–पक्षी, पेड़–पौधे, नदी–पहाड़ आदि आ जाते हैं। पर्यावरण नीतिशास्त्र के अंतर्गत पशु नीतिशास्त्र भी है। इसमें मनुष्य का अन्य जानवरों के प्रति व्यवहार के संदर्भ में बुनियादी प्रश्न उठाए जाते हैं। (पशु नीतिशास्त्र की चर्चा अलग अध्याय में की गयी है।)

प्रदूषण के कारण पर्यावरण का बिगड़ता हुआ संतुलन, तेजी से खत्म होते प्राकृतिक संसाधन, वायुमंडल की ओज़ोन परत (ozone layer) का निरंतर पतला होना, ''विकास'' के नाम पर अंधाधुंध जंगलों का काटा जाना, और सबसे बढ़ कर ग्लोबल वार्मिन्ग (global warming) और जलवायु परिवर्तन (climate change) जैसी समस्याओं ने मानव को पहले की तुलना में पर्यावरण के प्रति अधिक संवेदनशील बना दिया है। आज हम पर्यावरण की दृष्टि से सम्पोष्य विकास की अवधारणा (environmentlly sustainable development) के बारे में सोचने के लिए मजबूर हो चुके हैं।

आज औद्योगीकरण और शहरीकरण के कारण जंगल काटे जा रहे हैं, और प्रदूषण में वृद्धि हो रही है। कुछ देशों द्वारा कोयला और खनिज तेल जैसे सीमित संसाधनों का, जिनका नवीनीकरण नहीं होता है, इतनी तेजी से इस्तेमाल हो रहा है कि यह भी संदेह होने लगा है कि आने वाली पीढ़ियों के लिए कुछ बचेगा भी या नहीं। अगर दुनिया के ''विकासशील'' देश भी ''विकसित'' देशों के पैमाने पर ही संसाधनों की खपत करने लगें, तो क्या होगा इसकी कल्पना की जा सकती है।

पिछले कुछ दशकों में बड़े पैमाने पर जीवाश्म (fossil) ईंधनों को जलाए जाने और जंगलों को काटे जाने के परिणामस्वरूप वायुमंडल में कार्बन डाई–ऑक्साइड की मात्रा बढ़ गयी है। इससे वायुमंडल का तापमान बढ़ गया है । अगर इस प्रक्रिया को रोका नहीं गया,

तो पृथ्वी के ध्रुवों पर जमी बसिर्फ की चादरें पिघल जाएँगी, समुद्र तल ऊँचा हो जाएगा, और समुद्र-तट से जुड़े प्रदेश पानी में डूब जाएँगे। (इसकी विस्तृत चर्चा आगे की गयी है।)

इसी तरह, वायुमंडल की ओज़ोन परत पर जेट विमानों से निकले धुएँ का बुरा असर पड़ता है। वायुमंडल के ऊपरी परतों में पायी जाने वाली ओज़ोन पृथ्वी को हानिकारक पराबैंगनी विकिरण (Ultra Violet Rays) से बचाती है। जेट विमानों के धुएँ में मौजूद क्लोरो-फ्ल्यूरो-कार्बन (C F C) के कारण पिछले सौ वर्षों में ओज़ोन परत में काफ़ी कमी आयी है। ओज़ोन परत के निरन्तर पतले होने का त्वचा के कैंसर जैसे नुकसानदेह परिणाम हो सकते हैं।[1]

जलवायु परिवर्तन

आज जलवायु परिवर्तन की समस्या निरंतर गम्भीर बनी जा रही है। इस विषय पर कई अंतरराष्ट्रीय सम्मेलन भी हो चुके हैं। समस्या की गम्भीरता को देखते हुए पीटर सिंगर ने 2011 में प्रकाशित अपनी किताब प्रैक्टिकल एथिक्स के तीसरे संस्करण में ''क्लाइमेट चेंज'' नाम का एक नया अध्याय जोड़ा है।

जलवायु परिवर्तन से सम्बंधित कुछ तथ्य

वर्ल्ड हेल्थ ऑरगनाइज़ेशन के अनुसार पृथ्वी का तापमान बढ़ जाने के कारण वर्ष 2004 में एक लाख चालीस हजार अतिरिक्त लोग मारे गए। ये मौतें न हुई होती अगर पृथ्वी का औसत तापमान वही रहा होता जो 1961 से 1990 के बीच था। इसका अर्थ यह हुआ कि जलवायु परिवर्तन के कारण प्रत्येक सप्ताह उतने लोग मारे जा रहे हैं, जितने संयुक्त राज्य अमरीका में सितम्बर 11, 2001, को हुए आतंकवादी हमले में मारे गए। इन अतिरिक्त मौतों का तात्कालिक कारण अधिकांशतः जलवायु के प्रति सम्वेदनशील रोग हैं, जैसे, मलेरिया, डेंगु और डायरिया, जो ऐसे स्थानों पर अधिक प्रचलित है जहाँ पीने का साफ़ पानी नहीं मिलता। उच्च तापमान या कम वर्षा से फसलों के नष्ट हो जाने और इसके परिणामस्वरूप होने वाला कुपोषण भी कई अतिरिक्त मौतों के लिए जिम्मेवार है।[2]

जलवायु परिवर्तन का असर मिश्र, बांग्लादेश, भारत और वियतनाम के उपजाऊ और घनी आबादी वाले डेल्टाओं पर भी देखा जा सकता है, जिन्हें समुद्र के जलस्तर के बढ़ जाने से खतरा है। सुंदरबन के द्वीपों में से दो द्वीप पूरी तरह गायब हो चुके हैं। कुल मिला कर 31 वर्ग मील भूमि पिछले तीस वर्षों में गायब हो चुकी है। इस कारण सैकड़ों परिवार शरणार्थी शिविरों में रह रहे हैं। मालदीव, किरीबाती और तुवालू जैसे प्रशांत महासागर के कुछ देशों पर भी ऐसा ही खतरा मंडरा रहा है। सम्भव है आने वाले कुछ दशकों में ये समुद्र में डूब जाएँ। ये आने वाले और अधिक खतरों के कुछ शुरुआती संकेत हैं।

बसिर्फ के एक पिघलते हुए टुकड़े पर टिका हुआ ध्रुवीय भालू (polar bear) ग्लोबल वार्मिंग के विरुद्ध अभियान का प्रतीक बन गया है। यह इस बात को दर्शाता

है कि जलवायु परिवर्तन का असर सिर्फ मनुष्य तक सीमित नहीं रहेगा। सूखा और बाढ़ के कारण लाखों अन्य पशु भी मर जाएँगें। इन में से कुछ पर्यावरण में परिवर्तन आने पर अन्य सुरक्षित स्थानों पर चले जाएँगें, लेकिन कुछ के पास जाने के लिए कोई जगह नहीं बचेगी। ग्लोबल वार्मिन्ग के परिणामस्वरूप बड़े पैमाने पर पशुओं की प्रजातियाँ विलुप्त हो जाएँगी।[3]

ग्रीन हाऊस गैस

ग्रीन हाऊस गैस ऐसे गैसों को कहते हैं जो सूरज की उष्मा (heat) को अपने में सोख लेती हैं, जिसके परिणामस्वरूप वायुमंडल का तापमान बढ़ जाता है (green house effect)। कार्बन डायक्साइड और मिथेन प्रमुख ग्रीन हाऊस गैस हैं। आज के समय यह जानकारी मिल चुकी है कि बिना किसी नुकसानदेह परिणाम के इन गैसों को सोखने की वायुमंडल की क्षमता सीमित है। साक्ष्य यह दिखाते हैं कि हम पहले ही उसका इस्तेमाल उसकी क्षमता से अधिक कर रहे हैं। औद्योगिक क्रांति के पहले वायुमंडल में कार्बन डायक्साइड की मात्रा दस लाख में से 270 हिस्सा (ppm) थी।[4] फिर, मनुष्य ने कोयला, खनिज तेल और गैस जैसे जीवाष्म (fossil) इंधन को बड़े पैमाने पर जलाना शुरू किया। 2010 तक वायुमंडल में कार्बन डायक्साइड की मात्रा 390 ppm तक पहुँच गयी। यह लिखित इतिहास में अब तक की सबसे अधिक मात्रा थी। इसके बाद भी यह मात्रा प्रति वर्ष 2 ppm बढ़ रही है। इस बात पर आम सहमति है कि अगर वायुमंडल का औसत तापमान 2 डिग्री सेंटीग्रेड बढ़ गया, तो इससे बड़े पैमाने पर खतरनाक परिणाम हो सकते हैं, जो अब तक हुए परिणामों से कहीं अधिक घातक होंगे।[5]

21वीं शताब्दी के प्रथम दशक में वायुमंडल के तापमान में अपेक्षा से अधिक वृद्धि हुई है। आर्टिक की बसिर्फ वैज्ञानिकों द्वारा की गयी भविष्यवाणी की तुलना में अधिक तेजी से पिघल रही है। यह ग्लोबल वार्मिन्ग का ही परिणाम है कि आर्टिक महासागर का बड़ा हिस्सा गर्मियों में बसिर्फ से मुक्त रहता है। यह अपने-आप में तापमान के और अधिक बढ़ने का कारण बनता है। बसिर्फ सूरज की किरणों को ऊपर की ओर परावर्तित (reflect) करती है। एक बसिर्फमुक्त सागर सूरज से अधिक गर्मी को सोखती है। आर्टिक में बसिर्फ के पिघलने के कारण एक ऐसी फीडबैक लूप (feedback loop) पैदा हो गयी है, जिसके कारण और गर्मी पैदा होगी, चाहें हम ग्रीन हाऊस गैसों के उत्सर्जन को कल के कल शून्य तक ही क्यों न पहुँचा दें।

कुछ अन्य फीडबैक लूपों से और भी अधिक खतरा है। उदाहरण के तौर पर, साइबेरिया के कई क्षेत्रों में बसिर्फ के स्थायी रूप से जमे रहने के कारण उन्हें ''पर्माफ्रॉस्ट'' (parmafrost) कहा जाता था। इनके अंदर बड़ी मात्रा में मिथेन गैस फंसी रहती थी। अब, इनमें से कई क्षेत्रों में बसिर्फ पिघलने लगी है, जिसके कारण उनमें फंसी मिथेन गैस बाहर

निकल रही है। इसके परिणामस्वरूप और अधिक गर्मी पैदा हो रही है, जिससे और क्षेत्रों में भी बसिर्फ पिघल रही है तथा उनसे भी मिथेन गैस बाहर निकल रही है।

ऐसे ही साक्ष्यों के आधार पर कुछ वैज्ञानिक इस निष्कर्ष पर पहुँचे हैं कि अगर हम पृथ्वी को उस रूप में संरक्षित रखना चाहते हैं, जिसमें इस पर जीवन का समायोजन (adaptation) हुआ है, और सभ्यताओं का विकास हुआ है, तो हमें वायुमंडल में कार्बन डायक्साइड को अधिक से अधिक 350 ppm तक सीमित करना पड़ेगा। (हम कुछ वर्ष पहले ही इस सीमा से आगे बढ़ चुके हैं।)[6]

जलवायु परिवर्तन रोकने के उपाय और जिम्मेवारी

स्पष्ट है कि जलवायु परिवर्तन का कारण है पृथ्वी के तापमान का बढ़ना, और पृथ्वी के तापमान के बढ़ने का कारण है ग्रीन हाऊस गैसों, मुख्यतः कार्बन डायक्साइड और मिथेन के उत्सर्जन, या दूसरे शब्दों में "कार्बन एमिशन" (carbon emission) में वृद्धि। औद्योगीकरण से तथा कोयला, खनिज तेल और प्राकृतिक गैस जैसे जीवाश्म इंधनों को जलाए जाने से इस प्रक्रिया में तेजी आई है।

सवाल यह है कि कार्बन एमिशन को कैसे रोका और कम किया जाए, और इस लक्ष्य को हासिल करने में किसकी कितनी जिम्मेवारी है?

पीटर सिंगर ने अपनी किताब *प्रैक्टिकल एथिक्स* में इस प्रश्न पर विचार किया है कि इस संदर्भ में उत्तरदायित्व का न्यायसंगत वितरण क्या हो सकता है।

ऐतिहासिक उत्तरदायित्व

एक ऐतिहासिक सिद्धांत, जिसे अक्सर प्रदूषण के मामले में लागू किया जाता है, यह है कि "तुमने इसे तोड़ा है, तुम्हीं इसे ठीक करो"। अगर कोई रासायनिक कारखाना किसी नदी को प्रदूषित करता है, तो यह उस कारखाने के मालिक की जिम्मेवारी है कि वह उस नदी को साफ़ करे। अगर इस सिद्धांत को जलवायु परिवर्तन पर लागू किया जाता है, तो प्रत्येक देश को समस्या के समाधान की जिम्मेवारी उसी अनुपात में मिलनी चाहिए, जितनी कि उस देश का इस समस्या को पैदा करने में योगदान है।

1997 में संयुक्त राष्ट्र संघ में जलवायु परिवर्तन पर एक चर्चा में ब्राजील की सरकार ने यह प्रस्ताव रखा कि किसी देश ने ऐतिहासिक रूप में कार्बन एमिशन द्वारा पृथ्वी के तापमान को बढ़ाने में कितना योगदान दिया है, इस आधार पर ही उसके एमिशन घटाने के लक्ष्य को निर्धारित किया जाए। इस प्रस्ताव के मूल्याकंन के लिए एक वैज्ञानिक समूह को गठित किया गया। इस समूह ने 2008 में यह रिपोर्ट पेश की कि जीवाश्म इंधनों के जलाए जाने से हुए एमिशन के बारे में पर्याप्त आंकड़े उपलब्ध हैं; लेकिन जंगल और कृषि में परिवर्तन से सम्बंधित योगदान की मात्रा को निर्धारित कर पाना अधिक मुश्किल

है। इस ग्रुप ने 1890 से 2000 तक के योगदान को मापने के बाद यह निष्कर्ष सामने रखा कि संयुक्त राज्य अमरीका तापमान में वृद्धि के लिए 20 प्रतिशत के लिए जिम्मेवार है, जबकि यूरोप के देश लगभग 14 प्रतिशत, दक्षिण अमरीका के देश लगभग 14 प्रतिशत, चीन सहित पूर्वी एशिया के देश 10 प्रतिशत और भारत सहित दक्षिण एशिया के देशों का योगदान 7 प्रतिशत है। इस दिशा में अफ्रीका के देशों का योगदान बहुत कम है।

इस तरह, "तुमने इसे तोड़ा है, तुम्हीं इसे ठीक करो" के सिद्धांत के आधार पर संयुक्त राज्य अमरीका, लम्बे समय से औद्योगिकृत यूरोपीय देश और सम्भवतः दक्षिण अमरीका को इस समस्या को सुलझाने के बोझ का सबसे बड़ा हिस्सा उठाना चाहिए।

चीन ने ब्राजील के प्रस्ताव का समर्थन किया, लेकिन इस प्रावधान के साथ कि जलवायु परिवर्तन के ऐतिहासिक योगदान को प्रति व्यक्ति कार्बन एमिशन के आधार पर देखा जाए। 2009 में कोपनहेगन में जलवायु परिवर्तन पर हुए एक सम्मेलन में चीन ने यह युक्ति दी कि चीन की आबादी संयुक्त राज्य अमरीका से बहुत अधिक है, और ग्रीन हाऊस गैसों से जुड़ी जिम्मेवारी निर्धारित करते समय इस तथ्य पर ध्यान दिया जाना चाहिए।

चीन द्वारा तैयार की गयी एक रिपोर्ट के अनुसार इस आधार पर खने से 1850 से 2004 के बीच एक औसत अमरीकी ने एक औसत चीनी की तुलना की तुलना में 21 गुना अधिक कार्बन डायक्साइड वायुमंडल में उत्सर्जित किया, और एक औसत भारतीय की तुलना में 53 गुना अधिक। इसी तरह, औसत रूप से एक ब्रिटिश और कैनेडियन व्यक्ति चीन की तुलना में 16 गुना और भारत की तुलना में 40 गुना अधिक कार्बन एमिशन के लिए जिम्मेवार है।

इस तरह, पीटर सिंगर के अनुसार, ऐतिहासिक उत्तरदायित्व के सिद्धांत से यह बात समझ में आती है कि ग्लोबल वार्मिंग को रोकने के लिए किए जाने वाले लगभग सभी बलिदानों को पुराने औद्योगिक देशों द्वारा किया जाना चाहिए। इस समय ये देश उन्हें इस समस्या के समाधान के लिए जितना करना चाहिए, उतना नहीं कर रहे हैं। उदाहरण के तौर पर, संयुक्त राज्य अमरीका ने, जो कार्बन एमिशन के क्षेत्र में दुनिया में सबसे आगे है, 1997 में क्योटो प्रोटोकॉल (Kyoto Protocol) पर हस्ताक्षर करने से इंकार कर दिया था। इस प्रोटोकॉल का उद्देश्य औद्योगिक देशों द्वारा पाँच वर्ष पहले 1992 में रिओ पृथ्वी शीर्ष-सम्मेलन (Rio Earth Summit) में किए गए वादों को पूरा कराने का प्रयास था। संयुक्त राष्ट्र संघ के तत्वाधान में रिओ में आयोजित समिट में यह आह्वान किया गया था कि ग्रीन गैसों के उत्सर्जन को इतने कम स्तर तक सीमित किया जाए, जिससे जलवायु व्यवस्था पर मानव द्वारा खतरनाक किस्म का हस्तक्षेप न हो।[7]

समान हिस्सेदारी (Equal Shares)

संयुक्त राष्ट्र संघ द्वारा 2009 जलवायु परिवर्तन पर आयोजित एक शीर्ष-सम्मेलन में रवांडा के राष्ट्रपति ने इस तथ्य की ओर ध्यान दिलाया कि ग्लोबल वार्मिंग की समस्या

में अफ्रीका का बहुत ही कम योगदान है। बावजूद इसके जलवायु परिवर्तन का अफ्रीका के दुनिया के अन्य हिस्सों की तुलना में अधिक घातक प्रभाव पड़ेगा। फिर, गरीब देशों के पास इतने साधन भी नहीं हैं कि वे इस चुनौती का सफलतापूर्वक सामना कर सकें। रवांडा के राष्ट्रपति ने यह कहा, क्योंकि हम सभी अस्तित्व के लिए संघर्ष कर रहे हैं, इसलिए एक-दूसरे पर दोष डालने की बजाय हम इस समस्या को पैदा करने में औद्योगिक देशों की ऐतिहासिक जिम्मेवारी को भूल कर नए सिरे से शुरुआत करें। उन्होंने कहा कि हर व्यक्ति का इस वायुमंडल पर बराबर का हिस्सा है। श्रीलंका ने भी सम्मेलन में ऐसा ही प्रस्ताव रखा।

''समान हिस्सेदारी'' के सिद्धांत के तहत अतीत में जो कुछ भी हुआ उसे भूल कर वर्तमान में प्रत्येक व्यक्ति को वायुमंडल पर बराबर का हिस्सा देने की वकालत की जाती है। व्यवहार में इसका अर्थ क्या है? मान लें कि हम ग्रीन हाऊस गैसों के एमिशन को ऐसे स्तर पर रखना चाहते हैं कि जिससे वायुमंडल में कार्बन डायक्साइड की मात्रा 450 ppm से अधिक आगे न बढ़े। एक आकलन के अनुसार इस सिद्धांत को लागू करने पर अपने प्रति व्यक्ति हिस्से के दायरे में रहते हुए श्रीलंका अपने कार्बन एमिशन को तीन गुना और भारत दो गुना बढ़ा सकते हैं। चीन को अपने कार्बन एमिशन को आधा करना पड़ेगा, जर्मनी को अपने कार्बन एमिशन को अस्सी प्रतिशत घटाना होगा, और सबसे बढ़ कर संयुक्त राज्य अमरीका, कनाडा और ऑस्ट्रेलिया का अपना कार्बन एमिशन नब्बे प्रतिशत घटाना होगा!

विलासिता और जीवन-निर्वाह

1992 के युनाइटेड नेशंस फ्रेमवर्क कंवेंशन ऑन क्लाइमेट चेंज के अंतर्गत जिन राष्ट्रों की स्थिति बदतर है, उन्हें मदद देने के महत्त्व को स्वीकार किया गया था। कंवेंशन में ऐसे प्रावधान थे, जिनमें कहा गया था कि कंवेंशन पर हस्ताक्षर करने वाले देशों को यह अधिकार है कि वे सम्पोष्य विकास (sustainable development) को प्रोत्साहित करें। कंवेंशन के अनुसार, दुनिया के देशों की साझा लेकिन अलग-अलग जिम्मेवारियाँ हैं।

इस संदर्भ में ''जीवन-निर्वाह उत्सर्जन'' (sustainable emission) और ''विलासिता उत्सर्जन (luxury emission) के बीच अंतर किया जाता है। इसका अर्थ यह है कि गरीब देशों के धान के खेतों से होने वाले मीथेन उत्सर्जन और अमीर देशों की बड़ी-बड़ी मोटर कारों से मनोरंजन के लिए घूमने से होने वाले कार्बन एमिशन को एक धरातल पर नहीं रखा जा सकता है।

2007 में संयुक्त राष्ट्र संघ की जेनरल असेम्बली में हुई एक बहस में चीन के एक प्रतिनिधि ने इसी भाषा का इस्तेमाल करते हुए कहा कि गरीब देशों के जीवन निर्वाह के लिए किए गए एमिशन या विकास के लिए किए गए एमिशन (development emission) को भविष्य में होने वाले समझौतो में मान्यता मिलनी चाहिए, जबकि अमीर देशों की ''विलासिता एमिशन'' पर रोक लगनी चाहिए। पीटर सिंगर के अनुसार, इस माँग

को, उपयोगितावादी या समतावादी या रॉल्स की न्याय की अवधारणा[8], किसी भी दृष्टि अस्वीकार नहीं किया जा सकता है।

सिंगर के अनुसार, ऊपर चर्चा किए गए तीनों दृष्टिकोणों के पक्ष में बहुत कुछ कहा जा सकता है, और इनके बीच किसी एक का चुनाव कठिन है। इन तीनों दृष्टिकोणों को मिलाने की कोशिश भी की जा सकती है। प्रति व्यक्ति हिस्सेदारी के बुनियादी सिद्धांत को ऐतिहासिक जिम्मेवारी और कुछ देशों को अपने सभी नागरिकों को एक न्यूनतम जीवन स्तर तक पहुँचाने के लिए विकास करने की आवश्यकता को ध्यान में रख कर संशोधित किया जा सकता है। लेकिन, चाहे जिस भी दृष्टिकोण को अपनाया जाए, अमीर देश अपने द्वारा निरंतर ग्रीन हाऊस गैसों के अधिक मात्रा में उत्सर्जन को सही नहीं ठहरा सकते हैं। ऐसे किसी भी उपयुक्त नैतिक सिद्धांत के बारे में सोच पाना असम्भव है, जिससे इसे सही ठहराया जा सके। इससे हम यह निष्कर्ष निकाल सकते हैं कि वे अनुचित काम कर रहे हैं।

सम्पोष्य विकास की अवधारणा

ऊपर की गयी चर्चा से यह स्पष्ट है कि आज सम्पोष्य विकास की अवधारणा कितनी महत्त्वपूर्ण हो चुकी है। ऊपर मुख्यत: वायुमण्डल का वायु प्रदूषण की चर्चा की गयी है। बढ़ते औद्योगीकरण और शहरीकरण के कारण ध्वनि प्रदूषण और जल-प्रदूषण जैसी समस्याएँ पैदा होती हैं। इसके अलावा, अंधाधुंध जंगलों को काटे जाने की समस्या भी है। ध्वनि प्रदूषण से मानसिक शांति तो भंग होती ही है। इसके अलावा, कान तक खराब होने की नौबत आ जाती है। भारत जैसे देश में दीवाली जैसे त्योहार वायु और ध्वनि प्रदूषण का एक मुख्य स्त्रोत है।

शहरों और उद्योगों की गंदगियों को बिना साफ़ किए नदियों में गिरा देने से नदियाँ प्रदूषित हो रही हैं। उदाहरण के तौर पर, भारत में "गंगा जल" को परम्परागत रूप से "पवित्र" माना जाता रहा है, लेकिन आज गंगा नदी में नहाना या गंगा के पानी को साफ़ किए बिना पीना स्वास्थ्य की दृष्टि से खतरे से खाली नहीं है। शहरों और उद्योगों के अलावा, आज भारत में गंगा और जमुना जैसी नदियों के प्रदूषण का एक कारण अधजली लाशों या बिना जली लाशों को नदी में बहाना भी है। इसके अलावा, हर साल इन नदियों में कितने देवी-देवताओं की मूर्त्तियाँ "विसर्जित" कर दी जाती हैं। इनमें कई ऐसी वस्तुएँ भी होती हैं, जो बाइयोडिग्रेडबल[9] (biodegradable) नहीं होती है। पॉलिथीन की थैलियाँ भी प्रदूषण का एक स्त्रोत है। इस तरह, सम्पोष्य विकास के साथ एक यह भी चिंतनीय विषय है कि भारत के संदर्भ में, हम व्यक्तिगत रूप में और एक नागरिक के रूप में इस समस्या से निबटने के लिए क्या-कुछ कर सकते हैं?

समस्या का समाधान

व्यक्तिगत स्तर पर हम अपनी जीवन-शैली में इस प्रकार के परिवर्तन ला सकते हैं, जिससे

कार्बन एमिशन सहित प्रदूषण में हमारा योगदान कम-से-कम हो। उदाहरण के तौर पर, हम पेट्रोल और डीज़ल की खपत को कम कर सकते हैं। बिजली और पानी की बचत कर सकते हैं। (ताप बिजली घर द्वारा बिजली के उत्पादन के क्रम में भी कार्बन एमिशन होता है, और पानी को पम्प करने के लिए बिजली का इस्तेमाल किया जाता है।)

ध्वनि प्रदूषण में अपना योगदान घटाने के लिए विभिन्न आयोजनों में हम लाउडस्पीकर का इस्तेमाल कम-से-कम और कम वॉल्यूम पर कर सकते हैं। इसके अलावा, हम ऐसी वस्तुओं का इस्तेमाल ना करें, या नदी में ना फेंके, जो बाइओडिग्रेडबल न हो, जैसे, पॉलिथीन। त्योहारों को मनाने में संयम से काम लें। धार्मिक स्वतंत्रता को प्रदूषण फैलाने की स्वतंत्रता में ना बदल दें। इस तरह, हम अपनी व्यक्तिगत जीवन-शैली में परिवर्तन ला कर प्रदूषण को नियंत्रित करने में अपना योगदान कर सकते हैं।

लेकिन, इससे बढ़ कर है नागरिक के रूप में हमारी भूमिका, क्योंकि हम अपनी व्यक्तिगत जीवन-शैली मे कितना भी परिवर्तन क्यों न लाएँ; अगर सरकार की नीतियाँ ऐसी हों, जिनसे "विकास" के नाम पर पर्यावरण को नष्ट किया जाता हो, तो फिर हमारे व्यक्तिगत प्रयत्नों से खास कुछ हासिल नहीं होगा। आज "विकास' के नाम पर अंधाधुंध जंगल काटे जा रहे हैं। उद्योगों और वाहनों में पेट्रोल-डीज़ल का इस्तेमाल धड़ल्ले से हो रहा है। गंगा सहित नदियों को प्रदूषणमुक्त बनाने के नाम पर करोड़ों रुपए खर्च हो चुके हैं, लेकिन गंगा में प्रदूषण का हाल आज भी देखने लायक है। इसलिए, नागरिक के रूप में यह ज़रूरी है कि हम संपोष्य विकास के पक्ष में जनमत तैयार करें, और अपनी सरकारों को संपोष्य विकास की नीति पर चलने के लिए बाध्य करें। इसके लिए पूंजीवाद पर लगाम लगाना भी ज़रूरी है, क्योंकि इसके अंतर्गत पूंजीपतियों के मुनाफ़े के सामने पर्यावरण या किसी भी सामाजिक चिंता को कोई महत्त्व नहीं दिया जाता है।

REFERENCES

1. डॉ. सुरेश नन्दन प्रसाद, पर्यावरण बोध (पटना: बिहार स्टेट टेक्स्टबुक पब्लिशिंग कॉरपोरेशन लिमिटेड, 1999-2000), पृ. 127-28.
2. Peter Singer, Practical Ethics , pp. 216-17.
3. Ibid., p. 217.
4. Part per million
5. Peter Singer, Op. Cit., pp. 218-19.
6. Ibid., p. 219.
7. Ibid., pp. 220-23.
8. John Rawls, A Theroy of Justice (New Delhi: Universal Law Publishing Co. Pvt. Ltd., 2013).
9. जिसे जीवाणुओं द्वारा सड़ाया और नष्ट किया जा सके।

18
पशु नीतिशास्त्र

पशु नीतिशास्त्र का भी व्यावहारिक नीतिशास्त्र के अंतर्गत महत्त्वपूर्ण स्थान है। क्योंकि पशु भी पर्यावरण के अंग हैं; इसलिए पशु नीतिशास्त्र को पर्यावरण नीतिशास्त्र के अंतर्गत भी रखा जाता है। पीटर सिंगर ने *प्रैक्टिकल एथिक्स* (1979) से भी पहले *ऐनिमल लिबरेशन* (1975) नाम की किताब लिखी थी, जिसमें पशुओं के प्रति मानव व्यवहार को ले कर बुनियादी प्रश्न उठाए गए थे। पीटर सिंगर ने अपनी किताब *प्रैक्टिकल एथिक्स* के तीसरे संस्करण (2011) के तीसरे अध्याय "इक्वालिटी फॉर ऐनिमल्स?" को अपनी किताब *ऐनिमल लिबरेशन* पर आधारित किया है। लेकिन, साथ ही उन्होंने 1975 में उस किताब के प्रकाशन के बाद की गयी आपत्तियों का उत्तर भी दिया है।

सिंगर के अनुसार, सबके हितों (interest) को एक बराबर महत्त्व देने का सिद्धांत ही समता का वह बुनियादी सिद्धांत है, जिसके आधार पर नस्ल और सेक्स, आदि, सम्बंधी भिन्नताओं के बावजूद, लगभग सभी मनुष्यों की समानता का समर्थन किया जा सकता है। सिंगर के विचार में एक बार मनुष्यों के लिए समानता के इस सिद्धांत को स्वीकार कर लेने के बाद, हम यह मानने के लिए भी प्रतिबद्ध हो जाते हैं कि समानता का यह सिद्धांत कुछ गैरमानव पशुओं पर भी लागू होता है।[1]

नस्लवाद और स्पीशीज़वाद

पीटर सिंगर के अनुसार, यह विश्वास की अन्य पशुओं की तुलना में मानव-सम्बंधी मुद्दों को अधिक महत्त्व दिया जाना चाहिए, अन्य पशुओं के हितों को गम्भीरता से लेने के विरुद्ध एक लोकप्रिय पूर्वाग्रह है। यह पूर्वाग्रह गोरे गुलाम-मालिकों द्वारा अपने अफ्रीकन गुलामों के हितों को गम्भीरता से लेने के विरुद्ध उनके पूर्वाग्रह से बेहतर नहीं है। सिंगर के अनुसार, अपने दादाओं के उन पूर्वाग्रहों की, जिनसे हमारे पिता मुक्त हो चुके हों; आलोचना करना आसान है। लेकिन, स्वयं हमारे विश्वासों और मूल्यों में जो पूर्वाग्रह छिपे हुए हैं, उन्हें खोजना मुश्किल है। सिंगर की राय में यह ज़रूरी है कि हम बिना ऐसी किसी पूर्वमान्यता के कि यह मुद्दा हमारे ध्यान देने योग्य नहीं है, उस ओर जाने को तैयार रहें, जिधर हमारी युक्तियाँ हमें ले जाती हैं।[2]

सिंगर के अनुसार, समानता के सिद्धांत को अपने स्पीशीज़ (species) से आगे ले जाने के पक्ष में युक्ति बहुत सरल है। इसके लिए हितों को समान महत्त्व देने के सिद्धांत (principle of equal consideration of interests) को स्पष्टता से समझना ज़रूरी है।

सिंगर के विचार में इस सिद्धांत में यह अंतर्निहित है कि दूसरों के प्रति हमारी चिंताओं को इस बात पर निर्भर नहीं होना चाहिए कि उनमें कौन-सी योग्यताएँ हैं। इस आधार पर ही हम (गोरे लोग) यह कह सकते हैं कि यह तथ्य कि कुछ लोग हमारी नस्ल के नहीं हैं, हमें उनके शोषण का अधिकार नहीं देता है; और इस तथ्य का कि कुछ लोग दूसरों से कुछ कम बुद्धिमान हैं, यह अर्थ नहीं कि उनके हितों की अवहेलना या अनदेखी की जाए। सिंगर के अनुसार, ठीक इसी तरह इस सिद्धांत में यह भी अंतर्निहित है कि यह तथ्य कि कुछ जीव हमारे स्पीशीज़ के सदस्य नहीं हैं, हमें उनके शोषण का अधिकार नहीं देता है; और इस तथ्य का कि अन्य पशु हमसे कम बुद्धिमान हैं, यह अर्थ नहीं है कि हम उनके हितों की अवहेलना या अनदेखी करें।

सिंगर के अनुसार, हम किसी के हितों की बात सार्थक रूप में कर सकें, इसके लिए उसमें कष्ट पाने और सुख के उपभोग की क्षमता का होना ज़रूरी है। यह कहना एक बेकार की बात होगी कि किसी पत्थर को ठोकर मारना उसके हित में नहीं है। लेकिन, अगर कोई प्राणी कष्ट पाता है, तो उसके कष्ट पर ध्यान देने से इनकार करने का कोई नैतिक औचित्य नहीं है। सिंगर के विचार में चाहे किसी जीव या प्राणी का चरित्र कुछ भी हो, समता के सिद्धांत की यह माँग है कि उसके कष्ट को किसी दूसरे जीव के समान कष्ट के बराबर महत्त्व दिया जाए जहाँ तक उन कष्टों के बीच मोटे तौर पर तुलना की जा सके।

सिंगर के अनुसार, नस्लवादी (racist) उस वक्त समता के सिद्धांत का उल्लंघन करते हैं, जब वे अपने और दूसरे नस्ल के हितों के बीच टकराहट होने पर, अपने नस्ल के सदस्यों के हितों को अधिक महत्त्व देते हैं। गोरे नस्लवादी लोग, जो गुलामी प्रथा का समर्थन करते थे, आम तौर से अफ्रीकी गुलामों के कष्ट को उतना महत्त्व नहीं देते थे, जितना कि युरोपीय लोगों के कष्ट को। इसी तरह, स्पीशीज़वादी (speciesist) लोग अपनी स्पीशीज़ और दूसरी स्पीशीज़ के हितों के बीच टकराहट की स्थिति में अपने स्पीशीज़ के सदस्यों के हितों को अधिक महत्त्व देते हैं। मानव स्पीशीज़वादी इस बात को स्वीकार नहीं करते हैं कि दर्द जब सूअर या चूहों द्वारा महसूस किया जाए, तब भी उतना ही बुरा होता है, जितना मानव द्वारा अनुभव किये जाने पर।[3]

सिंगर यह स्वीकार करते हैं कि एक स्पीशीज़ और दूसरे स्पीशीज़ द्वारा अनुभव किए जाने वाले कष्टों की सटीक तुलना सम्भव नहीं है; लेकिन उनके अनुसार यह ज़रूरी भी नहीं है। क्योंकि अगर हम पशुओं को सिर्फ ऐसी स्थितियों में कष्ट देने से बचें, जहाँ पर मानव हित पशुओं के हितों की तुलना में खास प्रभावित नहीं होंगे, तो भी हमें पशुओं के प्रति अपने व्यवहार में बुनियादी परिवर्तन लाने की आवश्यकता होगी। इन परिवर्तनों में भोजन, पशु-पालन, कई विज्ञानों में प्रयोग की प्रक्रियाएँ, जंगली जानवरों के प्रति हमारा दृष्टिकोण, शिकार, जानवरों की खाल से बनी वस्तुएँ पहनना, सर्कस और चिड़ियाघर जैसे

मनोरंजनों में परिवर्तन शामिल हैं। इन परिवर्तनों से हमारे द्वारा पैदा किए जा रहे कष्टों की पूर्ण मात्रा में बहुत बड़ी कमी आ जाएगी। सिंगर के अनुसार, दर्द और कष्ट बुरी हैं, और इन्हें या तो रोकना या कम-से-कम करना चाहिए, चाहे कष्ट पाने वाला किसी भी नस्ल, सेक्स या स्पीशीज़ से क्यों न हो।[4]

स्पीशीज़वाद के उदाहरण

भोजन के रूप में पशुओं का इस्तेमाल

पीटर सिंगर ध्यान दिलाते हैं कि आधुनिक शहरीकृत समाजों में अधिकांश लोगों के लिए गैरमानव पशुओं के साथ सम्पर्क भोजन के समय होता है। भोजन के लिए पशुओं का इस्तेमाल सम्भवतः पशुओं का सबसे प्राचीन और व्यापक किस्म का इस्तेमाल है। एक अर्थ में यह पशुओं का सबसे बुनियादी किस्म का इस्तेमाल है। यह इस नैतिकता का आधार है कि पशु हमारी ज़रूरतों और हितों को पूरा करने के लिए हमारे इस्तेमाल की वस्तुएँ हैं।

सिंगर की राय में अगर पशुओं का अपने-आप में महत्त्व है, तो फिर भोजन के रूप में पशुओं का इस्तेमाल पर प्रश्नचिह्न लग जाता है। सिंगर के अनुसार, इनउइट (उत्तरी ध्रुव के पास ग्रीनलैण्ड, कनाडा के मूल निवासी, जिन्हें पहले एस्किमो कहा जाता था), जो अपनी परम्परागत जीवनशैली में जी रहे हैं, तर्कसंगत रूप से यह दावा कर सकते हैं कि अपने अस्तित्व को बनाए रखने का उनका हित उन पशुओं के हितों से ऊपर है, जिनका वे शिकार करते हैं। लेकिन, औद्योगिक समाजों में रहने वाले लोग ऐसा दावा नहीं कर सकते हैं। औद्योगिक समाज में रहने वाले लोग पशुओं के मांस का इस्तेमाल किए बिना पर्याप्त आहार प्राप्त कर सकते हैं। मांसाहार अच्छे स्वास्थ्य और लम्बे जीवन के लिए ज़रूरी नहीं है। बिना पशु-उत्पादित किसी वस्तु के भी स्वस्थ्य जीवन जीया जा सकता है।

सिंगर ध्यान दिलाते हैं कि औद्योगिक समाजों में पशु-उत्पादन की विधियाँ भोजन उत्पादन की कार्यकुशल विधियाँ नहीं हैं; क्योंकि अधिकतर पशुओं को अनाज और अन्य भोजन खिला कर मोटा किया जाता है, जिन्हें सीधे खाया जा सकता है। पशुओं को जो अनाज खिलाया जाता है, तो फिर उनके मांस में मनुष्यों के लिए उस अनाज का सिर्फ एक चौथाई पोषक मूल्य रह जाता है (कुछ दृष्टांतों में पोषक मूल्य का सिर्फ दसवाँ हिस्सा)। इस तरह, अगर उन जानवरों को छोड़ दें, जो पूरी तरह फसल के लिए अनुपयुक्त चरागाहों में चर कर बड़े होते हैं, तो जानवरों को न तो स्वास्थ्य के लिए खाया जाता है, न ही खाद्य की सप्लाई बढ़ाने के लिए। उनका मांस एक विलासिता है, जिसे लोग सिर्फ इसलिए खाते हैं, क्योंकि उन्हें उनका स्वाद पसंद है।

सिंगर इस ओर भी ध्यान दिलाते हैं कि ''ग्लोबल वार्मिन्ग'' में पशु उद्योग का योगदान पूरे परिवहन क्षेत्र के योगदान से अधिक है। सिंगर के विचार में भोजन के रूप में पशुओं के इस्तेमाल का विरोधी-पक्ष उस समय और अधिक मजबूत हो जाता है, जब कि पशुओं

को इसलिए दुखदायी जीवन जीने को बाध्य किया जाता है, ताकि उनके मांस को मनुष्यों को कम-से-कम कीमत में उपलब्ध करवाया जा सके। आधुनिक गहन-पशुपालन में लागत को कम करने के लिए पशुओं को अधिक-से-अधिक दुखद स्थिति में रखा जाता है। अगर हम इस किस्म से उत्पादित मांस, अंडे और दूध खरीदते हैं; तो फिर हम मांस उत्पादनों के ऐसे तरीकों को सहन करते हैं, जिनमें पशुओं को सारे जीवन के लिए तंग, जकड़न-भरी और अनुपयुक्त स्थितियों में रहने के लिए बाध्य किया जाता है। उनके साथ ऐसा व्यवहार किया जाता है, जैसे वे चारा को मांस में बदलने के लिए मशीन हों। सिंगर के अनुसार, स्पीशीज़वाद से बचने के लिए इन तौर-तरीकों को बदलना होगा।[5]

पशुओं के साथ प्रयोग

सिंगर ने प्रयोग और शोध के लिए पशुओं के इस्तेमाल पर भी प्रश्न उठाया है। सिंगर के अनुसार, सम्भवतः पशुओं के साथ प्रयोग वह क्षेत्र है, जिसमें स्पीशीज़वाद को सबसे स्पष्ट रूप में देखा जा सकता है। सिंगर के अनुसार, पशुओं पर प्रयोग के समर्थक यह कहते हैं कि पशुओं पर किए गए प्रयोगों से इंसानों के बारे में जानकारी मिलती है। सिंगर कहते हैं कि अगर ऐसा है, तो प्रयोग करने वालों को यह भी स्वीकार करना होगा कि कई महत्त्वपूर्ण मायनों में मनुष्य और गैरमानव पशु एक-जैसे हैं। उदाहरण के तौर पर, अगर किसी चूहे को भूखे मरने या भोजन के लिए बिजली के ग्रिड से गुजरने में से एक को चुनने के लिए बाध्य करने से, हमें इंसानों में दबाव (stress) के प्रति प्रतिक्रिया की जानकारी मिलती है, तो फिर हमें यह भी मानना होगा कि इन परिस्थितियों में चूहों को भी दबाव का अनुभव होता होगा।

सिंगर के अनुसार, कुछ लोग कभी ऐसा सोचते हैं कि पशुओं पर किए जाने वाले प्रयोगों के महत्त्वपूर्ण मेडिकल उद्देश्य होते हैं, और इस आधार पर उनका समर्थन किया जा सकता है कि वे जितना दर्द उत्पन्न करते हैं, उससे अधिक दर्द को रोकते हैं। सिंगर के अनुसार, यह आरामदायक विश्वास सत्य नहीं है। झुर्री-विरोधी चिकित्सा (बोटोक्स कॉस्मैटिक) का उदाहरण देते हुए सिंगर कहते हैं कि इस उत्पाद की जाँच के लिए चूहों को इसकी अलग-अलग मात्राओं में खुराक दी जाती है। जिन्हें इसकी खुराक काफ़ी अधिक मात्रा में दी जाती है, उनकी सांस लेने की पेशियाँ लकवाग्रस्त हो जाती हैं, और उनका दम काफी कष्टदायक तरीके से धीरे-धीरे घुट जाता है। सिंगर के अनुसार, मानव कष्ट को रोकने के लिए ऐसे प्रयोगों की कोई आवश्यकता नहीं है। अगर इन उत्पादों के सुरक्षित होने की जाँच पशुओं के इस्तेमाल के बिना करना सम्भव न हो, तो बेहतर होगा कि हम इनका उपयोग छोड़ दें, और झुर्रियों के साथ रहना सीखें, जैसा कि अधिकांश बुजुर्ग हमेशा से करते चले आ रहे हैं।

सिंगर के अनुसार, कुछ प्राक्कल्पनात्मक (hypothetical) प्रयोग ऐसे हो सकते हैं, जिनसे कुछ पशुओं को कष्ट पहुँचता हो, लेकिन उससे कहीं अधिक मात्रा में इंसानों को

लाभ होता हो। तो ऐसे में सभी के हितों को समान महत्त्व के सिद्धांत के आधार पर ऐसे प्रयोगों को उचित ठहराया जा सकता है, हालांकि सिंगर के अनुसार, व्यवहार में ऐसे प्रयोगों की सम्भावना बहुत कम होगी। इसलिए, सिंगर पशुओं पर किए जाने वाले शोध को छोड़ कर, स्वेच्छा से सहमति प्रदान करने वाले मरीज़ों की सहायता से, शोध की ऐसी विधियों को विकसित करने पर बल देते हैं, जिनसे पशु या मानव किसी को कष्ट न हो।[6]

कुछ आपत्तियाँ

(हम यह कैसे जानते हैं कि पशुओं को भी दर्द होता है?)

इस आपत्ति के उत्तर में सिंगर कहते हैं कि हम दूसरों के दर्द का कभी भी सीधा अनुभव नहीं कर सकते हैं, चाहे वह मनुष्य हो या न हो। जब किसी बच्ची को चोट लगती है, तो हम उसके व्यवहार को, जैसे, रोना, जहाँ चोट लगी है उसे रगड़ना, आदि देख कर यह समझ सकते हैं कि उसे चोट लगी है। हम स्वयं भी ऐसी परिस्थितियों में कुछ ऐसा ही व्यवहार करते हैं।

पशुओं को दर्द होता है इस विश्वास का आधार भी इस विश्वास के आधार जैसा ही है कि बच्चों को दर्द होता है। जानवरों को जब दर्द होता है, तो वे भी बहुत कुछ उसी तरह व्यवहार करते हैं, जैसा इंसान दर्द होने पर करते हैं।

सिंगर इस तथ्य की ओर भी ध्यान दिलाते हैं कि सभी रीढ़दार (vertebrate), खास कर, स्तनपायी जीवों (mammals) और पक्षियों के नर्वस सिस्टम एक-जैसे होते हैं। विकास की दृष्टि से नर्वस सिस्टम के वे हिस्से, जिनका सम्बंध दर्द के अनुभव से है, अपेक्षाकृत पुराने हैं। मानव में सेरेब्रल कॉरटेक्स (cerebral cortex) का विकास बाद में हुआ है। इस आधार पर भी कहा जा सकता है कि रीढ़दार पशुओं के दर्द अनुभव करने की क्षमता इंसानों जैसी ही है।

सिंगर यह मानते हैं कि गैररीढ़दार (invertebrate) पशुओं और मनुष्यों के नर्वस सिस्टम के बीच कम समानताएँ हैं, इसलिए, उनके बारे में हम पूरे आत्मविश्वास के साथ नहीं कह सकते हैं कि उन्हें दर्द होता है। शुक्ति (oysters) तथा छोटी-बड़ी सीपियों में दर्द अनुभव करने की या किसी किस्म की चेतना की क्षमता की सम्भावना कम मालूम देती है। इसलिए, सिंगर के अनुसार, हितों को समान महत्त्व देने का सिद्धांत उन पर लागू नहीं होगा। दूसरी ओर, ओक्टोपस का उदाहरण देते हुए सिंगर कहते हैं कि कम-से-कम कुछ गैररीढ़दार पशुओं में चेतना का विकास हुआ है।

पीटर सिंगर के अनुसार, पशुओं में दर्द अनुभव की क्षमता के बारे में जिस किस्म के आधार हमारे पास हैं, वैसे पौधों के बारे में नहीं हैं। उनमें हम इस किस्म का व्यवहार नहीं देख सकते हैं, जिससे ऐसा लगे की उन्हें दर्द महसूस होता है। इसके अलावा, पौधों में मनुष्यों जैसा नर्वस सिस्टम भी नहीं होता है।[7]

पशु एक दूसरे को खाते हैं, तो फिर हम उन्हें क्यों न खाएँ ?

इस आपत्ति के उत्तर में पीटर सिंगर ने यह कहा है कि अधिकांश पशु, जो भोजन के लिए अन्य पशुओं को मारते हैं, वे ऐसा किए बिना जीवित नहीं रह सकते; जबकि इंसान को जीवित रहने के लिए अन्य पशुओं का मांस खाना ज़रूरी नहीं है। दूसरे, सिंगर के अनुसार, यह एक विचित्र बात है कि मनुष्य, जो आम तौर पर जानवरों के व्यवहार को जघन्य समझते हैं, जब अपनी सुविधा हो, तो ऐसी युक्ति का इस्तेमाल करें, जिसका निहितार्थ यह है कि मनुष्यों को नैतिक मार्गदर्शन प्राप्त करने के लिए पशुओं की ओर देखना चाहिए। सिंगर के विचार में सबसे निर्णायक बात यह है कि गैरमानव पशुओं में यह क्षमता नहीं है कि वे यह समझ सकें कि उनके सामने क्या विकल्प हैं, या कि वे अपने आहार के नीतिशास्त्र के बारे में सोच सकें। इसलिए, जानवरों को उनके व्यवहार के लिए जिम्मेवार नहीं माना जा सकता है, और न ही इस किस्म का निर्णय दिया जा सकता है कि क्योंकि वे अन्य जानवरों को मारते हैं, इसलिए वे इसी योग्य हैं कि उनके साथ भी वैसे ही पेश आया जाए। जबकि, मनुष्य में यह क्षमता है कि वे अपने आहार-सम्बंधी आदतों के औचित्य के बारे में सोच सकें। इसलिए, मनुष्य अन्य पशुओं की नकल उतार कर, जो इस किस्म का चुनाव करने में असमर्थ हैं, अपनी नैतिक जिम्मेवारी से भाग नहीं सकते।[8]

नीतिशास्त्र और पारस्परिकता

सिंगर ध्यान दिलाते हैं कि नीतिशास्त्र की एक अवधारणा के अनुसार नीतिशास्त्र का आधार पारस्परिकता (reciprocity) है। हम दूसरों के साथ बुरा व्यवहार करने से बचते हैं, जब तक कि वे हमारे साथ बुरा व्यवहार न करें। हमारे पास उनके साथ बुरा व्यवहार करने से बचने के पक्ष में कोई तर्क नहीं है, जो हमारे संयम के महत्त्व का समझने में, और उसके अनुसार हमारे प्रति अपने व्यवहार को नियंत्रित करने में सक्षम नहीं है। इसलिए, क्योंकि अन्य पशु हमारे साथ इस किस्म का आदान-प्रदान (reciprocate) करने में असमर्थ हैं, वे नैतिक संविदा (contract) के दायरे से बाहर हैं।

सिंगर के अनुसार, नीतिशास्त्र की इस अवधारणा का मूल्यांकन करने के लिए हमें नैतिक निर्णयों (ethical judgments) के उद्‌गम की व्याख्या (explanation) और उन निर्णयों के औचित्य (justification) के बीच अंतर करना होगा। नैतिक निर्णयों के उद्‌गम की व्याख्या की दृष्टि से संविदा की यह अवधारणा कुछ हद तक सही हो सकती है। लेकिन, सिंगर के विचार में, नैतिक निणर्यों के औचित्य की दृष्टि से नीतिशास्त्र की इस संविदात्मक (contractual) अवधारणा में कई समस्याएँ हैं। नीतिशास्त्र की इस अवधारणा के आधार पर हमें गैरमानव पशुओं के अलावा और भी कई लोगों को नैतिकता के दायरे से बाहर करना पड़ेगा। गम्भीर बैद्धिक रूप से असमर्थ (disabled) मनुष्य तथा छोटे बच्चे और शिशु भी अन्य पशुओं की तरह आदान-प्रदान करने में समर्थ नहीं हैं, तो फिर उन्हें भी नैतिकता के दायरे से बाहर करना पड़ेगा।

फिर, सिंगर यह सवाल उठाते हैं कि आने वाली मानव पीढ़ियाँ भी तो हमारे साथ पारस्परिक रूप में आदान-प्रदान करने में असमर्थ हैं, तो फिर हम आने वाली पीढ़ियों के लिए भी कुछ क्यों करें। सिंगर के अनुसार, ऊपर दिए गए उदाहरणों से स्पष्ट है कि पारस्परिकता को नीतिशास्त्र का आधार बनाना संतोषजनक नहीं है।[9]

मानव और पशुओं के बीच अंतर

पीटर सिंगर के अनुसार, पश्चिमी सभ्यता में अधिकांश समय इस विचार को बिना कोई प्रश्न उठाए स्वीकार किया गया कि मनुष्य और अन्य जानवर एक-दूसरे से पूरी तौर से भिन्न हैं। यहाँ तक कि डारविन के विकासवाद के सिद्धांत के आने के बाद भी मानव और अन्य पशुओं के बीच एक सीमा रेखा खींचने की कोशिश की गयी। उदाहरण के तौर पर, कभी कहा गया कि अन्य पशु औज़ार (tools) का इस्तेमाल नहीं कर सकते हैं, लेकिन फिर यह पाया गया कि गालापोगोज़ द्वीप[10] के कठफोड़वा (woodpecker) औज़ार का इस्तेमाल करते हैं। इसी तरह, कभी कहा गया कि अन्य पशु औज़ार इस्तेमाल तो कर सकते हैं, लेकिन बना नहीं सकते हैं। लेकिन, फिर यह पाया गया कि चिम्पैंजी औज़ार बना सकते हैं। यह भी कहा गया कि अन्य पशु भाषा का इस्तेमाल नहीं कर सकते हैं। लेकिन, अब चिम्पैंजी, बनोबो[11], गोरिल्ला और ऑरैंगूटैन[12] अमरीका के बधिर लोगों द्वारा इस्तेमाल किए जाने वाले चिह्न भाषा को सीखने में, और तोते अंग्रेज़ी भाषा बोलने (सिर्फ दोहराने में नहीं) में सफल रहे हैं।[13]

सिंगर की राय में, अगर मनुष्य और अन्य पशुओं के बीच सीमा रेखा खींचने के ये प्रयत्न तथ्यों के अनुरूप होते, तो भी इनके आधार पर अन्य पशुओं के साथ वर्तमान मानव व्यवहार को उचित नहीं ठहराया जा सकता है। अगर पशु भाषा का इस्तेमाल न करते हों, या औज़ार का इस्तेमाल न करते हों, तो इस आधार पर हमें उनके दुःख और कष्ट की अनदेखी नहीं करनी चाहिए।

समीक्षा

पशु नीतिशास्त्र सम्बंधी सिंगर के विचार निश्चय ही रोचक और विचारोत्तेजक हैं। परम्परागत रूप से मानक नीतिशास्त्र में मानव आचरण का अध्ययन अन्य मनुष्यों पर पड़ने वाले उसके प्रभाव के संदर्भ में ही किया गया है। व्यावहारिक नीतिशास्त्र के अंतर्गत, मानव आचरण का अन्य पशुओं और व्यापक रूप में पर्यावरण पर पड़ने वाले प्रभाव के संदर्भ में भी, कई महत्त्वपूर्ण प्रश्न उठाए गए हैं। नीतिशास्त्र के क्षितिज को और अधिक व्यापक बनाने का यह प्रस्ताव अपेक्षाकृत नया है, लेकिन स्वीकार किए जाने योग्य है।

अन्य पशुओं के साथ मानव व्यवहार का नैतिक आधार क्या हो, यह कहीं अधिक गम्भीर प्रश्न है। क्या हम अन्य जानवरों के जीवन और कष्ट को मनुष्य के जीवन और कष्ट के समकक्ष रख सकते हैं?

सिंगर के अनुसार, सबके हितों (interest) को एक बराबर महत्त्व देने का सिद्धांत ही समता का वह बुनियादी सिद्धांत है, जिसके आधार पर नस्ल और सेक्स, आदि, सम्बंधी भिन्नताओं के बावजूद, लगभग सभी मनुष्यों की समानता का समर्थन किया जा सकता है। सिंगर के विचार में एक बार मनुष्यों के लिए समानता के सिद्धांत को स्वीकार कर लेने के बाद, हम यह मानने के लिए भी प्रतिबद्ध हो जाते हैं कि समानता का यह सिद्धांत कुछ गैरमानव पशुओं पर भी लागू होता है।

लेकिन, क्यों? हम समानता के सिद्धांत को कुछ अन्य पशुओं पर भी लागू करने के लिए क्यों प्रतिबद्ध हो जाते हैं?

सिंगर के विचार में हम किसी के हितों की बात सार्थक रूप में कर सकें, इसके लिए उसमें कष्ट पाने और सुख के उपभोग की क्षमता का होना ज़रूरी है। यह कहना एक बेकार की बात होगी कि किसी पत्थर को ठोकर मारना उसके हित में नहीं है। लेकिन, अगर कोई प्राणी कष्ट पाता है, तो उसके कष्ट पर ध्यान देने से इनकार करने का कोई नैतिक औचित्य नहीं है। सिंगर के विचार में चाहे किसी जीव या प्राणी का चरित्र कुछ भी हो, समता के सिद्धांत की यह माँग है कि उसके कष्ट को किसी दूसरे जीव के समान कष्ट के बराबर महत्त्व दिया जाए जहाँ तक उन कष्टों के बीच मोटे तौर पर तुलना की जा सके।

यह कहना कि हम अन्य पशुओं को ऐसे अनावश्यक कष्ट न दें, जिन्हें टाला जा सकता है, एक अलग बात है, और यह कहना कि हम उन अन्य पशुओं के सुख-दुःख को, जो इसका अनुभव कर सकते हैं, मनुष्यों के सुख-दुःख के बराबर महत्त्व दें, एक अलग बात है।

कहा जा सकता है कि पशुओं के प्रति हमारा व्यवहार ऐसा होना चाहिए जिससे जहाँ तक सम्भव हो उनके दुःख में कमी आए और उनके सुख में वृद्धि हो। लेकिन, इसके लिए पशुओं के कष्ट को मनुष्यों के कष्ट के बराबर महत्त्व देने के सिद्धांत को स्वीकार करना ज़रूरी नहीं है, क्योंकि एक बार इस सिद्धांत को स्वीकार कर लेने पर हम दार्शनिक कठिनाइयों में उलझ सकते हैं। उदाहरण के तौर पर, हमें मलेरिया फैलने से रोकने के लिए मच्छरों को मारना चाहिए या नहीं? यहाँ पर पीटर सिंगर कह सकते हैं कि मच्छरों को सम्भवतः दर्द का अनुभव नहीं होता है, इसलिए उन्हें मारने में कोई हर्ज़ नहीं है। मान ले मच्छरों को मारे जाने में कष्ट नहीं होता है। फिर भी, हमने उनके जीवन का अंत तो कर ही दिया। इस आचरण को यह माने बिना नैतिक दृष्टि से उचित नहीं ठहराया जा सकता है कि मनुष्य के जीवन का महत्त्व मच्छरों के जीवन से अधिक है। मच्छरों को छोड़ कर अब हम चूहों का उदाहरण लें। मान लें चूहे या ऐसे ही कोई अन्य पशु-पक्षी, जो दर्द का अनुभव करते हैं, मनुष्यों के लिए किसी कष्टदायक या जानलेवा रोग के वाहक बन जाएँ, तो ऐसे में हमें क्या करना चाहिए?

कुछ अन्य उदाहरण लें, कई बार जंगलों से सटी बस्तियों या गाँव से बाघ या कोई अन्य हिंसक पशु बच्चों को भोजन के लिए उठा ले जाते हैं। इसी तरह, कई बार हाथियों के झुण्ड घरों, पालतू जानवरों, खेतों, यहाँ तक कि बच्चों को भी कुचल कर तहस-नहस कर देतें हैं। ऐसे में क्या किया जाना चाहिए?

पीटर सिंगर स्वयं बार-बार इस बात पर बल देते हैं कि मनुष्य और अन्य पशुओं में डिग्री का अंतर है, किस्म का नहीं। तो फिर, हमें यह नहीं भूलना चाहिए कि मनुष्य भी एक जानवर है, और वह भी विकास के लम्बे क्रम में जंगलों में अन्य हिंसक पशुओं के बीच से अपने अस्तित्व की लड़ाई लड़ कर बाहर निकला है। यह सही है कि औद्योगिक और शहरीकृत समाजों में रहने वाले लोगों को अब अन्य जानवरों से अपने अस्तित्व को बचाए रखने के लिए उस प्रकार हिंसा करने की ज़रूरत नहीं है। लेकिन यह भी नहीं भूलना चाहिए कि बहुत सारे लोग अभी भी जंगलों में या जंगलों के आस-पास रहते हैं। कई बार उन्हें अपने अस्तित्व की रक्षा के लिए अन्य पशुओं से संघर्ष करना पड़ सकता है। स्वयं सिंगर के अनुसार, इनउइट, जो उत्तरी ध्रुव के पास अपनी परम्परागत जीवनशैली में जी रहे हैं, तर्कसंगत रूप से यह दावा कर सकते हैं कि अपने अस्तित्व को बनाए रखने का उनका हित उन पशुओं के हितों से ऊपर है, जिनका वे शिकार करते हैं।

दूसरे, रोग के संदर्भ में ऊपर दिए गए उदाहरण तो औद्योगिक और शहरीकृत समाजों पर भी लागू होते हैं।

जहाँ तक मानव-मानव के बीच समता का सवाल है, उसका समर्थन हम अन्य आधारों पर भी कर सकते हैं।

कहा जा सकता है कि नैतिकता के नियम तर्कसंगत होने चाहिए, जिन्हें एक तर्कशील प्राणी होने के नाते सभी सामान्य व्यस्क मनुष्य, चाहे वे जिस नस्ल या लिंग के हों, स्वेच्छा से स्वीकार कर सकें। ऐसी नैतिकता में व्यक्ति की अधिकतम स्वतंत्रता के अतिरिक्त समता के सिद्धांत को स्थान देना ज़रूरी है, क्योंकि कोई भी तर्कशील मनुष्य नैतिकता के ऐसे सिद्धांत को स्वेच्छा से क्यों स्वीकार करेगा, जिसमें उसके जीवन और उसकी स्वतंत्रता को अन्य मनुष्यों के समान महत्त्व न दिया गया हो?[14]

समता के इस सिद्धांत को हम अन्य पशुओं पर लागू करने के लिए प्रतिबद्ध नहीं हैं, क्योंकि अन्य पशु मनुष्य की तरह तर्कशील नहीं हैं, और वे हमारे साथ एक नैतिक समुदाय नहीं बनाते हैं।

("पशु एक दूसरे को खाते हैं, तो फिर हम उन्हें क्यों न खाएँ?" इस आपत्ति के उत्तर में सिंगर ने स्वयं कहा है कि गैरमानव पशुओं में यह क्षमता नहीं है कि वे यह समझ सकें कि उनके सामने क्या विकल्प हैं, या कि वे अपने आहार के नीतिशास्त्र के बारे में सोच सकें। इसलिए, जानवरों को उनके व्यवहार के लिए जिम्मेवार नहीं माना जा सकता है।)

पूछा जा सकता हैं कि अगर हम समता के सिद्धांत को अन्य पशुओं पर लागू करने के लिए नैतिक दृष्टि से बाध्य नहीं हैं, तो फिर यह कहने का भी नैतिक आधार क्या है कि हमें, जहाँ तक सम्भव हो, अन्य पशुओं को ऐसे अनावश्यक कष्ट देने से बचना चाहिए, जिन्हें टाला जा सकता है?

इस आपत्ति के उत्तर में हम कह सकते हैं कि अन्य पशु मानव की तरह नैतिक चिंतन नहीं कर सकते हैं, और इसलिए वे हमारे साथ एक नैतिक समुदाय नहीं बनाते हैं। लेकिन, हम मनुष्य तो नैतिक चिंतन कर सकते हैं। हमारे में यह सोचने की क्षमता है कि हमारे आचरण का अन्य पशुओं पर क्या प्रभाव पड़ रहा है। जैसे हमारे में अन्य मनुष्यों के सुख-दु:ख के प्रति सहानुभूति या संवेदनशीलता रहती है, वैसी ही संवेदनशीलता अन्य पशुओं के प्रति भी रह सकती है या रहती है, खास कर ऐसे पशु-पक्षिओं के प्रति, जिनसे मानव अस्तित्व को कोई खतरा न हो। इसलिए, हम इस किस्म का नैतिक नियम बना सकते हैं कि हम अपने आचरण द्वारा, जहाँ तक सम्भव हो, अन्य पशुओं को ऐसे अनावश्यक कष्ट न पहुँचाए, जिन्हें टाला जा सकता है। इससे, पशु जगत में मानव आचरण द्वारा पैदा किए गए कुल दु:खों की मात्रा में काफ़ी कमी आएगी।

REFERENCES

1. Peter Singer, Practical Ethics, p. 48.
2. Ibid., p. 49.
3. Ibid., pp. 50-51.
4. Ibid., p. 53.
5. Ibid., pp. 55-56.
6. Ibid., pp. 56-58.
7. Ibid., pp. 59-60.
8. Ibid., pp. 60-61.
9. Ibid., pp. 61-64.
10. दक्षिण अमरीका महादेश के एक देश इक्वाडोर का प्रशांत महासागर में स्थित एक द्वीप।
11. मनुष्य का सबसे करीबी रिश्तेदार। इसे पहले पिगमी चिम्पैंजी भी कहा जाता था। यह अफ्रीका के देश डेमोक्रेटिक रिपब्लिक कॉन्गो में पाया जाता है।
12. एशिया महाद्वीप के मलेशिया और इण्डोनेशिया में पाया जाने वाला एक पूंछरहित बड़ा बंदर (ape)।
13. Ibid., p. 64.
14. Ramendra, Some Reflections on Ethics (Patna: Buddhiwadi Foundation, 2012), pp. 54-56.

19

मीडिया नीतिशास्त्र

व्यावहारिक नीतिशास्त्र के अंतर्गत व्यावसायिक नीतिशास्त्र भी शामिल है। व्यावसायिक नीतिशास्त्र के अंतर्गत मेडिकल, शिक्षण, मीडिया, कानून और बिज़नेस आदि विभिन्न व्यवसायों के नैतिक आचरण के मापदण्डों पर विचार किया जाता है। उदाहरण के तौर पर, बिज़नेस नीतिशास्त्र के अन्तर्गत कॉर्पोरेट बिज़नेस के सामाजिक दायित्व, भ्रामक विज्ञापन, इनसाइडर ट्रेडिंग, कर्मचारियों के बुनियादी अधिकार, रोजगार के मामले में भेदभाव और सकारात्मक क्रिया (affirmative action), आदि, विषयों पर विचार किया जाता है। भारतीय संदर्भ में, पैसे लेकर "खबर" छापने (paid news) या खबर दबाने, और कई प्रमुख पत्रकारों द्वारा पैसे लेकर कॉरपोरेट बिज़नेस घरानों के हितों को आगे बढ़ाने के प्रयत्नों के सामने आने के बाद, मीडिया नीतिशास्त्र की समस्याएँ भी महत्त्वपूर्ण हो गयी हैं।

मीडिया

"मीडिया" के अंतर्गत प्रिंट, रेडियो, टेलीविजन, सिनेमा और इंटरनेट जैसे जनसंचार माध्यम आते हैं। मीडिया का इस्तेमाल समाचार देने के लिए और मनोरंजन के लिए भी होता है। फिर, मीडिया का इस्तेमाल विज्ञापन के लिए भी होता है। यहाँ पर हमारा सम्बंध मुख्यतः न्यूज़ मीडिया से है। इस अर्थ में मीडिया नीतिशास्त्र को पत्रकारिता नीतिशास्त्र भी कहा जा सकता है।

प्रश्न यह है कि पत्रकारिता क्या है? *मेरीयम वेबस्टर डिक्शनरी* के अनुसार, पत्रकारिता समाचार-पत्रों, पत्रिकाओं, टेलीविजन या रेडियो के लिए समाचार इकठ्ठा करने, लिखने, सम्पादित करने की क्रिया या काम है। (हम यहाँ पर इंटरनेट को भी जोड़ सकते हैं।) दूसरे शब्दों में, पत्रकारिता मीडिया के माध्यम से प्रस्तुत करने के लिए समाचारों के संग्रहण और सम्पादन का काम है।[1]

सत्य, निष्पक्षता और वस्तुनिष्ठता

परनजॉय गुहा ठाकुरता ने अपनी किताब *मीडिया एथिक्स* में मीडिया नीतिशास्त्र के अंतर्गत सत्य, निष्पक्षता और वस्तुनिष्ठता को केन्द्रीय महत्त्व दिया है। उनके अनुसार, पत्रकारिता के लिए सत्यता (truthfulness) की धारणा अधिक महत्त्वपूर्ण है। उनके अनुसार, पत्रकारिता नीतिशास्त्र में सत्यता को दो हिस्सों में बाँटा जाता है: (1) रिपोर्ट की जा रही जानकारी की यथातथ्यता या सच्चाई को निर्धारित करना और (2) कितनी यथार्थता और ईमानदारी से प्राप्त की गयी जानकारी को रिपोर्ट किया जाता है।

ठाकुरता के अनुसार, निष्पक्षता पत्रकारिता नीतिशास्त्र के लिए महत्त्वपूर्ण है, और हर पत्रकार से इसकी अपेक्षा रखी जाती है। पत्रकारों को शब्दों का चुनाव बहुत सोच-समझ कर करना चाहिए, क्योंकि शब्दों के एक से अधिक अर्थ होते हैं, और अलग-अलग संदर्भों में अर्थ बदल सकते हैं। संदर्भ की ओर ध्यान देना भी ज़रूरी है ताकि दी गयी जानकारी को सही परिप्रेक्ष्य में समझा जा सके।

हर कोई अपने परिप्रेक्ष्य के अनुसार वस्तुओं की अलग-अलग व्याख्या करता है। इसलिए, यह सम्भव है कि दो चश्मदीद गवाह या प्रत्यक्षदर्शी एक ही घटना का काफ़ी अलग-अलग विवरण दें। ऐसे में कहानी के एक पक्ष को अधिक महत्त्व देना निष्पक्षता का उल्लंघन है। पत्रकार को एक संतुलित दृष्टिकोण अपनाना चाहिए। इसी तरह, रिपोर्टर द्वारा दी गई रिपोर्ट में वस्तुनिष्ठता का होना भी ज़रूरी है।[2]

निष्पक्षता का एक पहलू यह भी है कि कोई भी समाचार देने के पहले उसे क्रास-चेक (cross check) ज़रूर करना चाहिए। कई बार एकपक्षीय समाचार छाप दिए जाते हैं, और जिस पक्ष पर आरोप लगाया जा रहा है, उसका पक्ष सामने लाने की कोई कोशिश नहीं की जाती है। यह पत्रकारिता के नीतिशास्त्र का उल्लंघन है।

समाचार और विचार

पत्रकारिता नीतिशास्त्र के संदर्भ में समाचार (news) और विचार (views) के बीच एक महत्त्वपूर्ण अंतर किया जाता है। ऐसा माना जाता है कि समाचार और विचार को एक-दूसरे से अलग रखना चाहिए। उदाहरण के तौर पर, समाचार-पत्रों के संदर्भ में ऐसा समझा जाता है कि विचारों को सम्पादकीय पन्ने तक सीमित रखना चाहिए। न्यूज़ रिपोर्ट (समाचार) के साथ रिपोर्टरों को अपने विचारों को मिश्रित नहीं करना चाहिए। इस संदर्भ में यह भी कहा जाता है कि "facts are sacred; comments are free"। इसका तात्पर्य यह है कि अपनी टिप्पणियाँ देने के लिए लोग स्वतंत्र हैं, लेकिन तथ्यों के साथ कोई तोड़-मरोड़ नहीं होनी चाहिए।

आजकल पत्रकारिता के इस मानदण्ड का अक्सर उल्लंघन देखने को मिलता है। समाचार-पत्र में समाचारों का चुनाव, उन्हें प्रस्तुत करने का तरीका, उनके शीर्षक, किस समाचार को कितनी प्राथमिकता दी जाए, किसे मोटे अक्षरों में चार कालमों में फ्रंट पेज पर छापा जाए, और किसे एक कालम में किसी पिछले पन्ने पर धकेल दिया जाए यह सब कुछ सम्पादकीय पूर्वाग्रहों पर निर्भर करता है, जो हमेशा निष्पक्ष नहीं होते हैं।

प्रिंट मीडिया में तो फिर भी एक विविधता है। बहुत सारे अच्छे उदाहरण भी मिल जाएँगे। लेकिन टी. वी. के "न्यूज़ चैनल" समाचार और विचार को मिश्रित करने के रोग से कुछ ज्यादा ही ग्रस्त मालूम देते हैं। कई बार रिपोर्टर समाचार बाद में देते हैं, या देते ही नहीं हैं, पर निबंध शैली में अपने विचार ज़रूर प्रस्तुत कर देते हैं। दर्शकों को इस

लायक भी नहीं समझा जाता कि वे किसी समाचार को जानने के बाद स्वयं उसके बारे में अपनी कोई स्वतंत्र राय बना सकें! कई चैनलों में तो समाचारों का प्रस्तुतीकरण बिल्कुल एकपक्षीय होता है। ऐसे चैनलों का निष्पक्षता जैसे पत्रकारिता के मूल्यों से दूर-दूर तक का सम्बंध नहीं रहता।

न्यायपालिका से सम्बंधित रिपोर्टिंग

न्यायपालिका से सम्बंधित रिपोर्टिंग की चर्चा परनजॉय गुहा ठाकुरता ने अपनी किताब *मीडिया एथिक्स* में की है। उनके अनुसार, मीडिया को न्यायालय की गतिविधियों को रिर्पोट करने का अधिकार है, बशर्ते की अदालत ''बंद कमरे में'' (in camera) काम न कर रही हो, या अदालत ने विशेष तौर से कुछ गतिविधियों को रिपोर्ट करने से मना न किया हो। लेकिन, प्रिंट या इलेक्ट्रॉनिक मीडिया को ऐसी कोई बात छापनी या प्रसारित नहीं करनी चाहिए, जिससे न्यायालय की गतिविधियों में बाधा पहुँचे या उसके प्रति किसी तरह का पूर्वाग्रह उत्पन्न हो।

गुहा के अनुसार, मीडिया जनहित में न्यायालय के किसी कार्य या किसी निर्णय की तर्कसंगत समीक्षा कर सकती है। लेकिन, उन्हें न्यायाधीशों पर कोई आक्षेप नहीं लगाना चाहिए, और उनके प्रयोजन (motive) पर कोई प्रश्न नहीं उठाना चाहिए। मीडिया को सम्पूर्ण न्यायपालिका को बदनाम नहीं करना चाहिए।[3]

न्यायपालिका सम्बंधी रिपोर्टिंग के संदर्भ में जो एक महत्त्वपूर्ण भटकाव देखने में आया है, उसे ''मीडिया ट्रायल'' (media trial) कहा जाता है। न्यायपालिका का एक महत्त्वपूर्ण सिद्धांत है कि जब तक किसी व्यक्ति के विरुद्ध तर्कसंगत संदेह से परे कोई आरोप अदालत में प्रमाणित नहीं हो जाता है, तब तक उसे निर्दोष माना जाता है। मीडिया के गैरजिम्मेवार हिस्सों में किसी व्यक्ति पर आरोप लगते ही उसे दोषी मान लिया जाता है। एफ. आई. आर. (FIR) होते ही किसी व्यक्ति को दोषी मान कर उसे ''आतंकवादी'', ''हत्यारा'' और ''बलात्कारी'' जैसे विशेषणों से मोटे अक्षरों में सुशोभित कर दिया जाता है। ऐसा लगता है जैसे कि आरोप लगते ही कोई व्यक्ति दोषी हो जाता है। न्यायपालिका द्वारा ट्रायल की कोई ज़रूरत ही नहीं है। मीडिया अपनी ओर से पहले ही लोगों को फांसी पर चढ़ा देती है। बेहतर हो कि मीडिया अपना काम (रिपोर्टिंग) करे, और अदालत को अपना काम करने दे।

एक समस्या यह भी देखने को मिलती है कि कई बार पुलिस, सी. बी. आई. या कुछ वकील अपना पक्ष अदालतों में रखने की बजाय उसे समाचार-पत्रों में लीक या प्लांट करते रहते हैं। कुछ समाचार-पत्र और न्यूज़ चैनल चटकारे ले-ले कर उसे छापते भी हैं। समझ में नहीं आता है कि ट्रायल अदालत में चलनी है, कि मीडिया में!

पेड न्यूज़

2010 में अंग्रेज़ी अखबार दि हिन्दू के पत्रकार, पी. साईनाथ, की पेड न्यूज़ सम्बंधी खबर को सामने लाने में एक महत्त्वपूर्ण भूमिका थी। उन्होंने प्रामाणिक ढंग से यह दिखलाया कि महाराष्ट्र और आंध्रप्रदेश के 2010 के विधान सभा चुनाव के दौरान कई समाचार-पत्रों द्वारा पैसे लेकर कई उम्मीदवारों के पक्ष में ''खबरें'' प्रकाशित की गयी थीं। दरअसल में ये विज्ञापन थे, लेकिन पाठकों के सामने इन्हें ''खबर'' के रूप में पेश किया गया।

अगर टी. वी. के प्राइवेट ''समाचार'' चैनलों को देखा जाए, तो यह बात आसानी से समझ में आ जाएगी कि कौन-सी ''खबर'' दरअसल में विज्ञापन है। आने वाली फिल्मों के विज्ञापन भी ''समाचार बुलेटिन'' में समाचार के रूप में प्रसारित किए जाते हैं। जिस दिन टाटा की नैनो कार बाज़ार में पहली बार लायी गयी, उस दिन अधिकांश चैनलों के लिए दिन भर यही प्रमुख या एकमात्र ''खबर'' थी। पेड न्यूज़ पर प्रेस कॉउन्सिल ऑफ़ इन्डिया ने एक समिति भी बनायी थी, लेकिन उसने खुद अपनी समिति की रिपोर्ट को सेन्सर करते हुए, उन अखबारों के नाम को आम लोगों के सामने आने से रोक दिया था, जो पेड न्यूज़ को छापने में जोर-शोर से लगे हुए थे। पेड न्यूज़ की शिकायत चुनाव आयोग में भी दर्ज़ करायी गयी थी, और संसद में भी इस पर चर्चा के दौरान चिन्ता दर्शायी गयी थी। 2010 में बिहार विधान सभा के चुनाव के दौरान चुनाव आयोग ने शिकायत मिलने के बाद 86 उम्मीदवा़रों को इस सिलसिले में नोटिस भी जारी की थी।[4]

सवाल यह है कि क्या पेड न्यूज़ छापना या दिखाना पत्रकारिता की नैतिकता का घोर उल्लंघन नहीं है? इसे सीधे-सीधे पाठकों और दर्शकों के साथ एक धोखाधड़ी कहा जा सकता है। अगर पत्रकारों के स्वयं के संगठन इस पर रोक लगाने में असमर्थ हैं, तो फिर संसद को कानून बना कर इसे अवैध घोषित करना चाहिए, और जो चैनल या अखबार इस काम में लगे हैं उन्हें दण्डित किया जाना चाहिए। पैसे लेकर ''समाचार'' छापना प्रेस की स्वतंत्रता के अंतर्गत शामिल नहीं है।

राडिया टेप्स

नीरा राडिया भारतीय मूल की एक ब्रिटिश पासपोर्टधारी महिला हैं, जो अन्य लोगों के अलावा टाटा और मुकेश अंबानी के लिए ''लॉबिइंग'' का काम करती थीं। (आउटलुक पत्रिका में प्रकाशित एक रिपोर्ट के अनुसार उन्हें इस काम के लिए इनमें से प्रत्येक द्वारा तीस करोड़ रुपए सालाना दिए जाते थे।) इनकम टैक्स विभाग द्वारा उनके फोन को कुछ समय टेप किया गया था, क्योंकि केन्द्र सरकार द्वारा सुप्रीम कोर्ट में दिए गए एक अफिडेविट के अनुसार, उनके विरुद्ध यह शिकायत की गयी थी कि उन्होंने नौ वर्षों से भी कम की अवधि में तीन सौ करोड़ रुपए का बिज़नेस साम्राज्य खड़ा कर लिया था। इसके अलावा, उन पर जासूसी करने का भी संदेह था।

राडिया के फोन को जिस अवधि में टेप किया गया, उसमें वह समय भी शामिल था, जिसमें यू. पी. ए.-2 की सरकार बन रही थी। इस अवधि से सम्बंधित कुछ टेप्स को मीडिया में "लीक" कर दिया गया। पहले अंग्रेज़ी पत्रिका *ओपन* और फिर *आउटलुक* ने इन्हें प्रकाशित किया।[5]

राडिया टेप्स के कुछ हिस्सों के खुलासे से जो बड़ी तस्वीर सामने आयी, वह यह है कि किस तरह कॉर्पोरेट जगत के बड़े पूंजीपति अपने व्यावसायिक हितों को साधने के लिए अपने एजेंटों के माध्यम से सरकारी नीतियों और यहाँ तक कि मंत्रिमण्डल के गठन तक को प्रभावित करने की काशिश करते हैं, और कई बार सफल भी होते हैं। इस बड़ी तस्वीर से जुड़ा एक दूसरा मुद्दा भी है: किस तरह ऊँचे पदों पर बैठे वरिष्ठ पत्रकार भी इन बड़े पूंजीपतियों के एजेंट तथा उनके और शासक दल के बीच बिचौलिए के रूप में काम करते हैं।

यहाँ हम अपना ध्यान दूसरे मुद्दे पर केंद्रित करेंगे; क्योंकि कई बार विधायिका, कार्यपालिका और न्यायपालिका के साथ मिला कर स्वतंत्र प्रेस या मीडिया को लोकतंत्र का "चौथा खम्भा" कहा जाता है। मीडिया से यह अपेक्षा की जाती है कि वह जनता की आवाज़ बन कर शासकों को निरंकुश बनने से रोकेगी। अगर लोकतंत्र का यह "चौथा खम्भा" ही भ्रष्टाचार से जर्जर होकर लड़खड़ाने लगे, और मीडिया आम जनता और गरीबों की आवाज़ बनने की बजाए, बड़े पूंजीपतियों की आवाज़ बन जाए, तो यह लोकतंत्र के भविष्य के लिए बहुत चिंताजनक और खतरनाक है।

पेड न्यूज़ और राडिया टेप्स से पत्रकारिता के नीतिशास्त्र सम्बंधी जो प्रश्न उभरते हैं, उन पर *ओपन*, *आउटलुक*, *दि हिन्दू* और *प्रभात खबर* है जैसे कुछ सराहनीय अपवादों को छोड़ कर, अधिकांश अखबारों और टी. वी. चैनलों ने एक षडयंत्रकारी चुप्पी साध ली थी, जबकि यही चैनल और अखबार राडिया टेप्स से जुड़े राजनीतिक भ्रष्टाचार के मुद्दे पर काफ़ी मुखर थे।

उपाय क्या है?

सवाल यह उठता है कि "पेड न्यूज़" और राडिया टेप्स के मामले से मीडिया नैतिकता के पतन की जो तस्वीर सामने आयी है, उससे निबटने के उपाय क्या हैं?

दि हिन्दू अखबार के तत्कालीन एडिटर-इन-चीफ, एन. राम, ने स्वीकार किया था कि राडिया टेप मामले से प्रेस की स्वाधीनता और विश्वसनीयता को धक्का लगा है। उनके द्वारा मीडिया के नैतिक पतन को रोकने के लिए सुझाए गए उपायों में एक यह था कि सभी अखबार और चैनल गलतियों के सुधार के लिए आंतरिक ओमबुड्समैन नियुक्त करें। [*दि हिन्दू* में इस किस्म के "रीडर्स एडिटर" (पाठकों के सम्पादक) की व्यवस्था है।]

उनके अनुसार, प्रेस काउंसिल ऑफ इन्डिया पेड न्यूज़ की चुनौती से निबटने में असमर्थ रहा। चुनाव आयोग ने पेड न्यूज़ के संदर्भ में कुछ कदम उठाए हैं; जबकि मीडिया उसके कार्यक्षेत्र से बाहर है। उन्होंने यह चिन्ता भी जाहिर की थी कि अगर पत्रकारों की संस्थाओं द्वारा अपनी गलतियों को सुधारने के आंतरिक उपाय नहीं किए गए, तो जनता द्वारा इस विषय पर विधायिका द्वारा कानून बनाने की मांग को रोक पाना असम्भव हो जाएगा।[6]

पेड न्यूज़ और पत्रकारों द्वारा कॉर्पोरेट लॉबिइंग से निबटने के लिए निम्नलिखित उपाय किए जा सकते हैं:

1. सूचना के अधिकार के दायरे में मीडिया को भी लाया जाए, ताकि आम पाठक और नागरिक अखबारों और चैनलों के स्वामित्व, उनके काम करने वाले पत्रकारों की सामाजिक-राजनीतिक पृष्ठभूमि और आय-सम्पत्ति के बारे में अधिकारपूर्वक जानकारी हासिल कर सकें।
2. पेड न्यूज़ को भ्रष्टाचार और दण्डनीय अपराध घोषित करते हुए संसद कानून बनाए।
3. पत्रकार के रूप में कॉर्पोरेट की लॉबिइंग करते हुए पकड़े जाने वाले पत्रकारों को पत्रकार की बिरादरी से बाहर किया जाना चाहिए। अगर पत्रकारों के संगठन इसको लागू नहीं करवा सकते हैं, तो संसद इस पर भी कानून बना कर पत्रकारों द्वारा कॉर्पोरेट की लॉबिइंग को गैरकानूनी घोषित करे।
4. पत्रकारिता स्कूलों में मीडिया एथिक्स को प्रमुखता से पाठ्यक्रमों में शामिल किया जाए।
5. जैसे ह्यूमन राइट्स वॉच या एलेक्शन वॉच जैसे गैरदलीय संगठन हैं, वैसे ही मीडिया वॉच जैसे नागरिकों के संगठन बनने चाहिए, जो व्यावसायिक "मुख्यधारा" की मीडिया पर निगरानी रखे, और उसकी विकृतियों को प्रामाणिक रूप से आम पाठकों के सामने लाए।

इसके अलावा, अगर आम पाठक खबरों और लेखों को समीक्षात्मक नज़रों से पढ़ें, तो यह बात समझ में आ जाएगी कि कहाँ पर पत्रकारिता की आड़ में कॉर्पोरेट जगत के लिए लॉबिइंग की जा रही है। ऐसे पत्रकारों की रिपोर्ट और टिप्पणियों को पाठक गम्भीरता से न लें।

इंटरनेट पर इस समय कॉर्पोरेट जगत की वैसी जकड़न नहीं है, जैसी प्रिंट या टी. वी. मीडिया पर दिखायी देती है। एक अखबार निकालने या टी. वी. चैनल चलाने से कहीं कम खर्चीला है एक वेबसाइट बनाना या ब्लॉग लिखना। नागरिक जानकारी हासिल करने के लिए, अपनी बातें अन्य लोगों तक पहुँचाने के लिए, और आपस में सम्पर्क बनाने के लिए लघु-पत्रिकाओं के अलावा अधिक से अधिक इंटरनेट का इस्तेमाल कर सकते हैं।

REFERENCES

1. "The activity or job of collecting, writing and editing news stories for newspapers, magazines, television or radio." or "the collection and editing of news for presentation through media."—www.merriam-webster.com/dictionary/journalism (retrieved 24.03.2016)
2. Paranjoy Guha Thakurta, Media Ethics: Thruth, Fairness. and Objectivity (New Delhi: Oxford University Press, 2009, 2012), pp. 68-76.
3. Paranjoy Guha Thakurta, Op. Cit., pp. 113-14.
4. ''पेड न्यूज़, राडिया टेप्स और पत्रकारिका का नीतिशास्त्र'', नागरिक समाचार, सम्पादित एवं प्रकाशित डॉ. रमेन्द्र, वर्ष 1, अंक 1, जनवरी, 2011.
5. वही.
6. वही.

20
मृत्यु दण्ड

व्यावहारिक नीतिशास्त्र के अंतर्गत तात्कालिक महत्त्व की सामाजिक और राजनीतिक समस्याओं पर भी विचार किया जाता है। मृत्य दण्ड भी इनमें से एक है। यह भारत और संयुक्त राज्य अमेरिका सहित आज पूरी दुनिया में चर्चा-बहस का विषय बना हुआ है। मृत्यु दण्ड के पक्ष और विपक्ष में युक्तियों की चर्चा करने से पहले मृत्यु दण्ड से सम्बंधित कुछ तथ्यों को जान लेना प्रासंगिक है।

मृत्यु दण्ड : कुछ तथ्य

उन्नीस सौ उनासी (1979) से ही मानवाधिकार संगठन, एमनेस्टी इंटरनैशनल, मृत्यु दण्ड के विरुद्ध अभियान चला रही है। एमनेस्टी इंटरनैशनल के वेबसाइट पर उपलब्ध आंकड़ों के अनुसार दो हजार बारह (2012) तक एक सौ अट्ठानबे (198) देशों में से सत्तानवें (97) देशों में सभी अपराधों के लिए मृत्यु दण्ड को समाप्त कर दिया गया है। इन देशों में अंगोला, अर्जेन्टिना, इक्वाडोर, ऑस्ट्रेलिया, कनाडा, न्यूजिलैण्ड, भूटान, नेपाल, मोजाम्बीक, नामीबिया, दक्षिण अफ्रीका, वेनेज़ुवला, आदि, और यूनाइटेड किंगडम सहित यूरोपियन यूनियन के सभी देश शामिल हैं।

एमनेस्टी इंटरनैशनल के अनुसार, ब्राज़ील, इज़रायल, फ़ीज़ी और पेरू सहित आठ देशों में साधारण अपराधों के लिए मृत्यु दण्ड को समाप्त कर दिया गया है। फ़ौजी कानूनों के अंतर्गत अपराध जैसे अपवादस्वरूप मामलों में ही मृत्यु दण्ड का प्रावधान है।

फिर, एमनेस्टी इंटरनैशनल के अनुसार ही, पैंतीस (35) देश व्यवहार में मृत्यु दण्ड को समाप्त कर चुके हैं। इन देशों के कानूनों में मृत्यु दण्ड का प्रावधान है, लेकिन इन देशों में पिछले दस वर्षों से वास्तव में किसी को मृत्यु दण्ड दिया नहीं गया है। ऐसे देशों में मयंमार, रशियन फ़ेडरेशन, दक्षिण कोरिया और श्रीलंका शामिल हैं।

इस तरह, एक सौ चालीस (140) देशों ने कानून द्वारा या व्यवहार में मृत्यु दण्ड को समाप्त कर दिया है। सिर्फ अट्ठावन (58) देशों में अभी भी मृत्यु दण्ड दिए जा रहे हैं। इन देशों में अफगानिस्तान, बांग्लादेश, चीन, भारत, इंडोनेशिया, ईरान, इराक, पाकिस्तान, सऊदी अरबिया और संयुक्त राज्य अमेरिका जैसे देश शामिल हैं।

एमनेस्टी इंटरनैशनल के अनुसार चीन, ईरान, सऊदी अरबिया, इराक और संयुक्त राज्य अमेरिका पाँच ऐसे देश हैं, जहाँ दो हजार ग्यारह (2011) में मृत्यु दण्ड दिए जाने के सबसे अधिक दृष्टांत हुए हैं।[1]

मृत्यु दण्ड : पक्ष और विपक्ष

सवाल यह है कि मृत्यु दण्ड का दिया जाना उचित है या अनुचित? इसके पक्ष और विपक्ष में क्या युक्तियाँ हैं? जैसाकि पहले उल्लेख किया गया है कि यह भारत और संयुक्त राज्य अमेरिका सहित आज पूरी दुनिया में चर्चा-बहस का विषय बना हुआ है।

परम्परागत रूप से इस विषय की कुछ चर्चा नीतिशास्त्र में या समाज दर्शन में ''दण्ड के सिद्धांत'' (Theories of Punishment) के अंतर्गत होती रही है। उदाहरण के तौर पर, पी. बी. चटर्जी की *प्रिंसिपल्स ऑफ़ एथिक्स*[2] और अशोक कुमार वर्मा की *नीतिशास्त्र की रूपरेखा*[3] में दण्ड के सिद्धांतों की चर्चा हुई है। अब, व्यावहारिक नीतिशास्त्र या अप्लाइड नीतिशास्त्र के अंतर्गत विशेष तौर से मृत्यु दण्ड की चर्चा की जा रही है। उदाहरण के तौर पर, पीटर सिंगर द्वारा सम्पादित किताब *अपलाइड एथिक्स*[4] में मृत्यु दण्ड पर भी चर्चा की गयी है।

दण्ड के सिद्धांत और मृत्यु दण्ड

दण्ड के सिद्धांतों के अंतर्गत आम तौर से तीन सिद्धांतों की चर्चा की जाती है: (1) प्रतिकारवाद (Retributive theory) (11) निवर्तनवादी मत (Preventive, Exemplary or Deterrent theory) और (111) सुधारवादी मत (Reformative theory)।

यहाँ पर हमारा उद्देश्य इन सिद्धांतों के विस्तार में जाना नहीं है, बल्कि संक्षेप में मात्र यह देखना है कि मृत्यु दण्ड की दृष्टि से इनके परिणाम क्या हैं।

सबसे पहले हम सुधारवादी मत को लें। इस मत के अनुसार, दण्ड देने का उद्देश्य है अपराधी को सुधारना, ताकि वह दुबारा अपराध न करे। अब, यह तो स्पष्ट ही है कि सुधारवादी दृष्टि से मृत्यु दण्ड का किसी भी परिस्थिति में समर्थन नहीं किया जा सकता है। क्योंकि अगर अपराधी को मृत्यु दण्ड दे दिया गया तो, तो फिर उसका सुधार कैसे हो सकता है।[5]

प्रतिकारवाद के अनुसार, दण्ड का उद्देश्य है न्याय या सामाजिक व्यवस्था को बनाए रखना। प्रतिकारवाद के अनुसार, दण्ड की मात्रा या स्वरूप अपराध के अनुपात में होनी चाहिए। जैसा अपराध हो, वैसी ही सज़ा मिलनी चाहिए। इसलिए, अगर प्रतिकारवादी दृष्टि से मृत्यु दण्ड की सज़ा का समर्थन किया भी जा सकता है, तो सिर्फ हत्या के लिए। अन्य किसी अपराध के लिए नहीं।

जर्मन दार्शनिक, कांट, ने भी हत्या के लिए मृत्यु दण्ड का समर्थन किया है। कांट के अनुसार, अगर कोई किसी बेकसूर व्यक्ति की जानबूझ कर हत्या करता है, तो ऐसे व्यक्ति को मृत्यु दण्ड मिलना ही उचित है।[6] इसे प्रतिकारवाद का एक उदाहरण माना जा सकता है। अपराधी ने जैसा अपराध किया है, उसे वैसी ही सज़ा भी मिलनी चाहिए।

निवर्तनवादी मत के अनुसार, दण्ड का उद्देश्य है अपराध को रोकना। अगर किसी व्यक्ति को किसी अपराध के लिए सज़ा दी जाती है, तो उसका उद्देश्य दूसरों को उस अपराध को करने से रोकना होता है। उदाहरण के तौर पर, हत्या या चोरी के लिए दिए जाने वाले दण्ड का उद्देश्य दूसरों को हत्या और चोरी करने से रोकना होता है।

निवर्तनवादी मत के समर्थकों के अनुसार, मृत्यु दण्ड का खतरा किसी अपराधी को हत्या करने से रोक सकता है, क्योंकि मनुष्य का सबसे बड़ा भय है मृत्यु भय। इसके अलावा, अपराधी को मृत्यु दण्ड दिए जाने से यह सुनिश्चित किया जा सकता है कि वह दुबारा किसी को नुकसान नहीं पहुँचाएगा।[7]

इस मत के समर्थक अक्सर अपराध के अनुपात में कहीं अधिक कठोर और कड़े दण्ड की वकालत करते हैं, ताकि अपराधी को एक ऐसा उदाहरण बनाया जा सके, जिसे देखकर दूसरे उस अपराध को करने से घबराएँ; जैसे, रिश्वत लेने के लिए मृत्यु दण्ड, चोरी करने के लिए हाथों का काट दिया जाना, आदि।

निवर्तनवादी मत प्रत्येक व्यक्ति को अपने-आप में साध्य मानने के बुनियादी नैतिक सिद्धांत के विरुद्ध जाता दिखाई दे रहा है। अगर किसी व्यक्ति को उदाहरण बनाने के लिए आवश्यकता से अधिक कठोर दण्ड दिया जाता है, तो इसका अर्थ यह हुआ कि उसे साध्य के रूप में नहीं, बल्कि मात्र अपराध रोकने के एक साधन के रूप में देखा जा रहा है। यह नैतिक दृष्टि से उचित नहीं है। अपराध की गम्भीरता को देखते हुए, उसी अनुपात में सज़ा देना ही ठीक है।[8]

मृत्यु दण्ड : विपक्ष

मृत्यु दण्ड के विरोध में कई युक्तियाँ दी गयी हैं। एक युक्ति तो यही है कि इससे मानव अधिकार का उल्लंघन होता है। उदाहरण के तौर पर, एमनेस्टी इंटरनैशनल के अनुसार, मृत्यु दण्ड मानव अधिकार का चरम उल्लंघन है। यह राज्य द्वारा पहले से सोच-समझ कर की जानी वाली निष्ठुर हत्या है। यह एक क्रूर, अमानवीय और अपमानजनक दण्ड है, जो न्याय के नाम पर दी जाती है। इससे मानव अधिकारों के सार्वभौमिक घोषणा-पत्र (Universal Declaration of Human Rights) में दिए गए जीवन के अधिकार जैसे बुनियादी मानव अधिकार का उल्लंघन होता है।

उल्लेखनीय है कि मानव अधिकारों के सार्वभौमिक घोषणा-पत्र की धारा 3 के अनुसार, हर व्यक्ति को जीवन, स्वतंत्रता और सुरक्षा का अधिकार है। इसी तरह, धारा 5 में यह स्पष्ट रूप से लिखा गया है कि किसी को भी यंत्रणा या क्रूर, अमानवीय या अपमानजनक व्यवहार या दण्ड का निशाना नहीं बनाया जाएगा।

एमनेस्टी इंटरनैशनल बिना किसी अपवाद के हर दृष्टांत में मृत्यु दण्ड का विरोध

करती है, चाहे अपराध का स्वरूप जो भी हो, चाहे अपराधी की विशेषताएँ जो भी हों, और चाहे मृत्यु दण्ड दिए जाने का तरीका जो भी हो।

अगर सिर्फ हत्या के लिए भी मृत्युदण्ड का प्रावधान रखा जाता है, तो इसका अर्थ यह हुआ कि राज्य और समाज भी अपने को अपराधी की धरातल पर ही ले जा रहे हैं (हत्या के बदले हत्या)। इससे राज्य द्वारा मानव जीवन की गरिमा को कम किया जाता है, और हिंसा की संस्कृति को बढ़ावा मिलता है।

अस्तित्ववादी लेखक और विचारक, अल्बेयर कामू (Albert Camus) तो एक कदम आगे बढ़ कर यह कहते हैं कि हत्या और मृत्यु दण्ड को एक-दूसरे के बराबर नहीं माना जा सकता है। उनके अनुसार, मृत्यु दण्ड सोच समझ कर की गयी हत्या है, जिसकी तुलना किसी अपराधी द्वारा की गयी हत्या से नहीं की जा सकती है। कामू के अनुसार, मृत्यु दण्ड और अपराधी द्वारा की गयी हत्या में समानता तब होती, जब अपराधी ने किसी व्यक्ति को काफ़ी पहले से यह बतला दिया होता कि उसकी हत्या कब की जाएगी, और फिर उस पीड़ित व्यक्ति को अपनी मर्जी से महीनों कैद में रखा होता। कामू के अनुसार, व्यक्तिगत जीवन में ऐसे भयानक अपराधी नहीं मिलते हैं।[9]

मृत्यु दण्ड के विरुद्ध एक युक्ति यह भी है कि कोई भी न्याय-व्यवस्था पूरी तरह दोष मुक्त नहीं होती है। कभी-कभी निर्दोष व्यक्तियों को भी सज़ा दे दी जाती है। इसके कई दृष्टांत मिलते हैं। ऐसे में मृत्यु दण्ड जैसी सज़ा का कोई औचित्य नहीं है, क्योंकि इसे उल्टा नहीं जा सकता।[10]

2013 में द *हिन्दू* में प्रकाशित एक रिर्पोट के अनुसार, अमर्त्य सेन ने दो आधारों पर मृत्यु दण्ड का विरोध किया है। पहला, मृत्यु दण्ड से वास्तव में अपराध को रोकने में कोई मदद मिलती है, इसके पक्ष में बहुत ही कम प्रमाण या साक्ष्य है। और, दूसरी ओर, इस बात के समर्थन में काफ़ी प्रमाण या साक्ष्य है कि कई बार लोगों को गलत कारणों से मृत्यु दण्ड दे दिया गया। उनके अनुसार, संयुक्त राज्य अमेरिका में ऐसे दृष्टांतों की संख्या इतनी अधिक है कि कुछ राज्यों के गवर्नर मृत्यु दण्ड के वारंट पर हस्ताक्षर करने से इनकार कर रहे हैं।[11]

इसके अलावा, मृत्यु दण्ड के विरुद्ध एक युक्ति यह भी है कि मृत्यु दण्ड की सज़ा अक्सर गरीब और हाशिए पर धकेले गए अल्पसंख्यक समूहों के लोगों को ही अधिक दी जाती है। उदाहरण के तौर पर, न्यूयॉर्क युनिवर्सिटी के कानून के प्रोफ़ेसर ब्रायन स्टीवेंसन (Bryan Stevenson) के अनुसार, संयुक्त राज्य अमेरिका में नस्लवादी रंगभेद, पूर्वाग्रह और नृजातीय (ethnic) भेदभाव का मृत्यु दण्ड दिए जाने पर निश्चित तौर से प्रभाव पड़ता है। न्याय व्यवस्था द्वारा किसी गरीब निर्दोष व्यक्ति की तुलना में किसी अमीर दोषी के साथ बेहतर व्यवहार किया जाता है।

प्रो. स्टीवेंसन के अनुसार, यह एक अनैतिक स्थिति है, और इसलिए जो लोग असमान या अन्यायपूर्ण दण्ड व्यवस्था के विरुद्ध हैं, उनके लिए नैतिक आधार पर मृत्यु दण्ड को अस्वीकार करना अनिवार्य है।[12]

अमेरिका के नैशनल असोसिएशन फ़ॉर द एडवांसमेंट ऑफ़ कलर्ड पीपल (National Association of America for the Advancement of Coloured People) के अनुसार, हांलाकि अमेरिका में अफ़्रीकन-अमेरिकन लोगों की संख्या कुल आबादी की सिर्फ 13 प्रतिशत है; वहाँ दूसरी ओर, फ़ेडरल स्तर पर मृत्यु दण्ड का इंतजार कर रहे लोगों में लगभग 50 प्रतिशत अफ़्रीकन-अमेरिकन हैं।[13]

मृत्यु दण्ड के समर्थक अक्सर यह कहते हैं कि मृत्यु दण्ड से अपराधों को रोकने में मदद मिलती है। इसके उत्तर में मृत्यु दण्ड के विरोधी आंकड़ों के आधार पर यह कहते हैं कि इस बात का कोई प्रमाण नहीं है कि मृत्यु दण्ड समाप्त किए जाने से हत्या या अन्य अपराधों में वृद्धि होती है। अमेरिकन सिविल लिबर्टिज़ यूनियन के अनुसार, यह दिखाने के लिए कोई विश्वसनीय साक्ष्य नहीं है कि लम्बे कारावास की तुलना में मृत्यु दण्ड अपराध को रोकने में अधिक कारगर है। जिन राज्यों में मृत्यु दण्ड का प्रावधान है, उनकी अपराध-दर या हत्या-दर उन राज्यों से कम नहीं है, जिनमें मृत्यु दण्ड का प्रावधान नहीं है। और, ऐसा भी नहीं है कि जिन राज्यों में मृत्यु दण्ड को समाप्त कर दिया गया है, वहाँ अपराध या मृत्यु-दर में कोई महत्त्वपूर्ण परिवर्तन आया है। यह दावा कि प्रत्येक मृत्यु दण्ड कई लोगों की हत्याओं को रोकता है, समाज विज्ञान के शोध द्वारा पूरी तौर से गलत साबित हो चुका है।[14]

इस तरह, मृत्यु दण्ड के विरुद्ध कई सशक्त युक्तियाँ हैं। कुल मिला कर यही ठीक मालूम देता है कि जिन देशों में मृत्यु दण्ड को समाप्त नहीं किया गया है, उन देशों में भी मृत्यु दण्ड को समाप्त कर दिया जाए। हत्या जैसे अपराध के लिए आजीवन कारावास की सज़ा दी जा सकती है। अन्य अपराधों के लिए अपराध की गम्भीरता के अनुपात में सज़ा दी जा सकती है। अपराध को रोकने के लिए यह ज़रूरी नहीं है कि अपराधी को आवश्यकता से अधिक कठोर दण्ड दिया जाए। अगर अपराधी को वास्तव में अपराध के अनुपात में सही सज़ा मिल जाए, तो यही दूसरों को अपराध करने से रोकने के लिए पर्याप्त होगा। हत्या के अपराधी को मृत्यु दण्ड देने के पक्ष में एक युक्ति यह दी जाती है कि अपराधी को मृत्यु दण्ड दिए जाने से यह सुनिश्चित किया जा सकता है कि वह दुबारा किसी को नुकसान नहीं पहुँचाएगा। लेकिन, इस लक्ष्य को तो अपराधी को आजीवन कारावास की सज़ा दे कर भी हासिल किया जा सकता है।

आज भारत में स्थिति जो भी हो, इसमें कोई संदेह नहीं कि पूरी दुनिया में मृत्यु दण्ड के विरुद्ध एक वातावरण बना है। अध्याय के शुरू में ही हमने देखा कि एक सौ अट्ठानवे

(198) में से एक सौ चालीस (140) देश यानी दो-तिहाई से भी अधिक देश कानून द्वारा या व्यवहार में मृत्यु दण्ड को समाप्त कर चुके हैं। दिसम्बर दो हजार सात (2007) और दो हजार आठ (2008) में संयुक्त राष्ट्र संघ की महासभा मृत्यु दण्ड पर रोक लगाने औरं अंततः उसे समाप्त करने के पक्ष में प्रस्ताव पारित कर चुकी है। इसी तरह, नागरिक और राजनीतिक अधिकारों पर अंतर्राष्ट्रीय प्रसंविदा (International Covenant on Civil and Political Rights) में एक दूसरा वैकल्पिक संलेख (optional protocol) भी जोड़ा गया है, जिसके जरिए राज्य स्थायी रूप से मृत्यु दण्ड को समाप्त करने के लिए अपनी प्रतिबद्धता को व्यक्त कर सकते हैं।

इसी तरह, यूरोपियन यूनियन के मौलिक अधिकारों के चार्टर (E. U. Charter of Fundamental Rights) की धारा 2 के अंतर्गत यह प्रावधान है कि किसी को भी मृत्यु दण्ड नहीं दिया जाएगा। सभी यूरोपियन यूनियन के सदस्य-देश इसे व्यवहार में लागू कर रहे हैं। यहाँ तक कि संयुक्त राज्य अमेरिका के कुछ राज्यों में भी मृत्यु दण्ड को समाप्त कर दिया गया है, और आम राय अब मृत्यु दण्ड के विरुद्ध बनती जा रही है।

आशा करनी चाहिए कि भारत में भी मृत्यु दण्ड के विरुद्ध एक तर्कसंगत और स्वस्थ्य जनमत बन पाएगा, और अंततः भारत सहित पूरी दुनिया में इस क्रूर और अमानवीय दण्ड को समाप्त कर दिया जाएगा।

REFERENCES

1. Amnesty International, www.amnesty.org/death-penalty
2. P. B. Chatterjee, Principles of Ethics (Calcutta: Published by the Author, 1966).
3. अशोक कुमार वर्मा, नीतिशास्त्र की रूपरेखा (पटना: मोतीलाल बनारसीदास, 1996).
4. Peter Singer, Applied Ethics (Oxford: Oxford University Press, 1986).
5. रमेन्द्र, समाज और राजनीति दर्शन (नई दिल्ली: मोतीलाल बनारसीदास, 2005), पृष्ठ-137.
6. "Punishment", Internet Encyclopedia of Philosophy, www.iep.utm.edu/punishme/ (retrieved 17.04.16)
7. deathpenalty.procon.org (retrieved 17.04.16).
8. रमेन्द्र, समाज और राजनीति दर्शन, पृष्ठ-137.
9. "Punishment", Internet Encyclopedia of Philosophy, www.iep.utm.edu/punishme/ (retrieved 17.04.16)
10. Ibid.
11. The Hindu, Kolkata, 08.02.2013.
12. deathpenalty.procon.org (retrieved 17.04.16).
13. Ibid.
14. Ibid.

21

अमीर और गरीब

समृद्ध या अमीर लोगों का गरीबों के प्रति क्या उत्तरदायित्व है? आज की दुनिया में मौजूद गरीबी और गैरबराबरी को देंखते हुए यह व्यावहारिक नीतिशास्त्र की एक प्रमुख समस्या है। अपनी किताब *प्रैक्टिकल एथिक्स*[1] के आठवें अध्याय "रिच ऐण्ड पुअर" में पीटर सिंगर ने इस प्रश्न पर विचार किया है। जैसा कि सिंगर ने स्वयं लिखा है, इस अध्याय के लिए उन्होंने अपने 1972 में प्रकाशित लेख "फैमिन, ऐफ्लुअंस ऐण्ड मॉरैलिटि"[2] और 2009 में प्रकाशित "*दि लाइफ यू कैन सेव*"[3] से सामग्री ली है।

गरीबी के बारे में कुछ तथ्य

पीटर सिंगर ने अपनी किताब प्रैक्टिकल एथिक्स के आठवें अध्याय में सबसे पहले गरीबी और समृद्धि के बारे में कुछ तथ्यों का वर्णन किया है। इस संदर्भ में उन्होंने बीसवीं सदी के अंत में वर्ल्ड बैंक द्वारा 73 देशों में अत्यधिक गरीबी में रह रहे लोगों के सर्वेक्षण का उल्लेख किया है।

वर्ल्ड बैंक की परिभाषा के अनुसार, अगर किसी व्यक्ति के पास अपनी सबसे बुनियादी मानवीय आवश्यकताओं पर्याप्त भोजन, पानी, घर, कपड़े, सफ़ाई, स्वास्थ्य-सेवा और शिक्षा को पूरा करने के लिए पर्याप्त आमदनी नहीं है, तो वह अत्यधिक गरीब है। वर्ष 2008 में वर्ल्ड बैंक द्वारा ही की गयी गणना के अनुसार, अपनी सबसे बुनियादी आवश्यकताओं को पूरा करने के लिए रोजाना इतनी आमदनी चाहिए, जिसकी क्रय-क्षमता, संयुक्त राज्य अमेरिका में + 1.25 की क्रय-क्षमता के बराबर हो। वर्ल्ड बैंक के अनुमान के अनुसार दुनिया में 140 करोड़ लोगों की आमदनी इससे कम है।

सिंगर ने निरपेक्ष गरीबी (absolute poverty) और सापेक्ष गरीबी (relative poverty) के बीच अंतर किया है। उनके अनुसार, औद्योगिक देशों के गरीब अपने देश के अन्य लोगों की तुलना में गरीब हैं। उनकी गरीबी सापेक्ष है। उनके पास उनकी बुनियादी आवश्यकताओं को पूरा करने लायक आमदनी है। जबकि विकासशील देशों में अत्यधिक गरीबी में रहने वाले 140 करोड़ लोग निरपेक्ष पैमाने (absolute standard) से गरीब हैं: उन्हें अपनी बुनियादी आवश्यकताओं को पूरा करने में भी दिक्कत हो रही है। सिंगर ध्यान दिलाते हैं कि निरपेक्ष गरीबी जानलेवा होती है।

युनाइटेड नेशन्स इन्टरनैशनल चिल्ड्रेन्स इमरजेन्सी फ़ण्ड (UNICEF) के अनुसार वर्ष 2008 में पाँच वर्ष से कम उम्र के 88 लाख बच्चे ऐसे गरीबी-सम्बंधी कारणों से मर गए,

जिन्हें टाला जा सकता था। इसका अर्थ यह हुआ कि प्रतिदिन 24,000 बच्चे अनावश्यक रूप से मर गए।[4] इसके अलावा, निरपेक्ष गरीबी के कारण लाखों वयस्क भी मर जाते हैं। इतना ही नहीं, कुपोषण के कारण बच्चों का शारीरिक और मानसिक विकास बाधित हो रहा है। कुपोषण के कारण लाखों लोग घेघा और विटामिन ए की कमी से अंधेपन जैसे अभाव से पैदा होने वाले रोग के शिकार हो रहे हैं।

सिंगर ध्यान दिलाते हैं कि जितने लोग सितम्बर 11, 2001, को संयुक्त राज्य अमेरिका में वर्ल्ड ट्रेड सेंटर और पेंटागन पर आतंकवादी हमले से मारे गए, उससे कम से कम दस गुना लोग उसी दिन ऐसे गरीबी से सम्बंधित रोगों से मर गए, जिन्हें टाला जा सकता था। 12 सितम्बर, 2001, को भी गरीबी-सम्बंधी कारणों से लगभग 30,000 लोग मर गए। उसके बाद भी प्रतिदिन लगभग इतने लोग मर रहे हैं और आगे भी मरते रहेंगे (अगर इसे रोकने के उपाय नहीं किए गए तो)। सिंगर ने इस ओर ध्यान आकर्षित किया है कि जहाँ "आतंकवाद के विरुद्ध युद्ध" पर लाखों डॉलर पानी की तरह बहाए गए, वहीं दूसरी ओर, गरीबी के कारण होने वाली मौतों की अनदेखी की गयी।

समृद्धि के बारे में कुछ तथ्य

सिंगर ने निरपेक्ष गरीबी की तुलना निरपेक्ष समृद्धि (absolute affluence) से की है। उनके अनुसार यह ज़रूरी नहीं है कि जो लोग निरपेक्ष दृष्टि से समृद्ध हैं, वे अनिवार्यत: अपने पड़ोसियों की तुलना में भी समृद्ध हैं, लेकिन उनके पास जीवन की बुनियादी आवश्यकताओं को पूरा करने के लिए पर्याप्त आमदनी है। सिंगर के अनुसार, निरपेक्ष रूप से समृद्ध लोगों के पास अपने और अपने आश्रितों की बुनियादी ज़रूरतों भोजन, मकान, कपड़े, स्वास्थ्य-सेवा और शिक्षा को पूरा करने के बाद भी महत्त्वपूर्ण आमदनी बची रहती है, जिसे वे विलास की सामग्री पर खर्च करते हैं। इस पैमाने से यूरोप, उत्तरी अमेरिका, जापान, ऑस्ट्रेलिया, न्युज़ीलैण्ड और तेल से समृद्ध मध्य-पूर्वी देशों के अधिकांश नागरिक निरपेक्ष रूप में समृद्ध हैं। इसी तरह, चीन, भारत और ब्राजील जैसे देशों में, जहाँ अत्यधिक गरीबी भी है, करोड़ों लोग निरपेक्ष दृष्टि से समृद्ध हैं। इन समृद्ध लोगों के पास ऐसा धन है, जिसे वे अपने बुनियादी कल्याण को कोई नुकसान पहुँचाए बिना अत्यधिक गरीब लोगों को दे सकते हैं।

सिंगर के अनुसार, इस समय अमीर देशों द्वारा गरीब देशों को सहायता के रूप में बहुत कम राशि दी जा रही है। 1970 में संयुक्त राष्ट्र संघ महासभा ने यह साधारण लक्ष्य रखा था कि अमीर देश गरीब देशों को अपने सकल राष्ट्रीय आय (gross national income) की 0.7 प्रतिशत राशि विदेशी सहायता के रूप में दें। 40 वर्षों के बाद आज स्थिति यह है कि सिर्फ डेनमॉर्क, लक्ज़मबर्ग, नीदरलैण्ड्स, नॉरवे और स्वीडन इस लक्ष्य को हासिल कर पाए हैं। 2008 में संयुक्त राज्य अमेरिका और जापान ने, जिनकी अर्थव्यवस्था समृद्ध

देशों की दो सबसे बड़ी अर्थव्यवस्थाएँ हैं, मात्र 0.19 प्रतिशत राशि सहायता के रूप में दी। ऑस्ट्रेलिया और कैनेडा ने 0.32 प्रतिशत, तथा फ्रांस, जर्मनी और ब्रिटेन ने 0.38 प्रतिशत से 0.43 प्रतिशत की राशि सहायता के रूप में दी। सिंगर की राय में यह राशि बहुत कम है।

सिंगर के अनुसार, इन तथ्यों से यह बात समझ में आती है कि अमीर लोग 100 करोड़ से भी अधिक लोगों को अभाव की स्थिति में रहने और समय से पहले मरने दे रहे हैं। यह निष्कर्ष सिर्फ सरकारों पर नहीं, बल्कि प्रत्येक समृद्ध व्यक्ति पर लागू होता है, क्योंकि प्रत्येक के पास इस स्थिति को सुधारने के लिए कुछ करने का अवसर है। उदाहरण के तौर पर, वे अपना समय और धन ऐसे स्वयंसेवी संगठनों को दे सकते हैं, जो गरीबों को स्वास्थ्य-सेवा, साफ़ पीने का पानी, शिक्षा और बेहतर कृषि-तकनीक उपलब्ध कराने के लिए काम कर रहे हैं। सिंगर के अनुसार, एक ओर निरपेक्ष गरीबी और दूसरी ओर निरपेक्ष समृद्धि के प्रति हमारी क्या प्रतिक्रिया है, यह आज के समय की एक बड़ी नैतिक समस्या है। सिंगर ने इस प्रश्न पर विचार किया है कि क्या जिनका जीवन खतरे में है, उनकी मदद करने का हमारा कोई दायित्व है या नहीं?

सहायता करने का दायित्व

सिंगर ने सहायता के दायित्व के पक्ष में युक्ति की चर्चा की शुरुआत एक उदाहरण से की है। वे कहते हैं कि मैं अपने लेक्चर के लिए आते वक्त रास्ते में एक छिछले सजावटी तालाब के बगल से गुजरते हुए देखता हूँ कि एक छोटा बच्चा उसमें गिर गया है, और उसके डूबने का खतरा है। मैं ईद-गिर्द देखता हूँ कि उसके माता-पिता या आया (babysitter) कहाँ हैं। मुझे देख कर आश्चर्य होता है कि आस-पास कोई भी नहीं है। ऐसा लगता है कि वह बच्चा डूबे नहीं यह मुझे ही सुनिश्चित करना है। सिंगर पूछते हैं कि क्या ऐसे में कोई भी इससे इनकार करेगा कि मुझे पानी में उतर कर उस बच्चे को बाहर निकाल लेना चाहिए। सिंगर कहते हैं कि इसका अर्थ यह होगा कि मेरे कपड़े कीचड़ से सन जाएँगे, मेरे जूते बर्बाद हो जाएँगे, और या तो मुझे अपने लेक्चर को स्थगित करना होगा, या तब तक के लिए टालना होगा, जब तक कि मुझे बदलने के लिए सूखे कपड़े न मिल जाएँ; लेकिन बच्चे की मृत्यु को टालने की तुलना में इनमें से कुछ भी महत्त्वपूर्ण नहीं है।

सिंगर के अनुसार, एक देखने में तर्कसंगत सिद्धांत, जिसके आधार पर इस निर्णय का समर्थन किया जा सकता है कि ऐसी स्थिति में उन्हें बच्चे को बचाना चाहिए, वह यह है: अगर यह हमारी शक्ति में है कि हम किसी तुलनात्मक नैतिक महत्त्व की वस्तु का बलिदान किए बिना, कुछ बहुत बुरा होने से रोक सकते हैं, तो हमें ऐसा करना चाहिए।

सिंगर के अनुसार यह सिद्धांत गैरविवादास्पद मालूम देता है। परिणामवादी (consequentialists) लोग तो इसका समर्थन करेंगे ही, इसके अलावा, सिंगर की राय में, गैरपरिणामवादियों (non-consequentialists) को भी इसे स्वीकार करना चाहिए; क्योंकि

इस आदेश (injunction) में यह कहा जा सकता है कि हमें बुराई को रोकना चाहिए, जब कि तुलनात्मक महत्त्व की किसी वस्तु का बलिदान न करना पड़े। इसलिए, इस सिद्धांत के परिणामस्वरूप व्यक्तिगत अधिकारों का गम्भीर उल्लंघन, अन्याय और वादा को तोड़ा जाना आदि, जैसी बातें नहीं होंगी, जिनको गैरपरिणामवादी बहुत अधिक नापसंद करते हैं।

सिंगर के अनुसार, इस सिद्धांत का गैरविवादास्पद दिखना भ्रामक है। क्योंकि यह सिर्फ ऐसी असाधारण स्थितियों में लागू नहीं होता है, जब हमें तालाब से एक बच्चे को बचाना हो, बल्कि रोज़मर्रा की ऐसी स्थितियों पर भी लागू होता है, जब हम निरपेक्ष गरीबी में रहने वाले लोगों की सहायता कर सकते हैं। सिंगर के अनुसार, ऐसा कहते हुए वे यह मान रहे हैं कि निरपेक्ष गरीबी; जिसके साथ भूख, कुपोषण, मकान का अभाव, निरक्षरता, रोग, ऊँची शिशु मृत्यु-दर और कम प्रत्याशित आयु (life expectency) जुड़ी हुई है, एक बुरी चीज़ है। साथ ही, वे यह भी मान रहे हैं कि यह समृद्ध लोगों की शक्ति में है कि वे किसी तुलनात्मक नैतिक महत्त्व की वस्तु का बलिदान किए बिना निरपेक्ष गरीबी को कम कर सकते हैं। सिंगर के विचार में अगर ऊपर दी गयी दो मान्यताएँ और चर्चित नैतिक सिद्धांत सही हैं, तो फिर निरपेक्ष गरीबी में रहने वालों की सहायता करने का समृद्ध लोगों का दायित्व भी उतना ही सशक्त है, जितना तालाब में डूबते हुए किसी बच्चे को बचाने का दायित्व। सिंगर के अनुसार, सहायता करना कोई दानशील कार्य नहीं है, जो कि प्रशंसा-योग्य है, लेकिन जिसे न करना अनुचित नहीं है, जैसा कि परम्परागत रूप से सोचा जाता है। यह एक ऐसा काम है, जिसे हर किसी को करना चाहिए।

सिंगर ने सहायता के दायित्व के पक्ष में युक्ति को औपचारिक रूप में इस तरह रखा है:

पहला आधार वाक्यः अगर हम तुलनात्मक महत्त्व के किसी वस्तु का बलिदान किए बिना, किसी बुरी वस्तु को रोक सकते हैं, तो हमें ऐसा करना चाहिए।

दूसरा आधार वाक्यः अत्यधिक गरीबी बुरी चीज़ है।

तीसरा आधार वाक्यः हम किसी तुलनात्मक महत्त्व की वस्तु का बलिदान किए बिना अत्यधिक गरीबी को रोक सकते हैं।

निष्कर्षः हमें कुछ अत्यधिक गरीबी को रोकना चाहिए।

युक्ति पर आपत्तियाँ

पीटर सिंगर ने कुछ ऐसी आपत्तियों की भी चर्चा की है, जो उनके द्वारा सहायता के पक्ष में दी गयी युक्ति के विरुद्ध दी जाती हैं। उन्होंने यह चर्चा एक समृद्ध देश के नागरिक और मुख्यतः संयुक्त राज्य अमेरिका के संदर्भ में की है। इनमें से कुछ आपत्तियाँ भारत के संदर्भ में उतनी प्रासंगिक नहीं हैं।

इसे सरकार पर छोड़ देना चाहिए।

सिंगर के अनुसार, अक्सर यह कहा जाता है कि विदेशी सहायता को निजी दानशीलता पर नहीं छोड़ना चाहिए, बल्कि यह सरकार की जिम्मेवारी होनी चाहिए। यह भी कहा जाता है कि अगर हम निजी तौर पर सहायता देते हैं, तो इससे हम सरकार को अपनी जिम्मेवारी से भागने का मौका देते हैं। अगर हम स्वयं देंगे, तो सरकार को देने की ज़रूरत महसूस नहीं होगी।

सिंगर इस बात से सहमत हैं कि समृद्ध देश की सरकारों को गरीब देशों को, जितना वे अभी दे रहे हैं, उससे अधिक विदेशी सहायता देनी चाहिए। लेकिन, उनके अनुसार यह समृद्ध देशों के नागरिकों द्वारा निजी तौर से स्वयंसेवी संगठनों के माध्यम से, जितना वे दे सकते हैं, उतना देने के विरुद्ध एक तर्क नहीं हो सकता है। उनके अनुसार यह मान लेने का कोई कारण नहीं है कि नागरिक स्वयंसेवी संगठनों के माध्यम से जितनी अधिक सहायता करेंगे, फिर सरकारें उतनी ही कम सहायता करेंगी। सिंगर के अनुसार, जो लोग निजी तौर से सहायता देने से इनकार करते हैं, उन्हें यह प्रमाणित करना चाहिए कि कैसे निजी तौर पर न देने से, सरकारें अधिक सहायता देने लगेंगी।

सिंगर इस बात को स्वीकार करते हैं कि सिर्फ निजी तौर पर देना पर्याप्त नहीं है। एक सक्रिय और सचेत नागरिक को सार्वजनिक और निजी सहायता के बिल्कुल नए मानदण्ड के पक्ष में अभियान चलाना चाहिए। सिंगर के अनुसार, स्वयं निजी तौर पर देने की तुलना में गरीबों के पक्ष में राजनीतिक रूप से सक्रिय रहना सम्भवतः अधिक महत्त्वपूर्ण है, लेकिन वे यह सवाल उठाते हैं कि क्यों न ये दोनों ही काम किए जाएँ? वे इस बात पर दुख व्यक्त करते हैं कि कई लोग इस विचार को कि सहायता सरकार की जिम्मेवारी है, स्वयं देने के विरुद्ध एक युक्ति के रूप में इस्तेमाल करते हैं, न कि राजनीति रूप से सक्रिय होने के पक्ष में एक तर्क के रूप में।

यह बहुत उच्च मानदण्ड है

सिंगर के अनुसार सहायता के दायित्व के पक्ष में युक्ति के विरुद्ध एक आपत्ति यह की जाती कि यह बहुत अधिक अपेक्षा रखती है। मानव स्वभाव की वास्तविकता को ध्यान में रखते हुए, हम इतने उच्च स्तर को प्राप्त नहीं कर सकते; और क्योंकि ऐसा कहना बेकार है कि हमें वह करना चाहिए, जो हम कर ही नहीं सकते, इसलिए हमें इस दावे को अस्वीकार करना चाहिए कि हमें इतनी सहायता देनी चाहिए। यह भी कहा जाता है कि इतना उच्च मानदण्ड निर्धारित करना अवांछनीय है; क्योंकि इसे हासिल करना इतना मुश्किल दिखेगा कि कई लोग फिर इसे हासिल करने का प्रयत्न ही नहीं करेंगे।

सिंगर यह मानते हैं कि अजनबी लोगों की तुलना में स्वयं अपने और अपने करीबी रिश्तेदारों के हितों को अधिक महत्त्व देना विकास (evolution) की प्रक्रिया का एक स्वाभाविक परिणाम है। उनके अनुसार निष्पक्ष हो कर काम करना बहुत मुश्किल हो

सकता है, लेकिन यह असम्भव नहीं है। अगर, जबकि दूसरे लोग भूख से मर रहे हैं, और समृद्ध लोगों के पास विलास की सामग्री पर खर्च करने के लिए पैसे हैं; तो यह स्पष्ट है कि सभी समृद्ध लोग, जितना वे दे रहे हैं, उससे कहीं अधिक दे सकते हैं। इसलिए, सभी समृद्ध लोग एक निष्पक्ष नैतिक मानदण्ड के अधिक करीब आ सकते हैं। सिंगर ने कुछ ऐसे दृष्टांत भी दिए हैं, जब कुछ लोगों ने अपनी आमदनी का बड़ा हिस्सा गरीबों के लिए दे दिया है।

अपनी किताब *दि लाइफ यू कैन सेव* में सिंगर ने टैक्स स्केल की तरह एक प्रगतिशील स्केल प्रस्तावित किया है।[5] इसकी शुरुआत आमदनी के सिर्फ एक प्रतिशत से होती है; और इस स्केल के अनुसार 90 प्रतिशत टैक्स-दाताओं को 5 प्रतिशत से अधिक देने की ज़रूरत नहीं होगी। सिंगर की गणना के अनुसार अगर समृद्ध जगत के सभी लोग इस स्केल के अनुसार राशि दें, तो 1.5 ट्रिलियन (1.5 लाख करोड़) डॉलर की राशि इकट्ठी हो जाएगी, जो संयुक्त राष्ट्र संघ मिलेनियम लक्ष्यों को प्राप्त करने के लिए जितनी राशि चाहिए, उससे आठ गुनी होगी।[6]

सिंगर के अनुसार एक आश्चर्यजनक परिणाम यह है कि अगर सभी समृद्ध लोग अत्यधिक गरीबी को मिटाने के प्रयत्न में योगदान करें, तो प्रत्येक व्यक्ति को जो राशि देनी होगी, वह बहुत साधारण होगी। सिंगर कहते हैं कि उनके द्वारा सहायता के पक्ष में दी गयी युक्ति बहुत अधिक माँग करने वाली इसलिए लगती है, क्योंकि वर्तमान में बहुत कम समृद्ध लोग गरीबी को मिटाने के लिए कुछ महत्त्वपूर्ण काम कर रहे हैं।

निष्कर्ष के तौर पर सिंगर यह कहते हैं कि अगर हर समृद्ध व्यक्ति उनके द्वारा सुझाए गए साधारण स्केल के अनुसार राशि दे, तो किसी को भी बहुत अधिक देने की ज़रूरत नहीं होगी। इसलिए, यह सार्वजनिक वकालत के लिए एक उपयुक्त मानदण्ड है। सिंगर की राय में ज़रूरत यह है कि हम अपनी सार्वजनकि नैतिकता को इस तरह बदलें कि जो कोई भी विलासिता की सामग्री को खरीदने का सामर्थ्य रखता है,[7] उसके लिए अत्यधिक गरीबी में रहने वालों के लिए कुछ महत्त्वपूर्ण राशि देना नैतिक जीवन का एक प्राथमिक अंग बन जाए।

समीक्षा

पीटर सिंगर द्वारा निरपेक्ष गरीबी और निरपेक्ष समृद्धि के बारे में जो तथ्य दिए गए हैं, वे काफ़ी चिंताजनक हैं। दरअसल, ये इस बात को दिखलाते हैं कि आज की दुनिया में कितनी आर्थिक गैरबराबरी है। सिंगर द्वारा समृद्ध लोगों द्वारा गरीबों की सहायता के पक्ष में दी गयी युक्ति भी सशक्त है। अगर सिंगर जैसे लोगों की नैतिक अपील के परिणामस्वरूप पर्याप्त संख्या में समृद्ध लोग गरीबों की मदद करने लगें, और दुनिया से अत्यधिक गरीबी मिट जाए, तो यह एक बहुत अच्छी बात होगी। अगर इन प्रयत्नों से दुनिया से अत्यधिक

गरीबी पूरी तौर से न भी मिटे, लेकिन कुछ हद तक कम हो जाए, तो यह भी एक अच्छा ही परिणाम होगा।

लेकिन, इस समस्या का स्थायी समाधान तो यही मालूम देता है कि विश्व-अर्थव्यवस्था में और विभिन्न देशों की अर्थ-व्यवस्थाओं में ऐसे परिवर्तन लाए जाएँ कि इस किस्म की गरीबी और गैरबराबरी पूरी तौर से समाप्त हो जाए।

जैसाकि हम पहले ही उल्लेख कर चुके हैं, सिंगर ने यह सारी चर्चा एक समृद्ध देश के नागरिकों और विशेष तौर से संयुक्त राज्य अमेरिका के संदर्भ की है। उनकी नैतिक अपील भी मुख्यत: समृद्ध जगत की ओर लक्ष्य कर के की गयी है।

अब, हम दुनिया के गरीब देशों में से एक भारत के नागरिक के रूप में इस प्रश्न पर विचार करें।

सिंगर ने सहायता के दायित्व के पक्ष में अपनी युक्ति के विरुद्ध जिन आपत्तियों की चर्चा की है, उनमें एक यह भी है कि "सुदूर अफ्रीका या भारत के गरीबों की मदद करने की बजाए, क्यों न हम अपने देश (अमेरिका) के गरीबों की मदद करें?" संक्षेप में, इस आपत्ति पर सिंगर का उत्तर यह है कि संयुक्त राज्य अमेरिका और अन्य समृद्ध देशों के गरीब सापेक्ष रूप से गरीब हैं, जबकि निरपेक्ष गरीबी विकासशील देशों तक ही सीमित है।

भारत के संदर्भ में यह आपत्ति और इसका उत्तर प्रासंगिक नहीं हैं, क्योंकि भारत के समृद्ध लोगों को निरपेक्ष गरीबी देखने के लिए सुदूर अफ्रीका या कहीं और जाने की ज़रूरत नहीं है। इसके लिए उन्हें सिर्फ अपने इर्द-गिर्द आँखे खोल कर देखने की ज़रूरत है। भारत के शहरों में रहने वाले समृद्ध जब अपनी मोटर कारों में सड़क पर से गुजरते हैं, उस समय वे एक बार नज़र घुमा कर फुटपाथ पर रहने वालों की ओर देख लें, तो उन्हें यह बात समझ में आ जाएगी कि निरपेक्ष या अत्यधिक गरीबी किसे कहते हैं।

भारत में गरीबी के बारे में कुछ तथ्य

वर्ल्ड बैंक की परिभाषा के अनुसार, अगर किसी व्यक्ति के पास अपनी सबसे बुनियादी मानवीय आवश्यकताओं पर्याप्त भोजन, पानी, घर, कपड़े, सफ़ाई, स्वास्थ्य-सेवा और शिक्षा को पूरा करने के लिए पर्याप्त आमदनी नहीं है, तो वह अत्यधिक गरीब है। वर्ल्ड बैंक द्वारा 2008 में की गयी गणना के अनुसार दुनिया में 140 करोड़ लोग अत्यधिक गरीबी में जी रहे हैं। इन 140 करोड़ में से सबसे अधिक 60 करोड़ अत्यधिक गरीब लोग दक्षिण एशिया में, और उनमें से 45.5 करोड़ अत्यधिक गरीब लोग भारत में हैं। इसके अलावा, सब-सहारा अफ्रीका, में 38 करोड़ अत्यधिक गरीब हैं।[8] दूसरे शब्दों में, दुनिया के सबसे अधिक अत्यधिक गरीब लोग भारत में हैं। सब-सहारा अफ्रीका के सभी गरीब देशों (बुरुंडी, अरिट्रिया, चैड, डेमोक्रिट रिपब्लिक ऑफ़ कॉन्गो, इथोपिया, मलावी, रवाण्डा, सोमालिया, सियेरा लियोन, आदि) को मिला कर जितने गरीब हैं, उससे अधिक गरीब सिर्फ भारत में हैं।

यूनिसेफ (UNICEF) की एक ताज़ा रिपोर्ट के अनुसार, भारत में शिशु मृत्यु-दर लगभग 44 प्रति हजार है, और पाँच वर्ष से कम उम्र के बच्चों की मृत्यु-दर लगभग 58 प्रति हजार। इसका अर्थ यह हुआ कि हजार जिन्दा पैदा होने वाले बच्चों में से 58 अपने पाँचवें जन्मदिन से पहले मर जा रहे हैं। रिपोर्ट के अनुसार, भारत में पिछले बीस वर्षों में शिशु मृत्यु-दर कम करने की दिशा में अच्छी प्रगति की है। इसमें भी पिछले दस वर्षों में पहले के दस वर्षों की तुलना में अधिक प्रगति हुई है। फिर भी, इस बात की सम्भावना कम है कि भारत 2015 तक संयुक्त राष्ट्र संघ मिलेनियम लक्ष्यों को हासिल कर पाएगा।[9] (उल्लेखनीय है कि वर्ष 2000 में दुनिया भर के नेताओं द्वारा यू. एन. डेवलपमेंट समिट में वर्ष 2015 तक के लिए कुछ लक्ष्य निर्धारित किए गए थे, जिनमें, अन्य बातों के अलावा, पाँच वर्ष से कम के बच्चों की मौत में दो-तिहाई कमी लाना शामिल है।)

दूसरी ओर, सेव द चिल्ड्रन नाम की एक अंतर्राष्ट्रीय संगठन के अनुसार भारत में प्रतिवर्ष 4 लाख बच्चे जन्म के 24 घंटे के अंदर मर जा रहे हैं। यह दुनिया के किसी एक देश में इस प्रकार मरने वाले बच्चों की सबसे बड़ी संख्या है। इसी तरह, प्रतिवर्ष 20 लाख पाँच वर्ष से कम उम्र के बच्चे भी मर जा रहे हैं। इनमें से आधे बच्चे जन्म के पहले ही महीने में मर जाते हैं। दूसरे शब्दों में, भारत में प्रति 15 सेकंड पाँच वर्ष से कम उम्र के एक बच्चे की मौत हो रही है। यह संख्या भी दुनिया के किसी भी देश मे इस प्रकार मरने वाले बच्चों से अधिक है।[10] ये बच्चे कुपोषण, साँस-सम्बंधी इंफेक्शन, डायरिया तथा टीकाकरण और स्वास्थ्य-सेवाओं के अभाव के कारण मर रहे हैं। दूसरे शब्दों में, उनकी मौत का असली कारण गरीबी है। वे ऐसी बीमारियों से मर रहे हैं, जिनका इलाज आसानी से सम्भव है।[11]

बच्चों के कुपोषण के मामले में भी भारत दुनिया का अव्वल देश है। भारत के लगभग आधे बच्चे कुपोषण के शिकार हैं। इसके परिणामस्वरूप उनका शारीरिक और मानसिक विकास अवरुद्ध हो रहा है।

संक्षेप में, भारत में अत्यधिक गरीब की संख्या सबसे अधिक है, पाँच वर्ष से कम उम्र के मरने वाले बच्चों की संख्या सबसे अधिक है, और कुपोषण के शिकार बच्चों की संख्या भी सबसे अधिक है।

पाँच वर्ष से कम उम्र के बच्चों की मृत्यु की समस्या गर्भवती माताओं की मृत्यु की समस्या से जुड़ी हुई है। ये मौतें गर्भावस्था के दौरान, या बच्चे को जन्म देते समय, या बच्चे को जन्म देने के कुछ समय बाद हो रही हैं। इनका कारण है कुपोषण और स्वास्थ्य-सेवाओं का अभाव, या दूसरे शब्दों में, गरीबी। युनिसेफ द्वारा 2001 से 2003 के आंकड़ों के आधार पर जारी की गयी रिपोर्ट के अनुसार भारत में प्रत्येक दस लाख जिन्दा बच्चों के जन्म पर 301 माताओं की मृत्यु हो रही है। युनिसेफ के अनुसार ही इस दौरान

दुनिया में प्रति वर्ष पाँच लाख माताओं की मृत्यु हो रही थी। इनमें से 23 प्रतिशत मौतें भारत में हो रही थीं। दूसरे शब्दों में, भारत में प्रति वर्ष लगभग 80 हजार गर्भवती या नयी माताओं कीं मृत्यु गरीबी सम्बंधी ऐसे कारणों से हो रही थी, जिन्हें टाला जां सकता था। भारत में प्रत्येक पाँच मिनट पर एक गर्भवती माँ की मृत्यु हो रही थी।[12]

अब भारत के रजिस्ट्रार जनरल द्वारा जुलाई, 2011, में जारी की गयी एक रिपोर्ट के अनुसार, 2007-09 में भारत में प्रत्येक 10 लाख जिंदा बच्चों के जन्म पर 212 माताओं की मृत्यु हो रही थी; जबकि यु. एन. मिलेनियम रिपोर्ट के अनुसार इसे 2015 तक घटा कर 109 तक ले जाने का लक्ष्य है।[13] यहाँ भी भारत द्वारा मिलेनियम लक्ष्य को हासिल करने की सम्भावना कम् ही नज़र आ रही है।

इसके अलावा, कुछ और तथ्य भी हैं। सेव दि चिल्ड्रर्न संगठन ने, 2005-06 के आंकड़ों के आधार पर, भारत सहित दुनिया के ऐसे 36 देशों का, जिनमें दुनिया के 90 प्रतिशत कुपोषित बच्चे रहते हैं; इस दृष्टि से अध्ययन किया कि वे कुपोषण मिटाने के लिए कितने प्रतिबद्ध हैं, और इस दिशा में उनकी नीतियाँ कितनी कारगर हैं। भारत का नाम इस सूची में डेमोक्रेटिक रिपब्लिक ऑफ़ कॉन्गो और येमन के साथ सबसे नीचे है। इस दिशा में सबसे अच्छा काम करने वाले देशों में गुआटेमाला, मलावी और पेरू हैं। बांग्लादेश, पाकिस्तान और नेपाल सहित दक्षिण एशिया के सभी देश कुपोषण के विरुद्ध काम करने कें मामले में भारत से बेहतर रहे।

इंटरनैश्नल फूड पॉलिसी रिसर्च इंस्टिटयूट और दो अन्य संगठनों ने मिल कर ग्लोबल हंगर इंडेक्स का प्रकाशन किया है। यह इंडेक्स तीन आधारों पर बनायी गयी है: एक, आबादी में कुपोषित लोगों का अनुपात; दो, पाँच वर्ष से कम उम्र के कितने बच्चे कम वज़न के हैं; और तीन, पाँच वर्ष से कम उम्र के बच्चों की मृत्यु-दर। रिपोर्ट के अनुसार सबसे अधिक भूख की समस्या दक्षिण एशिया और सब-सहारा अफ़्रीकी देशों में है। इस इंडेक्स में शामिल 79 देशों में भारत का स्थान 65 वाँ है। श्रीलंका 37वें, पाकिस्तान 57 वें और नेपाल 60 वें स्थान पर भारत से ऊपर हैं। बांग्लादेश भारत से कुछ नीचे 68 वें स्थान पर है। सबसे नीचे के पाँच देश हैं चैड, इथोपिया, हैटी, अरिट्रिया और बुरुडी। इनमें से सिर्फ हैटी दक्षिण अमरिका में है, और बाकी चार देश सब-सहारा अफ़्रीका में हैं। रिपोर्ट के अनुसार भारत "आर्थिक विकास" के बावजूद ग्लोबल हंगर इंडेक्स में अपनी स्थिति सुधारने के मामले में पिछड़ गया है।[15]

भारत में समृद्धि के बारे में कुछ तथ्य

भारत में जहाँ एक ओर, बड़ी संख्या में लोग गरीब हैं; वहाँ, दूसरी ओर, कुछ लोग काफ़ी समृद्ध हैं। फ़ॉब्स पत्रिका के "डॉलर बिलिनॉअर" की 2011 की सूची में 48 भारतीयों के नाम शामिल हैं, जिनमें सबसे ऊपर मुकेश अम्बानी हैं।[16] मुकेश अम्बानी भारत के

सबसे अमीर व्यक्ति हैं और दुनिया के अमीरों में इनका स्थान 19 वाँ है। फ़ॉब्स पत्रिका की सूची में दस सबसे अमीर भारतीयों में मुकेश अम्बानी के अलावा सावित्री जिंदल और परिवार (वर्ल्ड रैंक 80), सुनील मित्तल और परिवार (113), कुमार बिरला (116), अनिल अम्बानी (118) और दिलीप सांघवी (124) के नाम शामिल हैं।

मार्केट रिसर्च फर्म टी. एन. एस. (TNS) के "ग्लोबल एफ्लुअंट इनवेस्टर" अध्ययन के अनुसार भारत में 30 लाख समृद्ध परिवार हैं जिनके पास निवेश के लिए एक लाख डॉलर (50 लाख रुपए) से अधिक की राशि है। यह संख्या जर्मनी और फ़्रांस में ऐसे लोगों की संख्या से अधिक है।

मैकिंसे ग्लोबल इंस्टीट्युट के अनुसार पाँच करोड़ भारतीयों की आमदनी दो लाख से दस लाख रुपए प्रति वर्ष है, जिन्हें मोटे तौर से मध्यम वर्ग कहा जा सकता है।

भारत के वित्त मंत्रालय द्वारा जारी किए गए एक रिपोर्ट के अनुसार भारत में वर्ष 2011-12 में 3.24 करोड़ इनकम टैक्स देने वाले लोग थे। इनमें से 89 प्रतिशत की सालाना आमदनी पाँच लाख से कम, 5.5 प्रतिशत की आमदनी पाँच से दस लाख, 4.30 प्रतिशत की आमदनी दस से बीस लाख और 1.3 प्रतिशत की आमदनी बीस लाख से अधिक है।[17] इसका अर्थ यह हुआ कि भारत में तीन करोड़ से अधिक ऐसे लोग हैं जो गरीबों की कुछ मदद कर सकते हैं। इनमें से तीस लाख ऐसे हैं जो काफी मदद कर सकते हैं; और लगभग पचास ऐसे हैं, जो अपना सुख-चैन गवाँए बिना अपनी आधी से अधिक सम्पत्ति आसानी से गरीबों की मदद में लगा सकते हैं।

भारत के समृद्ध लोगों का दायित्व

सवाल यह है कि ऐसे में भारत के निरपेक्ष रूप से समृद्ध लोगों का भारत के अत्यधिक गरीब लोगों के प्रति क्या दायित्व है?

अगर पीटर सिंगर की युक्ति का स्वीकार करें, तो निष्कर्ष स्पष्ट ही है। भारत के समृद्ध लोगों को भारत के गरीब लोागें की मदद करनी चाहिए। प्रश्न यह है कि वे यह मदद सबसे कारगर ढंग से कैसे कर सकते हैं? निजी स्वयं-सेवी प्रयत्नों द्वारा? सरकार पर गरीब-समर्थक नीतियों पर चलने के लिए दबाव डाल कर? या दोनों काम द्वारा?

भारत के संदर्भ में एक लोकतांत्रिक और समाजवादी[18] राज्य का यह दायित्व है कि वह गरीबी-गैरबराबरी मिटाने तथा गरीबी के कारण मर रहे बच्चों और माताओं को तत्काल राहत पहुँचाने के लिए काम करे। ऐसे में, निरपेक्ष रूप से समृद्ध हर भारतीय का दायित्व है कि वह इसके लिए अभियान चलाए और केन्द्र सरकार और विभिन्न राज्यों की सरकारों पर गरीब-समर्थक आर्थिक नीतियों पर चलने के लिए, और गरीबी के कारण मर रहे बच्चों और माताओं को तत्काल राहत पहुँचाने के लिए दबाव पैदा करें। आज के समय भारत में

केन्द्र सरकार द्वारा राज्य सरकारों के माध्यम से कई कल्याणकारी कार्यक्रम चलाए जा रहे हैं, जैसे, समेकित बाल विकास योजना, जननी सुरक्षा योजना, मीड डे मील स्कीम, मनरेगा (रोजगार गारन्टी योजना), इन्दिरा आवास योजना, शिक्षा का अधिकार, आदि।[19] समृद्ध लोग सरकार पर इन कार्यक्रमों के लिए अधिक धनराशि देने तथा इन्हें भ्रष्टाचार-मुक्त और कारगर ढंग से लागू करने के लिए अभियान चला सकते हैं। इसके अलावा, वे निजी तौर से या स्वयं-सेवी संगठनों के माध्यम से गरीब लोगों की इन योजनाओं से लाभ उठाने में मदद कर सकते हैं।

भारत में भूख, कुपोषण और रोग की विकट समस्या को ध्यान में रखते हुए भारत के समृद्ध लोग जन वितरण प्रणाली (PDS) को मजबूत बनाने और खाद्य सुरक्षा कानून (Food Security Act) तथा सार्वजनिक स्वास्थ्य सेवाओं में सुधार के पक्ष में अभियान चला सकते हैं।

जहाँ तक विदेशी सहायता की बात है, तो भारत के समृद्ध लोग सरकार द्वारा ऐसे देशों के गरीब को आर्थिक सहायता देने की वकालत की जा सकती है, जिनकी स्थिति भारत से भी बदतर है।

इसके अलावा, समृद्ध भारतीय नागरिक भारत के गरीबों और भारत से भी बदतर स्थिति वाले देशों के गरीबों को निजी तौर पर भी सहायता कर सकते हैं। यह सहायता वे गरीबों के बीच काम कर रहे किसी स्वयं-सेवी संगठन के माध्यम से कर सकते हैं। जो लोग अधिक समय और राशि लगाना चाहते हों, वे स्वयं भी स्वयं-सेवी संगठन बना कर उसके माध्यम से मदद कर सकते हैं। या कम से कम अपने ईर्द-गिर्द के एक ग़रीब परिवार को चुन कर बच्चों और गर्भवती माताओं की जान बचाने में उसकी मदद कर सकते हैं। या फिर, किसी गरीब परिवार को उसकी आर्थिक स्थिति सुधारने में इस तरह मदद कर सकते हैं, ताकि वे उनके ऊपर आश्रित होने की बजाय आत्मनिर्भर बन सकें।

गांधी और जे.पी. : ट्रस्टीशिप और शांतिमय वर्ग-संघर्ष

जिस तरह पीटर सिंगर ने दुनिया से गरीबी मिटाने के लिए मुख्यत: समृद्ध लोगों की दानशीलता को आधार बनाया है, उससे उनके इस विचार और गांधी के ट्रस्टीशिप के विचार के बीच पूरी तौर से तो नहीं, लेकिन कुछ हद तक समानता दिखती है।

ट्रस्टीशिप

गांधी समाज से गैरबराबरी मिटाने के और आर्थिक समता स्थापित किए जाने के पक्ष में थे। उनके अनुसार ट्रस्टीशिप के सिद्धांत द्वारा इस लक्ष्य को प्राप्त किया जा सकता है।

गांधी के अनुसार पूंजीपतियों को यह समझना चाहिए कि उनके पास जमा पूंजी श्रमिकों के श्रम का परिणाम है। इसलिए, एक पूंजीपति या जमीन-मालिक को, जिसके

पास आवश्यकता से अधिक धन हो, अपने आप को उस धन का ट्रस्टी मानना चाहिए। उसे समझना चाहिए कि वह धन आम जनता का है जो उसके पास धरोहर है, और इसलिए उस धन का इस्तेमाल अपने निजी आराम के लिए करने की बजाय उसे जन-कल्याण के कार्यों में लगाना चाहिए।

गांधी सत्य, अहिंसा, ब्रह्मचर्य, अपरिग्रह और अस्तेय जैसे नैतिक मूल्यों में विश्वास करते थे। उनके अनुसार, एक हद तक शारीरिक सुविधा और आराम का होना ज़रूरी है, लेकिन उस हद से आगे बढ़ने पर ये सुविधाएँ और आराम सहायक बनने की बजाय "आध्यात्मिक" उन्नति में बाधक बन जाते हैं। गांधी के विचार में सच्ची सभ्यता के लक्षण परिग्रह बढ़ाना नहीं है, बल्कि सोच-समझ कर अपनी इच्छा से उसे कम करना है। गांधी के अनुसार, कोई चीज़ वास्तव में चुराई नहीं गयी हो, तो भी अगर हम आवश्यकता के बिना उसका संग्रह करते हैं, तो उसे चोरी का माल समझा जाना चाहिए। गांधी के अनुसार, अगर हर कोई सिर्फ अपनी ज़रूरत की चीज़ों का ही संग्रह करे, तो किसी को कमी महसूस न हो और सब को संतोष हो। अगर अमीर व्यक्ति अपना बहुत ज़्यादा परिग्रह छोड़े, तो गरीब को भी अपनी ज़रूरत की चीज़ें आसानी से मिल जाएँ, और दोनों को संतोष हो। गांधी की राय में अगर कोई ऐसी चीज़ लेता और रखता है, जिसकी उसे किसी तात्कालिक उपयोग के लिए ज़रूरत नहीं है, तो वह उसकी किसी दूसरे से चोरी करता है। यदि हरेक आदमी जितना उसे चाहिए उससे ज्यादा न ले, तो दुनिया में न गरीबी रहे और न कोई आदमी भूखा रहे।

ट्रस्टीशिप के सिद्धांत के साथ इसकी व्यावहारिकता का प्रश्न भी जुड़ा हुआ है। गांधी के अनुसार, बुद्धि और प्रेम की बुनियादी मानव-प्रवृत्तियों के आधार पर पूंजीपतियों को यह समझाया जा सकता है कि उसके पास जमा पूंजी श्रमिकों के श्रम का फल है, और वे उसे इसी रूप में देखें। भूदान आंदोलन के दौरान विनोबा और जयप्रकाश नारायण बहुत सारे जमीन मालिकों को अपनी जमीन का कुछ हिस्सा भूमिहीनों को देने के लिए राजी करवाने में सफल भी रहे थे। लेकिन, जैसा कि जे. पी. ने स्वयं स्वीकार किया था, यह प्रक्रिया एक सीमा तक जा कर रुक गयी थी। गांधी के अनुसार, अगर सम्पत्तिवान वर्ग समझाने-बुझाने से अपने को ट्रस्टी मानने से इनकार करते हैं, तो अंतिम विकल्प के रूप में असहयोग या सत्याग्रह का सहारा भी लिया जा सकता है। आज़ादी के कुछ समय पहले उन्होंने वैधानिक ट्रस्टीशिप का भी समर्थन किया था, लेकिन उनके अनुसार इस किस्म के कानून को ऊपर से लादे जाने की बजाय, सामाजिक परिस्थितियों के परिपक्व होने पर, जनता द्वारा पंचायत स्तर से लागू किया जाना चाहिए।[20]

शांतिमय वर्ग-संघर्ष

अपने सम्पूर्ण क्रांति के चिंतन के अन्तर्गत जे. पी. ने शांतिमय वर्ग-संघर्ष का समर्थन किया है। जे. पी. के अनुसार समाज में दों शक्तियाँ हैं: एक, कमजोर वर्ग, और दूसरा, शक्तिशाली

वर्ग। सर्वोदय आंदोलन में शक्तिशाली वर्गों को ही ध्यान में रखा गया और समझा-बुझा कर उन्हें बदलने की कोशिश की गयी। कमजोर और पिछड़े वर्गों की सर्वोदय आंदोलन में बहुत कम भूमिका रही। जे. पी. की राय में इस प्रक्रिया से व्यक्तिगत रूप से कुछ लोगों का विचार बदला, लेकिन पूरे उच्च वर्ग में परिवर्तन नहीं आया। जे. पी. के अनुसार सिर्फ ऊपर के वर्गों के विचार-परिवर्तन पर निर्भर रहने से समाज को वांछनीय दिशा में परिवर्तित करने में काफ़ी समय लग जाएगा। इसलिए, इस प्रक्रिया की सीमा को देखते हुए, जे. पी. क्रांति की दिशा में बढ़ने के लिए पिछड़े, दबे लोगों के व्यापक वर्ग-संगठन और शांतिमय वर्ग-संघर्ष को ज़रूरी मानते थे। उनके अनुसार इस दोहरे दबाव द्वारा ही समाज को समता की दिशा में ले जाया जा सकता है। जब नीचे दबे लोग अपनी ताकत को प्रकट करेंगे, तभी ऊपर वाले वर्ग परिवर्तन के लिए तैयार होंगे। इस तरह, जे. पी. ने क्रांति को गति देने के लिए शांतिमय वर्ग-संघर्ष की वकालत की है।[21]

भारत के संदर्भ में गरीबी मिटाने और समता के व्यापक लक्ष्य की ओर बढ़ने की दृष्टि से जे. पी. के दोहरे दबाव की नीति ही सही मालूम देती है। इसमें कोई शक नहीं कि समृद्ध वर्गों में भी गरीबों से सहानुभूति रखने वाले उदार और प्रगतिशील लोग हैं। अगर गरीबी सम्बंधी तथ्यों को सही ढंग से पेश किया जाए और नैतिक युक्ति के आधार पर उनसे अपील की जाए, तो और भी लोग निश्चय ही गरीबों की मदद के लिए सामने आएँगे। लेकिन दूसरी ओर, समृद्ध वर्गों में ऐसे लोग भी हैं, जो अपने निहित स्वार्थों की रक्षा के लिए प्रतिबद्ध हैं। वे सरकार की गरीबी-समर्थक नीतियों का समर्थन करना तो दूर, बल्कि उल्टे उसका विरोध करने में लगे रहते हैं। इसलिए, समता की दिशा में बढ़ने के लिए स्वयं गरीब वर्गों का जागृत और अपने अधिकारों के लिए संगठित होना ज़रूरी है। भारत एक लोकतंत्र है और यहां प्रत्येक व्यक्ति को चाहे वह अमीर हो या गरीब एक वोट डालने का अधिकार है। अगर भारत के 45 करोड़ गरीब अपने अधिकारों के लिए जागृत और संगठित हो जाएँ, और गरीब मतदाता अपनी वोट की ताकत का इस्तेमाल अपने हक में करें, तो गरीबी मिटाने और समता के लक्ष्य की ओर बढ़ने का काम मुश्किल नहीं है।

REFERENCES

1. Peter Singer, Practical Ethics (New Delhi: Cambridge University Press, 2011).
2. Peter Singer, "Famine, Affulence and Morality", Philosophy and Public Affairs, vol. 1, (1972).
3. Peter Singer, The Life You Can Save (U.K.: Picador, 2009).
4. यह संख्या 1960 से लगातार कम हो रही है, लेकिन अभी भी बहुत अधिक है।
5. Peter Singer, The Life You Can Save, www.thelifeyoucansave.com
6. वर्ष 2000 में दुनिया भर के नेताओं द्वारा यू. एन. डेवलपमेंट समिट में वर्ष 2015 तक के लिए कुछ लक्ष्य निर्धारित किए गए थे। इनमें, अन्य बातों के अलावा, अत्यधिक गरीबी और भूख में

रहने वालों की संख्या आधी करना, पाँच वर्ष से कम के बच्चों की मौत में दो-तिहाई कमी लाना, और सभी बच्चों के लिए प्राथमिक शिक्षा उपलब्ध कराना शामिल है।

7. सिंगर की राय में जहाँ साफ़ पीने का पानी निःशुल्क उपलब्ध हो वहाँ पीने के लिए पानी खरीदना भी एक विलासिता है।
8. Peter Singer, The Life You Can Save, p. 7.
9. Infant and Child Mortality in India: Levels, Trends and Determinants, <www.unicef.org>
10. "Infant mortality rate India's enduring shame", Deccan Herald, Bangalore, 24 June 2013.
11. अगर पचास-सौ लोग किसी आतंकवादी हमले में मारे जाएँ, या पाँच सौ-हजार लोग किसी प्राकृतिक आपदा में मारे जाएँ, तो हमारी मीडिया का ध्यान उसकी ओर तुरंत चला जाता है; लेकिन प्रतिदिन बड़ी संख्या में बच्चे गरीबी के कारण मर जा रहे हैं, तो हमारी कॉरपरेरेट मीडिया इससे पूरी तौर से बेखबर है।
12. Maternal and perinatal death inquiry and response, <www.unicef.org>
13. Maternal & Child Mortality and Total Fertility Rates, <www.unicef.org>
14. "'Frail' India placed last on nutrition front", The Hindu, Kolkatta, 22 September, 2012.
15. www.ifpri.org
16. नेट वर्थ 22.3 बिलियन डॉलर (2230 करोड़ डॉलर) यानी लगभग 1,11,500 करोड़ रुपए.
17. यह भी उल्लेखनीय है कि कई लोग जिन्हें इनकम टैक्स देना चाहिए, वे टैक्स नहीं देते हैं; और कई लोग जितना देना चाहिए उतना नहीं देते हैं। भारतीय समृद्ध लोगों द्वारा दिए जाने इनकम टैक्स और अन्य टैक्सों के एक हिस्से का इस्तेमाल भारत के गरीबों के लिए कल्याणकारी कार्यक्रमों में किया जाता है। इसलिए, भारत के समृद्ध लोगों का एक दायित्व यह भी है कि वे ईमानदारी से अपना टैक्स दें।
18. भारत के संविधान की प्रस्तावना के अनुसार भारत एक सम्पूर्ण, प्रभुत्व-सम्पन्न (sovereign) समाजवादी, धर्मनिरपेक्ष और लोकतांत्रिक गणराज्य है।
19. इसके अलावा, अलग-अलग राज्य सरकारों द्वारा भी अपने स्तर पर कार्यक्रम चलाए जा रहे हैं।
20. रमेन्द्र, समाज और राजनीति दर्शन एवं धर्म-दर्शन (दिल्ली: मोतीलाल बनारसीदास, 2011), पृ. 113-14.
21. रमेन्द्र, समाज और राजनीति दर्शन (दिल्ली: मोतीलाल-बनारसीदास, 2005), पृ. 107-110.

परिशिष्ट-I
वस्तुनिष्ठ प्रश्न

1. व्यावहारिक नीतिशास्त्र शाखा है:

(क) दर्शनशास्त्र की (ख) भौतिकशास्त्र की

(ग) रसायनशास्त्र की (घ) मनोविज्ञान की

2. व्यावहारिक नीतिशास्त्र उपशाखा है:

(क) नीतिशास्त्र की (ख) ज्ञानमीमांसा की

(ग) तत्वमीमांसा की (घ) धर्म-दर्शन की

3. इनमें से किसका व्यावहारिक नीतिशास्त्र से सम्बंध है:

(क) बर्कले (ख) विट्गेंसटाइन

(ग) पीटर सिंगर (घ) गिलबर्ट रायल

4. *प्रैक्टिकल एथिक्स (Practical Ethics)* के लेखक हैं:

(क) मूर (ख) रसेल

(ग) गिलबर्ट रायल (घ) पीटर सिंगर

5. *अप्लाइड एथिक्स (Applied Ethics)* के सम्पादक हैं:

(क) मूर (ख) रसेल

(ग) गिलबर्ट रायल (घ) पीटर सिंगर

6. इनमें से कौन नीतिशास्त्र की शाखा नहीं है?

(क) मानक नीतिशास्त्र (ख) अधिनीतिशास्त्र

(ग) अप्लाइड नीतिशास्त्र (घ) मनोविज्ञान

7. मानव आचरण का तर्कसंगत और मानक दृष्टि से अध्ययन होता है:

(क) मानक नीतिशास्त्र में (ख) अधिनीतिशास्त्र में

(ग) अप्लाइड नीतिशास्त्र में (घ) इनमें से कोई भी नहीं

8. नैतिक पदों के अर्थ और नैतिक विधि का अध्ययन होता है:

(क) मानक नीतिशास्त्र में (ख) अधिनीतिशास्त्र में

(ग) अप्लाइड नीतिशास्त्र में (घ) इनमें से किसी में भी नहीं

9. किसी तात्कालिक महत्त्व की व्यावहारिक समस्या पर नीतिशास्त्र को लागू किया जाता है:

(क) मानक नीतिशास्त्र में (ख) अधिनीतिशास्त्र में

(ग) अप्लाइड नीतिशास्त्र में (घ) इनमें से किसी में भी नहीं

10. चिकित्सा शास्त्र ने नीतिशास्त्र की जान बचायी—यह किसने कहा है?

(क) मूर (ख) रसेल

(ग) टूलमिन (घ) सार्त्र

11. कर्म के उचित या अनुचित होने का निर्णय उसके परिणामों के आधार पर किया जा सकता है। इस मत को कहते हैं:

(क) प्रयोजनवाद (ख) अप्रयोजनवाद

(ग) उपयोगितावाद (घ) इनमें से कोई भी नहीं

12. कर्म के उचित या अनुचित होने का निर्णय उसके परिणाम से स्वतंत्र रूप में किया जा सकता है। इस मत को कहते हैं:

(क) प्रयोजनवाद (ख) अप्रयोजनवाद

(ग) उपयोगितावाद (घ) इनमें से कोई भी नहीं

13. उपयोगितावाद को इनमें से किसके अंतर्गत रखा जा सकता है:

(क) प्रयोजनवाद (ख) अप्रयोजनवाद

(ग) अंत:अनुभूतिवाद (घ) इनमें से किसी के भी नहीं

14. कांट के नैतिक विचारों को इनमें से किसके अंतर्गत रखा जा सकता है:

(क) प्रयोजनवाद (ख) अप्रयोजनवाद

(ग) दोनों (घ) इनमें से कोई भी नहीं

15. पीटर सिंगर ने समर्थन किया है:

(क) कठोरमत का (ख) अंत:अनुभूतिवाद का

(ग) उपयोगितावाद का (घ) इनमें से किसी का भी नहीं

16. लिंग समानता व्यावहारिक नीतिशास्त्र में शामिल है:

(क) हाँ (ख) नहीं

(ग) दोनों (घ) इनमें से कोई भी नहीं

17. मार्क्सवादी विश्लेषण के अनुसार लिंग असमानता का आधार:
(क) जैविक है (ख) सांस्कृतिक है
(ग) आर्थिक है (घ) इनमें से कोई भी नहीं

18. लिंग भूमिकाएँ संस्कृति द्वारा निर्धारित होती हैं, यह किसका विचार है:
(क) मर्डक (ख) ओकली
(ग) मार्क्स (घ) लेनिन

19. लिंग भूमिकाओं का आधार औरत-मर्द के बीच जैविक या जेनेटिक भिन्नता है, यह किसका विचार है:
(क) मर्डक (ख) ओकली
(ग) मार्क्स (घ) लेनिन

20. औरत एक:
(क) वर्ग है (ख) जाति है
(ग) जाति भी है और वर्ग भी (घ) दोनों में से कोई नहीं

21. सरोगेट माँ की समस्या इनमें से किसके अंतर्गत है:
(क) पर्यावरण नीतिशास्त्र (ख) व्यावसायिक नीतिशास्त्र
(ग) बायोएथिक्स (घ) सेक्स-नीतिशास्त्र

22. दुनिया के पहले "टेस्ट ट्यूब बेबी" का नाम:
(क) दुर्गा (ख) लुईस ब्राउन
(ग) जॉन अब्राहम (घ) अनामिका

23. "बेबी एम" ("Baby M") केस का सम्बंध है:
(क) भारत से (ख) चीन से
(ग) फ्रांस से (घ) संयुक्त राज्य अमेरिका से

24. कार्यस्थल पर सेक्सुअल उत्पीड़न इनमें से किसके अंतर्गत है:
(क) बायोएथिक्स (ख) पर्यावरण नीतिशास्त्र
(ग) सेक्स-नीतिशास्त्र (घ) व्यावसायिक नीतिशास्त्र

25. भारतीय सुप्रीम कोर्ट के विशाखा मार्गदर्शन (Visakha guidelines) का सम्बंध किससे था:
(क) सरोगेट माँ (ख) पर्यावरण
(ग) कार्यस्थल पर सेक्सुअल उत्पीड़न (घ) मृत्यु दण्ड

26. भारत में कार्यस्थल पर सेक्सुअल उत्पीड़न की रोकथाम के लिए कानून कब बना:
(क) 1999 में (ख) 2006 में
(ग) 2013 में (घ) 2016 में

27. इनमें से कौन कार्यस्थल पर सेक्सुअल उत्पीड़न के अंतर्गत शामिल है:
(क) टिफिन खाना (ख) नेट पर ऑफिस में काम करना
(ग) छुट्टी लेना (घ) पोर्नोग्राफी दिखाना

28. कार्यस्थल पर सेक्सुअल उत्पीड़न कानून के अंतर्गत बनायी गयी शिकायत समिति की अध्यक्ष कोई महिला होंगी।
(क) सत्य (ख) असत्य
(ग) दोनों (घ) इनमें से कोई नहीं

29. पर्यावरण नीतिशास्त्र एक उपशाखा है:
(क) मानक नीतिशास्त्र की (ख) अधिनीतिशास्त्र की
(ग) अप्लाइड नीतिशास्त्र की (घ) इनमें से किसी की भी नहीं

30. जलवायु परिवर्तन का मुख्य कारण है:
(क) ध्वनि प्रदूषण (ख) कार्बन-एमिशन
(ग) वृक्ष रोपना (घ) इनमें से कोई नहीं

31. ग्रीन हाऊस गैस में शामिल है:
(क) कार्बन डाइऑक्साइड (ख) मिथेन
(ग) दोनों (घ) इनमें से कोई नहीं

32. पशु नीतिशास्त्र पर्यावरण नीतिशास्त्र के अंतर्गत शामिल है।
(क) हाँ (ख) नहीं
(ग) दोनों (घ) इनमें से कोई भी नहीं

33. पीटर सिंगर के अनुसार भोजन के लिए पशुओं का इस्तेमाल:
(क) उचित है (ख) अनुचित है
(ग) दोनों (घ) इनमें से कोई भी नहीं

34. क्योटो प्रोटोकोल (Kyoto Protocol) का सम्बंध था:
(क) पशु नीतिशास्त्र से (ख) ग्लोबल वार्मिंग से
(ग) सेक्सुअल उत्पीड़न से (घ) बायोएथिक्स से

35. पीटर सिंगर के अनुसार पशुओं के साथ प्रयोग स्पीशीस्ज़िम (speciesism) का उदाहरण है:

(क) हाँ (ख) नहीं

(ग) दोनों (घ) इनमें से कोई भी नहीं

36. एनिमल लिबरेशन (Animal Liberation) के लेखक हैं:

(क) रसेल (ख) मूर

(ग) सार्त्र (घ) इनमें से कोई नहीं

37. इनमें से कौन ''मीडिया'' के अंतर्गत शामिल है:

(क) समाचार-पत्र (ख) रेडियो

(ग) टी. वी. (घ) सभी

38. किसके अनुसार सत्य, निष्पक्षता और वस्तुनिष्ठता पत्रकारिता नीतिशास्त्र के मुख्य तत्व हैं:

(क) पीटर सिंगर (ख) परनजॉय गुहा ठाकुरता

(ग) थेलस (घ) एपिक्युरस

39. ''पेड न्यूज़'' छापना या प्रसारित करना:

(क) उचित है (ख) अनुचित है

(ग) दोनों (घ) इनमें से कोई भी नहीं

40. राडिया टेप्स का सम्बंध है:

(क) बायोएथिक्स से (ख) पर्यावरण नीतिशास्त्र

(ग) मीडिया नीतिशास्त्र (घ) पशु नीतिशास्त्र से

41. ''मीडिया ट्रायल'' का सम्बंध किससे है:

(क) पर्यावरण नीतिशास्त्र से (ख) पशु नीतिशास्त्र

(ग) मीडिया नीतिशास्त्र (घ) सेक्स-नीतिशास्त्र से

42. मानवाधिकार संगठन एमनेस्टी इंटरनैशनल मृत्युदण्ड के:

(क) पक्ष में है (ख) विपक्ष में है

(ग) तटस्थ है (घ) ये सभी

43. इनमें से किस मत के अनुसार मृत्यदण्ड अनुचित है:

(क) प्रतिकारवाद (ख) निवर्तनवाद

(ग) सुधारवाद (घ) किसी के अनुसार नहीं

44. इनमें से कौन सिद्धांत व्यक्ति को साध्य मानने के नैतिक सिद्धांत के विरुद्ध है:

(क) प्रतिकारवाद (ख) निवर्तनवाद

(ग) सुधारवाद (घ) इनमें से कोई नहीं

45. इनमें से किसके अनुसार सिर्फ हत्या के मामले में मृत्युदण्ड उचित है?

(क) प्रतिकारवाद (ख) निवर्तनवाद

(ग) सुधारवाद (घ) इनमें से कोई नहीं

46. *द लाइफ यू केन सेव (The Life You Can Save)* के लेखक हैं:

(क) मूर (ख) रसेल

(ग) पीटर सिंगर (घ) सार्त्र

47. पीटर सिंगर के अनुसार निरपेक्ष गरीबी में रहने वालों की बुनियादी आवश्यकताएँ भी पूरी नहीं होती:

(क) सत्य (ख) असत्य

(ग) दोनों (घ) इनमें से कोई नहीं

48. पीटर सिंगर के अनुसार निरपेक्ष समृद्धि में रहने वालों के पास अपनी बुनियादी ज़रूरतों को पूरा करने के बाद भी महत्त्वपूर्ण आमदनी बची रहती है।

(क) सत्य (ख) असत्य

(ग) दोनों (घ) इनमें से कोई नहीं

49. पीटर सिंगर के अनुसार अमीर लोगों का यह दायित्व है कि वे गरीबों की मदद करें।

(क) सत्य (ख) असत्य

(ग) दोनों (घ) इनमें से कोई नहीं

50. दुनिया के सबसे अधिक गरीब लोग भारत में हैं।

(क) सत्य (ख) असत्य

(ग) दोनों (घ) इनमें से कोई नहीं

उत्तर

1. (क)	2. (क)	3. (ग)	4. (घ)
5. (घ)	6. (घ)	7. (क)	8. (ख)
9. (ग)	10. (ग)	11. (क)	12. (ख)
13. (क)	14. (ख)	15. (ग)	16. (क)

17. (ग)	18. (ख)	19. (क)	20. (घ)
21. (ग)	22. (ख)	23. (घ)	24. (ग)
25. (ख)	26. (ग)	27. (घ)	28. (क)
29. (ग)	30. (ख)	31. (ग)	32. (क)
33. (ख)	34. (ख)	35. (क)	36. (घ)
37. (घ)	38. (ख)	39. (ख)	40. (ग)
41. (ग)	42. (ख)	43. (ग)	44. (ख)
45. (क)	46. (ग)	47. (क)	48. (क)
49. (क)	50. (क)		

ग्रन्थ-सूची

प्रसाद, डॉ. सुरेन्द्र नन्दन. पर्यावरण बोध (पटना: बिहार स्टेट टेक्स्टबुक पब्लिशिंग कॉरपोरेशन लिमिटेड, 1999-2000).

रमेन्द्र. धर्म-दर्शन: सामान्य और तुलनात्मक (दिल्ली: मोतीलाल बनारसीदास, 2006).

समाज और राजनीति दर्शन (दिल्ली: मोतीलाल बनारसीदास, 2005).

समाज और राजनीति दर्शन एवं धर्म-दर्शन (दिल्ली: मोतीलाल बनारसीदास, 2005).

डॉ. रमेन्द्र (स.). जयप्रकाश विचार संकलन (पटना: राजेन्द्र प्रकाशन, 1986).

डॉ. लोहिया. जाति प्रथा (हैदराबाद: नवहिन्द प्रकाशन, 1964).

वर्मा, अशोक कुमार. नीतिशास्त्र की रूपरेखा (पटना: मोतीलाल बनारसीदास, 1996).

मनुस्मृति (वाराणसी: चौखम्भा संस्कृत संस्थान, 1982).

आलेख

डॉ. रमेन्द्र. ''पेड न्यूज़, राडिया टेप्स और पत्रकारिका का नीतिशास्त्र'', नागरिक समाचार, सम्पादित एवं प्रकाशित डॉ. रमेन्द्र, वर्ष 1, अंक 1, जनवरी, 2011.

शब्दकोश

ऑक्सफोर्ड हिन्दी-इंग्लिश डिक्शनरी

कामिल बुल्क अंग्रेज़ी-हिन्दी शब्दकोश

राजपाल हिन्दी शब्दकोश

Ayer, A. J. Language, Truth and Logic (England: Penguin Books Ltd., 1976).

Bose, N. K. Selections from Gandhi (Ahmedabad: Navajivan Publishing House, 1972).

Chatterjee, P. B. Principles of Ethics (Calcutta: Published by the Author, 1966).

Goode, William J. The Family (New Delhi: Printice-Hall of India Pvt. Ltd., 1987).

Haralambos, M. with R. M. Heald. Sociology: Themes and Perspectives (Delhi: Oxford University Press, 1984),

Keer, Dhananjay. Dr. Ambedkar Life and Mission (Bombay: Popular Prakashan, 1997).

Lillie, William. An Introduction to Ethics (New Delhi: Allied Publishers Private Ltd., 1967).

Masih, Y. A Comparative Study of Religion (Delhi: Motilal Banarsidass, 1990).

Mill, John Stuart. Utilitarianism (London: The Fontana Library, 1962).

Moore, G. E. Principia Ethica (Cambridge: The Cambridge University Press, 1965).

Ramendra. Some Reflections on Ethics (Patna: Buddhiwadi Foundation, 2012).

Rawls, John. A Theory of Justice (New Delhi: Universal Law Publishing Co. Pvt. Ltd., 2013).

Schilpp, Paul Arthur (ed.). The Philosophy of Bertrand Russell (Evaston, Illinois: The Library of Living Philosophers Inc., 1946).

Shankar, Jogan. Devadasi Cult: A Sociological Analysis (New Delhi: Ashish Publishing House, 1994).

Singer, Peter. Animal Liberation (New York: Random Press, 1975).

The Life You Can Save (U.K.: Picador, 2009).

Practical Ethics (New Delhi: Cambridge University Press, 1979, 1993, 2011).

Singer, Peter. (ed). Applied Ethics (Oxford: Oxford University Press, 1986).

Srinivas, M. N. Social Change in Modern India (Bombay: Orient Longman Ltd., 1980)

Stevenson, C. L. Ethics and Language (U. S. A.: Yale University Press, Inc., 1960).

Thakurta, Paranjoy. Media Ethics: Truth, Fairness, and Objectivity (New Delhi: Oxford University Press, 2009, 2012).

Veeramani, K. (ed.). Periyar on Women's Rights (Madras: Emerald Publishers, 1996).

Warraq, Ibn. Why I am Not a Muslim (Amherst, New York: Prometheus Books, 1995).

Dictionaries, Encyclopedias, etc.

American Heritage Dictionary of the English Languge, Fifth edition, 2011, published by Houghton Miffin Harcourt Publishing Company.

Collins English Dictionary - complete and unabridged, 12th edition 2014, Harper Collins Publishers.

The Encyclopaedia Britannica, vols. 1, 15, 19.

Edwards, Paul (ed.). The Encyclopedia of Philosophy, vols. 7,8. (New York: MacMillan Publishing Co., Inc. & The Free Press, 1992).

Handbook on Sexual Harassment of Women at Workplace (Prevention, Prohibition and Redressal) Act 2013 (Government of India, Ministry for Women and Child Development, November, 2015).

Sexual Harassment of Women at Workplace (Prevention, Prohibition and Redressal) Act, 2013.

The Gazette of India, No. 2733, New Delhi, Monday, December 9, 2013, Agrahayana 18, 1935.

Blackburn, Simon. The Oxford Dictionary of Philosophy (Oxford: Oxford University Press, 1994, 1996).

Mautner, Thomas. The Penguin Dictionary of Philosophy (London: Penguin Books, 2000).

Scruton, Rog.r. A Dictionary of Political Thought (London: Pan Books, 1983).

From the internet

"'Frail' India placed last on nutrition front", The Hindu, Kolkatta, 22 September, 2012.

"Infant mortality rate India's enduring shame", Deccan Herald, Bangalore, 24 June 2013.

Maternal & Child Mortality and Total Fertility Rates, <www.unicef.org>

Maternal and perinatal death inquiry and response, <www.unicef.org>

Mohanty, R. P. "A Reversal of Family Roles", Manushi, No. 127.

Murtagh, Kevin. "Punishment", Internet Encyclopedia of Philosophy, www.iep.utm.edu/punishme/

"Singer, Peter. "Famine, Affulence and Morality", Philosophy and Public Affairs, vol. 1, (1972).

The Hindu, Kolkata, 8 February, 2013.

Toulmin, Stephen.1982, "How Medicine Saved the Life of Ethics", Perspectives in Biology and Medicine, 25 (4) : 736-750.

Tong, Rosemarie. "Surrogate Parenting" in Internet Encyclopedia of Philosophy. www.iep.utm.edu/surr-par/

www.amnesty.org/death-penalty/

www.deathpenalty.procon.org.

www.ifpri.org

www.medicalnewstoday.com/articles/262798php

www.merriam-webster.com/dictionary/journalism

www.myhealth.com/what-is-in-vitro-fertilization-in-hindi-131522369

www.surrogacylawsindia.com

www.thelifeyoucansave.com

www.unicef.org. Infant and Child Mortality in India: Levels, TrenosQ and Determinants.

www.unicef.org. Maternal & Child Mortality and Total Fertility Rates.

www.unicef.org. Maternal and perinatal death inquiry and response.

Internet Encyclopedia of Philosophy